贾利涛 著

地方社火与现代傩俗

固义傩戏探赜

中国社会科学出版社

图书在版编目(CIP)数据

地方社火与现代傩俗:固义傩戏探赜/贾利涛著.—北京:中国社会科学出版社,2020.9
ISBN 978-7-5203-6972-5

Ⅰ.①地… Ⅱ.①贾… Ⅲ.①社火—研究—武安②傩戏—研究—武安 Ⅳ.①K892.1②J825.22

中国版本图书馆 CIP 数据核字(2020)第 145672 号

出 版 人	赵剑英
责任编辑	耿晓明
责任校对	赵雪姣
责任印制	李寡寡

出　　版	中国社会科学出版社
社　　址	北京鼓楼西大街甲 158 号
邮　　编	100720
网　　址	http://www.csspw.cn
发 行 部	010-84083685
门 市 部	010-84029450
经　　销	新华书店及其他书店

印　　刷	北京明恒达印务有限公司
装　　订	廊坊市广阳区广增装订厂
版　　次	2020 年 9 月第 1 版
印　　次	2020 年 9 月第 1 次印刷

开　　本	710×1000　1/16
印　　张	22.5
插　　页	2
字　　数	324 千字
定　　价	98.00 元

凡购买中国社会科学出版社图书,如有质量问题请与本社营销中心联系调换
电话:010-84083683
版权所有　侵权必究

序　言

　　我和利涛认识是在2011年前后，那时他是上海复旦大学中文系郑元者、郑土有两位教授门下的硕博连读研究生。对冀南武安市傩戏、赛戏的关注和研究，使我们相识并成为挚友。当时他已有研究成果，并在北京《民间文化论坛》发表，显示出他的学术功力。经过几年的潜心研究和辛勤笔耕，他完成一部近30万字的固义傩戏研究书稿，其中引用古今中外文献约300种。由此我们可以看到他治学态度的认真，学术视野的开阔，理论准备的扎实。这部论著是他本人学术研究历程中的一个重要节点，是我市、我省，乃至全国仪式戏剧学领域中，第一部以艺术人类学、民俗学、中国传统戏剧学等理论和比较研究的方法，全方位、多视角研究武安固义傩戏的一部力作，所以非常值得祝贺！

　　固义傩戏在该村传承，据口传始自明代中叶，现在固义村保存最早的赛戏都本《伯（霸）王都本》是清道光十四年（1834）的抄本，距今已经185年。20世纪50年代中期至1986年停演，1987年恢复。2005年全国非物质文化遗产保护工程开始后，于2006年入选第一批国家级非遗保护名录。

　　书稿中，他首先梳理了近30年各地学者对武安傩戏、赛戏认识和研究的成果，堪称一部武安傩戏赛戏学术研究简史，使人眼界大开，很受鼓舞。接着，以六章的篇幅，全面、深刻地观照并介绍了武安傩戏的方方面面，诸如武安固义傩戏的概况，文化坐标、心理特点、行为特点、艺术特点等。他把固义傩戏放到武安、冀南和晋东南赛社，乃至全国各地傩文化大环境中，进行比较研究，从我无彼有、我有彼无、彼此都有中，加深了对各地傩文化和赛社的认识了解，理出了它们之间的区别和相似关系，使人们清楚地认识到固义傩戏、赛戏在武安市、冀南一带和全国傩文化中的学术地位和影响。

在第三章第四节"固义傩戏的类型特征"中，他概括固义傩戏的十大特征为：一、具有春节元宵社火表演的性质。二、流传范围极小，很难在周边地区找到同类表演，流传下来极为不易。三、祭祀对象与形式，呈现出多神崇拜倾向，有傩神白眉三郎，但与碧霞元君、龙王、关帝相比，无法找到像其他傩戏中那样明确具体的傩神。四、演出时间，固定在元宵节期间，有"演三年停三年"的惯例，与社火节目一同上演。五、费用筹措，演出开销旧时由公产生息支付，后来主要是村民的集资，现在亦有村委会和当地企业的赞助。费用筹措过程仍然靠社火班操持。六、组织形式，固义社火班社宗教氛围较少，没有营利目的，以自发的元宵节社火表演为主要职能。七、传承方式，固义傩戏演出中一般某个角色在家族内部传承，子承父业，亦有传弟弟、侄子的，外姓人难以插足。以口传心授为主，无师徒名分，亦没有特殊的拜师学艺和宗教约束。八、傩戏剧目，固义傩戏中驱邪逐疫色彩浓郁的是《捉黄鬼》（属队戏范畴），其他如《调黑虎》《调掠马》等祭祀性队戏；《虎牢关》《长坂坡》等为赛戏。九、唱腔伴奏，多用锣鼓伴奏，俗称"锣鼓套"，锣鼓点参照社火形式。《捉黄鬼》台词较少，只有掌竹和阎罗王有少量念白外，没有其他唱词。只有仪式动作，近似哑剧。赛戏演出，吟诵体唱词为主、七言句式较多，和冀南、晋东南的赛戏相似。十、面具，固义傩戏中，几出简单的仪式性队戏《调四值》《调四尉》《调绿脸小鬼》《调掠马》《调黑虎》的角色戴头壳形纸质面具，《捉黄鬼》的角色除牛头马面戴面具外，其他角色均涂画脸谱。赛戏角色亦画脸谱，不戴面具。总之，固义傩戏是社火傩戏的代表，呈现出北方地区社火与傩戏《捉黄鬼》相融合的形态。

标志性傩戏剧目《捉黄鬼》的角色有掌竹、阎罗王、曹官、大鬼、二鬼、跳鬼和黄鬼。传说三个鬼差和黄鬼是亲兄弟四个。黄鬼忤逆不孝，三个鬼差领了阎罗王的令牌，前来捉拿。在村街上，黄鬼不愿就擒；三个鬼差诱迫他就范。直至中午将其锁拿，在80名持柳棍村民的呼喝簇拥下，押在曹官台前接受预审。置身在阎罗王案侧的掌竹吟唱道："劝世人父母莫欺，休忘了生尔根基。倘若是忤逆不孝，十殿君难饶于你。善恶到头总有报，为人何不敬爹娘。若问队戏名和姓，十殿阎君大抽肠。"唱毕，曹官把案卷往案前一展，同时说道："呀……呔！展开生死簿，勾命鬼上堂，大鬼、二鬼，交上司发落！"三个鬼差把黄鬼押到阎王台前。阎罗王看毕呈来的案卷，念道："左有鬼司右判官，观见眚债在面前。十殿阎君我为首，敕封护国武殿员。领了玉帝之旨，命我捉拿眚债。"接着宣判道："绑到南台，抽肠剥皮！"午时三刻，大鬼、二鬼、跳鬼押着黄鬼走上南台，大鬼二鬼弄刀挥叉，开始动刑。跳鬼举着令牌在台上展示。持柳棍村民和各庄户节目，把南台团团围住，专门人员开始施放烟雾，台上开始破肚抽肠出彩——即把黄鬼裤衩里塑料袋中装满红颜色水的鸡肠子拽出来抛向空中。此刻，现场成千上万的本村和外村观众，个个惊心动魄，一齐紧盯台上，全场鸦雀无声。出彩后，在滚滚的浓烟中，把黄鬼卸到台下的布围子里。三个鬼差从台上下来，向十殿阎君禀报行刑完毕。捉黄鬼演出至此结束。

书中据此分析到：从表演内容上看，它偏重于仪式表述，而非剧目表演。从演员、观众互动方面看，观众不仅可以近距离观看演出，亦可参与进来（如柳棍队人员）。如此的互动，是其他队戏或其他形式的舞台艺术所没有的。在文本化的程度上，该剧除掌竹、阎罗王、曹官有少量台词外，其他角色没有任何台词，只有仪式性动作，且各个角色各具特色的动作，基本靠世代口传心授。因此有论者强调中国仪式戏剧的非文本化。在表演形态上，该剧唱词最少，动作最繁复多变，参与人数亦最多（而队戏由沿街行进到戏台演出的趋势是唱词增加，角色人数及其舞蹈动作递减）。从目的功能上看，其采取沿街驱除的方式侧重表达逐疫祈福，使其更具"傩"的意味。总之，该队戏内外都有鲜明的个性，在队戏整体价值上具有不可代替的地位，它独立于其他队戏，成为傩戏的一个品种。

随后，书中又总结概括出固义傩戏的心理特点和行为特点。心理特点为：一、特殊信仰结构下的信仰心理。白眉神是旧时乐户信奉的主神，村民则信奉民俗诸神。彼时，乐户不能要求村民像自己一样信奉白眉神。然而在乐户消失的后世，村民开始抬高白眉神的地位。固义村于2012年新修了咽喉祠。塑立了白眉神塑像。演出期间，包括白眉神在内的三位三郎爷的牌位进入村中献殿内的全神台。二、含义外延模糊的角色扮演心理。固义村民在扮演傩戏中的神灵时，引入了诸如演出几天中不得行房事等禁忌，目的是为了增强角色和仪式的神秘性。三、民俗迫力支配下的参与心理。民俗迫力，指村民在傩戏演出和恢复中形成的民俗心理和环境氛围。具体指：1. 对重要民俗活动维持和传承的责任感；2. 参与此民俗活动的荣誉、荣耀感；3. 民俗活动中体现出的家族间的竞争；4. 没有特殊理由无法拒绝参与的心理等。固义傩戏之所以能够长期传承和停演后恢复，是因为长期以来村民心目中形成了强大的内动力。固义傩戏向来是村民自筹资金自行演出的，其参与心理是：非经济利益驱动的；非还愿性的；非宗教信仰的；非道德训诫的；非专门娱神的（娱人的成分渐强）；非宗族维系的。固义村因多姓聚居，严格的宗族已不甚明显，况且宗族维系是傩戏的效果，而不是最初的原动力。

固义傩戏的行为特点，可以概括为，在特定的情境下，与众多的社火民俗活动交融影响，表现出独立形态下多维受限的行为方式。一、参与群体（行为主体）的情景互动。固义傩戏《捉黄鬼》中有特有的烟火，特定的刑台，血淋淋的装扮，特有的呐喊奔跑，特定的仪式等，展现出特定的情境。情境是互动的情境，互动是情境的互动。二、传承播布的情境约束（行为存在的方式）。民俗的传承性，指其在时间传衍上的连续性，即历时的纵向连续性；同时也指民俗文化的一种传递方式。民俗的播布性则指其在空间上的蔓延性，也是其横向的传播过程。传承播布二者密不可分。固义傩戏

◈ 序 言 ◈

传承播布的特点是，在特定情境约束下内部传承相对宽松，但也有保守；对外播布存在极大困难。情境约束是原因而不是结果或表现。三、仪式表述的情境张力。民俗仪式中多种语境之间的相互关系所产生的能力与能量，即所谓的"情境张力"。对于傩戏而言，"傩"重"戏"轻的现象，正可以作为情境张力分析的切入点。在固义傩戏仪式链中，仪式表述效果上有"祭神/娱人"的分化，其内部关系的紧张产生了特定的情境张力。仪式表达效果的丰富性，是情境张力的外化。在傩戏仪式中"祭神/娱人"的对立融合，既可以说是情境张力的发生，又可以说是情境张力的作用。

书中还运用传统戏剧和社火理论，运用冀晋仪式戏剧对比研究的方法，以两章的篇幅，对武安固义、东通乐等村傩戏和赛戏中的多出队戏和社火节目，进行了深刻的探究和考证，对各自的文本、角色、演出方式、剧情、功能价值等，都作了较详尽的论述。联系面之广，占有资料之翔实，追根溯源之深远，都可以说是前所未有的。

例如，其中一出比较典型的祭神队戏《点鬼兵》，其主角是白眉三郎，尽管他还有十三太子、白眉神、三郎爷、咽喉司等称谓，但从剧情看，他是旧时晋东南一带乐户信奉的戏神咽喉神。后来傩戏、赛戏传入冀南涉县、武安等地。又因乐户身份渐失，或改由村民办赛，咽喉神信仰逐渐淡化。武安固义村民最初把白眉三郎视为冀南通向山西的守关神，即咽喉神（关隘神），又是村落保护神，并不是十分明确地将之尊为戏神。明确地尊之为戏神是近十年来的事。武安东通乐村有《开三郎》都本，和固义《点鬼兵》为同一母本。但村中没有供奉三郎神的习俗，然而20世纪80年代该村办大赛剧团时，供奉有约30厘米高的木质"嚎神"，有学者认为应为"喉神"，因冀南一带旧时土语中有把"唱"贬称为"嚎叫"的，所以"嚎神""喉神"都应为咽喉神即戏神。在武安东西土山的碧霞元君祭祀仪式"土山诚会"中，有一项请神仪式《点贵宾》，18位民俗神灵自下而上排坐在三角形木架上，而最上层高至房檐的一位是白眉神，期间还要向诸神献演队戏《大头和尚度柳翠》，然而村民似乎并没有把白眉神尊为戏神的意识。由此可以看出赛戏由山西传入冀南后咽喉神信仰逐渐淡化，然而仍留遗迹可寻。山西虽有浓郁的咽喉神信仰，但至今尚未发现有关戏神、咽喉神身世的剧目，我们期待着能有所发现。

血社火是山西、陕西两省一些县乡民间社火节目中，戏拟刑罚的民俗艺术形式，多采用特殊的装扮技艺，来表现刀斧剪锄等利器砍扎入骨等效果，间或有抽肠剥皮等恐怖场景，以血淋淋的场面为特点来吸引观众，警示世人，故称血社火。武安傩戏中的黄鬼身上就有利刃砍入腿臂肉中、血肉模糊的妆容和对黄鬼抽肠剥皮的极刑处置。因此书中对血社火专门进行了论述分析，指出血社火以戏拟刑罚的形式，避免了真正的肉体伤害，以区别于真实的肉体痛苦来博取观众眼球，将更多的艺术创造力体现在化妆和表演上。血社火作为群众娱乐活动，使社火表演处于大的"游戏"语境中，去除了刑罚场面带来的严肃性和扭曲性。血社火表演者的传承制度，保持了血社火的神秘性，保证了血社火的可持续发展，保护了与社火相关的民俗文化。

这部论著不仅适合傩戏、赛戏研究者参考使用，亦适宜对傩戏、赛戏有兴趣的广大普通读者阅读。因此，我们热切期待这部论著及早面世。

杜学德
2019年5月25日　于河北邯郸

目　　录

引　言 …………………………………………………… (1)

第一章　固义傩戏概述 ……………………………… (19)
　第一节　固义村概况 ………………………………… (19)
　第二节　演出流程 …………………………………… (25)
　第三节　演出剧目 …………………………………… (30)
　第四节　组织形式 …………………………………… (37)
　第五节　主要传承人 ………………………………… (39)

第二章　固义傩戏剧目初考 ………………………… (42)
　第一节　吊字头队戏 ………………………………… (42)
　第二节　《点鬼兵》 ………………………………… (52)
　第三节　《捉黄鬼》 ………………………………… (57)
　第四节　《开八仙》 ………………………………… (63)
　第五节　《祭鹿台》 ………………………………… (68)
　第六节　《大头和尚戏柳翠》 ……………………… (75)
　第七节　《十棒鼓》 ………………………………… (78)

第三章　傩文化中的固义傩戏 ……………………… (83)
　第一节　释"傩"及"傩戏" ………………………… (83)
　第二节　中国傩戏发展脉络 ………………………… (94)

第三节　现代傩戏与鬼神信仰 …………………………（106）
　　第四节　固义傩戏的类型特征 …………………………（114）

第四章　县域整体：固义傩戏与武安社火 …………………（127）
　　第一节　武安社火环境 …………………………………（127）
　　第二节　固义傩戏与白府傩仪 …………………………（133）
　　第三节　固义傩戏与土山诚会 …………………………（141）
　　第四节　固义傩戏与通乐赛戏 …………………………（148）

第五章　地区类同：固义傩戏与邯郸社火 …………………（156）
　　第一节　邯郸社火环境 …………………………………（156）
　　第二节　固义傩戏与涉县赛戏 …………………………（164）
　　第三节　固义傩戏与东填池赛戏 ………………………（172）

第六章　地域交互：固义傩戏与上党赛社 …………………（184）
　　第一节　信仰的互文 ……………………………………（184）
　　第二节　仪式的互见 ……………………………………（195）
　　第三节　演剧的互通 ……………………………………（212）

第七章　固义傩戏参与者的心理特点 ………………………（225）
　　第一节　特殊信仰结构下的信仰心理 …………………（225）
　　第二节　含义外延模糊的角色扮演心理 ………………（230）
　　第三节　民俗迫力支配下的参与心理 …………………（236）

第八章　固义傩戏展演中的行为特点 ………………………（243）
　　第一节　参与群体的情境互动 …………………………（243）
　　第二节　传承播布的情境约束 …………………………（247）
　　第三节　仪式表述的情境张力 …………………………（252）

第九章　社火傩俗个案散论 …………………………………（259）

第一节　队戏《捉黄鬼》的艺术特点 …………………………（259）
第二节　晋冀迎赛中的队戏《猿猴脱甲》 ……………………（270）
第三节　血社火的刑罚戏拟与民俗象征 ………………………（280）
第四节　社火舞台展演的实践逻辑与传承风险 ………………（289）

附　录 ……………………………………………………………（304）
　　固义村碑文录 ……………………………………………………（304）
　　《虎牢关》都本 …………………………………………………（312）

参考文献 …………………………………………………………（332）

后　记 ……………………………………………………………（347）

引　言

武安固义傩戏，因流传于河北省邯郸市武安市冶陶镇固义村而得名，2006年被列入第一批国家级非物质文化遗产名录。固义傩戏在中国傩戏版图中占有重要地位，是北方汉族傩戏的主要代表。固义傩戏的历史至少可以追溯到明代，在清代已经名满乡里，近现代有过一段时间的停顿，1987年又恢复了祭祀演出，一直持续至今。固义傩戏恢复演出已经三十多年，自恢复以来就引起了当地学者的注意，因此对固义傩戏的介绍研究也已经三十年。三十年来固义傩戏的研究不断深入，成果越来越丰富，角度越来越多元，视野越来越开阔，固义傩戏的影响也越来越大。

笔者认为对固义傩戏的研究可从两个维度展开，一个是固义傩戏内部的分析，如艺术特点、演剧风格等；另一个是固义傩戏外部的分析，如发展演变、传承保护。这两个维度是密不可分的。对固义傩戏的研究，在对祭祀仪式、剧本整理、艺术探究等方面拓展的同时，也需要看到其独特的发展演变轨迹及当下传承保护的实际。无论是内部的还是外部的，把固义傩戏放入武安的社火环境中，放入邯郸的社火环境中，放入冀南—晋东南的赛社环境中，紧密围绕其社火傩戏的特点，或可有所收获。

一　武安傩戏研究概述

武安傩戏，有时候特指固义傩戏，现在也包括武安境内其他具有傩戏性质的表演形式，例如白府《拉死鬼》、土山诚会等。武安傩戏，主要指固义傩戏，这里我们把白府《拉死鬼》也考虑进来。

杜学德的《赵都民俗趣话》（中国民间文艺出版社 1989 年版）中收录的《固义脸戏》一文，是目前可见的最早介绍固义傩戏的文章。1991 年，杜学德的《武安大型民俗艺术〈捉黄鬼〉》一文发表在河北民俗学会刊物《风俗通》上，这是固义傩戏研究的开端。其后很长的一段时间内，杜学德主要致力于介绍宣传固义傩戏，同时他对固义傩戏的研究也值得重视。《宋代"竹竿子"的遗存——长（掌）竹》（《民俗》1994 年第 1 期）对固义傩戏中"掌竹"的角色进行了考察，引起了戏剧研究者的极大关注，也最早将固义傩戏导入了戏剧研究的路径。《冀南固义大型傩戏〈捉黄鬼〉述略》（《民间文学论坛》1994 年第 3 期）、《武安大型傩戏〈捉黄鬼〉述略》（《河北学刊》1995 年增刊）、《武安大型傩戏〈捉黄鬼〉考述》（《中华戏曲》第 18 辑）等文章都是对固义傩戏的整体观照。总体来看，杜学德早期的文章，已经开始进行深入分析、比较研究和整体把握，而其实际效果，起到向外介绍固义傩戏的作用，也奠定了固义傩戏研究的最初研究导向。1998 年，杜学德的《燕赵傩文化初探》（甘肃人民出版社）出版，这本著作在一定意义上可以看作关于固义傩戏的第一本专著。该本书以相当大的篇幅对固义傩戏进行了详细介绍，是研究固义傩戏的重要资料。同时书中也介绍了其他几种河北傩俗，其中包括武安白府的"拉死鬼傩仪"。2010 年杜学德的《武安傩戏》一书由科学出版社出版，是第一本关于武安傩戏的专著，图文并茂介绍了固义傩戏，附录部分介绍了白府《拉死鬼》。该书图片精美、制作精良，内容条理清晰，是了解武安傩戏的最佳读物。2012 年，王慈娴、王新荣、丁计良主编了《中国·武安傩戏》（河北美术出版社）一书，在杜学德研究的基础上增添了部分新的内容，体系更加完善。

在固义傩戏引起学界的关注后，很多学者开始到固义实地考察，并且发表了许多相关的论文。陶立璠的《三爷圣会考察记》（《民俗研究》1998 年第 2 期）、延保全的《〈捉黄鬼〉——中原古傩的遗存与衍化》（《大舞台》1998 年第 3 期）、王福才的《河北傩戏〈捉黄鬼〉源于山西上党赛社考》[《山西师范大学学报》（社会科学版）1995年第3期］等调查研究性论文发表。1998年以前，固义傩戏的研究已经开始深入具体问题的探讨中，但研究论文数量、研究者数量、研究深度广度，都无法同其他地区的傩戏研究相提并论。

1998年，"亚洲民间戏剧、民俗艺术观摩与学术研讨会"在武安召开，会间对固义傩戏进行了观摩讨论。这次会议是固义傩戏研究的进程标志点。该研讨会的论文集《祭祀·傩俗与民间戏剧》（中国戏剧出版社1999年版）中收录的关于固义傩戏的论文，代表了当时固义傩戏研究的最高水平和最新成果。其中来自各地的傩戏研究者所进行的比较研究尤为引人注意。这为深入分析固义傩戏打开了视野。从此，固义傩戏作为中原汉傩的代表在学界达成共识，固义傩戏成为傩戏研究中一个重要部分。其后出版的中国傩文化综论性质的著作都对固义傩戏给予了评述，如王兆乾、吕光群合著《中国傩文化》（汕头大学出版社2007年版），曲六乙、钱茀编《东方傩文化概论》（山西教育出版社2006年版），刘芝凤《戴着面具起舞：中国傩文化》（黑龙江人民出版社2005年版），曲六乙、钱茀编《中国傩文化通论》（学生书局2003年版），林河《中国巫傩史：中华文明基因初探》（花城出版社2001年版）等。上述论著是把固义傩戏置于中国乃至亚洲的傩文化事象群中考察的，这种做法是对固义傩戏的极大肯定。但从众多概论性质的著作对固义傩戏的评述中也能看出，固义傩戏研究和其他地区傩文化事象的研究相比，还存在很大差距，前期研究和深入研究的成果仍然十分欠缺和单薄。

新世纪以来，关于固义傩戏的研究论文开始大量出现。值得注意的硕士学位论文有秦佩的《固义傩戏与赛戏研究》（河北师范大学，2008年）通过实地考察，取得了一些最新的资料，论文采取的视角很大程度上仍是文学的（和戏剧学的研究还有些差异），将研究注意力集中在剧本、演出的分析上。吕媛媛的《傩戏服装元素与现代服装设计结合的探索》（河北科技大学，2011年），从服装设计的角度探讨了固义傩戏服装的特点。朱少波的《符号学角度下的河北武安"捉鬼"傩俗：以固义村"捉黄鬼"和白府村"拉死鬼"为研究个案》（中国海洋大学，2011年）将武安市境内的两种重要傩文化事象——固义《捉黄鬼》和白府《拉死鬼》综合考察，统合在"武安傩"的情境中，运用符号学的理论，而不是单纯地局限在某个学科内，更具有理论上的创新意义。贾楠的《武安傩戏艺术研究》（天津音乐学院，2016年）则探讨了固义傩戏（兼及白府傩俗）的音乐特点。苗靖的《河北省武安市村落间傩戏艺术比较研究》（燕山大学，2017年）把固义《捉黄鬼》、白府《拉死鬼》、得意《拉死鬼》进行统合比较分析，以比较的视野探讨了"武安傩戏"的艺术风格。以上硕士学位论文的出现，说明对固义傩戏的研究已经开始细化，探索的角度开始多元化。

关于固义傩戏和白府《拉死鬼》傩俗的各类论文数十篇，大多数讨论它的发展、流变、特点等传统问题，同时也有很多论文尝试着以新的视角探索新的问题。

朱燕的《对生活时空的重组与通过："通过礼仪"视角下的固义傩戏研究》（《河北学刊》2012年第3期）及《和谐与超越的仪式展演：固义傩戏的个案研究》（《石家庄学院学报》2011年第5期，与他人合作）是在仪式理论下对固义傩戏的讨论。王永健的《艺术人类学视野下的固义傩戏"捉黄鬼"》（见张先清、俞云平、高信杰主编《当代中国人类学发展的多重视野2013年全国民族学博士生学术论坛论文集》，厦门大学出版社2014年版）、秦佩的《艺术人类学视野下的固义傩戏》（见中国艺术人类学学会、北京舞蹈学院编《文化自觉与艺术人类学研究》，中国文联出版社2015年版）两文同时选择了艺术人类学的理论视角，反映了在理论选择上的趋同。李向振的《"非遗"传承人认定与集体性乡民艺术的保护——以冀南GY村"捉黄鬼"活动为个案》[《贵州大学学报》（艺术版）2015年第2期]将关注点放在"非遗"传承人身上，以探究这类艺术形式的保护机制。以上论文体现了固义傩戏新的研究方向，对固义傩戏研究的深入有一定意义。另外一些关于固义傩戏开发、保护、组织特点等方面的论文也有很多。朱振华、李向振、李生柱、王学文合著的《社火傩韵——冀南地区民间社火研究》

引 言

（学苑出版社2018年版）在田野调查和理论分析的基础上，展示了"武安市冶陶镇固义村'捉黄鬼'、邑城镇白府村'拉死鬼'、徘徊镇姚家峧村'大进驾'等几个北方傩仪（或曰春节社火）的典型样本"，"是尝试系统总结和集中展示当下华北地区春节社火整体风貌的几篇研究报告，也是我们研究中国北方地区乡土社会与节日传统关系的初步成果"[①]。

拙文《固义傩戏与乐户的相关性分析》（《民间文化论坛》2010年第6期）、《"捉黄鬼"艺术特点浅析：兼议队戏的表演特点》（《民间文化论坛》2011年第6期）、《浅析固义傩戏的情境性行为特点》（《民间文化论坛》2012年第4期）、《固义傩戏参与者的心理图式探析》（《理论界》2013年第3期）等文章采用区域文化比较、艺术人类学的视角，对固义傩戏的信仰、表演情境、参与者心理图式等问题进行了尝试性阐释。

在对白府的《拉死鬼》傩俗的探讨方面，孔祥峰、刘玉平的《武安乡傩〈拉死鬼〉及两种民俗艺术形式》（见麻国钧等主编《祭礼·傩俗与民间戏剧》，中国戏剧出版社1999年版）一文在杜学德之前对白府《拉死鬼》进行简单介绍的基础上进行了形式分析。朱少波、李扬的《武安白府村"拉死鬼"傩俗探析》（《民俗研究》2009年第2期）一文则注重田野调查的实际成果，以此作为探析的起点，一定程度上弥补了关于《拉死鬼》田野调查不足的情况。与固义傩戏的研究相比，白府《拉死鬼》傩戏的研究成果还较少。

综上所述，武安傩戏（包括固义傩戏和白府《拉死鬼》）从进入学界视野到目前，三十年来受到了很大关注。在中国傩文化地图中，有了武安傩的标识。同时，来自戏剧学、民俗学、音乐学、宗教学、社会学、人类学、历史学等领域的学者都对固义傩戏的研究作出了贡献。多学科的介入，科学的研究方法，使得武安傩戏研究避免了不必要的低层次重复。白府《拉死鬼》的研究还十分薄弱，

[①] 朱振华等：《社火傩韵——冀南地区民间社火研究》，学苑出版社2018年版，序言。

亟待增强和深入。固义傩戏的研究，取得了一定成果。其中较为突出的是："掌竹"的分析；街头哑剧的表演形式；与其他地区（山西、北京、河南、河北其他县；国外）傩戏的分析比较；与其他民俗或傩文化事象（篓子灯、《拉死鬼》、赛社等）的分析比较等。然而，固义傩戏研究中出现的种种问题也是毋庸讳言的。一方面，对于固义傩戏的原始资料整理还较为欠缺。截至目前，没有一本较完备的固义傩戏资料的汇编，没有一份较为系统的影像资料，没有为都本（剧本、仪式底本）、面具等实物保存展示的机会和机制等，这些最基础的原始资料整理的工作还很不到位。原始资料的整理是研究工作的基础，长期缺位是不可想象的，而且随着时间发展，很多原始资料无法复原。另一方面，武安傩戏的研究，本身存在某些问题。1. 由于国内傩文化的研究是以戏剧学肇始的，所以最初以"傩戏"称之，后来虽然得到了一定程度的校正，但戏剧学的影响仍是不可低估的。戏剧视角的考察，使固义傩戏研究取得了成绩，但同时，属于民俗学、人类学范畴的对象却没有受到应有的重视。注意力过于集中在傩"戏"上，而背后的仪式性因素、信仰状况、组织模式、心理状况等方面都缺乏观照。2. 在武安市境内，诚会、赛戏、打扇鼓、跑帷子、抬城隍、抬阁、九曲黄河灯等傩或类傩民俗事象，反倒没有引起足够的重视，将它们和武安傩戏进行比较分析、整体观照尚属欠缺。3. 在比较研究的同时，忽视深层原因的探析。目前，武安傩戏能展现给学界的资料还是十分有限的，比较研究并不是十分容易，在所能见到的比较研究中，很难对或同或异的原因作出深入分析。4. 武安傩戏和晋东南、豫西北的诸多民俗事象的极大类同性，还没有吸引足够的注意力。区域内的分析还没有充分展开。因此，类似孤点的傩文化事象，尚未结合区域内类同的民俗事象，这方面的研究尚没有引起重视。总之，武安傩戏研究尚有深入拓展的巨大空间。

二　上党赛社研究综述

上党赛社指主要流行于上党地区（今长治和晋城）的赛社文

引 言

化。上党赛社因其厚重的历史信息、鲜活的民间艺术形式、丰富的物质遗存引起历史学、民俗学、人类学、艺术学等各个学科的关注，成为重要的文化研究对象。上党赛社并不能直接和上党傩文化画等号，但对于上党傩文化的考察又必然涉及上党赛社。一方面上党主要的傩戏、傩仪、傩祭包含在上党赛社当中，通过赛社的形式呈现；另一方面，一些零散的傩俗又不能完全脱离赛社，二者存在千丝万缕的联系。因此，上党傩文化的研究很大程度上与上党赛社的研究并行。中国傩戏学会会长曲六乙认为："在民间被俗称为'迎神赛社'的赛社文化，实际是以传统社会中贯穿于官方至基层的祭祀仪典为中心，结合官方礼仪和民众狂欢而形成的活态文化，作为北方社火文化的重要组成部分，赛社活动充分体现了'礼以节人、乐以和人'的礼乐制度对中国社会的影响。特别是农业文明影响下的社会结构和文化心理，赋予了赛社活动'春祈秋报'的特定内涵，从商周时代的孕育，经过汉唐时期的发展，直到明清时代的兴盛，赛社活动作为古黄河流域最具乡土特色的民众庆典，已经不单是一个以'鱼龙漫衍'为表现的艺术形态，也不单是一个以'恭迎敬奉'为特征的礼仪行为，而成为上党民众多彩多姿的生活在文化上的集中体现，特定节令、特定信仰、特定族群共同营造了群体参与的文化空间。"[①] 这段论述代表了一种较为普遍的观点。

20世纪80年代以前对于上党赛社的关注，上党赛社的生存仍处于民间自发表演的状态下。随着戏曲普查和资料收集的展开，经过学者的挖掘和介绍，上党赛社逐渐引起学界关注，其研究价值迅速得到学界认可，来自多个学科的众多学者投入上党赛社的研究中来。在20世纪90年代以后，上党赛社的研究逐步走向深入，研究成果涌现，研究群体逐步扩展，成为民俗学、戏曲学、历史学、社会学等学科中的一个热点。目前可看到的各种研究专著、论文的数量较为可观，高质量成果亦不在少数。从研究的角度来划分，主要可以概括为侧重于历史、民俗、艺术这三个方面。当然，由于赛社

---

① 见麻国钧、刘祯主编《赛社与乐户论集》，中国戏剧出版社2006年版，前言。

文化的复杂性，以上划分仅是粗线条的，对于上党赛社艺术的考察，离不开历史梳理和民俗观照；对于上党赛社民俗的考察，也离不开历史资料和艺术考量；对于上党赛社历史脉络的考察，也无法脱离民俗和艺术的介入。总之，以侧重方面来划分，着力于把握现有研究成果的问题意识和研究取向。

(一) 整体观照

上党赛社的研究论文早期较多地发表于各类报刊当中，专注于其某一个细节问题上的分析探究。从整体视野收集资料，资料收集与研究相结合的最重要成果，当属寒声主编的《上党傩文化与祭祀戏剧》一书（中国戏剧出版社1999年版）。该书对上党傩文化和祭祀戏剧的主要方面都进行了叙述，关于傩文化的历史轨迹、乐户的构成和发展、乐户的演出活动等重要的问题都进行了细致梳理。难能可贵的是，该书把发现于民间的主要赛社抄本进行归纳整理，对上党队戏、上党院本、上党杂剧、上党傩戏、上党琴戏等类别进行划分并呈现资料，赛社中使用的赞词、排场单等资料也有细致整理。同时，书中还收录了关于赛社演出情况、民间信仰、赛社组织、相关文物的研究文章。该书在介绍、研究上党赛社上具有重要地位。同样的资料收集整理方面，地方文化工作者杜同海主编了重点介绍贾村赛社的《上党赛社》一书（湖南地图出版社2011年版）。贾村赛社以"民间社火"列入国家级非遗项目名录，是上党赛社的重要代表。《上党赛社》一书收录贾村周边村庄的赛社活动，通过大量图片展现赛社的现场情景，并且收录了大量珍贵的演出脚本和记录，是较为重要的上党赛社资料的个案呈现，对保存原始资料、提供研究基础具有现实意义。

对于上党赛社进行整体观照的专著有冯俊杰的《太行神庙及赛社演剧研究》（财团法人施合郑民俗文化基金会，2000年）、杨孟衡的《上党古赛写卷十四种笺注》（财团法人施合郑民俗文化基金会，2000年）和王学峰的《民间信仰的社会互动——山西贾村赛社及其戏剧活动》（学生书局2012年版）颇具代表性。冯著侧重于结合具体的庙宇实物和相关的信仰现象对赛社的表演进行探讨，

◆ 引 言 ◆

将田野调查和文献论证相结合。杨著对十四种上党古赛中重要的民间手抄本进行细致校对、注解，文献丰富、注解严谨，是上党赛社手抄本的整理注解中较为完整系统的。王著是在其博士学位论文的基础上出版的，以贾村赛社为个案，以民间信仰为切入点，较为细致梳理了贾村赛社的历史流变和当代多种文化动力的作用下贾村赛社新的变化。

上党赛社的重要承担者——乐户也受到强烈关注。除了散见的论文，较为重要的成果有项阳的《山西乐户研究》（文物出版社2001年版）和乔健等的《乐户：田野调查与历史追踪》（江西人民出版社2002年版）。两书都广泛收集文献资料，进行实地调研，对山西乐户的历史脉络、生存现状、信仰状况、社会地位、艺术行为等方面进行了深入探讨。两书是目前乐户研究的代表著作。

另外，有两本论文集在上党赛社的研究中占有重要位置。一是麻国钧等主编的《祭礼·傩俗与民间戏剧》，该书是1998年在河北武安召开的学术研讨会的成果，其中收录了王福才、王廷信、冯俊杰、李天生、杨孟衡、延保全、黄竹三、曹飞等学者的八篇论文，这些论文是在观摩了河北武安固义傩戏《捉黄鬼》之后写就的。上述学者均从区域文化对比的角度着手，分析了冀南和晋东南在社火傩俗上的诸多相似点，从论述固义傩戏入手，以比较的视野考察上党赛社，剖解异同。这些论文不仅对于固义傩戏、上党赛社的研究十分重要，而且对于深入探讨晋冀类似赛社文化、傩文化也具有重要意义。另一是麻国钧、刘祯主编的《赛社与乐户论集》（中国戏剧出版社2006年版），该书是2006年山西长治赛社与乐户学术研讨会的成果。这次研讨会把赛社与乐户作为会议主题，提高了赛社和乐户研究的影响力，形成了众多研究论文。这本论文集收录了中外学者63篇论文，数量可观。这些论文从赛社、乐户、礼仪文化和民间宗教信仰、民间戏曲、民间艺术、傩戏、傩舞等方面进行了深入分析。收录的论文既有长期从事赛社研究的学者的最新成果，也有外国学者从中外文化对比的角度阐述的观点，还吸引了多学科、多领域的学者。这些论文不仅代表了赛社与乐户探究的深入，

9

也为接下来的赛社研究提供了借鉴。

（二）赛社历史研究

对于上党赛社历史脉络的梳理是研究中的重点，这一类研究广泛收集目前可见的各类庙宇、碑刻等实物证据，同时细致梳理文献记载，对赛社发展的历史过程中的某个细部问题有较为深入的体察。通过赛社历史的研究，对于深刻认识当前赛社的样貌和理解赛社文化有重要意义。

段建宏的《戏台与社会：明清山西戏台研究》（中国社会科学出版社2009年版）、姚春敏的《清代华北乡村庙宇与社会组织》（人民出版社2013年版）和王潞伟的博士学位论文《上党神庙剧场研究》（山西师范大学，2015年）最具代表性。这些专论紧密结合戏台、庙宇、神庙等具体的考古证据，进行实证性研究，对赛社相关的历史脉络梳理严谨、细致。在这一研究路径上，张振南、延保全、杜同海、申丹莉、王馗、蔡敏等人的论文〔张振南、暴海燕：《上党地区古庙赛日期》，《中华戏曲》（第20辑），山西古籍出版社1997年版；延保全、赵志华：《新绛县阳王镇东岳稷益庙戏剧碑刻及赛社民俗考论》，《中华戏曲》（第23辑），文化艺术出版社1999年版；姚春敏：《区域社会史视野下的迎神赛社：以清代上党碑刻与民间文本为中心》，《中华戏曲》（第46辑），文化艺术出版社2013年版；杜同海：《关于〈礼节传簿〉流传的一点说明》，《中华戏曲》（第37辑），文化艺术出版社2008年版；申丹莉：《潞城市东邑村龙王庙及迎神赛社考》，《文物世界》2008年第2期；王馗：《山西上党赛社演出中的行业变迁与演剧形态》，《民俗曲艺》2010年第170期；蔡敏：《山西泽州大阳村汤帝庙及其赛社演剧考略》，《中华戏曲》（第43辑），文化艺术出版社2011年版〕也从具体细节上推进了赛社历史层面的研究。

（三）赛社民俗研究

上党赛社是一种重要的民俗现象，它直接体现活态的民俗文化，而且其与人们的信仰、生活紧密相关，因此，从民俗学的角度来审视上党赛社一直是上党赛社研究的重要组成部分。很多研究上党赛社的学者也十分注重赛社民俗方面的探究。

段友文很早就撰文对晋东南潞城的迎神赛社习俗的诸多进行了详细论述（《晋东南潞城迎神赛社习俗考述》，《民俗曲艺》1997年总第109期），上党赛社的民俗研究较为清晰地展现出来，也得到赛社研究者的认可。王学锋的博士学位论文《贾村赛社及其戏剧活动研究》（中国艺术研究院，2007年）以贾村赛社为个案，主要侧重于戏剧活动背后的民间信仰发挥的重要作用，而且较为客观地梳理了随着信仰变迁在赛社所发生的一些新动向。他之后发表的一些论文同样表现了对赛社民俗的关注。

道教在上党赛社的发展过程中扮演了重要角色，延保全、朱文广等人的论文重点探讨了上党赛社中道教的影响和道教与民间信仰的关系，以及赛社中道教的特点。[见延保全、张明芳《道教与民间迎神赛社》（《中华戏曲》第20辑，山西古籍出版社1997年版）；朱文广、葛建男《〈排神簿〉中道教信仰的民间特点：以山西贾村赛社为例》（《沧州师范专科学校学报》2010年第4期）；朱文广、段建宏《由贾村赛社〈排神簿〉、〈祭文簿〉看道教、民间信仰的特点》（《宗教学研究》2011年第4期）]

除了较为宏观的道教与赛社关系研究之外，道教神仙信仰和民间信仰也是赛社研究关注的对象。由于赛社往往围绕一个主神展开，同时存在多神信仰的状况，因此信仰的特殊性成为诸多论文探讨的焦点，较有代表性的如张振南、暴海燕的《上党民间的"迎神赛社"再探》（《中华戏曲》第18辑，山西古籍出版社1996年版）；占路的《护佑与娱乐——赛社活动延续原因之探讨》[《湖北师范学院学报》（哲学社会科学版）2013年第5期]；姚春敏的《民间社祭中的"马神"初探》[《聊城大学学报》（社会科学版）2015年第2期]；王潞伟、姚春敏的《精英的尴尬与草根的狂热：多元视野下的上党三嵕信仰研究》（《民间文化论坛》2016年第5期）；申轶群的《山西壶关二仙崇拜与赛社演剧研究》（硕士学位论文，山西师范大学，2015年）；蔡敏的《太行成汤信仰与民间赛社演剧研究》（博士学位论文，山西师范大学，2016年），等等。

（四）赛社艺术研究

对上党赛社艺术的研究最为引人瞩目，上党赛社不仅有着丰富的戏曲价值，而且在戏曲发展和演变中占据极为重要的地位，更为可贵的是，赛社还是活态文化，并没有成为过往。因此，围绕赛社的戏曲研究是赛社研究的重中之重。同时，对于赛社音乐、美术等方面的研究也得到提升。

在赛社艺术研究方面，涉及赛社演出形式、剧本整理、音乐特点等方方面面的，全面梳理赛社与戏剧的关系，较全面把握赛社艺术的，当属杨孟衡。他撰写了大量论文，如《上党古赛礼乐志》，见李玉明主编《三晋文化研究论丛》（第3辑，山西古籍出版社1997年版）；《民间社赛"乐星图"解——上党古赛乐艺建构考析》（《文艺研究》2002年第6期）；《上党古赛仪典考》（《民俗曲艺》2006年总第151期）；《赛社文化深层开掘》（《中华戏曲》第39辑，文化艺术出版社2009年版）；《论上党民间赛社中的赞词》（《曲学》2013年卷）等相关论文及其他著作，对赛社的音乐、仪式、文化价值、文学特色都有精彩论述。此外，很多学者亦关注赛社与戏剧的关系，如周华斌的《祭礼与戏剧——上党祭赛的文化启示》（《中华戏曲》第35辑，文化艺术出版社2006年版）；白秀芹的《迎神赛社与民间演剧》（博士学位论文，中国艺术研究院，2004年）；李阳的《迎神赛社与古剧形态》（硕士学位论文，山西大学，2008年）等论文分析了赛社的戏剧价值和具体的戏曲史地位。

提到赛社，不得不提赛社中极具特色的队戏，被视为戏剧活化石，具有很高的研究价值。队戏研究成为赛社研究中的一个重要分支，代表性的论文有乔淑萍的《民间祭赛与戏曲的初级形式：队戏》[《山西师范大学学报》（社会科学版）1996年第3期]；白秀芹的《一种古老的戏剧形态——队戏》（《文史知识》1996年第4期）；麻国钧的《"行"的仪礼→"停"的戏剧：队戏源流辨》（《戏剧》2000年第3期）；廖奔的《社火与队戏》（《中华戏曲》第26辑，文化艺术出版社2002年版）；朱恒夫的《队戏考论》

(《艺术百家》2007年第3期)等。这些论文分别从队戏的演出特点、历史流变、与其他民俗的关系等方面进行探究。

此外，专注于赛社音乐研究的成果有王亮的《晋东南明清迎神赛社祭仪及其音乐戏剧》（《黄钟》2003年第3期）；柴广育的《也论"贾村赛社"》（《中国音乐》2011年第2期）；李佳宸的《赛社音乐文化初探：以贾村"四月四"赛社为例》（硕士学位论文，西北师范大学，2012年）。专注于赛社美术研究的有廖奇琦的《山西汾阳圣母庙圣母殿壁画之赛社仪式分析》（《美术研究》2014年第1期）；王剑芳的《上党赛社面具造型及其审美意境分析》（《长治学院学报》2011年第3期）和《上党队戏与面具》（《晋中学院学报》2009年第2期）；等等。这些论述拓展了赛社艺术的研究。

(五) 其他方面

关于上党赛社的研究成果，大体都可以归入上述研究方向中。此外还有一些研究方法和研究视角上的尝试，推进了赛社的研究。如采用比较的研究方法，把赛社和同类的现象相比较，例如王福才的《河北傩戏〈捉黄鬼〉源于山西上党赛社考》[《山西师范大学学报》（社会科学版）1995年第3期]；黄竹三的《晋冀宗教祭祀戏剧的类同性》（《戏剧》2001年第3期）；陈姵瑄的《民间信仰庙会"赛社""香会"的身份认同和精神实践——以北京妙峰山、山西潞城贾村碧霞宫为例》（《民间文化论坛》2015年第4期）等。探讨赛社文化与民间法的问题，如赵丽琴、卫崇文的《上党地区的赛社文化与民间法》（《民族论坛》2015年第2期）。在非遗的语境下重新审视赛社的变迁，如刘文峰、王学锋的《从贾村赛社的变化看非物质文化遗产的保护》[《中南民族大学学报》（人文社会科学版）2009年第3期]等论文。

综合来看，对上党赛社的研究取得了很大的拓展，对于赛社的历史流变、存在现状、艺术特点、民俗环境等都有较为深入的探究。同时，也有一些方面可供挖掘，例如新的理论阐释、新的研究方法介入，尤其是在更广阔的视野下看待上党赛社，在重视戏曲研究的同时，赛社文化的区域研究是值得探索的重要路径。

三 社火傩俗研究概述

社火傩俗，是指在社火活动中或以社火形式呈现的属于傩文化范畴的民俗事象。尽管很多学者很早就已经注意到社火与傩俗的紧密关系，但没有将二者统合考虑，讨论社火或论及傩俗，讨论傩俗或涉及社火，均没能准确反映社火与傩俗本身的联系状态。社火与傩俗并非完全割裂，恰恰相反，在很多地方的社火中，都有傩俗的延续，而傩俗的存在很大程度上又不能脱离社火。因此，在这个意义上来看，"社火傩俗"作为一个整体概念是全新的，但所指的对象却一直存在。

社火是中国民间（尤其是北方）影响颇为巨大的娱乐形式。"简单地说，社火就是指中国乡土社会节日庆典当中的民间文艺表演活动。这些目的在于娱神并自娱的歌舞杂耍活动，为什么会被称作社火呢？这要从'社'与'火'两个字的文化渊源说起。所谓'社'，最初是指某种空间聚落，就是中国古代村落的雏形。与此同时，'社'也被用来指上古以来的村落土地神及其相应祭祀活动。后来，'社'还被用来指称村落当中的民间组织，比如按职业、爱好、年龄、阶层、性别和特殊目的等结成的基层群体。所谓'火'，既指节日期间燃灯烛，点旺火的'火'，也指节日庆典期间红火、火爆、热闹的气氛。因此，从字面上来理解，社火，就是一种在城乡各地节日期间，由村落基层组织展演的一种群众娱乐活动。"[①] 主要的社火种类有：地社火、背社火、抬社火、车社火、马社火、高芯社火、高跷社火、血社火、山社火、唱社火、丑社火，等等。社火主要在春节期间举行，逢庙会或神诞日亦定期上演。在我国的华北、东北、西北和部分南方地区都可以看到各种形式的社火。社火起源悠久，影响力深远，是集民间艺术、民间信仰、民间结社、节庆仪典、武术杂技等多个方面的综合民俗形式。

---

① 王杰文编：《民间社火》，中国社会出版社2006年版，第1—2页。

◆ 引 言 ◆

傩俗是近年来使用频率较高的一个学术概念，一般是指与傩文化相关的各种民俗事象。"傩和民俗都是在漫长的历史积淀中，形成了相当稳定的文化传承特质和异常顽强的生命活力的。人类的生命意识、生存意志和幸福美好的生活追求，把两者紧密地联系在一起……傩与民俗相融合，成为傩俗。傩俗在傩的文化史里占有相当突出的位置。举凡民俗学中所列举的信仰民俗、巫术民俗、岁时节令民俗、人生礼仪民俗、文化游艺民俗、建筑民俗乃至生产民俗等，都与傩有着不同程度的联系。傩的生存意识、生命意识和巫术意识，对许多民俗事象都具有不同程度的渗透性、黏着性和融合性。"[①] 属于傩文化的信仰、仪式、艺术、技术都凝结在人们日常生活习惯中，成为行为模式，称为傩俗。傩俗有着悠久历史，在古代社会有着重要地位，在现代社会也并没有完全消亡。现代傩俗或隐或显，依然是重要的文化现象。

社火傩俗虽然并没有作为一个整体概念出现过，但从文化现象的实际情况来看，"社火傩俗"有明确的指向性，因此很多学者不自觉地触及了社火傩俗的概念。

首先，在很多关于社火的论述中，关于社火的起源、演变过程、现代遗存，都不得不提到傩俗，"1. 从'傩'仪举行的时间来看，最晚到清代，民间的'乡人傩'已经不再局限在腊月初一到腊月二十四，有的地方在元宵节期间仍有'傩'仪举行。'傩'仪表演时间的开始与结束，与社火表演的时段正好相互对应。2. 从'傩'仪表演的地点来看，最晚到宋代，民间'傩'仪已经采取与现代社火沿门表演、作场表演相类似的形式了。3. 从傩'仪'表演的目的来看，最晚到宋代，除了其原始的驱寒、逐疫、劝农的目的外，还附带有艺术欣赏的目的。当'傩'仪成为其扮演者赖以谋生的一种手段之后，'傩'有向表演艺术方向发展的倾向，这种职业化的倾向正好提高了社火表演艺术的水平。4. 从'傩'仪表演的风格来看，最晚到宋代，'傩'仪已经开始在仪式的严肃性之

[①] 曲六乙、钱茀：《东方傩文化概论》，山西教育出版社2006年版，第136页。

外，出现了游戏化的倾向。这种兼有严肃性与游戏性两种特征的表演风格与社火表演完全一致。"① 这里虽然说的是傩仪，但用来论述傩俗依然合适。傩俗与社火的这种密切关系，使得各地的地方志在论及社火时，都将其看作古傩的遗意。

其次，在很多关于傩俗的论述中，社火也是关键词之一。李子和在论述傩俗时提道"正月十五的上元节，由举行春天的欢庆聚戏、社火直到后来的元宵灯会，都存在着驱傩内容融入这些活动的情形……正月十五的这些民众游艺活动一直相延后世，而傩事活动内容包括后来的傩戏也就逐渐杂糅其中。现在流行傩戏的广大地区，均是在正月初一或初三到正月十五前后搬演傩戏……这不是偶然的，乃是古代时傩戏浸入上元节、元宵灯火等活动的结果，是古代惯制的遗存。傩事活动和傩戏就这样长期交融于正月十五日的民间游艺民俗之中。"② 曲六乙在总结傩俗类型时，归纳的战阵灯会型傩俗的代表是"九曲黄河阵"③，这个在北方分布十分广泛的民俗，实则在各个地区都被称为社火。杜学德在最早论述固义傩戏《捉黄鬼》时，也把这类傩戏定义为"社火傩戏"。可见学者在经过实地调查之后，很多时候都会把傩俗和社火联系起来。

最后，社火傩俗的提法是符合实际情况的，是根据文化现象本身呈现的样貌提炼而来。各类社火形式中，很多都和傩俗有着密切关系。武安固义傩戏是在花车、抬阁、秧歌、高跷、锣鼓等社火队伍中搬演傩戏《捉黄鬼》。白府傩仪《拉死鬼》，也是以社火形式表现驱鬼除魅。寿阳爱社傩舞，当地人归为闹社火的一类。上党赛社在社火表演中的《斩旱魃》《关公战蚩尤》《鞭打黄痨鬼》等剧目被看作上党傩戏。各地社火表演中常见的"五鬼盘叉"（五鬼闹判、五鬼拿刘氏）等是傩戏（目连戏）的变形。上述这些例子能够说明"社火傩俗"的合法性，就更不要说某些较为隐含的社火傩俗形式了，例如社火中跑帷子、大头和尚、兽类舞、锣鼓戏、二鬼

---

① 王杰文编：《民间社火》，中国社会出版社 2006 年版，第 33 页。
② 李子和：《傩俗初论》，《贵州社会科学》1990 年第 12 期。
③ 曲六乙、钱茀：《东方傩文化概论》，山西教育出版社 2006 年版，第 141 页。

◆ 引 言 ◆

摔跤、九曲黄河阵、扇鼓、高跷、抬阁（背棍、扛状、皇状、芯子）、竹马舞等社火中的代表样式，追根溯源都与傩俗有着紧密联系。

尽管社火研究亦涉及傩俗，傩俗研究亦涉及社火，但论述重心都在一面，承认二者的密切联系，却没有直面二者的合一性，过于强调差别，而忽视了整体观照。把"社火傩俗"作为研究对象，客观看待这一文化现象，对其进行深入探讨的工作尚没有展开。

区域民俗整体的社火傩俗考察对固义傩戏的研究是符合实际的，也是本书所关注的核心问题。武安旧属豫北，位于晋冀豫三省交界处，固义村恰恰处在旧时晋冀豫交界地带的中心点上。无论是旧时的晋冀豫三省交界，还是现在冀晋两省交界，固义处在交通、商业、文化交流的关键节点上。

晋冀豫三省交界的地区，地处南太行山两麓，联系紧密。在很长的时期内，这些地区虽然隶属于不同的行政区域，但却呈现出民俗的整体性。晋冀豫交界的太行山区是远古中华先民最早生活的核心区域，山地河畔留下了众多石器时代的遗址，并且是民族先祖神话传说流传最为集中的区域。从文化源流上来讲，太行山并没有成为区域间的阻隔。战国时，晋冀豫三省交界地区大多归于赵地，赵都由晋阳（晋中地区）迁至中牟（豫北地区），又迁至邯郸（冀南地区），可以看出南太行山地区政治、经济、文化等方面由来已久的联系。中古之后，南太行山行政区划归属较为稳定。晚近以来，晋冀豫交界地区大体包括山西的晋东南地区（也包括晋中一部分）——惯谓潞泽辽地区、河北的冀南地区——主要是邢台和邯郸沿太行山县市、河南的豫北和豫西北地区——俗称彰卫怀地区。邯郸西部县市之前属豫北的彰德府，近代改属冀南。晋冀豫三省交界地区，自然风貌相似、生产生活方式相似、人口迁徙频繁，因此各个方面相似度很高。如使用的方言，即便行政上属于山西、河北、河南三省，均使用晋方言，而且内部相似度极高，主要属于晋语的上党片和邯新片。冀南、豫北、豫西北的晋语区和河北、河南主体使用的官话区别显著。从方言上看，南太行山两麓是一个相对完整的区域。在民俗上，这一区域也呈现整体性，例如农作物生产习俗相同、生活习俗相似、民间信仰相似、建筑风格相似、民间游艺相似等。还原文化区域的整体性，把晋冀豫三省交界的南太行山两麓地区视为一个民俗整体，对固义傩戏研究是具有现实意义的。

冀南—晋东南交界的太行山区是中国民间社火炽盛的地区，也是赛社文化集中的地区。尤其是在太行山区，由于相对较为封闭，保存了很多珍贵的社火形式。因此，这一区域的社火具有研究的典型性。更为重要的是，"乐户"这一群体主要活动在晋东南，少数流布豫北和冀南，他们是社火的主要承担者，也是傩俗的直接参与者。太行山两麓的代表性社火如固义傩戏、上党赛社、寿阳傩舞、井陉撵虚耗、安阳跑帷子、陵川五鬼盘叉等亦均属于傩俗。在太行山两麓的这一区域，社火与傩俗的相融程度更高，相较于其他区域更具有代表性，能够较为恰当地阐释社火傩俗。把社火和傩俗统一观照，对固义傩戏的分析有一定理论意义。

总之，本书是跨地域民俗整体视野下对固义傩戏研究的尝试，主要内容亦围绕这一基本观点展开。

第一章　固义傩戏概述

固义傩戏又被称为武安（固义）傩戏，是指流传在武安市固义村的社火祭祀演剧活动。固义村是武安西南的一个村落，固义傩戏主要流传在这个村落，因此称为固义傩戏。武安（固义）傩戏被列入第一批国家级非物质文化遗产保护名录中。固义傩戏是北方汉族社火傩戏的代表，是中国傩戏的重要构成，在中华傩文化中占有一席之地。

第一节　固义村概况

固义村是河北省邯郸市武安市冶陶镇下辖的一个行政村，是一个人口三千的小村庄。固义村西距冶陶镇政府驻地1千米，北面毗邻马村和固镇村，东接牛头村，南接新庄村。固义村东距武安市区25千米，西距冀晋省界不过5千米。在历史上，固义村依山傍水，坐落在冀（豫）晋要道上，商贾云集，店铺林立，是个繁华的所在。

武安地处中原腹地，早有人类祖先在此生息。南北洺河在境内分而行之，又合为一脉，洺河两岸分布着从旧石器时期以来的众多遗址。固义村南有龙虎河（南洺河支流），北有南洺河（龙虎河在固义东二里茶口村处汇入南洺河），这一带曾是先民生活的乐土。旧石器时期在此留有固镇遗址、马村遗址，新石器时期磁山文化留有磁山遗址、牛洼堡遗址，还有仰韶文化的徘徊遗址，龙山文化的孔壁遗址。沿着南洺河两岸，商周时期的遗址沿河分布，尤其是从固义开始的南洺河下游，留下了众多先民的足迹。到战国时期，在

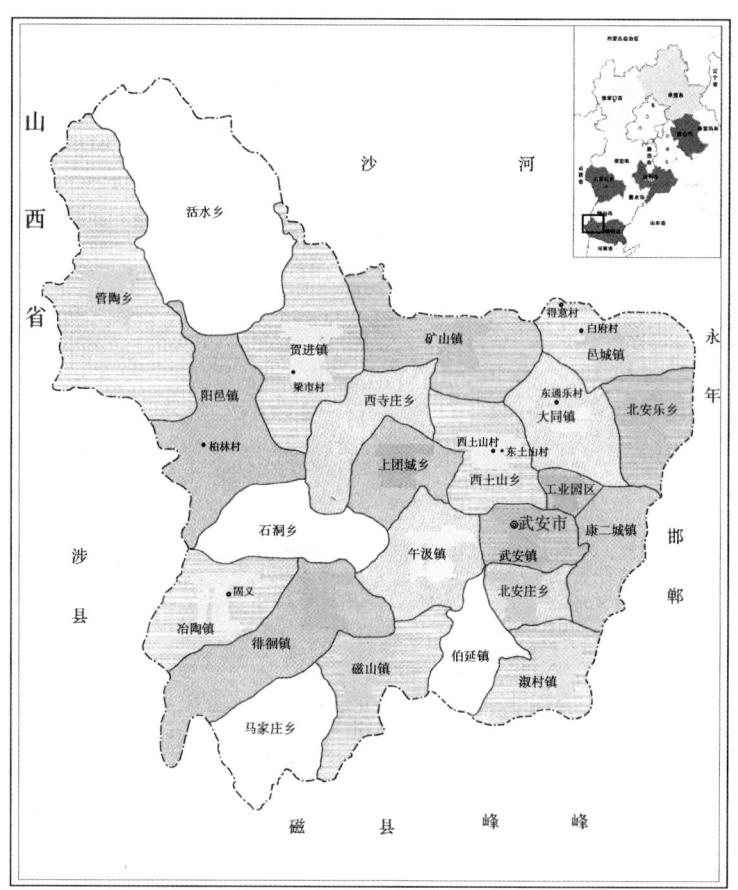

图1—1 固义村在武安的位置

固义村北400米的西岗形成了较为初步的村落。此时，固义北2千米的固镇形成了面积达46.14万平方米的城镇，这里成为周围众多聚居点的区域中心。固镇—固义—冶陶这一地带，向西是群山，向东道路平坦，是战国时连接邯郸与上党的咽喉要道。

秦扫六合，汉承秦制。西汉初年（前206—前195），汉高祖刘邦置魏郡，辖县十八，其一为武安。此为武安建县之始，县治在今固镇。彼时，冶铁业兴盛，武安设铁官，固镇建有多处冶铁炉、冶炼作坊等。直到隋朝，这里一直是县治所在。尽管此后县治东移，这里一直是西部武安的重镇。元明时期，巡检和铁冶提举等机构仍旧在固镇办公。

固义一度人口密集，文化发达。后周显德年间（954—960），固义建了佛堂寺。北宋宣和年间，固义又建了普光寺。金元时期兵燹四野，武安民伤亡甚多。明初大移民，固义是山西移民途经要道，也是区域集散地。到嘉靖时，固义取代固镇成为乡镇治所，此时的村名是"故亦"，是武安西部12个乡镇之一。逮至清初，故亦改称"顾义"，仍是西乡12里之一，顾义里下辖十家街铺（今名不可考）、茶口（今名同）、牛尾头（今牛头）、织布交（今泽布峧）、张家庄（今名同）、顾义（今固义）、马村（今名同）、冶陶村（今冶陶村，冶陶镇驻地）、莽当（今蟒蟥）、天桥（今名同）、算泉（今新庄）、琅矿（今名同）、偏量（今偏亮）、牛家庄（今牛庄）、大鹤峪（今大峨峪）、零底（今岭底）、鞍子岭（今安子岭）、洪门（今红门）、贤岭（今前后崄岭）、姚家峧（今名同）、赵玉村（今赵峪）、七水岭（今名同）、衍福村（今苑府）23村。此时的固义管辖着龙虎河、算川沟两条河流上所有村庄，比今天冶陶镇的辖地还大。康熙年间（1662—1722），顾义村建立了天主教堂，是该教在武安传播的开始。到了咸丰时，顾义里下辖村落有所增加，辖水峪、庙庄、南坡、泽布峧、天桥、张庄、茶口、牛尾头、苑水铺、马村、固镇、新庄、固义、鞍子岭、冶陶、姚家峧、红门、赵峪、岭底、狼矿、苑府、杨家庄、偏亮、牛家庄、大峨峪、土岭子共十甲26村。此时，尽管"顾义里"的名字还在用，"固义"这个村名出现了，并沿用到现在。

清末开始，固义逐渐衰落，乡镇治所的地位逐渐让位给冶陶。冶陶镇成为武安八大镇之一，人口密集，商铺繁多。解放战争时期，1946年11月至1948年4月晋冀鲁豫边区领导机关驻冶陶，军区政治部进驻固义村。1953年，建立冶陶乡政府，后改制为冶陶镇，固义成为冶陶下辖的一个行政村，直到现在。

固义村遍布古迹，显示着深厚的文化积淀。固义南北的河流，龙虎河和南洺河，已经成为季节性河流，除了泄洪外，基本没有流水。曾经贯通东西的官道已经不在，现代新修的铁路、高速公路、

图1—2 固义村俯视图

国道、省道都没有直接通过固义村的。商旅不再经过，扼守咽喉亦无从谈起，现在的固义成为一个以务农务工为主的村庄。现在村里还有一条石头铺就的路，村头还有曾经作为咽喉重地保护村落的阁。这些阁是固义曾经繁荣的见证，为研究武安古村落形态、村落变迁、交通商业旧貌提供了实物证据。

村东部的东阁券洞下层砌4层石条，上部为砖，拱券为二伏二券，券上方有两个石质出水口，券北部被现代民居所占。券洞深（东西向）16.7米，宽2.71米，高2.84米。村东北部的菩萨阁拱券均为二伏二券（东侧为石券雕龙，一伏一券），东侧上方有石质出水口2个。东券洞宽2.27米，北券洞宽1.83米，东西深10.23米，南北深3.83米，东券洞高3.20米，北券洞高2.20米。村中间的关帝阁呈东西方向，西为正面，为砖券，东为石券，均为一伏一券，西面上匾额3块，分别刻"威镇""故亦""山河"字样。东部石券似为后加，长15米。券洞宽3米，总进深10.20米，高25米。阁左侧被现代民居遮掩。村南部的南阁南北方向，分上下两层，下为过街券洞，二伏二券，南券口为砖砌而成，下部6层条石砌成，北券和西券均为石券，一伏一券，券宽2.34米，高3米，进深10米。西券进深4.42米，宽1.38米，高2.2米。村东北的三贤阁为南北方向，中间向西开出巷道，形成"丁"字阁券，各个券道均为下层块石。南北券深 5.5 米，东西券深 6.65 米，券洞宽 2.30 米，高 2.40 米。此外，村西还有西阁，村南还有个小阁。旧阁内为固义老街，现在的住户早已满溢出阁外。

图 1—3　固义威镇山河阁

固义村里保留的旧时庙堂甚多，旧有佛堂寺几经重修，已然不复当初。普光寺和天主堂已不觅踪迹。佛堂寺一进院落，原有山门、正殿（大雄宝殿）、配殿等。现仅存正殿，硬山式，面阔 5 间（11.56 米），进深 2 间（11.25 米），高 6.25 米。其中两尽间进深一层为通间，为后来重修。供奉释迦牟尼、延寿药师佛和阿弥陀佛。前街西阁下的观音堂庙坐西朝东，由前后两殿组成。前殿为卷棚无脊式，后殿为硬山式，面阔 3 间，进深 2 间，高 4.6 米，均为近年重修，两殿连搭而成，相距 0.90 米。火神庙在村小学院内，庙坐东朝西，出于佛堂寺内东南侧，分前后两殿，连搭式，前为卷棚无脊，屋顶为灰布筒瓦盖顶，瓦当及滴水已失。后为硬山式，屋脊为花草砖，灰布瓦盖顶，面阔、进深均为1间。村中还有三教堂，坐北朝南，面阔5间，进深2间，硬山式建筑。阴阳瓦覆顶，瓦当及滴水已失，檐头损坏严重，吻兽都已失去，槛墙及木装修和地面都为后期所建。面宽15米，进深6米，高5.8米。南山上还有胡爷庙，村里还有玉皇庙、龙王庙、土地庙、五道庙等种种。村南的南大庙是规模较大、目前香火最旺的庙。庙里主要供奉碧霞元君（泰山奶奶），还有三清，此外偏殿有财神、赵爷、乔三爷、吕仙等。白眉三郎、赤锋三郎、白面三郎三位三郎在奶奶庙大殿的西厢陪祀。从庙中所藏碑刻看，该庙多次重修，形制有所变迁。四月十五是奶奶庙庙会。另外村中土神殿、三元大帝神祠、广生帝君、皮场王以及药王药圣祠、三官殿其禅房及三间钟楼等建筑已经或毁或亡，仅可从碑文中寻觅一二。

据民国县志载，固义村旧时在南街和东阁外分别有王氏宗祠，在上街有刘氏宗祠，在街中有丁氏宗祠，在西街有李氏宗祠，在后街有1933年新建的马氏宗祠。村中祠堂以李氏祠堂保护较好，民国时重修，坐北朝南，一进院落，普通民居四合院式，多处维修，正屋面阔3间，进深2间，硬山式建筑，普通民居。院门前有影壁一幢，石雕寿星骑鹿，手持手杖系宝葫芦，影壁高3.80米，宽2.87米。据村民讲，安、何、鲍、董等姓是村上老户，但人口不多。丁、刘、马等姓是明代移民而来。李姓有两支，一支为祖居老户，一支是明代迁来的。

在文化生活上，固义村过去有自己的剧团，以唱平调落子为主，可出外演出谋生。元宵节本村有社火娱乐。

固义村曾经依山傍水，扼冀晋要道咽喉，地理区位优越，具有数千年的人类居住史。先秦这里就是先民生息的宝地；汉初置武安县，直至隋初，固义一直处于县治的核心地带。隋唐之后，始终是周围诸村落的核心；清末之后，才逐渐衰落。这里曾长期是政治、经济、文化中心，沟通东西，贯穿南北，胸襟开阔，文化繁荣，傩戏等民俗文化在这里沉淀下来，并在新时期迸发出夺目光芒，绝非偶然。

第二节 演出流程

固义傩戏演出的大致流程是：在头年的农历十月前后决定来年是否起社，如果决定起社，在春节期间要做好准备工作。正月十四到正月十七是傩戏祭祀演剧的正期。正月十四开始请神和彩排，正月十五是正式演出，正祭、捉黄鬼、搬演队戏和赛戏，正月十六祭祀和演剧，正月十七送神，整个演出结束。

一 准备起社（头年农历十月前后）

固义傩戏并非年年都演，有"演三年歇三年"的惯例。固义傩戏在解放后时断时续，"文革"时期基本中断，1987年恢复之后，并没有严格遵守"演三年歇三年"的惯例。最近几年的演出频率基本延续了这个旧有的规制。2006—2008年元宵节时进行了《捉黄鬼》的傩戏表演，2009—2011年元宵节没有举行。2012—2015年连续办三年，2016年亦办，近年来由于非遗保护的需要及多种原因，几乎年年办。

在过去，固义村元宵节期间整个社火活动由西大社、南王户、东王户、刘庄户的社首商量而定，主要由西大社发起和召集。原先的社首户都是轮值的。每一次准备起社，都由一家社首为主出面组织，其他社首户配合。由于社会的发展，旧时的组织形式有所改变，还保留着社首的称呼，只负责起社、组织的一些具体事务，村委会承担了一定的组织、宣传、动员和集资、安保等工作。

如果确定第二年元宵节期间举行整个社火傩戏活动，头年的农历十月，社首们会商量一下，达成一致意见。西大社、南王户、东王户、刘庄户分别把活动安排传达下去，督促大家开始排练起来，及时购置演出所需的道具、服装等。事先需要做的准备工作也安排到具体人头上，通知在外打工或学习的亲属届时回乡参加。每一户村民在整个社火活动中的角色一般是固定的，特别是重要的角色，一般都是父传子子传孙，一代代传承下来的。如果没有儿子的，设法由侄子、女婿继承下来。所有的家户都有职责，或是演员，或是烟火，或是伙食，或是后勤，或是建工，或是采购，或是财会，需要事先安排到位，通知到位，才能保证到时候配合得当，不出差错。

在临近春节时，社火负责人委派专人向全村募集活动经费，多寡不拘，钱粮均可。每家每户都会根据自身情况出钱出物。周围的商户、企业都会提供一定的赞助，村委会也会提供一定的财务支持。募集来的资金细目将在村中醒目的位置公示。经费用于社火活动中的各种开支，例如道具服装的购买、修补，烟花爆竹购置，工作人员的酬劳等。经费的使用情况将列成明细，有账存据，今年共募集多少、开支多少、结余或亏空多少，都会在活动结束后公示。各大社募集的经费使用情况，一般在本社聚居的居民区公布。有时各个庙也会募捐，用于本庙在社火期间的开支。

二 演前准备（春节前后）

在春节前后，农闲时节，大家就开始准备起来。参演的演员不断熟悉自己扮演的角色，苦练表演技艺。社首联络村民进行排练。负责保管服装道具的，检查所用服装道具完好与否，需要购置新的尽早购置。旗牌伞扇锣鼓等需要检查修缮。演出中需要的牲口、烟花爆竹都需要专人负责看管照顾。社火中使用的灯笼、旱船、竹马、龙虎狮子一并检查维护。

在春节后，社火举行前，村里要打扫一新，做好活动前准备。社火傩戏中用到的道具在正月十三前完全准备到位。村口和主要街道搭建牌坊，村中张挂和傩戏相关的横幅吊挂。傩戏中用到的祭祀神棚、阎王台、斩鬼台等基本设备准备妥当。赛戏演出的戏台装饰一新，做好演出前的预备。捉黄鬼所要经过的街道、场地，在村内的要平整，有不平泥泞坑洼的地方需要填平规整；在村外的，特别是南河道，要动用机械平整，河道里开辟表演场地，搭建神棚和刑台等设施，并且规划好表演区和观众区。

在整个社火临近前，社首集合，通报各自班社准备情况，查看演出路线、演出场地和演出基本设施，确定各个班社在社火队伍中的次序。最后由总负责人一级一级通知到每个人，各司其职，准备社火的开始。

三　请神和彩排（正月十四）

上午，西大社的锣鼓班、掌竹、所扮演的城隍、武判官、五道神、土地神、小鬼、曹官及本社社首，携带供品，敲锣打鼓从前街李家祠堂出发，沿街东行，到达北阁外的龙王庙旧址。旧址摆有神案一张，上供龙王爷牌位。请神队伍到神位前，社首上香烧纸，掌竹唱请神词。唱罢，社首烧纸行礼，带领众人跪拜。之后请上龙王尊位，沿原路回到前街的仙殿，请龙神牌位落神位。

南王户、刘庄户、东王户在社首带领下，敲锣打鼓，携带供品纸帛，来到南大庙中，烧香跪拜后，把白眉三郎、白面三郎、赤锋三郎的木雕神像请到抬椅上，之后神像出行，到前街西阁下的卷棚内，三位三郎落位，白眉三郎处尊位。请神完毕。

下午彩排，俗称亮脑子。全村所有社火节目和仪仗、执事都装扮起来，并依次排列，从前街西头走到东头，走到仙殿门前时，骑马的角色下马，掌竹吟唱赞词。吟唱完毕，四值神走圆场。之后队伍继续东行，再从后街东头走到西头。这样的彩排既可以使所有人熟悉表演场地和表演次序，又可以检查沿街准备情况，还可以提前发现各节目间协调、调度的问题，同时还可以检验道具、服装、化装的完备程度，都是为了确保正式演出的成功和圆满。

四　正式表演（正月十五）

凌晨一点左右，大鬼、二鬼和持柳棍村民按照东、北、西、南方向和顺序，各走出村庄 0.5 千米远踏边，两个探马按相同方向和顺序，各走出村外 1 千米迎神。此为第一遍。第二遍，大鬼、二鬼等把村中两头通气的过道（胡同）走一遍，探马按原方向和顺序走出村 0.5 千米迎神。第三遍，大鬼、二鬼等把村中的大过道走一遍，探马按原方向顺序走出村外迎神。三遍已毕，回到村中仙殿，社首已把60多尊神灵牌位摆好，标志着诸神已经降临该村。大鬼、二鬼和探马向已摆好的诸神牌位磕头，禀报各处邪祟已驱除净尽，差事已经完成。此时已到早晨六点半。在此期间，各个庄户在做化装、集合的准备。

早七点以前，迎门旗、文武执事等仪仗和武术、花车、旱船、霸王鞭、高跷、竹马等社火节目，已经在前街东头的三教堂门前，头西尾东排列在村街两边。30匹骡马也已集中在道子外，供探马轮流骑用。而队戏、赛戏演出人物则已集中在前街西阁下，准备与东边来的社火节目会合。

近七时，《捉黄鬼》的角色大鬼、二鬼、跳鬼和黄鬼从三教堂前进入道子中间，开始作勾黄鬼表演。两位探马也进入道子中，轮流着往返闯道子——开路。大鬼在前，二鬼殿后，迫使黄鬼就范。黄鬼进进退退，哆里哆嗦，不愿就擒。跳鬼则前后跳动，诱迫黄鬼。就这样，进进退退，从队尾到迎门旗跟前，往返三遍，道子才往前挪动十多步远。四个鬼再往返三次，道子再往前挪十多步。如此往复多次，直到村街西阁下，与队戏、赛戏角色会合。四个鬼仍旧在道子中间往复舞踏，直到村西场上玉皇大帝神棚前。道子绕神棚转一遭，然后各种队戏、赛戏角色在玉皇大帝神棚前围圈，准备演出。武术、花车、旱船、竹马、高跷、霸王鞭等社火节目，分别围成三个场子，准备演出。

西大社集中在玉皇大帝神棚前，由掌竹主持，首先演出的是《岑彭马武夺状元》，之后是《吊绿脸小鬼》《吊四值》《吊四尉》，这些剧目具有祭祀的成分。其他场地上，三个庄户也在表演节目。刘庄户主要有武术、旱船、高跷、跑驴、秧歌、花车等节目；东王户主要有花车、跑驴、七品芝麻官、三句半、武术、舞龙等节目；南王户主要有武术、狮子舞、竹马、霸王鞭、秧歌、卖膏药等节目。中午12时前后结束。

上午摆完道子后，文武执事，锣鼓套，大鬼、二鬼和跳鬼已一起来到村中李家祠堂，迎请由村民扮演的阎罗王和判官。阎罗王和判官来到村南，先拜过各自的台子，再登台坐在案后，准备审判黄鬼。从西场过来的所有节目仍排列在两侧，中间仍由大鬼、二鬼、跳鬼作勾黄鬼表演。将近阎王台时，已将黄鬼锁住，在80名持柳棍村民的呼喝和簇拥下，将其先押在判官台前接受预审。判官将案卷折子向案前一展，意思是已将你判为死刑，同时说道："交上司发落！"大鬼、二鬼和众人又将黄鬼押到阎王台前，阎罗王看毕转呈来的案卷，宣判道："绑到南台，抽肠剥皮！"此时，站在阎王台前左侧的掌竹吟唱道："劝世人父母莫欺，休忘了生尔根基。倘若是忤逆不孝，十殿君难饶于你。命二鬼绳拴索绑，到南台抽肠剥皮。若问队戏名和姓，十殿阎君大抽肠！"唱毕，三个鬼差和众人将黄鬼押往南台，大鬼弄刀，二鬼挥叉，开始动刑。持柳棍村民和所有节目的角色，把南台团团围住，由专人施放烟雾，台上开始抽肠出彩。具体做法是，预先就在黄鬼的裤衩里装有塑料袋，袋中装有红颜料水和鸡肠子。把塑料袋拽出，将鸡肠子和红颜料水抛洒向空中，然后把黄鬼卸到台下。捉黄鬼演出至此完毕。

南台斩鬼之后，所有节目又依次从西阁下进入前街，边表演边向东行，庆贺捉黄鬼的胜利。走到前街东头，向北走到后街东头，向西边表演边前进。到了后街西头，再转到前街西阁下，才告结束。在前街西阁旁边的菩萨庙前、前街东阁下、东阁外桥头、后街狮子口等处，都摆有香纸桌。庆贺胜利的队伍走过每张香纸桌时，社首都要烧表文，向神灵禀报已将黄鬼处置。下午两点时结束。

下午三点时，戏台上演出《吊掠马》和《长坂坡》。晚上演出《点鬼兵》和《虎牢关》。

五 祭祀和演出（正月十六）

上午，在村南地祭虫蝻王，在村北祭冰雨龙王。西大社社首带领开路牌、红油棍、金瓜钺斧、朝天镫、长柄刀等全套武执事、锣鼓套和众村民，掌竹也参加，共约40人；队伍敲锣打鼓，从李家祠堂出发，出南小阁，来到南山下的地里。由社首主持杀鸡祭奠并烧《祭虫蝻表文》，表文上赞颂虫蝻王"维神至灵，祷无不应，求无不通"，请求其保佑今年"飞虫远去，百谷告成，恩覃众圣，泽及下民"。仪式完毕,队伍沿原路回村,再到村北地里祭冰雨龙王。由社首主持杀鸡祭祀并烧《祭冰雨表文》。表文祈求"当年行雨龙神风云雷电霹雳冰雹一切尊神"保佑当年"冰雹远去,甘霖调匀,烈风弗作,迅雷罔闻,上天施泽,下民沾恩"。祭冰雨龙王的仪式和祭虫蝻王的仪式基本相同,只不过祭冰雨龙王时要当场把一只白公鸡的头剁掉,把鸡身抛向西北方向。

下午,在戏台上表演《开八仙》《讨荆州》等节目。晚上,东头三个庄户在戏台表演歌舞节目。

六 送神（正月十七）

上午,将龙王牌位送到村北龙王庙旧址,将三位三郎的塑像送回奶奶庙。社首带领武执事、锣鼓套、掌竹和村民40多人,到村南鹊鹅山上的奶奶庙里举行完表仪式。表文上请求"合座尊神返驾回宫之余,高展电目之光,俯察愚蒙之隐,务赐千祥之福,亦除五瘟之灾,恩覃于三界临人间"。至此,这一年的祭神活动全部结束。

旧时尚有换社首、过厨、吃供饷等仪式,今已不行。至此,社首总结,清点所用,道具入库,账目公开,整个社火活动结束。

第三节 演出剧目

固义傩戏演出的剧目在分类上有傩戏、队戏、赛戏三类。傩戏主要指戴面具或涂面沿街演出的《捉黄鬼》及其他面具戏;队戏主要指掌竹唱词中界定为队戏的剧目,时间短、台词少、祭祀性强;赛戏指队戏和傩戏之外的祭祀剧,时间长、舞台演出,多为历史故事。实际上,固义傩戏的剧目也被归入队戏,队戏和赛戏在艺术风格上有显著差异,但队戏也属于泛称的赛戏。鉴于戏曲发展历程中,傩中有赛、赛中有傩的现实,队戏与赛戏的相互交融,依照惯例把固义的祭祀演剧统称为"傩戏",实则包括固义队戏和固义赛戏在内。

第一章 固义傩戏概述

一 队戏

《捉黄鬼》：主要角色有大鬼、二鬼、跳鬼、黄鬼、阎罗王、判官、小鬼。角色画脸谱、无唱词、无念白，沿街表演，由掌竹主持，吟唱少数唱词，以锣鼓伴奏。该剧以村庄街道为舞台，以捉鬼驱邪为目的。故事梗概是黄鬼好吃懒做、不孝敬父母，阎罗王命令黄鬼的兄弟们大鬼、二鬼、跳鬼去捉拿黄鬼，三鬼差是黄鬼的哥哥们，他们奉命沿街寻找并捉拿黄鬼。大鬼气势昂扬，抬头挺胸；二鬼稍显犹豫，进进退退；跳鬼心神不安，蹦蹦跳跳，手舞足蹈。捉拿到黄鬼后，送到阎王面前，判官宣读判状，阎王命令将黄鬼抽肠剥皮，最后黄鬼在烟雾弥漫中被行刑。该剧由固义西大社演出。

《十棒鼓》：主要角色有挎鼓男子、烟花女子、三个男孩、两个女孩。角色画脸谱，无唱词，有念白，合韵，在戏台表演，以锣鼓伴奏。主角以韵白对答，配角应和，基本无固定的故事，主要是俚言土语中的俏皮话，夹杂笑话、戏谑、自嘲，引人发笑。演出中对答和表演循环重复，接近或达到十次。该剧由固义西大社演出。

《大头和尚戏柳翠》：主要角色有大头和尚、柳翠。角色戴面具，无唱词，无念白，只有动作，为戏台表演的哑剧，以锣鼓伴奏。该剧情节简单，以滑稽逗乐为主，大头和尚先上场，做张望、探路等动作之后坐下等候柳翠。柳翠上场，做张望、探路等动作。大头和尚和柳翠相互调戏作弄，最后和尚背着柳翠退场。该剧由固义西大社演出。

《岑彭马武夺状元》：主要角色有岑彭、马武、王莽、王凤。角色画脸谱或净面，有唱词，有念白，唱白结合，唱词以七言为主，在玉皇大帝神棚前演出，由掌竹吟唱主持，以锣鼓伴奏。该剧大致讲王莽篡位后，开科选拔武状元，岑彭和马武来应选，经过一番较量，岑彭被选中。该剧由固义西大社演出。

《审马龙》：主要角色有马龙、裴玉娥、山大王。该剧是竹马戏，角色画脸谱，有唱词，唱平调唱腔，沿街行进表演，无掌竹参与。竹马是社火中常见的形式，《审马龙》本是武安平调传统剧目，该剧是竹马与平调剧目的结合。该剧故事梗概是裴玉娥杀死非礼她的纨绔子弟魏氏弟兄，留下丈夫马龙的姓名，逃往青龙山和山大王结为兄妹。官兵擒住马龙，由三位官员审问。其中一位官员叫刘定魁，马龙此前曾救过刘定魁的命，因此刘大人审问时保住了马龙。这时青龙山大王作乱，马龙带兵平叛，阵前遇到出寨迎战的妻子裴玉娥，夫妻诉说原委。裴玉娥设计引出山大王，火烧山寨，马龙擒拿了山大王，夫妻团聚，共投明朝。该剧由固义南王户演出。

《开八仙》：主要角色有汉钟离、吕洞宾、张果老、曹国舅、蓝采和、铁拐李、韩湘子、花杨女、张四郎、柳树精、寿星。角色画脸谱，寿星戴面具，有唱词，吟唱腔，唱词以七言为主，在戏台上表演，由掌竹吟唱主持，以锣鼓伴奏。该剧主要吟唱"八仙"（非现在通行之八仙）事迹，开场后，寿星端坐在台子上的高桌上，掌竹吟唱开场词，吟毕指挥角色上场。其后，蓝采和、汉钟离、吕洞宾、张四郎、铁拐李、张果老、曹国舅、韩湘子、花杨女先后上场吟唱自家事迹，柳树精最后出场，亦吟唱自己生平事迹。最后，掌竹吟唱词，九位神仙和柳树精向寿星行拜礼，礼毕退场。该剧由固义西大社演出。

《点鬼兵》：主要角色有白眉三郎、探神，角色戴面具、无唱词、无念白，为戏台表演的哑剧，由掌竹吟唱主持，以锣鼓伴奏。该剧敷演白眉三郎事迹，台中央置一方桌，桌上置一椅子，开场后白眉三郎坐在椅子上，神探巡视，参拜三郎神，掌竹吟唱白眉三郎身世及主要事迹，白眉三郎扮演者配合做动作，结束。据述白眉三郎是秦庄王十三太子，因抱打不平被晋兵追赶，隐藏在乐户表演队伍中脱身，路过固义村时，染病不起，后得医复原，留下两道白眉,后在固义鹊鹅山坐化,被封为喉咽神。该剧由固义西大社演出。

《吊掠马》:主要角色有关公、颜昭、探神,角色戴面具、无唱词、无念白,为戏台表演的哑剧,由掌竹吟唱主持,以锣鼓伴奏。该剧敷演关公事迹,从籍贯姓名开始,在蒲州杀死熊虎员外一家,逃命至范阳郡,与刘备、张飞二人桃园三结义。之后古城外斩蔡阳,长沙府战黄忠。后营帐夜读《春秋》时,颜良的儿子颜昭来为父报仇,关公将他放走。颜昭投奔东吴后来向关公挑战,最后被关公斩于刀下。该剧由固义西大社演出。

《吊黑虎》:主要角色有赵公明、黄虎、探神,角色戴面具、无唱词、无念白,为舞台表演的哑剧,由掌竹吟唱主持,以锣鼓伴奏。该剧基本没有故事情节,赵公明出场后坐在台中央桌子上的椅子上,探神向其烧香上供,之后黄虎上场,跳跃一番,最后赵公明从高处下来,鞭杀黄虎。该剧由固义西大社演出。

《吊绿脸小鬼》:主要角色有绿脸小鬼,角色戴面具、无唱词、无念白,在玉皇大帝神棚前表演,由掌竹吟唱主持,以锣鼓伴奏,类祭祀仪式。掌竹吟唱完开场词,绿脸小鬼向玉皇大帝神位做跪拜行礼动作,接着做上马、巡视、进退、下马等动作,最后退场。该剧由固义西大社演出。

《吊四值》:主要角色有年、月、日、时四值神,角色戴面具、无唱词、无念白,在玉皇大帝神棚前表演,由掌竹吟唱主持,以锣鼓伴奏,类祭祀仪式。掌竹吟唱完开场词,四值神分别向玉皇大帝神位做跪拜行礼动作,接着做上马、巡视、进退、下马等动作,最后退场。该剧由固义西大社演出。

《吊四尉》:主要角色有东、西、南、北四尉神,角色戴面具、无唱词、无念白，在玉皇大帝神棚前表演，由掌竹吟唱主持，以锣鼓伴奏，类祭祀仪式。掌竹吟唱完开场词，四值神分别向玉皇大帝神位做跪拜行礼动作，接着做上马、巡视、进退、下马等动作，最后退场。该剧由固义西大社演出。

《祭鹿台》：主要角色有主公①、文武官各四，角色画脸谱、无唱词、无念白，为戏台表演的哑剧，由掌竹吟唱主持，以锣鼓伴奏，类祭祀仪式。掌竹吟唱完开场词，主公带领文武百官祭拜天地，行二十四拜礼。该剧由固义西大社演出。

二 赛戏

《虎牢关》：戏台表演，锣鼓伴奏，角色画脸谱穿戏服，唱词以七言为主，吟唱腔，有对白和念白，使用方言。该剧敷演三国故事，前半部分讲关羽温酒斩华雄，后半部分讲虎牢关前三英战吕布。故事梗概是：刘备自报家门，引关张二人迎接公孙瓒，瓒讲十八诸侯伐董卓事。泗水关前，华雄连胜，盟军闭门不战。关羽在曹操支持下，温酒斩华雄。张飞和曹操就此事一番对话。接着，吕布出战，张飞迎战，不敌而走，后刘备、关羽、张飞三人虎牢关前战吕布，大胜而回。该剧由固义西大社演出。

《讨荆州》：戏台表演，锣鼓伴奏，角色画脸谱穿戏服，唱词以七言为主，吟唱腔，有对白和念白，使用方言。该剧敷演三国故事，主要讲鲁肃向刘备讨要荆州事。东吴派鲁肃向刘备讨要荆州，刘备一再推脱。诸葛亮献计借荆州，周瑜设计孙尚香嫁给刘备。孙权派鲁肃前去提亲并请刘备到东吴来。此时东吴暗藏杀机，刘备按照诸葛亮计策，又得到鲁肃等人帮助，脱险而归。该剧由固义西大社演出。

---

① 《祭鹿台》都本作"主公"，《中国·武安傩戏》一书认为系商纣王。

《长坂坡》：戏台表演，锣鼓伴奏，角色画脸谱穿戏服，唱词以七言为主，吟唱腔，有对白和念白，使用方言。该剧敷演三国故事，主要讲长坂坡前赵云单骑救主。曹操攻取荆州，刘备兵败，眷属在乱军中失散，赵云数次闯入敌阵，救出简夫人、甘夫人等，最后与糜夫人相遇。糜夫人把阿斗交给赵云后投井而死，赵云怀抱阿斗，杀出敌阵。该剧由固义西大社演出。

《伯王截本》：唱词以七言为主，吟唱腔，有对白和念白。该剧敷演楚汉故事，项羽兵破函谷关，屠咸阳，杀秦王子婴，自封为西楚霸王，大封天下，封刘邦为汉王，其他众人皆受封。该剧目前尚未恢复演出，剧本藏于固义西大社。

《封官拜帅》：唱词以七言为主，吟唱腔，有对白和念白。前半部分同《伯王截本》，敷演霸王分封诸侯事，后半部分敷演羽邦争夺天下。该剧目前尚未恢复演出，剧本藏于固义西大社。

《幽州都本》《幽州全部》：唱词以七言为主，吟唱腔，有对白和念白。该剧敷演杨家将故事，宋太宗五台山还愿，往幽州玩景，被北辽天庆王困于邠阳城。杨继业率领众子保驾突围，最终大郎和二郎战死，三郎被马踩死，四郎和五郎失落异地，五郎削发出家。杨继业含悲和六郎一起保驾还朝。该剧目前尚未恢复演出，剧本藏于固义西大社。

《战船》：唱词以七言为主，吟唱腔，有对白和念白。该剧敷演三国赤壁之战故事，曹操率大军攻打吴国，吴蜀联合抗曹。因魏军不善水战，孔明、周瑜决定火攻。庞统假意投奔曹操，建议魏军船只用铁索连在一起抵御风浪；周瑜假打黄盖，后者假装降魏；孔明推测出东风将至。黄盖带数十条船降魏，船里装满柴草。快到魏军时，黄盖点燃柴草，火借风势向魏军烧去。魏军不熟水性船又连在了一起，死伤无数。曹操大败，孙刘联军胜。该剧目前尚未恢复演

35

出,剧本藏于固义西大社。

《衣带诏》:唱词以七言为主,吟唱腔,有对白和念白。该剧敷演三国故事,汉献帝时,曹操擅权,献帝刘协被曹操挟制,决定除掉曹操。但献帝并没有多少实力,就写了一道密诏缝在衣带里,赐给国舅董承,由他带出宫外。诏书希望他召集天下豪杰,诛杀曹操。董承联合马腾、刘备等人准备行动,但事机败露。曹操乘机反扑,杀死董承、董妃,软禁献帝。该剧目前尚未恢复演出,剧本藏于固义西大社。

《巴州》:唱词以七言为主,吟唱腔,有对白和念白。该剧敷演三国故事,刘备落凤坡失庞统被困,修书与诸葛亮来救。诸葛亮分派众将前往,取了巴州,拿下雒城,最后齐聚落凤坡救出刘备。其中张飞领兵从南路旱道奔取西川,到巴州城时,遇到严颜收城,张飞使用诸葛亮的"两张飞"计破城。该剧目前尚未恢复演出,剧本藏于固义西大社。

《西柳英》:唱词以七言为主,吟唱腔,有对白和念白。该剧敷演汉初事,汉文帝年间匈奴侵犯大汉,文帝命周亚夫驻扎在细柳。文帝銮驾来到营地,营门紧闭,不放帝入。左右报知周亚夫,出来迎接,不跪拜,只行军礼,文帝十分感动。该剧目前尚未恢复演出,剧本藏于固义西大社。

《屺城大会垓》:唱词以七言为主,吟唱式,有对白和念白。该剧敷演楚汉事,汉刘邦围困项羽于垓下,四面楚歌,项羽军军心涣散。项羽与虞姬饮酒作别,虞姬自刎。项羽杀出重围,几亡,不得路,自愧无颜见江东父老,乌江岸边自刎。该剧目前尚未恢复演出,剧本藏于固义西大社。

《坤阳锁秦王》:唱词以七言为主,吟唱腔,有对白和念白。该剧或为两剧合一，前为《昆（坤）阳》，后为《锁秦王》。《昆阳》敷演东汉事，刘秀用邓禹计策，引铫期、马武、杜貌、岑彭往江夏铜马处求救借兵，得勇将纪敝、贾复、臧宫等人，同回昆阳。昆阳大战，王莽军大败，唯岑彭坠入陷坑，押入囚车，半途得苏成解救。王莽部将李成把二十万石粮草归汉，严子陵又说服马援助汉，于是大破王莽百万之军。《锁秦王》敷演隋唐事，李世民攻王世充，经过北邙山，偷看金镛城，被程咬金所迫，避入老君堂，程咬金劈开庙门擒获之。该剧目前尚未恢复演出，剧本藏于固义西大社。

第四节　组织形式

《捉黄鬼》是固义傩戏的代表剧，该剧是固义祭祀戏剧中的一出，也是最重要的一出。固义祭祀戏剧和相关祭祀仪式，加上其他社火节目，构成了完整的固义社火。因此，固义社火傩戏采用社火中最常见的社火班社组织形式。

固义社火共分为四个社火班社，一为西大社，以李、丁、马姓为主，旧时主要居住在村庄西部，人数众多，是固义社火最大的社火班。该社火班具有发起、领导、指挥整个社火活动的职能，一般有若干社首，共同负责。固义社火中的队戏、赛戏、傩戏演出均由该社承担，主要祭祀仪式由该社主持。其他三个班社是南王户、东王户、刘庄户，这三个班社旧时聚居在村庄东部，人数较少，前两个班社以王姓为主，刘庄户以刘姓为主，人数远不及西大社多。这三个班社都有社首若干，配合西大社社首们的工作，组织指导本班社内的事务。三个班社在社火活动中各有颇具特色的节目。固义社火（包括傩戏《捉黄鬼》）是全体固义村民共同努力、齐心配合传承下来的遗产，属村民共享，因此不以班社的大小、人数多寡、角色主次来衡量作用。

班社在管理上呈金字塔状。全村四个班社，每个班社有社首若干，以西大社社首为核心，西大社社首又推选最有威望的老社首，在社火活动中担任总指挥，手持三角令旗，发号施令。所有参与人员必须听从总指挥调令。在总指挥之下，各个社首负责本班社内部事务，西大社多个社首各有分工，各司其职。社首下有多个执事头，分别负责买办、道具、锣鼓、面具、财会、安保、牲口、后勤、烟火、建工等各项具体事务。执事头下又有工作人员若干，如锣鼓套执事头分管锣鼓各项，演出过程中锣鼓的使用、保管均要负责，锣鼓点的选择、锣鼓手的选择、锣鼓行进路线、处于社火队伍中的位置都要服从社首调令。其他分项亦然。

班社在财务核算上是独立的单元。社火傩戏演出之前，班社财会向本班社的所有住户募集款物，将所募集来的款物详细登记在册。在村里醒目位置张榜公示。演出前购置烟花爆竹、锣鼓服装、道具维护等各类开销需向财会说明，所用大小款项必须有收据为准，严格意义上，演出服上掉一个扣子需要更换的，小卖铺买来一个扣子也应当开出收据，以向财会报备。演出中的一切大小开支，详细造册。待社火活动结束后，开支细目、结余状况张榜公布，以供监督。各班社间互不干涉。每个班社都有一定的固定资产，例如锣鼓套、服装道具、建筑用具、剧本面具等，一般由各社首保管，不能私自使用和变卖。平常和演出时人为损坏，作价赔偿。

班社内部人员分工相对固定，社火中主要角色在代际传承上以父传子为主，兼有传给侄子、女婿、外甥的。表演技艺传承上偶有师徒相传的情况。上辈传给下辈，首先考虑家庭直系下辈男丁，其次考虑家族内下辈男丁，一般不传到家族外。例如现在西大社社首李增旺即是接本族爷爷李正年的班，掌竹的扮演者李长生将其技艺传给了其孙李金安、李金玉、李王臣等人，跳鬼的角色由李香廷传给其子李秉方，李秉方又传给其子李天来。这种父子相传的情况主要存在于傩戏、赛戏、祭祀等十分重要的项目中，具有某种神圣性和严肃性。其他社火项目，比如高跷、舞龙、跑驴等社火节目，传承限制就少得多。所有社火节目的演员一般都不会有外村人，主要是固义村民。较为特殊的角色是《捉黄鬼》中的黄鬼，被村民视为污秽邪疫的代表，因此都是请外地人扮演，所以谈不上传承。旧时主要是大烟鬼、乞丐，现在是外地务工人员中的穷困者。

新世纪以来，固义社火傩戏得到外界关注，班社的组织形式一直保存下来，目前仍是演出的主体和主要力量。村党支部和村委会承担了一定的资金支持、安全保卫、组织协调、对外接待等工作。随着外地众多的参观者、爱好者、研究者、旅游者来到固义，固义社火傩戏的观众越来越多，远远超过了村庄承载能力，当地公安部门在社火表演期间承担了安全保卫工作。在社火傩戏内部依然保持传统组织形式的同时，相关部门担当了外围支持，担负起班社一些力不能及的工作，反映了固义傩戏组织形式中多方配合的新变化。

第五节 主要传承人

丁德玉（1929—1998），固义村民，20世纪80年代恢复固义社火演出的主要发起人。原武安市冶陶镇中心学校校长。退休后，关心本村传统社火表演。1987年与社首们共同努力，恢复了包括《捉黄鬼》在内的社火表演，为固义社火傩戏的传承作出了重要贡献。

李起来（1913—1992），固义村民，西大社社首，掌竹扮演者，都本保管者。20世纪80年代恢复固义社火演出的主要参与者，之后将掌竹表演技艺传给嫡孙、侄孙，为固义社火傩戏的资料保存、恢复演出、传承作出了重要贡献。

李正年（1917—1993），固义村民，西大社社首，探马扮演者。20世纪80年代恢复固义社火演出的主要参与者，为固义社火傩戏的恢复演出、传承做了很多工作。

丁石全（1938—2006），固义村民，20世纪80年代恢复固义社火演出的主要发起人。原武安市西石门煤矿干部，退休后，与丁德玉和旧时的社首们一起努力，恢复社火演出。在傩戏中，主要担任导演，并采购服装道具。为固义社火傩戏恢复演出、传承作出了重要贡献。

李增旺（1950— ），固义村民，李正年孙，西大社社首，从20世纪80年代以来，一直是西大社的主要负责人，也是《捉黄鬼》等社火傩戏节目的主要组织者和表演者。为固义社火傩戏传承作出了重要贡献。2007年被确定为国家级非物质文化遗产项目武安傩戏的代表性传承人。

刘二计（1949— ），固义村民，在《捉黄鬼》中二鬼扮演者。20世纪80年代拜李大旺为师，学习演出技艺，之后一直扮演二鬼，表演精湛。现将技艺传给其侄。2008年被确定为省级非物质文化遗产代表性传承人。

李天来（1954— ），固义村民，跟从父亲李秉方学傩戏表演，20世纪90年代接替父亲在《捉黄鬼》中扮演跳鬼，表演技艺精湛。2008年被确定为省级非物质文化遗产代表性传承人。

李有旺（1964— ），固义村民，跟从父亲学傩戏表演，在《捉黄鬼》中扮演大鬼，表演生动，技艺精湛。现将演出技艺传给儿子李维，培养了传承人。2008年被确定为省级非物质文化遗产代表性传承人。

李延军（1966— ），固义村民，跟从父亲李永庆学艺，在社火表演中扮演"阎王"，表演精湛，惟妙惟肖。2008年被确定为省级非物质文化遗产代表性传承人。

王化南（1924— ），固义村民，南王户社首、负责人和组织者。年轻时在村中学习傩戏表演，20世纪80年代以来一直是南王户的导演，培养了本庄户的传承人。

王社成（1932— ），固义村民，东王户社首、负责人和组织者。20世纪80年代以来一直是东王户的导演，培养了本庄户的传承人。

刘魁昌（1933— ），固义村民，刘庄户社首、负责人和组织者。幼年时即参加傩戏演出，是固义傩戏恢复演出的主要成员之一。

另有何增兵、丁彦林、李金安、李天旺、李东方、李魁方、李维旺、董丙贵、王银州、王景河、王堂拴等固义村民在傩戏组织、表演、传承等方面发挥了重要作用。

第二章　固义傩戏剧目初考

固义傩戏中的队戏和赛戏各剧目，与周边同类的祭祀演剧存在亲缘关系，把这些剧目放到适当的祭祀戏剧背景中，可以看到这类演剧并不是孤立的。固义傩戏（包括队戏和赛戏）有其发展的历程，有可参照的对象，因此做一简单的考察，对了解其演变过程、艺术风格、史料价值都有一定意义。

第一节　吊字头队戏

固义的祭祀戏剧中，以"吊"字为头的总共有五出，分别是《吊绿脸小鬼》《吊四值》《吊四尉》《吊黑虎》《吊掠马》。从归类上来讲，《吊掠马》中有"做一掠马队戏"句，可以大致归入队戏范围。这五出以"吊"字开头的队戏，有一些共同点：掌竹吟唱开场词和故事情节，角色无唱词只有舞蹈动作配合掌竹的吟唱内容，戴面具演出，锣鼓伴奏，情节简单，时间简短。除共同点之外，还有稍许不同，《吊绿脸小鬼》《吊四值》《吊四尉》在神棚前演出，《吊黑虎》《吊掠马》在戏台演出，前三剧基本没有故事情节，仅仅是某个或某几个角色在神棚前行礼祭拜，更类似祭祀仪式；后两剧有一定故事情节，通过简单的舞蹈动作敷演若干故事场景。

现将五出剧概述如下：

1.《吊绿脸小鬼》《吊四值》《吊四尉》

正月十五上午在玉皇大帝神棚前，掌竹吟唱：

面如黑漆似锅底，英雄丑媸人难比。
阴曹地府管牢笼，敕封一尊开路鬼。
盖世间管恶赏善，死后来查考文卷。
管人间六道轮回，敕封为古城鬼判。
十字街头盖下庙，五方恶鬼都来到。
金殿也曾斩丧神，敕封一尊金五道。
韩文公珍珠密系，黄丝绦腰中紧系，
因为他正直无私，敕封为本村土地。
汤阴县祖业坟地，打铜锣不造兵器，
因为他正直无私，敕封为四个太尉。
四神不离太阳星，化如天边走如风，
一年四季他总管，年月日时四值神。
在世间治国安邦，死后来入庙升堂。
因为他正直无私，敕封为本县城隍。
昨日天边降值神，马蹄踏碎四方云。
前有小鬼来引路，后有判官紧随跟。
土地五道值神司，本县城隍来请神。[①]

掌竹吟唱到小鬼、四值、四尉的时候，绿脸小鬼、四值和四尉分别到神棚前行礼跪拜，做上马、巡视、进退、下马动作，分别退场。

掌竹的这段吟唱词在固义傩戏的祭祀仪式中很常用，在请神、送神、观棚、换尾、祭虫蜎、祭冰雨龙王都会用到。从内容来看，应当是比较典型的请神唱词。其中唱到的神仙包括开路鬼、鬼判、五道、韩愈（土地）、四尉、四值、城隍、判官十余尊。《吊绿脸小鬼》《吊四值》《吊四尉》从表演时间、场所和内容上来看，应当是侧重于祭祀的队戏。在表演时间上，正月十五是固义傩戏的正

[①] 杜学德：《燕赵傩文化初探》，甘肃人民出版社1998年版，第19—20页。

图 2—1　队戏《吊四值》

期,这天上午是祭祀最为隆重的时刻;在表演场所上,三剧在玉皇大帝神棚前演出,祭祀性很强;在表演内容上,三剧没有故事情节,仅仅是简单的行礼叩拜动作,表现的是戴面具的小鬼、四值、四尉诸神向玉皇大帝致礼。因此,就实质而言,这三剧虽然属于队戏,但也可以看作祭祀玉皇大帝仪式的一部分。

2.《吊黑虎》

正月十五下午在戏台表演。掌竹吟唱:

> 一树梨花开满园,金旗不动搅旗幡。
> 若知太平无司马,太平人贺太平年。
> 少打伤人剑,常磨克己刀。
> 万物凭天理,灾祸自然消。
> 打鱼人手执勾杆,遇樵夫斧押腰间。

二人相见到江边，说起了半谈寒筵。
说不尽古今兴废，且免二字饥寒。
你归湖去我归山，劝君把闲事少管。
一言未尽，黑虎来也。
坐下黑虎手拖鞭，三十二岁染黄泉。
子牙挂出封神榜，封为黑虎赵玄坛。

演出开始，台中央摆一张桌子，椅子架在桌子上，赵公明出场后坐在椅子上，探神登台上香叩拜赵公明。黄虎上场，跳跃一番。赵公明从高处跃下，把黄虎压在鞭下。结束。

图 2—2 队戏《吊黑虎》

掌竹的这段吟唱词，从开头到"劝君把闲事少管"这部分比较常见，《点鬼兵》《开八仙》《吊掠马》都会用到，是固义队戏开场的套词。除去套词，《吊黑虎》的吟唱词其实只有四句。这四句故事容量不足，更像一首赞诗。

45

◈　地方社火与现代傩俗　◈

同属武安赛戏的东通乐赛戏也有《吊黑虎》一出，与该村其他赛戏不同，《吊黑虎》表演形式和过程同固义《吊黑虎》，两村的《吊黑虎》可以看作同根同源。东通乐赛戏报场官（相当于固义的掌竹）在《吊黑虎》中的吟唱词只有四句：

　　自幼修行峨眉山，三十二岁染黄泉。
　　子牙讨来封神榜，封我黑虎闹玄关（赵玄坛）。[1]

综合固义、东通乐两村《吊黑虎》来看，情节极为简单，几乎谈不上有什么故事，对赵公明的生平事迹基本没有展开，大体以一首赞诗为主要内容，动作以赵公明鞭压黑虎为核心和高潮。该剧更类似于神的展示与"亮相"，祭祀与演剧并重，戏剧的雏形色彩浓厚。

更为有趣的是，在涉县塔庄村有爬虎小调，演出的过程与"吊黑虎"十分相似。先是把山神爷请到台上行祭拜礼、放炮，然后演出爬虎小戏。一只黄虎在台上做各种动作，最后被山神降服。没有台词，只有动作，时间持续大概半个小时。当地村民说，涉县爬虎小调与武安黑虎调（即"吊黑虎"）有关系。通过现场观摩，我认为涉县爬虎小戏和武安《吊黑虎》属于同一种祭祀演剧形式，都属哑队戏。

3.《吊掠马》

正月十五下午在戏台表演，掌竹吟唱：

　　一树梨花开满园，
　　……（省略部分同《吊黑虎》）
　　劝君把闲事少管。
　　一言未尽，探神来也。

---

[1] 王慈娴、杨建华、王新荣主编：《邯郸·武安赛戏》，河北省武安市非物质文化遗产保护中心、武安市文化馆，2014年，第144页。

第二章　固义傩戏剧目初考

将军上阵纳铫期，浑身上下紧相随。
两条腿似追魂马，报于威灵上圣知。
青铜刀银樽玉把，单行动神鬼皆怕。
因为他正直无私，武安王当坛坐下。
奉祭尊神，做一掠马队戏。
若问此段队戏出自何朝，出自三国演义。
三国演义时里，这老爷家住蒲州，解凉人氏。
老爷姓关名羽，字是云长。
老爷生来好抱不平，一怒杀死熊虎员外一十八口家眷。
老爷云游天下逃命，行来行去，
行至涿州范阳郡，偶遇刘备张飞，
三人桃园结义，杀白马祭天，宰乌牛祭地。
一在三在，一亡三亡。
大破黄巾徐州失散，老爷在土山屯兵。
曹操用谋，张辽顺说，到至曹营。
上马赠金，下马赠银。
十二美女尽善，买不住老爷心肠。
只因白马坡斩了颜良，灭了文丑，得书一封。
老爷欲上河北寻兄，至少三次，不容见面。
老爷无奈，印悬中梁，府库封金。
不辞曹相，独行千里。
过五关斩了六将，古城东斩了蔡阳，兄弟古城才得聚义。
这话莫提，只因长沙府大战黄忠，七明七夜不分胜败。
自回本帐，夜看《春秋》，看来看去，想起楚平王行起无道，公公儿妻，父纳子妻，越看越怒，越看越恼。
将书案桌上击了一掌，书案桌下闪出一小小耍童，
望着老爷就要行刺。
老爷问道，你是何人？
颜昭答曰，吾父颜良，吾乃颜昭，
只因白马坡斩了我父，我前来子报父仇。

47

老爷答道，你脸上胎毛未退，嘴嚼乳食未干，
　　怎敢与你父报仇，容我砍你三刀背不死，你再与你父报仇。
　　老爷说罢，就砍了三刀背。
　　颜昭心不动，身不动，膀不摇，
　　气不发喘，面不改色。
　　老爷代之言，封他为铁臂颜昭，放他回去。
　　行至东吴，东吴见喜，封他为领兵大元帅，天下都招讨。
　　颜昭领定人马，将老爷困至玉泉山，越宿而亡。
　　后有妙赞云，有单刀为证：
　　桃园结义生死同，大破黄巾显其能。
　　虎牢关大战吕布，范阳关斩杀华雄。
　　斩颜良颜昭颜怕，不辞曹千里独行。
　　夏侯惇乡宿大战，有勇士来送文凭。
　　古城东斩了蔡阳，华容道一失曹公。
　　尽忠心诚心扶汉，封伏魔造存天尊。
　　龙凤辇从天降下，总备就酒果香茶。
　　奏一曲逍遥美乐，密松林关公掠马。

　　戏台靠后正中摆一张桌子，桌子上放一把椅子。掌竹出场亮相毕，先吟唱开头部分的套词，接着引关公和探神出场。关公坐在椅子上，探神做巡视、参拜、上香等动作。社首端条盘上场，在桌前焚烧《吊掠马文》。掌竹接着吟诵唱词中关公事迹的部分。关公根据唱词内容做相应动作。最后关公从桌上跃下，做和颜昭交锋的动作，把颜昭压在刀下结束。

　　《吊掠马》这出戏，相对于《吊黑虎》《吊四值》《吊四尉》《吊绿脸小鬼》而言，篇幅较长，内容较丰富，大体介绍了关羽的生平事迹，叙述了一个较为完整的故事。就演剧而言，相对较为成熟。就祭祀性而言，从关公的出场、焚烧表文等细节来看，和其他四剧目差别不大，重点在于祭神。

图2—3 队戏《吊掠马》

东通乐赛戏中也有这出队戏，表演内容和过程基本相似，名字叫作《开烈马》：

青铜刀金瓒玉把，但行动神鬼皆怕。
他执掌五道轮回，武安王登坛坐下。
老爷大战黄忠，不能取胜，夜看《春秋》，
看到楚平王翁昏儿妇，父霸子妻，
老爷大怒，将虎胆一激，书案下击出一个顽童。
老爷问道，此子何名？
答曰，汝在白马坡前屈斩吾父，前来报仇。
老爷言道，吾观你嘴上乳黄未退，敢言报仇二字。
将青铜刀举起，望定他连砍几下。
此子身也不动，膀也不摇，老爷封他铜头铁臂。
老爷言道，吾今放你归家，汝母养你三头五载，再来报仇。
那时颜昭回家了，长了十六岁，投在东吴为将，
将老爷困在麦城，老爷升天归位。

49

◆ 地方社火与现代傩俗 ◆

恐君不信,有诗为证:
赤兔马从天降下,按挑下供果香茶。
敕封为伏魔大帝,密松林单刀烈马。

比较固义《吊掠马》和东通乐《开烈马》,两剧吟唱词高度相似,叙述内容基本一致,可以看作同一剧目。"吊"和"开"是两地队戏赛戏中常见的术语,意思是"上演""扮演某某剧",类似的还有"摆"字,如固义队戏《开八仙》,东通乐赛戏《摆八仙》,固义队戏《点鬼兵》在东通乐赛戏里叫《开三郎》。因此,吊某某等同于开某某,表示表演某某的故事。"掠"字与"烈"字在武安当地方言中同音,吊掠马也可以写作吊烈马。总之,《吊掠马》和《开烈马》属一剧的不同版本。

在固义所有的祭祀戏剧里,队戏与赛戏差别明显,这五个以"吊"字开头的剧属于队戏,和角色演唱、情节完整的赛戏差异十分显著。赛戏更接近现代戏剧,属于相对较为成熟的戏剧形式,而队戏更倾向于祭祀仪式,重于祭神兼娱神。固义队戏中,还有《捉黄鬼》《点鬼兵》《开八仙》等剧目,与这五出队戏既有共同点,也有不同点,最大的区别在于吊字头队戏更侧重于某神的在场和亮相。

队戏中常用"吊""开""摆""排"等术语表示上演某神某人的故事。考上党古赛的写卷(《周乐星图》《唐乐星图》及其他),八仙戏有"开八仙""摆八仙""排八仙"等叫法,尤以"开八仙"最为常见。以"吊"开头的剧目并不多见。"开"和"吊"应当是有所差异的。首先必须明确的是,开也好,吊也好,这类队戏和上党写卷中列出的"正队""衬队"不太一样,正队和衬队大都上演朝代战争大戏,如《樊哙鸿门会》《五虎锁秦王》《丛台赴会》等[①],在正对大庙的戏台上演,故事完整,角色成熟,风格严肃。而"开""吊"剧目必须借助掌竹的吟唱,角色有少数或没有唱词,主要以简

---

① 杨孟衡:《上党古赛写卷十四种笺注》,财团法人施合郑民俗文化基金会,2000年,第458页。

单动作呈现，有时在戏台上、有时撂地演出。"开"多用于搬演某戏，"吊"多用于祭祀某神。

上党古赛中，有一个祭祀仪式叫"调监斋"："赛社的第三天，即下请、迎神之后的正赛头场，在立盏供馔宴享诸神之前，即举行'监斋'仪式，乐户艺人称之为'调监斋'，又称'调方相'。监斋神由乐户艺人扮演，戴面具，三头六臂，穿大龙褂，腆肚撅臀，手执板斧，领四名戴面具的神将叫'机械神'，踏着'监斋鼓'的节奏舞之蹈之。"① 调监斋，又叫调方相、调四角，是迎神赛社中祭祀仪式的构成。固义队戏中"吊"应该就是上党古赛中"调"同音转写，表达的意思一致。

在承担赛社祭祀和献艺的乐户看来，"调"是"表演的意思"："乐户戏把表演称作'调'，如'调队子'、'调方相'、'调判'。潞城市崇道乡南舍村，每四年一次仿效乐户戏驱邪辟祟演出，叫'调家龟'。'调家龟'以本村贫民为主，邀请乐户临场教练和演出指导。询问乐户老艺人'调'是什么意思，他们说就是'表演'。"②

把固义队戏《吊绿脸小鬼》《吊四值》《吊四尉》《吊黑虎》《吊掠马》这类吊字头队戏放到晋东南—冀南的赛社祭祀演剧文化中，可以知道它们是"表演绿脸小鬼""表演四值""表演四尉""表演黑虎""表演掠马"的意思。它们和正队戏、衬队戏等"表演王侯将相"故事不同的是，更像"调监斋""调方相"这类"表演监斋""表演方相"。这里的"吊（调）"就不单单有"表演"的意思，实则包含了通过假扮某神来达到祭祀及崇拜某神的目的。"调监斋""调方相"尽管具有演剧的色彩，但在赛社中属于祭祀仪式，和赛社中演剧泾渭分明。同样地，《吊绿脸小鬼》《吊四值》《吊四尉》《吊黑虎》《吊掠马》更倾向于祭祀仪式，最初可能是专门的祀神礼节，在赛社和社火中属于祭祀的环节，在不断变化和认识模糊后，才被从类似于请神、安神、送神式的仪式归入娱神演剧的队戏中。

---

① 杨孟衡：《"傩"在"赛"中——上党古赛〈监斋〉剖析》，载麻国钧等主编《祭礼·傩俗与民间戏剧》，中国戏剧出版社1999年版，第260页。
② 原双喜：《上党戏剧史摭谈》，山西人民出版社2012年版，第91—92页。

第二节 《点鬼兵》

《点鬼兵》是固义队戏中的一出，主要角色是白眉三郎和探神，掌竹吟唱开场词和唱词；角色戴面具演出，没有唱词，只有动作；锣鼓套伴奏；在戏台上演出。《点鬼兵》与其他队戏的区别在于搬演白眉三郎故事，白眉三郎被视为固义傩戏的"傩神"，因此受到格外重视。

《点鬼兵》都本：

一树梨花开满园，金（旌）旗不动搅旗幡。若知太平无司马（厮杀），太平人贺太平年。少打伤人剑，常磨克己刀。万物凭天理，灾祸自然消。打鱼人手执勾杆，遇樵夫斧押（掖）腰间。二人相见到江边，说起了半谈寒筵（半天寒暄）。说不尽古今心肺［兴废］，免二字饥寒。你归湖去我归山，劝君把闲事少管。一言未尽，探神来也。将军上阵纳姚［铫］期，浑身上下紧相随。两条腿似追魂马，报高（告）威灵上圣知。【奉祭尊神】金骨朵银樽玉把，单行动神鬼皆怕。因为他正直无私，白眉神当坛坐下。【奉祭尊神】做一鬼兵对（队）戏。此段对（队）戏出在何朝？出在战国春秋演义时。这老爷秦庄王十三太子，起（其）名唤英雄殿下。老爷幼而一好寻园（围），寻围行至晋国。晋国有一人名唤拦街虎，将人打死。这老爷好抱不平，一怒上前，将拦街虎打死。晋国报子报与朝廷知道，欢差一支人马，前来捉拿老爷。这老爷跨起轰浑马，周游天下逃命。行来行至顺德府唐山县镇殿村庄，忽听前边锣鼓敲响。老爷上前动问："锣鸣鼓响此是作（做）何？"欧门答曰："乡赛天地，祭赛龙神。"这老爷说："此乃一庄（桩）善事。我是行不更名，坐不改姓。我乃秦庄王十三太子。我在晋国将人打死，晋兵追我甚紧。将我隐藏，日后得地（济），不可忧（有）忘。"欧门答曰："无计可承（呈），怎能救得老爷？哈哈，有了，要得救的老爷，头戴脸戏，身穿彩衣，方可救得。"老爷自思，蝼蚁贪生，为人何不惜命？随急（即）说罢，头戴脸戏，身穿彩衣，隐藏药（乐）和［乐户］。这且不讲。晋兵追来追去，追至顺德府唐山县镇殿村庄。晋兵上前动问："锣鸣鼓响，此是作（做）何？"乡民答曰："乡赛天地，祭赛龙神。""真来［乃］一庄（桩）善事，只可收兵，不可绕（扰）乱。"晋兵回去，这且不讲。这老爷轰浑马踢与（于）地下。欧门献上白马一骥，老爷跨起白马，云游天下逃命。路过雀（鹊）鹅山，偶得一身疯（风）疮疥癣。药王药圣老爷送来赤白二丸药，一丸搽在身上，一丸用在腹内，浑身都好，指（只）留下白眉两道，颏下二唇，坐画（化）在鹊鹅山上。三弟［宋帝］争［真］宗身傍（旁）无子，沿庙降香求子路过鹊鹅山。老爷在空中刮起一阵古怪狂风，马銮铃响亮。三弟［宋帝］问道："空中何神？"老爷答曰："战国春秋将，前来保驾。"三弟［宋帝］回至朝前，选王强上殿，沿庙计查老爷打（行）官，并无老爷行官。七拾式［贰］司内加一司，出报现报司，勒（敕）封为咽喉司都巡按，阳间大急神。战国春秋将，起（其）名换（唤）英雄。打死拦街虎，云游天下行。晋兵来追赶，隐藏药（乐）和［乐户］中。殷门献白马，老爷得逃生。路过鹊鹅山，疯（风）疮疥缠身，儒医来点化，喉咽一点疼，白眉留两道，颏下留二唇，坐画（化）鹊鹅山，显化与争［真］宗。争［真］宗回朝转，并无爷行官，司内多加一，敕封喉咽官。好骑白马身穿红，鹊鹅山前显威灵。手执骨朵催香烟，白眉三郎点鬼兵。①

该都本从开头到"劝君把闲事少管"是掌竹开场的套词，也用于《开八仙》《吊黑虎》《吊掠马》等队戏中。剩下的部分主要叙述白眉

---

① 杜学德：《燕赵傩文化初探》，甘肃人民出版社1998年版，第70—72页，"（）"内为原书校改，"［］"内为笔者所校改。

三郎的故事，前半部分是散文体，后半部分是五言七言的赞诗。虽然传抄有很多错讹，但故事梗概基本明了：春秋战国时秦庄王十三太子打死人后逃命，隐藏在祭赛队伍中得以脱身，云游天下时病在固义，得到药王药丸后留下白眉两道，坐化在此，后因护驾被封为咽喉司。

图2—4 《点鬼兵》

在武安城北土山的诚会中有"点贵宾"仪式，固义的"点鬼兵"和土山"点贵宾"可能有关联（武安方言前后鼻音混淆，"贵宾"与"鬼兵"音同）。"当晚七点，由琴音赛社请神、'点贵宾'，参加人员穿戏装，奏锣鼓乐，表演节目。琴音赛社的社头，身着'八千岁'服饰（称八千岁）叩首跪拜，请神点贵宾（点贵宾所诵读的词按奶奶签示，不能公开），请的十八位贵宾依次有白眉神、城隍、财神、福神、药王、文昌、钟馗、童神、山神、牛王、火神、河神、灶神、路神、马王、左门神、土地、右门神。这一活动与固义'捉黄鬼'类似，也有地方叫'点鬼宾'或'点鬼兵'。"[①]

[①] 杨建华主编：《土山诚会》，武安市文化馆、武安市非物质文化遗产保护中心，2016年，第56—57页。

第二章　固义傩戏剧目初考

土山诚会较固义傩戏而言更侧重于赛社仪式，这里的"点贵宾"其实和固义"点鬼兵"并不相似，而是和固义的排神簿、东通乐赛戏的"大国称""摆家堂"更相似，与上党古赛写卷中的"排神簿"高度类似。土山诚会《点贵宾》有几处值得注意：第一，请的第一位神仙是"白眉神"，显然与固义"点鬼兵"的主角"白眉三郎"有千丝万缕的联系；第二，点贵宾的过程由赛社的八千岁主持，与固义队戏的掌竹承担的角色几乎一致；第三，各路神仙戴面具出场，与固义队戏的表现方式一致。由于土山诚会的诵词没有公开，所以有些信息尚不清晰。从目前"点贵宾"仪式的展演来看，不可否认与固义队戏"点鬼兵"的亲密关系。

武安市大同镇东通乐村的赛戏里没有名为《点鬼兵》的戏，但有一出《开三郎》（开：表演；开三郎就是表演三郎的故事），只有报场官（掌竹）的吟唱词，没有角色对白，实则就是固义的《点鬼兵》。东通乐和固义同属武安，赛戏队戏都本大多相似，不排除这出《点鬼兵》（《开三郎》）有相互传抄的情况，两个版本可以参看。东通乐赛戏《开三郎》报场官吟唱词如下：

金骨杵银瓒玉把，但行动神鬼皆怕。他执掌无道轮回，白眉神登坛坐下。今在神前摆一场鬼兵对戏，此段故事出于何朝，讲于何帝？出于战国春秋之时。这老爷是秦庄公十三殿下，名曰英雄殿下。好打不平，游至晋国。晋国有一拦街虎，拦路伤人。老爷将拦路虎打死，后于晋国交兵，老爷不胜晋兵，败阵下来。后有晋兵追赶甚紧，老爷游来游去，逃跑至顺德府内丘县。只听得锣鸣鼓响。老爷问道，此间锣鸣鼓响为何？小民答曰：此处祭赛天地。老爷问道，领乐者何人？小民答曰：牛蒙领乐。老爷唤到牛蒙，快来救我。牛蒙答曰：要得救你，除非是千岁头顶脸戏，身穿彩衣，藏在乐伙之内，晋兵过去，方可还国。老爷答道，蝼蚁贪生人何惜命，老爷随时头顶脸戏，身穿彩衣。言罢，随后晋兵赶上，问道，此间锣鸣鼓响为何？小民言道，祭赛天地。晋兵马传令，不可游扰黎民，只可越城而过。言罢，晋兵过去。老爷脱去彩衣，摘去脸戏，起身还国。浑红马倒于田地，吐血而亡。牛蒙献白马一匹，老爷跨马云游天下。游来游去游至雀鹅山，见一座茅庵。老爷下马进了茅庵坐下，僧人献茶。老爷一盅茶未曾用毕，忽然生一身风疮疥癣，面目改变，白眉二道，下口二唇。老爷坐化升天。此话不提，后至宋朝三帝。真宗上大安神州降香，路过此处。一阵黄风，上触天，御驾不能前行。真宗问道，何方妖怪拦王御驾？老爷答曰，吾乃秦庄王十三殿下，前来保驾。真宗言道，既然保驾打了前战。真宗降罢御香，回至汴梁，咽喉疼痛。黎明命太医调理，全然不效。老爷变一儒宦臣秀士，进赤白二药丸。真宗龙体得安，夜梦老爷来讨封号。黎明宣王强，各庙查老爷的座位。王强领旨，各庙查遍，并无老爷的座位。内加一祠，共七十二祠，敕封喉咽香火大吉神。后有诗曰为证，老爷是：战国春秋将，威名震关东。打死拦街虎，秦晋大交兵。老爷败了阵，跨马走逃生。逃在内丘县，隐藏乐伙中。晋兵过去了，老爷得逃生。牛蒙献白马，云游天下行。行至雀鹅山，风疮疥癣身。儒医来调治，浑身都止疼。浑身都已可，白眉下口唇。真宗降御香，雀鹅山下行。微微轻风起，闪出一将身。真宗开言问，问爷何姓名。战国春秋将，秦国大将军。庄王十三子，前来保君驾。真宗回朝去，喉咽一点疼。赤白二丸药，龙体得安宁。黎明宣王强，各庙查尊貌。各庙都查遍，并无座位行。内加喉咽祠，香火大吉神。族报现报司，鸡鸭紧随跟。好骑白马身穿红，雀鹅山下显威名。手拿骨杵催香火，白眉三郎点鬼兵。[1]

东通乐赛戏《开三郎》开头是本村赛戏常用的套词，接着散文叙述白眉三郎事迹，最后是五言七言诗赞。除了故事细节稍有差异

---

[1] 王慈娴、杨建华、王新荣主编：《邯郸·武安赛戏》，河北省武安市非物质文化遗产保护中心、武安市文化馆，2014 年，第 151—153 页。

外，全文叙述的白眉三郎事迹、用语、结构和固义队戏《点鬼兵》高度相似。尤其是其中几句关键的词，如"鬼兵对戏""白眉三郎点鬼兵"均是与《点鬼兵》完全一致的，它们是一出戏的两个差异不大的版本。

参看《点鬼兵》和《开三郎》的都本，可以明白知道"白眉三郎"的封号是"喉咽司"（喉咽神、喉咽司、喉咽公），直接指向晋东南乐户信仰的行业神"喉咽神"。"阳城县梁桥村乐户老人刘庭俊（1912年生）说，听祖上流传，是戏曲《禅宇寺》里带兵和伍子胥作战的那员大将。他战败逃跑，适逢乐人在为人演奏，他钻进队中，坐下就咽了气，乐户们遂敬之为神。"陵川县的喉咽庙里的对联有"昊天上帝钦命都使者 宋帝真宗敕封咽喉祠""宋帝深恩常护咽喉路 报真宗调理咽喉之恩"字句[①]。晋东南乐户传说和咽喉庙对联的内容与固义东通乐都本内容是一致的（固义傩戏与晋东南乐户的关系参见第六章）。

固义队戏《点鬼兵》、土山诚会"点贵宾"、东通乐赛戏《开三郎》可以看作一体的，从仪式、文本上可以参照相校。《点鬼兵》有仪式动作，有都本；"点贵宾"侧重于仪式；《开三郎》主要保存了都本。它们共同保存了一出古老的队戏。

第三节 《捉黄鬼》

《捉黄鬼》是固义祭祀戏剧中最为重要的一出戏，演出最为隆重、参演人数最多、观赏度最高、气氛最为浓烈，是固义祭祀戏剧中傩戏的代表，是整个固义社火傩戏的中心和重心。固义把《捉黄鬼》称之为"队戏"，主要角色有阎罗王、判官、大鬼、二鬼、跳鬼和被捉拿的黄鬼。大概的故事情节是，大鬼、二鬼、跳鬼和黄鬼是兄弟，因为黄鬼忤逆不孝，所以大鬼、二鬼和跳鬼奉命来捉拿黄

---

① 寒声主编：《上党傩文化与祭祀戏剧》，中国戏剧出版社1999年版，第636—637页。

鬼，抓住黄鬼后，经过判官和阎罗王的审判，黄鬼被抽肠剥皮（故又叫《大抽肠》）。这出戏演出时间从凌晨演到中午，地点从村中心前街到村西打谷场，最后到村南判官台、阎罗王台和斩鬼台，人物除了主要角色，年轻小伙持柳木棍呼叫壮势。全剧由掌竹吟唱词，角色没有台词，只有舞蹈动作（大鬼、二鬼正义凛然、跳鬼蹦蹦跳跳，黄鬼裸身涂黄，身负刀斧伤，被押前行），锣鼓伴奏。演出最后，黄鬼被捉住后，经过判官阎罗王审判，在斩鬼台一片烟雾缭绕中被抽肠破肚，演出结束。整个演出气氛森严紧张，参与者和观看者无不受到强烈感染。

图2—5 《捉黄鬼》

关于《捉黄鬼》的来历，固义村民有一个人人皆知的传说：《捉黄鬼》是明朝中叶从"口外"传来的。"口外"指晋北和内蒙古一带。具体情况是：那时候固义村的丁端到口外给人家割大烟挣钱糊口。秋末冬初的时候得了一场病，轻一阵重一阵，直病到腊月。有天夜里，丁端在似睡非睡中忽听一阵銮铃响声，接着是开门声和马蹄进院声。来人把马拴在院中树上便进了屋。丁端睁眼一看。炕前站定一位身高丈余的威武人物，一身武将装束，脸上两道白眉特别显眼。他问丁端："你的病想好吗？"丁端说："咋不想好啊。"接着反问来人，"将军你是哪里人啊？"来人说："我是固义人。咱是老乡。"丁端心想，固义村东头西头的人我都认识，没有这个人啊，就问："你在固义村哪里住啊？"来人说："我在固义小南庄住。"说着从口袋里掏出两包药，递给丁端，说："用白开水送到腹内，几天就好了。"丁端感激地说："我怎么感谢你呀？"来人说："不用感谢。你回家时把一副对联给我捎回去就行了。"丁端问："对联在哪里？"来人说："你走时就有了。"说着就出屋牵马走了。

  丁端想追出去问个明白，一翻身忽隆醒了，原来是一场梦。他躺在炕上，细想梦中情由，小南庄，洺河滩南边就一座奶奶庙，白眉三郎爷塑像也在里边。啊——，难道是三郎爷给我送药来了？

  从那天以后，丁端的病一天天好了起来。他想回老家过年，掌柜说："你病了一冬天。离家那么远，冰天雪地的怎么行。给家捎封平安信，过年后暖和了再回去吧。"丁端听掌柜的话有理。就打消了回家过年的念头。

  过罢大年。就听人们说，过正月十五时，附近各村都扮演节目，到小五台山山门前演出，可热闹哩。丁端想，我也爱演节目，到时候一定去看热闹。

  正月十五那天，丁端和伙计们向掌柜请了假，一同到小五台山看热闹。到了那里，只见山门左边一行节目，山门右边一行节目，中间是进香人走的道。丁端循道走到山门。回头往下看，左边一行是高跷、武术、花车、旱船等，右边一行是《捉黄鬼》《岑彭马武夺状元》和高阁大架等。两行节目，跟一副对联一样。丁端心想，这不就是白眉三郎叫我捎的对联吗？想到这儿，他对各种节目看得更细心了。边看边琢磨，《捉黄鬼》和《岑彭马武夺状元》等很有

◈ 地方社火与现代傩俗 ◈

意思，老家各村都没有这些节目，我着重就学这几样吧。

过罢正月十五，丁端抽空还往演《捉黄鬼》的村子去了两次，详细询问《捉黄鬼》《岑彭马武夺状元》的角色、化装、排演和唱词抄本等，终于学到了手。进了二月，天气暖和了，丁端的身体也强壮起来。他跟掌柜请了假，要回家一趟。

丁端回到固义村，把身患重病，夜梦白眉三郎送药，小五台山演出《捉黄鬼》等节目的事给本族人说了，引起了族人的极大兴趣。他们议论说，咱们排练出来，过年时给白眉三郎演吧。丁端说："这几种节目用人很多，光咱丁姓人家演不起来。"族人说："那咱跟李家、马家商量一下，几姓共同演。"派人跟李家、马家一商量，都愿意参加。

说话不及又秋罢了，村里人都知道村西头三姓人家要排练《捉黄鬼》和《岑彭马武夺状元》等节日。村东头刘家、南王家和东王家三个家族的人也议论开了，人家排练《捉黄鬼》等，咱们分头排练别的节目，到时候和村西头一起演出不好吗？大家都同意。派人到西头一商量，都说："这更红火热闹了，好啊！"就这样商量定了。村西头是几姓合演。经几户族长商量。各姓中共25户人家为社首户，每年有5户为常任社首，主要负责当年事务。一年轮换5户，依次类推。①

上述传说可能并不能真实反映《捉黄鬼》的来历，不过也能提供一些信息。这则传说里，《捉黄鬼》等戏是从外来带给白眉三郎神看的，默认白眉三郎信仰已经存在，《捉黄鬼》是后来的，这可能并不符合现实。从目前资料看，《捉黄鬼》和白眉三郎信仰一体传播的可能性较大。这则传说故事背景是明清，说明那时固义《捉黄鬼》的演出可能就已经存在（固义的戏剧都本可以佐证）。另外，这个传说反映出《捉黄鬼》由外地传入的可能性极大。

固义《捉黄鬼》演出与上党赛社"调监斋"中的"撵黄痨鬼"十分相似："前行讲完《监斋》词后，即演出特定的剧目《撵黄痨

---

① 杜学德：《燕赵傩文化初探》，甘肃人民出版社1998年版，第26—28页。

鬼》，一作《鞭打黄痨鬼》。扮'黄痨鬼'者，赤脚光膀，穿红裤衩，黄布裹身，羊血涂面，在急骤的锣鼓声中，从后台跑出前台，做躲藏介。随后有红、黑二将，红脸为显道神方弼，黑脸为开路神方相，追逐出台。绕台追杀之间，黄痨鬼闪身跳下舞台，逃出庙外，红黑二将紧追不舍，在庙前广场人群中驱逐奔突。黄痨鬼可随意抓食沿途摊贩之食物，而贩者亦乐意供给，视为消灾弥难之举。旋又返回庙内，绕献殿一圈，上庙台，最后受擒，被鞭笞而死。另有一种演法，是将一个空瓢子的南瓜做帽，内装红色米汤，戴在黄痨鬼头上，将他押到台前跪定，劈瓜淌血，当场现彩。又一种演法是将黄痨鬼捉住后，阎王爷上台审判，将之开膛破肚，挖眼割舌，下油锅，最后放烟火散场。"①

《捉黄鬼》和《撵黄痨鬼》都以代表疫病、灾难的黄鬼为驱逐对象，有捉拿驱逐黄鬼的神将鬼差角色、沿街追逐演出，没有台词，锣鼓伴奏。个别细节虽然不同，但从核心内容上来看，《捉黄鬼》和《撵黄痨鬼》应该是同一剧的不同地方的演绎。

在上党古赛写卷中，还保留有名为《鞭打黄痨鬼》的队戏："《鞭打黄痨鬼》：傩戏。古人认为肺痨（即肺结核）病，为鬼怪作祟，扮演黄痨鬼，以鞭打之辟邪。山西晋北和上党地区均有此剧。"② "《鞭打黄痨鬼》：此剧为赛祭中用以驱邪逐疫的剧目，与雁北赛戏《斩旱魃》的表演形式略同。扮'黄痨鬼'者，赤脚、穿红裤衩，黄布裹身，羊血涂脸，被红、黑二将追出庙门，绕庙前广场奔逐；旋返回庙内，绕献殿，上庙台，最终受擒，被鞭笞。更有于其头上顶南瓜、内装血色米汁，押至台前跪定，劈瓜淌血，当场现彩，俗谓血污祛邪云云。"③ 由于上党地区现在已经不再搬演《鞭打黄痨鬼》这出队戏，因为无法现场看到表演场景。从遗存来

---

① 杨孟衡：《上党古赛礼乐志》，载李玉明主编《三晋文化论丛》（第3辑），山西古籍出版社1997年版，第183页。

② 寒声主编：《上党傩文化与祭祀戏剧》，中国戏剧出版社1999年版，第66页。

③ 杨孟衡：《上党古赛写卷十四种笺注》，财团法人施合郑民俗文化基金会，2000年，第105页。

看，借由"黄鬼"这个极为关键的角色和基本的演出模式，发现固义傩戏《捉黄鬼》和上党队戏《鞭打黄痨鬼》有亲缘关系。

"黄鬼"是疫病、灾难，尤其是"肺痨病"的象征，人们通过驱逐黄鬼来驱逐灾疫，祈求吉祥。"黄鬼"的象征意义也可以泛化开来，只要是对人类生存有害的东西，都可以借由"黄鬼"来表达。例如黄鬼可以代表危害人们生活生存的洪水，可以象征侵害人们心灵的恶鬼，可以指向让人感到生命脆弱的死亡。在固义傩戏中，"黄鬼"之所以受到惩罚，还因为他"忤逆不孝"，这是道德层面的蕴藉。黄鬼被捉住，掌竹的唱词是"劝世人父母莫欺，休忘了生尔根基。倘若是忤逆不孝，十殿君难饶与你。命二鬼绳拴索绑，到南台抽肠剥皮。善恶到头总有报，为人何不敬爹娘！若问队戏名和姓，十殿阎罗大抽肠！"从这段吟唱词中可以看出，《捉黄鬼》在逐疫祈福的同时有强烈的道德教化意义。

上党队戏和晋北赛戏中有《神杀忤逆子》一出，在道德蕴藉上与固义《捉黄鬼》高度一致。"《神杀忤逆子》：本事不详。杨孟衡先生认为近代雁北赛戏里的《斩旱魃》（一名《铡赵万牛》）一剧与其内容相类。承其函告，此剧大意为：赵万牛之父背孙儿赶庙会，被惊牛撞倒，孙子身亡。赵万牛怒打其父，将父逼死。风、调、雨、顺四神恼赵的忤逆不孝，各执铡刀一把，率天兵追捕之。赵走投无路，被四神抓住问斩。录于此处供参考。"①"《神杀忤逆子》：傩戏剧目。与本省晋北赛戏《四神斩赵万牛》相同。写赵万牛之父背孙儿赶庙会，被惊牛撞倒，踩死孙儿。赵万牛怒打其父致死，风、调、雨、顺四大天王恼恨赵万牛忤逆不孝，各执铡刀追捕。从戏台上追至台下，赵走投无路，被四大天王捉回台上问斩。上党傩戏与此不同之处是，忤逆子赵万牛最后被雷神所击死。"②从剧目的名字来看，"斩赵万牛"侧重于道德惩戒，"斩旱魃"侧重于驱逐灾疫。名字虽异，演剧过程相同。

---

① 廖奔：《〈迎神赛社礼节传簿〉笺释》，见《宋元戏曲文物与民俗》，文化艺术出版社1989年版，第388页。
② 寒声主编：《上党傩文化与祭祀戏剧》，中国戏剧出版社1999年版，第47—48页。

在晋东南和冀南祭祀演剧的共同语境下，固义傩戏《捉黄鬼》与上党队戏《鞭打黄痨鬼》高度类同，《神杀忤逆子》也与它们有内在联系。在《鞭打黄痨鬼》亡佚的情况下，《捉黄鬼》仍在乡间扮演，提供了队戏、赛社的重要活态文本。

第四节 《开八仙》

固义社火傩戏中表演多出队戏，《开八仙》即为一出。"开"是宋元戏曲术语，开讲、演述的意思，"开八仙"即是"开说八仙的故事"。固义队戏《开八仙》从内容上讲，属于"八仙庆寿"一类，开始演出时首先寿星上场，端坐台中，其后前行（竹竿子）开始诵读前行词，诵毕则引出蓝采和，蓝采和念白自我介绍，之后分别引起其他众仙，众仙依次自报家门，最后前行诵赞词，结束。全剧基本没有故事情节，角色化装简单，没有唱词，使用七字式韵白，整体风格较为古朴。

固义队戏《开八仙》颇有几处值得注意。首先在于"八仙"群体的具体人物构成上，从明中叶后较为固定的阵容是钟离权、张果老、吕洞宾、铁拐李、韩湘子、蓝采和、何仙姑、曹国舅。目前这个"八仙"阵容最为人们熟知，在民间影响力最为广泛。众所周知，这个阵容的固定下来也是一个历史过程。元明戏剧小说中多有异于这个阵容的。元明杂剧中马致远《三醉岳阳楼》、范康《竹叶舟》、谷子敬的《城南柳》及无名氏的《三化邯郸》《八仙过海》等剧里，没有何仙姑而有徐神翁。而无名氏《度黄龙》《洞玄升仙》《群仙祝寿》等剧中，没有徐神翁，却又有了张四郎。明人小说中亦有添加风僧寿、元壶子等人的八仙组合。钟张吕李韩蓝何曹这个组合渐趋固定下来，后来公认度较高"八仙"就是这八人了。固义队戏《开八仙》稍异于流行的"八仙"阵容。《开八仙》实际上开的不是"八仙"，而是"十仙"，这十个人物分别是：蓝采和、汉钟离、张果老、铁拐李、张四郎、花杨女、韩湘子、吕洞宾、曹国舅、柳树精。与通行的"八仙"阵容相比，没有何仙姑，而有张四郎，并且多出

63

了花杨女和柳树精。就张四郎代替何仙姑来看,《开八仙》类同于元明《度黄龙》《洞玄升仙》《群仙祝寿》等剧。如果从"祝寿"的内容看,《开八仙》与明无名氏《贺升平群仙祝寿》格外相仿。两剧都是南极仙翁(寿星)先出场,然而邀请八仙,这一结构高度相似。另外,两剧中柳树精都有重要戏份。对比而言,这就不难理解为何《开八仙》中柳树精要和八仙并列起来自报家门了。作为宫廷教坊编演剧《贺升平群仙祝寿》在诸仙自报家门后,有一定的故事情节,是一个完整的剧本。而《开八仙》则只保留了自报家门的一小段。这使得后者看上去更像前者的删节版。尽管十分相似,队戏《开八仙》与明杂剧《群仙祝寿》是何种关系,尚待讨论。

　　队戏《开八仙》里的"八仙"有张四郎而无何仙姑,从《度黄龙》《洞玄升仙》《群仙祝寿》等杂剧就是这样的"八仙"阵容来看,在一定历史阶段和一定范围内为人们接受,较容易理解。《开八仙》不仅开了八仙,还开了柳树精,可能是《三醉岳阳楼》这类"吕洞宾度脱柳树精"故事的广泛影响,使得柳树精戏份过于多,而几乎与"八仙"并驾齐驱了。因为故事的需要,他也需要自报家门,但后来故事无法展开,就只剩下自报家门的片段,看上去就和"八仙"的自报家门没有差别了,仿佛成了和"八仙"同行列的人物。与多出的柳树精相似,《开八仙》里还多了一位"花杨女",令人颇为费解。这个角色与柳树精一样显然不属于"八仙"行列,却又有一定戏份而不得不自报家门。这个"花杨女"应该是元杂剧《张果老度脱哑观音》(《哑观音》题目正名作:"西王母归元华阳女,张果老度脱哑观音")[①]里的"华阳女"。该剧本已佚,而"华阳女"的故事应该在一定时期内为人们所熟知,成为人所共知的典故,因此很多地方的队戏《开八仙》中张果老的介绍有"扬州度脱华阳女"的说法。固义队戏《开八仙》虽然没有直接说明张果老"扬州度脱花杨女",但从张果老和花杨女两人都诵吟的"手打渔鼓唱道情"的词中可见二人师徒端倪。

[①] 邵曾祺编:《元明北杂剧总目考略》,中州古籍出版社1985年版,第238页。

第二章　固义傩戏剧目初考

固义队戏《开八仙》能够以不同于通行的"八仙"阵容搬演八仙戏，而且传演至今，可见此剧在民间演出的稳定性。《开八仙》之所以没有随着历史上"八仙"阵容的变化而对剧中人物进行改易，很大程度上是因为它迎神赛社演剧的性质。对神明的敬意使得任何微小的改易都十分谨慎，因此显得更倾向于延续传统。尽管人们口中的"八仙"阵容悄然发生了变化，而搬演队戏《开八仙》时人们则延续了从祖辈父辈延续下来的做法。迎神赛社演剧的性质还表现在其他方面，例如呈现形式上。就固义队戏来讲，主要的演出场所是在戏台上的，《开八仙》可以在戏台上演出。同时，队戏又和社火相结合，队戏演员杂行于社火队伍中，某种程度上具备了沿途行进中演出的条件。沿途行进，即演即走，不可能有复杂的情节和大段的唱白。演员主要借助舞蹈动作、表情和简单语句来表现剧情。《开八仙》明显满足这样的要求。尽管目前固义队戏《开八仙》主要在戏台上演出，但不可否认它兼具沿途行进演出和舞台演出两种呈现形式。

最后，需要特别强调的是，固义队戏《开八仙》绝非孤立地存在，且不说数量众多的队戏和各种各样的八仙戏，仅就这一队戏剧目，在地域上并不仅仅固义村民在演，时间向度上也不仅仅限于当下。据可查资料，与固义同属武安的东通乐村也有几乎相似的赛戏，亦名《开八仙》；同地区的邯郸东填池村亦有该队戏，名《庆八仙》。在队戏主要保存地晋东南地区，《开八仙》更为常见。这些地区的《开八仙》队戏，从演出形式、人员构成、基本台词到道具、动作都与固义队戏《开八仙》十分相近。现就《开八仙》中的"前行"（竹竿子）的一段前行词（亦即开说词）为例，略作说明：

固义队戏《开八仙》竹竿子前行词（部分）：

当初是混沌天地，女娲氏人伦治世。大乾坤天地复生，为人要最良最贵。且慢说他归他乡，且表咱中原吉地。……今日是广阳正赛，排的是八仙队戏。一个个都有名姓，听前行一一分解。（汉钟离来到）汉钟离秦时将军，修仙在终南山里。吕洞宾唐朝秀士，岳阳楼三寝三醉。张四郎云游城外，铁底山神仙聚会。张果老驴蹄数声，赵州桥踏个粉碎。铁拐李借尸还魂，两步跑加言加急。曹国舅大宋皇亲，因不恋荣华富贵。韩湘子汉朝公门，他也曾弯冠所佩。蓝采和乐内班师，东京城徐家摩泥。众神仙变化多般，他也曾将兵杀退。响赛罢增福增寿，响赛罢大吉大利，响赛罢万事亨通，响赛罢荣华富贵。当今天子护佑，皇王爷江山依旧。终南山永出松柏，赴蟠桃八仙上寿。①

山西潞城县南贾村碧霞宫大赛的《排八仙》前行词（部分）：

于混沌初分天地，盘古王为君治世。且莫说外国他邦，只表咱中原之地。按四季报答神明，累岁的庆贺天地。今日是广阳大赛，扮的是八仙队戏。众八仙一起排开，听前行开说仔细。汉钟离秦朝将军，修行在终南山内。吕洞宾唐朝秀士，岳阳楼三醒三醉。韩湘子花篮神仙，他也把蓝关雪扫。张果老驴蹄数声，赵州桥压个粉碎。张四郎沽油为生，铁笛响神仙聚会。曹国舅充职辞朝，身不恋荣华富贵。蓝采和乐中班头，汴梁城许家末泥。铁拐李借尸还魂，两处抛家缘家计。今日是星尊圣诞，后跟着长生大帝。终南山永出松柏，显神通八仙庆寿。②

后来南贾村恢复的《排八仙》，前行词相对简略：

今日里祭神日期，排下了八仙队戏。大八仙一字排开，听前行细讲仔细。汉国钟离出洞来，洞宾也来赴天台。果老骑驴朝街走，国舅口内噙竹竿。拐李葫芦长出气，采和手提小花篮。仙姑背是铁笊篱，韩湘手拿云阳板。③

---

① 杜学德：《燕赵傩文化初探》，甘肃人民出版社1998年版，第80—81页。
② 黄竹三：《晋冀宗教祭祀戏剧的类同性》，《戏剧》2001年第3期。原文注该段前行词出自山西师范大学戏曲文物研究所藏《赛场古赞》。
③ 杜同海主编：《上党赛社》（下册），湖南地图出版社2011年版，第55页。

第二章　固义傩戏剧目初考

两剧都是祭赛中搬演的，前者在戏台演出，后者在神庙前献演。从前行词及整个演出过程来看，可以看作是同一队戏的不同地域版本。固义队戏都本（演出底本）现存较早的都在清代中叶之后，那么大致可以说固义队戏《开八仙》保持了清中叶以来的一些特点。20世纪80年代在山西长子县发现了抄立年代为嘉庆三年（1798）的《赛场古赞》本中，有《供八仙恋诗》一则，用于"前行开八仙"，内容如下：

于混沌初分天地，盘古王为君活世。且莫说外国他邦，且表咱中原之地。按四季答报神灵，累岁的庆贺天地。今日是广阳正赛，说的是八仙队戏。众群仙一家排开，听前行开说仔细。汉钟离秦朝将军，修仙在终南山内。吕洞宾唐朝秀士，岳阳楼三醒三醉。韩湘子花落神仙，他也把蓝关雪丕。张果老吕台树生，赵州桥踏拆粉碎。张四郎沽油曾卖，铁笛响神仙聚会。曹国舅弃职辞朝，身不恋荣华富贵。铁拐李借尸还魂，两□胞家缘家计。蓝采和乐中班头，东京城许坚末泥。今日是贵降生辰，跟定了长生大帝。享赛罢增福添寿，合家人增寿百岁。当今天子福厚，万里江山依旧。终南山涌出松柏，显神通八仙庆寿。①

从上述几则来自不同地区不同时间的前行词的比较中可以看出，它们高度相似，每一份在流传过程中的讹误以致不可解之处几乎可以参考其他来校正。如果参照不同地区《开八仙》的整个演剧过程，可以断定它们来自于同一文化场域，它们有着同样的生存背景。并且可以以此为例证和索引，进一步探讨区域文化的内在联系。

固义队戏《开八仙》及其背后众多的八仙队戏对于八仙文化而言，有几个方面的意义：其一，队戏是八仙文化的一种独特的戏曲呈现形式。八仙文化涉及领域十分广泛，戏曲是其中之一，而队戏

---

① 杨孟衡：《上党古赛写卷十四种笺注》，财团法人施合郑民俗文化基金会，2000年，第267—268页。

又是较有特色的一种。队戏古朴生动，与民众生活紧密相关，生在民间长在民间，既是生活的又是艺术的。队戏与舞台剧、文人剧有着显著的差异。队戏使得八仙戏呈现别样的质朴魅力。其二，八仙队戏保存了不同于通行的"八仙"阵容，是"八仙"的一种独特样貌。从目前流行的"八仙"人物构成来看，虽然一定程度上十分固定，然而不同地区又会存在差异。因此，"八仙"构成本身就具有多样性，八仙队戏就是此种多样性的体现。从历史上来看，《开八仙》等队戏保留了"八仙"另一种群体构成，并且延续至今。这一文化现象明显具有丰富的历史信息。其三，八仙队戏不是书面的剧本，而是仍然在持续活生生地搬演着，并且以明清抄立的底本为依据，代代相传。这曾经是普通民众理解八仙的最直接途径，是民众八仙信仰的最直观体现，是民众中传播八仙文化最为生动的载体。或许可以说，明代杂剧《群仙祝寿》在宫廷里的演出已经无法复现了，而与其高度相似的《开八仙》在当下依然活态上演。其四，八仙文化的兴盛与道教在北方的推动关系密切，八仙队戏包含的历史信息及祭祀演剧的稳定性，可以为特定地域的道教民间信仰提供窗口。倘若考察晋冀豫毗邻地区八仙文化的宗教背景的话，队戏是颇有新意又可贵的视角。

第五节　《祭鹿台》

在固义村保存的都本中，有《祭鹿台》一篇，全文如下：

祭鹿台

兆丰年梨园花开，朝圣者稳坐天台。众文武随身携带，一个个跟驾上来。

肃静　回避　执事者各司其事　排班　班齐　奏乐　请主公行祭祀天地礼　就位　撤笏　移盥洗所　折水　沐浴　进巾　复位　复笏　请主公香案前　撤笏　移酒樽所　正冠　掇带　掸尘　复位　上香　复笏　奏乐　起鼓器　擂鼓三通　作揖

第二章　固义傩戏剧目初考

跪叩首　（兴　凡六回①）　到五回　撤笏　献爵　亚献爵
三献爵　复笏　止乐　读祝文　焚祝　化财　众文武一起叩首
再叩首　三叩首　（连叩二十四叩首）　免礼平身

墙上画马不准骑，泥捏耕牛怎拉犁。纸糊船儿怎渡江，斑鸠怎比凤凰美。跌尽天鹅传，星辰百斗移。圣天共情鸾，圣劳奉神祇。②

和固义保存的其他都本相比较，《祭鹿台》显得十分特别。首先是和固义赛戏的都本相比，《祭鹿台》没有故事情节，也没有敷演某个人物的事迹，与《虎牢关》《讨荆州》这类长篇的赛戏都本差异明显。其次和固义队戏的都本相比，《祭鹿台》不仅没有掌竹的吟唱词，也缺乏核心人物和故事内核，与《点鬼兵》《吊掠马》等队戏不属一类。该都本现在已经无法上演，无从观看。从全文文字的特点来看，这不像是队戏，更接近于一场完整的祭祀仪式。

固义傩戏几天的演出过程中，伴随着各种祭祀仪式，有祭祀仪式或者类似祭祀仪式的队戏（如《吊掠马》《点鬼兵》）演出时，会焚烧表文。目前保存着"十五日夜祭六（鹿）台文"：

维

光绪△年岁次△月△△望越祭△△日河南彰德府武安县△△村社首△△暨领合社人等，谨以香楮庶品之仪敢昭告于天地三界四府三官十方万灵该罗无边众圣位下，曰：维神有宜享之祭，下民无越分之思，窃念予等生居中华忝处人伦，感天地生成之德，蒙日月照临之恩。钜德昭彰，洪恩浩荡，知泽有自，欲报无由。今仰望当今天子尽力尽诚，致祭于巍巍玉尊。伏冀岁时丰稳，人物安宁，五风十雨，百谷有丰登之期，千仓

---

① 《燕赵傩文化初探》与《中国·武安傩戏》录文稍有不同，杜学德录《祭鹿台》此处如此。

② 王慈娴、王新荣、丁计良主编：《中国·武安傩戏》，河北美术出版社2012年版，第126页。

万箱,亿兆无离乱之苦。恪具祭表,奉上以闻

社首△△暨领合社人等叩①

这篇祭文,没有特别明确的祭祀对象,其他祭文都明确指出了祭祀对象或是虫蝻王或白眉三郎或其他等,这篇笼统地说"天地三界",因此基本可以判断该表文不用于核心人物突出的队戏演出,这明显属于祭祀仪式。

《祭鹿台》又写作《祭六台》《祭陆台》,音同字异,可以从字面大略推知是祭祀台子的仪式。众所周知,民间戏曲演出的时候,新舞台都有"破台"的仪式,每次新演出的时候也会祭祀舞台,祈求天地诸神保佑。

在邯郸地区有句俗话:"填池闹一闹,固义醮一醮",意思是邯郸县(现属邯郸高开区)东填池村演一次赛戏,武安市固义村也就举行一次大型社火(固义傩戏)。两地的乡赛活动极为相似。东填池赛戏中也有"祭鹿台"一项。东填池赛戏的演出的舞台就叫"鹿台":"迎神祭祀和演赛戏头三天,即二月初十,开始搭舞台。舞台搭在村中心十字街口空地上,坐南朝北,分主台、看棚。……主台下正中有匾为'鹿台'。两边有对联,上联为:诚心感动天与地;下联为:时雨润得五谷丰;横批:鹿台新姿。"② 据东填池社首讲,祭鹿台就是祭舞台,实际还是祭天地。整个祭鹿台的过程包括致祝词、读祭文、祭礼(含祭天地仪节、行初献礼、亚献礼、终献礼)、饮福受胙、谢胙、撤席、送神、望艺八个环节,接着开演祝寿戏《庆八仙》。

截取其中祭天地仪节的片段:

---

① 杜学德:《燕赵傩文化初探》,甘肃人民出版社 1998 年版,第 65—67 页,又见王慈娴、王新荣、丁计良主编《中国·武安傩戏》,河北美术出版社 2012 年版,第 114—115 页。

② 王永信:《邯郸县东填池村迎神赛会》,载欧大年、范丽珠主编《邯郸地区民俗辑录》,天津古籍出版社 2006 年版,第 31 页。

"老板头"呼：祭天地仪节

……

宣布：执事者各司其事！

呼：起头鼓！（场上乐队起鼓——神鼓调）

呼：主祭王就位！（演员化装皇帝站在天地神位前）

呼：起二鼓！（场上乐队起二鼓）

呼：助祭公侯皆就位！（演员化装之大臣站皇帝两侧）

呼：起三鼓！（场上乐队起三鼓）

呼：众百姓各就各位！（演员化装之百姓分列大臣左右）

呼：奏乐，迎神！（场上乐队奏全套神鼓）

呼：跪！（台上皇帝、大臣、百姓、众"板头"齐跪。台下百姓不动）

呼：叩首！（台上皇帝、大臣、百姓、众"板头"叩首，台下百姓不动）

呼：再叩首！三叩首！（同上，以下略去）

呼：兴！（在这里为什么用"兴"字，被访者一致认为是停的意思）

呼：鞠躬！

呼：跪！叩首！再叩首！三叩首！兴！①

（括号内文字为原书所加）

此文和固义《祭鹿台》的底本相比较，"执事者各司其事""兴""起鼓""叩首"等词汇使用、基本流程、伴奏、参与者等状况高度相似。由此可以基本断定，固义的"祭鹿台"也应当和东填池的《祭鹿台》一样，是祭祀舞台的仪式。

固义村的大型社火和东填池的迎神祭赛高度相似，但是二者的侧重点也是十分明显的。固义社火以傩戏《捉黄鬼》为重要内容，

---

① 王永信：《邯郸县东填池村迎神赛会》，载欧大年、范丽珠主编《邯郸地区民俗辑录》，天津古籍出版社2006年版，第35页。

◈　地方社火与现代傩俗　◈

一定程度上对祭祀仪式、赛戏演出、队戏表演等都有所忽略。而东填池村主要在赛戏演出上保存完整。但二者相较，虽然两地整个乡赛社火都有些变异，但主要的部分还是大致相同的。如成系统的请神送神程序、主要的祭祀仪式、主要上演的剧目、伴奏乐器、社火组织管理方式等。因此，两者可以互相补充在发展过程中遗失的断片。上文的"祭鹿台"就是一例。

参校上党古赛写卷中的某些仪式过程，更加说明了"祭鹿台"的仪式性质。

颁牌仪节的片段：东社烧香，排班。唱礼：排班，班齐，鞠躬，拜，兴，拜，兴，拜，兴，拜（不起）；初献爵，亚献爵，终献爵，俯伏，兴，拜，兴，拜（不起）；初献礼，亚献礼，终献礼，俯伏，兴，鞠躬；谢客。[①]

从明清民国等古上党写卷中，总结出的庙赛程序大致如下：

赛请筹备；赛社第一天，下请；赛社第二天，迎神；赛社第三天，头场；赛社第四天，正场（又名正赛）；赛社第五天，末场；赛社第六天，送神。[②]

这篇文字可以帮助我们厘清固义傩俗和东填池赛社的基本程序。原文是比较详细的，例如"赛社第三天，头场"具体如下：

请阴神：寝宫候驾、金鸡报晓、出寝、盥洗；

祭太阳；

调监斋：跳四门、祭台、祭灶、前行讲说《监斋》赞词、乐户上演《鞭打黄痨鬼》《斩旱魃》；

领羊礼；

---

① 杨孟衡：《上党古赛写卷十四种笺注》，财团法人施合郑民俗文化基金会，2000年，第397页。

② 参见杨孟衡《上党古赛写卷十四种笺注》，财团法人施合郑民俗文化基金会，2000年，第25—27页。

过院礼；

祭风；

卯筵三盏：排班点亭子、打篆香、打散酒、值宿监盏、供馔；

演队戏；

吹珏棚；

夜盏（供七盏，与卯筵三盏仪节略同）；

演队戏、院本；

送阴神。①

值得注意的是"调监斋"一段。监斋仪式是赛社的开场仪式。"监斋队戏，一作《调监斋》，又称《调方相》或《调四角》。由乐户艺人扮监斋神，戴面具，三头六臂，穿大龙褂，腆肚撅臀，手执板斧，领四名戴面具的神将叫'机缄神'，踏着【监斋鼓】的节奏舞蹈。先由四机缄神出台'跳四门'，舞蹈一毕，分四角站定；然后监斋神上场，舞蹈一毕，端坐舞台中央，由乐户科头在前台焚香献爵，杀鸡洒血，行'祭台'仪式，以示开台大吉。故又称'调方相'，寓'逐疫'之意。最后，前行手执戏竹，走至台口站定，开说《监斋》赞词。"②《监斋》赞词原作"祭楼台下厨讲监斋"，包含了祭楼台、祭厨和讲监斋三部分。因此上文中的"祭台"即是"祭楼台"。"祭台：在主赛神庙的舞台上，由四机缄神出台'跳四门'，亦称'调四角'，舞蹈一毕，分四角站定；然后监斋神上场，舞蹈一毕，端坐于舞台中央。这种舞蹈表演又称'调方相'，寓'逐疫'之意。近代迎神赛社，因邀请戏曲班社在庙外广场舞台上演出，故于祭台仪式中，还要加演戏曲艺人的'跳加官'。最后，由乐户科头在前台焚香献爵，杀鸡洒血，行'祭台'礼，以示开台大吉。与此同时，后台设咽喉神龛（系乐户奉祀的戏神），前行领

---

① 杨孟衡：《上党古赛写卷十四种笺注》，财团法人施合郑民俗文化基金会，2000年，第25—26页。

② 杨孟衡：《上党古赛写卷十四种笺注》，第69页。

乐人跪拜致祭，唢呐吹奏［小三出］曲牌三遍，配合仪节的进行。"①

抄立于明万历二年的《迎神赛社礼节传簿四十曲宫调》中有两次提到《细分露台》，细讲"露台"缘由。在后来乐户献出的队戏中，均有《细分露台》的前行词。词曰："夫炉（露）台者，立于汉朝明帝在位建立此台……台上挂牌三面：乐台一面，戏台一面，露台一面。凡祭祀者，天子祭天，诸侯祭地，大夫祭山川，士庶祭先祖，端公祭鬼神，乐家上场祭露台。"② 说明乐户在赛社祭祀演艺中必有"祭露台"的环节。

《上党古赛写卷十四种笺注》里共列有四篇"讲三台"的赞词，大致内容相同。主要是讲唐明皇筑三台的故事。《赛乐食杂集（甲）》《赛乐食杂集（乙）》的"讲三台"基本相同，文中曰："夫露台者，当日汉明帝故造者台……一名有三，一名曰露台、一名曰戏台，一名曰乐台……若论祭祀者，天子祭为山川，诸侯祭为社稷，百姓祭为祖宗，端公祭为神鬼，古伦祭为露台。"③《赛场古赞（甲）》《赛场古赞（丙）》中称"露台"为"楼台"，实同一物。后两文中的"讲三台"有段文字为前两文中所无："凡祭神祇，修造楼台。一台有三名，一名会台，一名戏台，一名乐台；搬词（调）作乐，名曰会台；梨园戏监司名曰戏台，乐人上场名曰乐台。享赛祭神，乐人先祭楼台。"④ 所谓乐户赛社所祭"露台"（楼台），也就是固义《祭鹿台》中的"鹿台"。

因楼台或露台与"鹿台"音近，写卷经常混用。综上所述，大致可以概括如下：固义傩戏中的"祭鹿台"并非队戏都本，而是一个仪式的底本。这个仪式和东填池的"祭鹿台"一样，是赛社祭祀

---

① 杨孟衡：《上党古赛礼乐志》，载李玉明主编《三晋文化论丛》（第3辑），山西古籍出版社1997年版，第182页。
② 寒声主编：《上党傩文化与祭祀戏剧》，中国戏剧出版社1999年版，第449页。
③ 杨孟衡：《上党古赛写卷十四种笺注》，财团法人施合郑民俗文化基金会，2000年，第159—160、232—233页。
④ 杨孟衡：《上党古赛写卷十四种笺注》，第296、388页。

天地、特别是祭舞台的开场仪式。在上党乐户保存的古赛写卷中，"祭鹿台"就是"调监斋"仪式中的重要的一环"祭台"。

第六节 《大头和尚戏柳翠》

在固义祭祀演剧中，《大头和尚戏柳翠》和《十棒鼓》两部剧以浓厚的生活气息尤为引人注意，两者都被归入"队戏"的行列（《十棒鼓》另文分析）。《大头和尚戏柳翠》故事起源可溯及宋元，明清记载颇多，在今天全国（尤其是北方）的社火中十分常见。在武安范围内，即便社火不是很炽盛的村庄也常会见到戴着大头和尚头壳的人行走在社火队伍中。可见《大头和尚》在民间社会的熟知程度。

固义村《大头和尚戏柳翠》的表演情况大致如下：

开演前，锣鼓班念道："今朝有酒今朝醉，东街倒到西街内。若问队戏名和姓，大头和尚戏柳翠。"念毕，大头和尚上场，在锣鼓声中做张望、探路、圆场等动作，然后坐在椅子上等候柳翠。柳翠上场，在锣鼓伴奏中做张望、探路、圆场、小解等动作，接着和大头和尚约会调情，最后大头和尚背上柳翠一同私奔。[①]

东通乐赛戏中保存了几副大头和尚和柳翠的面具，赛戏演出期间有大头和尚的舞蹈表演，报场官都本有"度柳翠"的一首诗赞："回回吃酒回回醉，回回抱着旗杆睡。若问队戏名和姓，明月和尚度柳翠。"[②]

《大头和尚戏柳翠》的故事和民俗活动宋元以来记载甚多，一直绵延至今，目今全国十余省份均有该社火节目活跃于乡间，并且早已传播到海外，影响广远。总括来说，《大头和尚戏柳翠》可从文学故事和民间舞蹈两个方面来考察，固义村的《大头和尚》归入队戏的行列，没有对白，只有舞蹈动作，称之为"哑队戏"，抑或

[①] 杜学德：《燕赵傩文化初探》，甘肃人民出版社1998年版，第33页。
[②] 王慈娴、杨建华、王新荣主编：《邯郸·武安赛戏》，河北省武安市非物质文化遗产保护中心、武安市文化馆，2014年，第144页。

称为"队舞",可见其舞蹈的性质。舞蹈动作的背景是戏剧本事,通过动作敷演一定故事。目前固义该剧只保留了舞蹈动作,故事情节不大清晰,也就是说舞蹈动作所依赖的故事情境已经不十分明确,但这丝毫不影响舞蹈动作的故事表达。说明大头和尚和柳翠的各种动作来表述故事,并且依赖众所周知的故事背景。

就文学故事而言,《大头和尚戏柳翠》本事有源有变[①],在其发展过程中,有以下作品在不同时期颇具代表性:元李寿卿杂剧《月明和尚度柳翠》(又名《月明三度临歧柳》)、明徐渭杂剧《玉禅师翠乡一梦》,明冯梦龙话本《月明和尚度柳翠》和当代民间传说。一般认为,《大头和尚戏柳翠》的故事原本就在民间广为人知,文人作品大多是在民间故事的基础上改编而成。经过文人的加工升华,借助杂剧、话本、小说的形式又反过来影响了民间传说。李寿卿杂剧《月明和尚度柳翠》,重点在"度"字上,月明和尚经过三番努力度脱妓女柳翠,全剧具有浓厚的宗教气息,宣传佛教观念,体现佛教旨意。徐渭杂剧《玉禅师翠乡一梦》一改李剧的宗教气息,更加侧重世俗情感宣泄。玉通和尚得罪柳宣教,柳指使妓女红莲色诱玉通,得逞。玉通自杀后投胎柳家女儿,名柳翠,水性杨花,堕为娼妓。玉通师兄月明和尚度化柳翠,一同西去。徐剧借佛教度化的故事套子,戏谑地表达了佛教观念和世俗感情。冯梦龙《大头和尚戏柳翠》故事梗概承继徐剧,叙事风格较为中和,宗教色彩较淡,民间色彩浓厚。与李剧相比,冯作重点在"戏"字上,突出了继承徐剧滑稽闹剧的倾向。借助戏剧和话本小说的影响力,后来的民间传说基本都是在冯作的基础上添枝加叶和生发演变的。河北永清县的"大头和尚戏柳翠"把叙事重点放在柳翠和大头和尚的偷情上,全剧四折全部是幽会与破坏幽会的较量。[②]

[①] 可参考张全恭《红莲柳翠故事的转变》,《岭南学报》1936年第2期;金顺姬《〈大头和尚〉的源流及形态流变考》,载麻国钧、刘祯主编《赛社与乐户论集》,中国戏剧出版社2006年版,第628—643页。

[②] 中国民族民间舞蹈集成编辑部编:《中国民族民间舞蹈集成·河北卷》,中国舞蹈出版社1989年版,第1102—1104页。

各地戏柳翠故事情节虽稍有差异，但和尚柳翠偷情都是着重表现的内容。

从固义队戏《大头和尚》的表演情节来看，重点表现大头和尚和柳翠约会调情和私奔的过程，并没有交代前因和详细经过。很难看出李寿卿杂剧对固义"大头和尚"的直接影响，而徐剧和冯作奠定的"大头戏柳"的民间故事内核影响明显，与当代各地的"大头和尚"面具戏相比，尤其是北方社火中的"大头和尚"，固义队戏《大头和尚》在表现形式、表现内容上更加贴合社火节目。

就民间舞蹈而言，戴着大头和尚头壳舞蹈的活动可能先出现，把这种活动广泛称之为"大头和尚戏柳翠"可能要靠后。一般认为"大头和尚"的渊源可追溯到南宋百戏《耍和尚》，它的性质是"舞队"。留下的资料太少，《耍和尚》应该侧重于舞蹈动作，但其扮演的故事不甚明了。往前溯，任半塘认为宋代《耍和尚》等于唐代《弄婆罗门》[①]；往后推，明清记述描绘这个戴着和尚面壳舞蹈场面的文献颇多，并且把这个舞蹈和《大头和尚戏柳翠》的故事结合起来，将之定名为"大头和尚""大头和尚戏柳翠""大头和尚逗柳翠""大头戏柳""戏柳翠"，等等。单就戴着面具舞蹈这一细节而言，《耍和尚》可能还有更久远的"傩"的痕迹："世代在民间流传的《耍大头》活动，是由历史上的傩戏傩舞演变而来的一种傩文化的变异。"[②] 对比当今全国各地流行着的《大头和尚戏柳翠》，它们上演的场合绝大多数是元宵节期间的社火，极少数是庙会社火和祭祀活动，还有赛戏（河北永清）。[③] 这说明，《大头和尚戏柳翠》在全国主要是出现在社火表演中，但考虑到社火节目来源的复杂性，所以不排除其他场合也在上演。

以固义队戏《大头和尚戏柳翠》的呈现来看，戴面具演出，在

---

① 任半塘：《唐戏弄》，上海古籍出版社1984年版，第313页。
② 郑一民：《〈耍大头〉和傩的演变》，《大舞台》1998年第3期。
③ 参见张璇《离经叛道的补偿——以山西阳泉牵牛镇村〈大头和尚戏柳翠〉为例》，硕士学位论文，中央民族大学，2016年，第16—17页。

舞台上作为献艺演出，具有祭祀戏剧的成分；自称为"队戏"，形式更接近于赛戏，又被笼统地归入"固义傩戏"中，抛开队戏、赛戏、傩戏的交叉关系不谈，固义《大头和尚》剧具有上述不同民间戏剧种类的因素。有"傩"的遗存，具有赛戏的性质，自定义为"队戏"。放到北方社火《大头和尚》的大背景中，固义的《大头和尚》也是其中的构成，因此也应当被视为典型的社火节目。

以固义队戏《大头和尚》为代表，兼具傩戏、队戏、社火多种成分的艺术形式，可以看见当下社火傩戏的基本形态，也能够从中体察社火民俗、民间戏曲发展过程的细微之处。

第七节 《十棒鼓》

在固义祭祀戏剧的所有剧目中，《十棒鼓》是最有生活气息的短剧。该剧一男一女为主角，五个小孩为配角，主角用韵白对答，配角合唱。表演时有简单的鼓点伴奏。演出脚本如下：

十棒鼓[①]

一、人物

男　身前挎一面小杖鼓，手拿鼓槌

女　领着三个男孩两个女孩

二、正文

开场词（打鼓敲锣者念）

张飞上阵甚是儒（鲁），不打铜锣不擂鼓。若问队戏名和姓，今日打个十棒鼓。

男　家住山西山山西，俺去山东做生意。打了三年没回家，老婆子在家仨小子俩闺女。

（白）听说固义村大抽肠，老婆子，领上孩子们咱去瞧呀。

[①] 王慈娴、王新荣、丁计良主编：《中国·武安傩戏》，河北美术出版社2012年版，第127页。

第二章　固义傩戏剧目初考

女　老鸨子我生哩贱，生在那烟花院。要得有人来嫖我，呀噻，还得二百现打现。

女与众孩子同数　炸板炸，拍手炸，杖鼓打的哩更啦，啦啦更，鼓儿响的拨愣愣，三弦弹的崩崩崩，咪子吹得回交更，板子打的闹五音。啊通，啊通，啊通，啊噻，啊噻，啊噻。

男　你上哪街来？

女　俺上深山背后来。

男　深山背后有哩个啥？

女　呀呀怪，咿呀怪。见不哩老，见不哩小，骑着四匹小马来到了。

女同小孩合数　炸板炸，拍手炸，杖鼓打的哩更啦，啦啦更，鼓儿响的拨愣愣，三弦弹的崩崩崩，咪子吹得回交更，板子打的闹五音。啊通，啊通，啊通。

男　通了你鼻子啦？摔掉你戒指子？去拿毛巾哩。

女　俺上深山背后来。

男　深山背后有哩个啥？

女同小孩合数　见不哩老，见不哩小，骑着四匹小马来到了。炸板炸，拍手炸，杖鼓打的哩更啦，啦啦更，鼓儿响的拨愣愣，三弦弹的崩崩崩，咪子吹得咿呀怪。见不哩老，见不哩小，骑着四匹小马来到了。

该剧最大的特点在于生活气息浓厚，具有明显的插科打诨的色彩，既区别于帝王将相戏的赛戏，也区别于肃穆庄严的仪式队戏。《十棒鼓》没有特别复杂的故事情节，也没有复杂的人物关系，仅仅通过主角间的言语戏谑来吸引人，演出全使用武安方言土语，尤其是活泼的口语，风格轻松明快。表演时同样内容重复十遍，所以叫《十棒鼓》。

黄竹三、延保全在《中国戏曲文物通论》中谈道"20世纪90年代，河北省武安市固义村发现了古代赛祭时演出的脸戏和赛戏抄本。该村每年正月十五期间举行赛祭，在赛祭前，神庙戏台上即演出脸戏《大头和尚戏柳翠》和《十棒鼓》（皆宋杂剧剧目）"①。与《大头和尚戏柳翠》在杂剧中较为常见不同，《十棒鼓》在各时期的杂剧中难寻同名剧目。"十棒鼓"作为散曲小令的曲牌，在元以后偶被用到。

  上党抄立于万历二年的《迎神赛社礼节传簿四十曲宫调》（简称《礼节传簿》，俗称《周乐星图》）在每一星宿值日的供盏队戏中，共五次提到了《十棒鼓》，一般在第六盏或第七盏和合唱《四朝元》配套，作为补空出现。从其所处的位置看，既有可能是乐曲伴奏，也有可能是乐曲伴奏下的队戏演出。（对于《十棒鼓》，寒声等诸先生在《礼节传簿》注释中没有出注②，廖奔在《礼节传簿》笺释③中也没有出注）另外，在"张月鹿"宿中，正队列出《棒鼓》，寒声等先生认为"《棒鼓》疑为《十棒鼓》之误"④。查原影印件，该处作"捧股"，与其他五处"十捧皷"相较，"捧棒"互通一致，"股""皷"两字差异很大。《十棒鼓》没有出现在"正队"的位置上，"捧股"或许另有所指。考虑到字音相近互用，"捧股"也可能是"十棒鼓"，那么该写卷中提到《十棒鼓》该是六处，并且可以明确为"正队戏"，此亦可备一说。寒声主编《上党傩文化与祭祀戏剧》注释《十棒鼓》为"收队合唱后之补空曲"。鉴于《四朝元》和《十棒鼓》配套出现，后者用来补空前者，《四朝元》如果是"收队时合唱曲，非剧"⑤的话，那么《十棒鼓》在性质上应当和《四朝元》一致。

  《十棒鼓》的来源、内容、性质都不大清楚。一般作为曲牌来自于南戏，来源有多种假说。例如来自三国戏："《平话》里的

---

① 黄竹三、延保全：《中国戏曲文物通论》，山西教育出版社2010年版，第169页。
② 寒声等：《〈迎神赛社礼节传簿四十曲宫调〉注释》，《中华戏曲》（第3辑），山西人民出版社1987年版，第51—117页。
③ 廖奔：《〈迎神赛社礼节传簿〉笺释》，见《宋元戏曲文物与民俗》，文化艺术出版社1989年版，第371—421页。
④ 寒声等：《〈迎神赛社礼节传簿四十曲宫调〉注释》，《中华戏曲》（第3辑），山西人民出版社1987年版，第104页。
⑤ 寒声主编：《上党傩文化与祭祀戏剧》，中国戏剧出版社1999年版，第67页。

《关公斩蔡阳》记述，'又令人摇旗噪鼓，蔡阳持枪欲取关公，关公纵马抡刀，鼓响一声，被关公一刀，砍了蔡阳头，其军乱走，名曰《十鼓斩蔡阳》'。《十棒鼓》大约就是渊源于此。"①《十棒鼓》作为曲牌名，现代尚有遗存。东北民香的鼓点和北京千军台村的吵子班演奏都有"十棒鼓"的名号。这些都称作"十棒鼓"的曲牌、鼓点、队戏是否指向一致，尚且存疑，难以定论。

考虑到固义祭祀戏剧和上党赛社的紧密关联，固义队戏《十棒鼓》和上党写卷《礼节传簿》中的《十棒鼓》应当有密切联系。由于上党赛社《十棒鼓》已经停演，也没有留下相关的文字资料。大致可以判断出它侧重于乐曲的一类，处于供盏收队的阶段，节奏不会太复杂，如果穿插表演，也应当不会持续特别长的时间，气氛不会过于严肃。黄竹三把《十棒鼓》归入生活剧中："除祈福戏和历史剧外，描写现实生活的剧目也占一定的比例。它们主要反映民众的日常生活和斗争，如男女爱情婚姻、家庭伦理、人际关系等。爱情戏多从传统剧目改编，如《旷野奇逢》是《拜月记》的一出；《偷诗》《姑阻佳期》《秋江送行》为《玉簪记》故事的部分内容；《嘱别》《访友》写的是梁祝故事，等等。生活小戏则多根据现实生活创作，反复演出，如《张端借鞋》演出二次；《断机教子》（即李三娘故事）、《四公子斗富》二次；《土地堂》《安安送米》三次；《十棒鼓》五次；《三人齐》七次；最多的是《错立身》，前后竟演出九次。在祭祀活动中，如此众多的爱情戏和家庭伦理剧反复献演，反映了当时民众对现实生活的关心和对理想的追求。"②

把《十棒鼓》归入生活剧，同祈福剧和历史剧区别开来，符合固义《十棒鼓》的实际情况，在上党赛社演剧中也基本没有多大问题。《十棒鼓》名曰"十棒"，实则根据现实需要、时间长短可以改成三棒、六棒乃至十几棒，演出时间具有很强的伸缩性。这种伸缩性比较符合赛社中补空乐曲的需求，前曲奏完，如果仪式尚未完

---

① 高明阁：《三国演义论稿》，辽宁大学出版社1986年版，第49页。
② 黄竹三：《我国戏曲史料的重大发现——山西潞城明代〈礼节传簿〉考述》，《中华戏曲》（第3辑），山西人民出版社1987年版，第143页。

毕，用《十棒鼓》来继续演奏，时间可根据仪式进行的长短决定。在固义祭祀演剧的整个期间，《十棒鼓》承担的演剧角色逐渐淡化，主要成为插科打诨的娱乐节目，越来越像社火节目了。

在社火中，跑旱船、跑竹马、卖膏药这些节目，时间可自由掌控、场地可沿街演出，随走随演，随演随停，故事简单，主要靠舞蹈和简单的语言吸引观众。《十棒鼓》基本具有了社火节目的形态，演员可以在演出过程中对个别台词进行增减，增加更浓厚的个人色彩；并且一男一女搭档、以小锣小鼓伴奏的形式最为社火节目常见，简单明快。从这个角度来看，《十棒鼓》很容易吸收其他社火节目的长处，很自然地转变为社火形式的戏剧表演。《十棒鼓》鼓点借鉴当地秧歌，韵白借鉴快板、三句半的痕迹十分明显。

现代北方社火中，有一种秧歌叫"挎鼓"，表演形式和《十棒鼓》十分相似，一男一女挎鼓秧歌式表演，风格轻松，节奏明快，语言戏谑。挎鼓也有"十棒鼓"的叫法，不过不是十番重复，而是十个搭档。"五十年代后改成高跷秧歌，角色有所变化，没有了挎鼓和手锣，但仍称'棒鼓'。所谓一棒鼓即一个拉花和一个丑。根据各村的条件，有出十棒鼓、十五棒鼓、十八棒鼓、最多有二十二棒鼓的。"[①]

总之，固义队戏《十棒鼓》可能承续了上党古赛社中队戏《十棒鼓》的余脉，在古赛《十棒鼓》湮没无闻的情况下，可以把固义队戏《十棒鼓》作为重要的活态参考。当然，随着时间的变化，固义队戏《十棒鼓》不可能一成不变，它或许最初也和散曲曲牌有密切关系，在民间的土壤中，在祭祀演剧过程中，生活气息越来越浓厚，成为反映现实生活的艺术形式；在发展变化中，吸收借鉴相邻社火艺术的表现方式，逐渐具有了社火节目的形态，在固义社火傩戏的民俗背景下体现了地方性和发展性的趋势。

---

① 《中国民族民间舞蹈集成》编辑部编：《中国民族民间舞蹈集成·辽宁卷》，中国ISBN中心1998年版，第887—888页。

第三章　傩文化中的固义傩戏

固义傩戏既是中国傩文化发展至今的遗存，也是现代中国民俗文化的构成，因此既有历史的维度，也有现代地理分布的维度。时间维度和空间维度共同划定了固义傩戏的文化坐标。从历史维度来看，傩文化源远流长，在发展过程中衍生出多种艺术形式，即便是傩戏，也有自身的发展脉络，在全国各地形成多姿多彩的傩戏种类。固义傩戏是中国傩戏的一种。从地理维度上来看，现存的傩戏主要分布在南方和少数民族地区，北方和汉族地区的发现也越来越多，固义傩戏属于北方汉族傩戏的一员，和南方少数民族傩戏共同构成了中国傩戏。与其他地区的傩戏种类相比，固义傩戏既有中国傩戏的共同性，也有其独特的类型特征。

第一节　释"傩"及"傩戏"

何谓"傩戏"，必先探究何谓"傩"。"傩"字久远，用途多端，历史上众说纷纭。"傩戏"一词亦不是新出，古字旧义自有渊源。傩文化热盛一时，近年渐趋消歇，但对傩文化的探讨依然在持续进展。傩戏是傩文化的重要构成，日渐成为研究重地，有戏剧学、民俗学、历史学、社会学、人类学等多学科多视野观照。

一　释"傩"

释"傩"字，《说文解字》云：傩，行有节也。从人，难声。诗曰："佩玉之傩。"《诗经》中涉及"傩"字的地方有二，一是

《卫风·竹竿》"巧笑之瑳，佩玉之傩"句，二是《桧风·隰有苌楚》"猗傩其枝、其华、其实"句。另有两处也和"傩"字有些关联，一是《小雅·桑扈》"不戢不难，受福不那"句，一是《小雅·隰桑》"隰桑有阿，其叶有难"句。

　　《说文》段注："传曰：傩，行有节度，按此字之本义也。其殴疫字本作难，自假傩为殴疫字，而傩之本义废矣。"①《说文引经证例》说："佩玉之傩，人部，傩，行有节也，从人难声。诗曰：佩玉之傩。此引诗证字也。毛传说同，今以傩为殴疫之名，而难之本义废。殴疫正字之䧜亦废矣。傩之见于《诗》者，桧风长楚之猗傩、小雅隰桑作难、桑扈诗受福不傩，今作'那'，皆为行有节之引段义。"②

　　按照《说文》注家的说法，"傩"字本义为"行有节"，后来表示驱鬼逐疫意思的"难"字写作"傩"，"傩"就逐渐成为"殴疫"的意思，"行有节"的本义慢慢不为人知了。《诗经》当中对"傩"的用法除了"佩玉之傩"较符合"行有节"的解释外，其他三处更倾向于取音表义，表示"婀娜""袅娜"的意思，因此写法多样。不可否认的是，《诗经》中"傩"字的用法与我们今天所谓的"傩戏""傩文化"之"傩"，尚有明显区别。

　　"傩"更侧重驱鬼逐疫的字义。《论语》："乡人傩，朝服而立于阼阶。"《礼记·郊特牲》："乡人禓，孔子朝服立于阼，存室神也。"郑玄注："禓，强鬼也。谓时傩索室殴疫逐强鬼也。禓或为'献'，或为'傩'。"③《说文解字通正》认为："盖郑君古《论语》本作'难'，后人加之傍耳……是行有节作'傩'，殴疫作'难'。自以'傩'为殴疫正字，而行有节之'傩'之义微，以'难'为

---

① （清）段玉裁注：《说文解字段注》，上海古籍出版社1981年影印本，第368页。
② （清）承培元：《说文引经证例》，《续修四库全书》第222册，上海古籍出版社1996年影印本，经部小学类，第55页。
③ （汉）郑玄注、（唐）孔颖达疏：《礼记正义》，见（清）毕沅《十三经注疏》，中华书局1980年影印本，第1448页。

第三章　傩文化中的固义傩戏

难问专训，而难却之'难'音义俱失矣。"① 从先秦文献来看，"傩""难"在表示逐疫义时通用互用的情况很常见，《礼记·月令》《周礼·春官》中"傩"写作"难"，后世引用也常"傩""难"混用。

"傩"驱鬼逐疫的字义应当本于"难"字，郑玄周礼注："难，谓执兵以有难却也。方相氏蒙熊皮，黄金四目，玄衣朱裳，执戈扬盾，帅百隶为之殴疫疠鬼也。故书'难'为'傩'，杜子春'傩'读为难问之'难'，其字当作'难'。"② 又朱骏声《说文通训定声》认为"傩"假借为𩴤，𩴤是"驱鬼正字，击鼓大呼，似见鬼而逐之，故曰𩴤。经传皆以'傩'为之"③。依次引申下去，傩指向的字极多，或可备一说，但最基本的指向仍在"难"字上。

现代傩文化学者一般认为"难（𩁹、難），周代的逐疫之礼。逐疫之傩的本字就是'难'（𩁹），'傩'是难的假借字"④。值得注意的是，难（難），与"隹"（鸟）有关，已经无法寻其踪迹了，今天所说的难易之"难"也可能是假借而来，"隹"的意义已经丧失了。那么"难"如何被用来表述驱鬼的仪礼呢？孙玉文在《释"傩"的语源》一文中指出："难有驱除、驱逐一义……伪孔传及孔疏都把'难'解释为'斥远''难拒'，与斥、远、难、拒意思相近。尤其孔疏说'难佞人'之后，'朝无佞人'，那么'难'在这里不能理解为责难、批驳、驳斥，只能理解为驱逐、驱除……可见'远佞人'之'远'，不仅指心理上的疏远，主要是指行动上的驱除、驱逐。难既与远同义，则'难佞人'之'难'也是驱除、驱逐的意思……'难'由驱逐、驱除一义发展，特指驱逐疫鬼。"⑤

梁皇侃《论语义疏》云："傩者，逐疫鬼也。为阴阳之气不即

---

① 丁福保编：《说文解字诂林》，中华书局1988年影印本，第7979页。
② （汉）郑玄注，（唐）贾公彦疏：《周礼注疏》，见（清）毕沅《十三经注疏》，中华书局1980年影印本，第808页。
③ （清）朱骏声：《说文通训定声》，武汉市古籍书店1983年影印本，第712页。
④ 曲六乙、钱茀：《东方傩文化概论》，山西教育出版社2006年版，第47页。
⑤ 孙玉文：《释"傩"的语源》，《文史知识》1997年第12期。

时退，疫鬼随而为人作祸，故天子使方相氏黄金四目，蒙熊皮，执戈扬盾，衣朱裳，口作'傩、傩'之声，以逐疫鬼也。"① 唐段安节沿袭此说，他在《乐府杂录·驱傩》中说："用方相四人，戴冠及面具，黄金为四目，衣熊裘，执戈扬盾，口作'傩、傩'之声，以除逐也。"② 这两段话常被引用来作为"傩"得名的由来。可以想见，这里的"傩傩"为象声词，因此可以写作"诺诺""喏喏"，并无实际意义；也能想见人们驱鬼时可能高呼的某种类似"傩傩"的口号声。客观而言，"傩"字已经有了驱鬼逐疫的意思之后，"傩傩之声"更倾向于在既定认知上的附会。

综上所述，"傩"字音义诸家多见，均可作一说。大体说来，现在所使用的"傩"，其词其义并非新创，这个字先秦就已广泛使用，其驱邪逐疫的意义在先秦也已很显著。在使用过程中，音义难免变化。傩字原有的"行有节度"的意义几乎不再使用了，大体专指逐疫。而逐疫的本字本是"难"字，它原本和"隹"有关，但也逐渐丧失本义。"难"字古有驱逐、驱除的意思（后来也不大用），用来指称驱除疫鬼的仪式礼制。逐疫的"难"又逐渐写作"傩"，是为《论语》中"乡人傩"之"傩"、《礼记》中"国人傩"之"傩"，加之丰富发展，成为今天所谓"傩文化"之"傩"。

二 释"傩戏"

"傩戏"之名，无非从"傩"从"戏"着眼，既有傩的成分而又区别于一般的戏曲戏剧，也因戏的形态而区别于傩文化的其他种类。至于"傩戏"所引发的傩与戏的讨论，又及戏曲发生学的探究，所论者甚多。观今之所谓"傩戏"者，不独戏曲发生之后才有，傩仪傩礼不免杂有"戏"的样貌。迨宋以后戏曲繁盛，愈加成熟之后，反观戏曲源流，不得不回顾傩的特殊贡献。朱熹言"傩虽古礼而近于戏"、董康说"戏曲肇自古之乡傩"，均本于《论语》

---

① （魏）何晏集解，（梁）皇侃义疏：《论语集解义疏》，见《景印文渊阁四库全书》第195册，台北商务印书馆1986年影印本，第431页。
② （唐）段安节：《乐府杂录》，中华书局1985年影印本，第10页。

第三章 傩文化中的固义傩戏

"乡人傩"句，然宋人论断、近人探源，均是在当时戏曲发生的阶段求之于古。从侧面也可以看出，现在"傩戏"一词所指称的对象，即便在没有专有称呼之前，已经具有初步的形态了。

考古籍记载，可见较早"傩""戏"连用的，有北宋诗人冯山一首诗——《丁卯除夜》："庭罢驱傩戏，门收爆竹盘。酒香添腊味，夜气杂春寒。岁序张灯守，人情遇节欢。明朝五十八，消息近休官。"[1] 依诗推断，在除夜的时间，于庭前演驱傩戏。至于此驱傩戏具体什么情状，难以细究。不过"傩戏"（驱傩戏）作为一个整体出现了。冯山此诗写于公元1087年。及至中原的元代时，高丽史籍多次提到"傩戏"，如"（1343）王饷新宫，役徒、文武臣及仓库皆献酒馔、绫帛以助其费。王置酒，观傩戏，欢甚起舞"[2]。《高丽史》言及傩戏的有七八处，可见经常上演，并且有专门的艺人。不过，此"傩戏"具体指什么戏，与中原"傩戏"是否关联密切，也未可知。

明清之后，"傩戏"的记载较多，有数篇关于除夕傩戏的诗文。如：

> 彩仗初陈别岁辰，导旗红飏陌头尘。三齐傩戏相沿旧，万户桃符又换新。[3]
>
> ——沈维基《辛卯除夕迎春》

> 一年对面肃衣冠，此日形模仔细看。鬼笑路边穷未送，僧敲门外夜方阑。忍教尔我同傩戏，长使山外守岁寒。易旧更新真习惯，何曾喜色溢眉端。[4]
>
> ——赵希璜《门神》

---

[1] （宋）冯山：《安岳集》，见《景印文渊阁四库全书》第1098册，台北商务印书馆1986年影印本，第326页。

[2] ［朝］郑麟趾等：《高丽史》卷36，汉城大学奎章阁档案馆本，第26页a。

[3] （清）沈维基：《紫薇山人诗钞》，见《四库未收书辑刊》第九辑，第27册，北京出版社2000年影印本，第76页。

[4] （清）赵希璜：《四百三十二峰草堂诗钞》，见《清代诗文集汇编》第413册，上海古籍出版社2010年影印本，第95—96、413页。

> 傩戏天中众社狂，将军平浪令公杨。颠摇响轿神应厌，灵笤传呼不出坊。①
>
> ——张应昌《章门竹枝词》（其一）

还有傩戏民俗的记述，如《（雍正）浙江通志》"（严州府）腊月二十四夜设果送灶，傩戏于街"②。《德清柳侯专祠记》"春社迎赛事同傩戏，非所以报明德重祀典也"③。乾隆平两金川后，有"番神傩戏"带来宫廷表演："凯旋宴，自崇德七年始。顺治十三年定制，凡凯旋陛见获赐宴。乾隆中，定金川，宴瀛台；定回部，宴丰泽园；及平两金川，锡宴紫光阁。其时所俘番童有习锅庄及甲斯鲁者，番神傩戏，亦命陈宴次，后以为常。"④ 更为重要的是，《事物异名录》单列"傩戏"词条："傩戏：逐除，《吕氏春秋》注，岁除一日击鼓逐疫疠之鬼，谓之逐除，亦曰傩；打野狐，野云戏，《云麓漫钞》：岁将除，都人相率为傩。俚语谓之打野狐，亦呼野云戏。《梦粱录》谓之打夜狐。"⑤

从上述记载中可以看出，明清（尤其是清）民间傩戏的上演仍然存在着，尤其是边疆和少数民族地区，因此"傩戏"这个词也逐渐稳定下来。它所包含的内涵既有古傩的驱除之意，又有随着时代发展增加的戏剧色彩。可以说，"傩戏"这个词在没有转变为学术名词之前，已经在民间沉淀许久，并且有了特定的意义指向。

傩戏进入研究者视野，零零散散有过，当代中国傩戏研究肇始于20世纪50年代。"一九五六年三月三十日至四月二十八日，中

---

① （清）张应昌：《彝寿轩诗钞》，见《清代诗文集汇编》第568册，上海古籍出版社2010年影印本，第779页。
② 雍正《浙江通志》，《中国地方志集成·省志辑·浙江》第5册，凤凰出版社2010年影印本，第181页。
③ （清）俞樾：《春在堂杂文》，见《清代诗文集汇编》第686册，上海古籍出版社2010年影印本，第134页。
④ 赵尔巽等：《清史稿》，中华书局1976年标点本，第2629页。
⑤ （清）厉荃辑，（清）关槐增辑：《事物异名录》，《续修四库全书》第1253册，上海古籍出版社1996年影印本，第65页。

第三章 傩文化中的固义傩戏

国舞蹈艺术研究会傩舞调查研究组,赴江西婺源、南丰、乐安、黎川、遂川五县十二乡,调查了八十二个傩舞节目,为我国首次有计划、有组织,具研究性质的实地调查。……一九五七年夏,中国舞协傩舞调查研究组,赴广西桂林市及桂北四县十三个乡,采集了八十多个傩舞节目。"① 这两次实地调查为后来大量田野材料的涌现做了铺垫。傩戏真正引起广泛关注还是在 20 世纪 80 年代以后,"傩戏"作为学术词汇亦基于这样的背景,并且随着傩戏研究的推进而不断深入。田仲一成认为:"中国戏剧基本上从祭祀性戏剧的时代发展到文艺性戏剧的时代。在全国地方戏剧任何朴素的演出里,几乎都看不到原始祭祀里以巫术为主的面具戏。但是 20 世纪 80 年代后半期,长江中游地区出现了戴面具的巫术性舞蹈,就是为了赶走瘟疫鬼邪的仪式,叫作傩舞、傩戏。"②

汉语词汇的"傩戏"作为学术概念,在面临各地傩戏争相出现的时候,进行了初步的界定。《辞海》傩戏条:"傩戏:戏曲的一种类别。流行于湖南、湖北、安徽、江西、广西等省、区。由驱鬼逐疫的傩舞发展而成。各地有'傩愿戏''傩堂戏''师公戏''师道戏''孟戏'等不同称谓,多以演《姜女寻夫》《柳毅传书》《庞氏女》等剧目为主。演出时多带面具,故又名'师公脸壳戏'。表演动作一般都简单原始。音乐大多以锣鼓伴奏,人声帮和,故有的地方又称'和合腔'。"③ 列为专门词条说明"傩戏"得到了应有的重视,但目前看来,该词条依然主要侧重于南方少数民族的"傩戏"一类。

"傩戏"概念的核心一方面在于所具有的祭祀、仪式、宗教成分,这是任何论者无法回避的,是探讨"傩戏"概念的关键之一。孙作云认为:"中国傩戏史就是中国的打鬼跳舞史,也可以说是中

---

① 杨启孝:《中国傩戏傩文化资料汇编》,财团法人施合郑民俗文化基金会,1993年,第294页。

② [日]田仲一成:《中国祭祀戏剧研究》,布和译,北京大学出版社2008年版,第260页。

③ 夏征农主编:《辞海·艺术分册》,上海辞书出版社1988年版,第61页。

国的打鬼典礼史或游戏史。为什么说它是打鬼跳舞史,因为它的内容是打鬼,它的形式是跳舞,所以傩就是打鬼跳舞史。但为什么又说它是典礼史呢?因为这种跳舞,在阶级社会中,成为统治阶级典礼的一部分,它被记载在史书、礼仪志或一般的礼书内,所以它是典礼史。但为什么又说它是游戏史呢?因为这种典礼到后来变成游乐的一种,特别在民间,它的游乐的性质,逐渐代替了迷信的性质——因此又可以把它叫作游戏史。"①

曲六乙致力于傩戏研究,并在很多场合倡议建立"傩戏学",他对"傩戏"的定义、特点、价值都有阐述,影响了傩戏研究的走向。他认为傩戏是"从傩祭活动中蜕变或脱胎出来的戏剧。它是宗教文化与戏剧文化相结合的孪生物。它有一些剧目的演出,作为傩戏活动的组成部分,宣传宗教教旨和迷信思想;有些剧目的演出,不宣传宗教教旨和迷信思想"。至于傩戏和戏曲的关系,他认为:"傩戏不应属戏曲范畴,而是自成一类戏剧艺术体系。作为宗教文化与艺术文化的混合产物,世界上所有民族的傩戏,尽管各有本民族的风格与特征,但却有着这基本的共同特征。它们都蜕变于宗教祭祀活动之中,都有原始宗教影响的历史胎痕,都是在傩歌、傩舞和神话、民间传说的基础上产生的一种戏剧样式。"② 这些观点有特定的现实指向,在今天看来也依然值得借鉴。关于傩戏的特征,曲六乙概括为"傩戏是多种宗教文化的混合产物;傩戏汇蓄和积淀了从上古到近代各个历史时期的宗教文化和民间艺术;面具是傩戏造型艺术的重要手段;早期傩戏的演职员多由巫师们兼任;宗教是傩戏的母体,傩戏是宗教的附庸"③。曲六乙的相关论著均努力把"傩戏"推向大的学科视野,以建立系统的傩戏学。随着傩戏著作的不断增加,"傩戏学"已具雏形,"傩戏"的界定和使用也随着

---

① 孙作云:《美术考古与民俗研究》,河南大学出版社2003年版,第364页。
② 曲六乙:《建立傩戏学引言》,载曲六乙《傩戏、少数民族戏剧及其他》,中国戏剧出版社1990年版,第8—12页。
③ 曲六乙:《中国各民族傩戏的分类、特征及其"活化石"价值》,载曲六乙《傩戏、少数民族戏剧及其他》,中国戏剧出版社1990年版,第19—22页。

第三章 傩文化中的固义傩戏

讨论的深入而不断推进。

陈跃红等人认为:"傩戏在很大程度上,脱胎于古老的傩祭活动,其最初形式也往往是在傩祭仪式中请神驱鬼内容的戏剧化。在这一意义上,傩戏与傩舞的出演,并不存在先后关系……但在后来的发展中,融入了儒、道、释的文化内容和历史、生活的事件,戏曲的内容和形式也渐渐汇入,从而使傩戏有了今天的丰富内容和形式。"[1] 柯琳认为:"傩戏是中国民间戏剧的一个品种,它是祭祀逐疫内容与戏剧形式的结合,它的长期传承包含着中国民间戏剧及中国社会发展的各阶段情况。随时代的演进,傩活动的形式和内容亦逐渐庞杂。有两点值得注意:一、其核心部分始终未脱离原始宗教,结合着驱傩仪式以后融入人为宗教的成分。(儒、释、道)二、傩活动的庞杂是以一种叠加的方式融入其中。现状的傩戏中我们可看到歌、舞及小戏往往是比较粗糙松散地杂存于傩活动中,唱、念、做、打等各自强调自身,而不是有机的融合。"[2]

"傩戏"概念的核心另一方面在于所具有的艺术成分,这也是区别傩祭、傩仪、傩礼的关键。《中国大百科全书》"傩舞和傩戏"条:"傩舞是古代'傩祭'仪式中的一种舞蹈;傩戏是在傩舞基础上发展形成的戏剧形式。傩祭渊源于原始社会的图腾崇拜,到商代形成了一种固定的用于驱鬼逐疫的祭祀仪式,周代叫作傩。……傩舞的发展对中国的地方戏曲有影响……在某些地区,傩舞本身已发展成'傩戏'。……傩戏表演的主要特点是角色都戴木制假面。傩舞和傩戏的节目比较多,但情节一般比较简单,人物不多。……它们生动、具体地反映了中国表演艺术由歌舞向戏剧形式发展过程中各个阶段的不同面貌。"[3] 这个观点也随着研究的深入和拓展在不断修正。康保成认为:"朱熹说'傩虽古礼而近于戏',苏轼《东坡志林》说岁末蜡祭是'三代之戏礼',王国维说,在上古祭祀

---

[1] 陈跃红等:《中国傩文化》,新华出版社1991年版,第60页。
[2] 柯琳:《傩文化刍论》,中央民族大学出版社1994年版,第64—65页。
[3] 中国大百科全书编委会编:《中国大百科全书·戏曲曲艺卷》,中国大百科全书出版社1983年版,第266—267页。

中,'灵之为职,或偃蹇以象神,或婆娑以乐神,盖后世戏剧之萌芽,已有存焉者矣。'也许,在这个意义上,'献'与'戏'本可通用,不算误字,亦非因与牺音近而假借。若此,则乡人傩亦可作'乡人戏','傩'与'戏'自上古开始已是难解难分了。"①刘芝凤认为:"傩戏是在傩舞的基础上丰富发展起来的傩文化的另一种表现形式。傩戏除了保持了傩舞的动作和话白,还融合了不同地方的唱腔曲调,派生出一些地方戏种。"②不可否认,傩戏的艺术成分使其不仅在傩文化中旁涉其他,而且与傩舞、傩乐等其他艺术形式关联密切。

近年来,"傩戏"研究与傩文化研究紧密结合在一起,傩戏研究者不再局限在戏曲戏剧研究范围内,实际上,傩戏研究已经逐渐被傩文化研究所取代。因此,目前所界定的"傩戏"实际上更强调了它背后广阔的文化背景。如钱茀认为:"傩戏,是依附于傩仪,或与傩仪有明确渊源关系的初级戏剧表现形式。这里包含四层意思:第一,不是依附于傩仪或不与傩仪有渊源关系的戏剧(戏曲)都不是傩戏;第二,傩对其有所影响,但在傩并不占优势的戏曲中,一般也不归入傩戏序列。……第三,不具戏曲诸多要素的傩舞,也不能算是傩戏。第四,傩戏在总体上都有初级的、不十分成熟的特点。"③

曲六乙、钱茀所著的《东方傩文化概论》说:"傩仪(傩礼),是傩的多种多样形态中最基本的存在形式和最普遍的活动形态。傩仪在发展过程中,除不断吸纳或依附宗教、民俗、巫术和多种原始崇拜等文化因子外,还不断寻求与艺术的结合,以加强审美意识,提高审美价值。在初级阶段,傩仪结合的对象是音乐、舞蹈和面具艺术。当傩仪与表演艺术相结合的时候,便会孕育出仪式舞蹈——傩舞和仪式戏剧——傩戏。傩戏是傩仪发展的高级艺术形态。傩戏

---

① 康保成:《傩戏艺术源流》,广东高等教育出版社1999年版,第15页。
② 刘芝凤:《戴着面具起舞:中国傩文化》,黑龙江人民出版社2005年版,第51页。
③ 钱茀:《傩俗史》,广西民族出版社、上海文艺出版社2000年版,第130页。

◆ 第三章 傩文化中的固义傩戏 ◆

也是戏曲大家族中的一个独特的支系。"①

章军华的《中国傩戏史》是少见的傩戏专门史，该书对傩戏的界定综合前人成果，较有新见，也存在一定的泛文化倾向：简而言之，"傩戏"是逐疫逐祟的各类"戏礼"形态的总和。具体而言，"傩戏"是在原始"日祭"仪式中孕育的、经夏商周国家礼制吸收与规范而形成的"戏礼"，在历代宫廷作为重大仪式活动的表演过程中，又不断受到各类民俗歌舞乐技（包括巫术与方术）的渗入，且混融了与之类似表演形态的各类祭典内涵包括蜡（腊）祭、百戏、佛道斋醮消灾法会、社祭等，是在上述基础上不断积淀而渐次形成的一种综合艺术的混融体。它在不同的时代呈现出不同的内涵与风貌特征，在先秦时代主要呈现为拟兽表演的禳除作祟祖先魂灵的戏礼形式；在汉唐时代主要呈现为拟兽表演的传统程式基础上、向仙道乐技化延伸的"傩百戏"形态；在宋元明清及近代主要呈现为傩堂戏、社戏等形态；在现当代主要呈现为与各地方戏相结合而形成的傩腔祭仪戏剧形态等。②

综上所述，"傩戏"作为一个汉语词汇，古已有之，民间亦在长期使用，在转换为学术概念的过程中既不是来自于外译，也不是出于生造。就这一点来说，"傩戏"词义的确定有一个漫长的历史积淀过程，这一过程与中国傩文化的发展伴随始终。"傩戏"真正作为一个学术概念出现是在20世纪80年代"傩戏热"之后，使用频率直线上升，及至今日广为人知。"傩戏"概念尚在不断发展中，随着对傩戏各个品种研究的深入和新的傩戏品种的发现，傩戏的性质、特征、内涵、价值必将更加清晰。"傩戏"概念诸见纷呈，其核心无外乎"傩""戏"两端，傩之要义在驱邪除疫，戏之要义在模拟演剧，概言之即驱邪除疫性质的模拟演剧。在此基础上，必须兼顾到历史上对"傩"的特殊认定，如方相氏的装扮、动作、场景；历史上傩文化的整体，如傩祭、傩

---

① 曲六乙、钱茀：《东方傩文化概论》，山西教育出版社2006年版，第65页。
② 章军华：《中国傩戏史》，上海大学出版社2014年版，第3页。

仪、傩礼、傩舞的杂糅；现代各地傩戏的细节差异，如演出场合、民俗背景、组织形式。因此，在"傩戏"基本概念的基础上结合特定的地方傩戏种类予以进一步界定，当更有针对性和科学性。

第二节　中国傩戏发展脉络

中国傩历史悠久，呈现出文化综合体的样貌。傩戏在傩文化中占据重要地位，一般认为中国傩戏的形成是在宋代，与中国戏曲的发展具有密切的关联。在傩戏形成之前，傩祭、傩仪、傩礼、傩乐、傩舞等傩文化事象已经产生并发展，它们都对傩戏的形成产生了影响。关于中国傩戏的发展脉络，从不同角度入手稍微会有所差异。

孙作云1943年写成《大傩考》一文，1965年改写成《中国傩戏史》，两文均未公开发表。《孙作云文集》收录《中国傩戏史》以及主要论述傩戏的《关于追傩的二三考察》《释"沓"》《说禳（秧）歌》《洛阳西汉壁画墓中的傩仪图》等篇，其他论及傩戏的片段散见在其他文章中。《南北朝的佛化傩仪》《大傩考——从图腾跳舞到打鬼之戏，旧腊至元宵间古礼俗钩沉》《〈中国傩戏史〉考古资料》等篇未收入文集。[①] 进入20世纪，不断有学者给予傩戏一定的关注，比较有代表性的是：胡朴安在《中华全国风俗志》中的一些资料性描述，王国维在《古剧脚色考》《宋元戏曲考》关于戏剧起源的"巫觋说"，岑家梧在《图腾艺术史》中通过图腾对傩戏的简单论述。其他学者也是片段性零碎性地谈到了傩戏。就这个意义上来说，1943年的《大傩考》是十分可贵的。《中国傩戏史》对傩戏的研究，从时间上看，涵盖了傩戏的起源、发展和影响，理顺了傩戏从古至今的基本脉络；从空间上讲，扩展到汉字文化圈的傩戏进行考察，不仅仅局限在中国范围内。因此，《中国傩戏史》

---

① 参见孙作云《美术考古与民俗研究》，河南大学出版社2003年版。

◈ 第三章 傩文化中的固义傩戏 ◈

对"傩戏"的古今中外诸多方面都进行了细致分析,形成完整的体系。20世纪80年代以来的傩戏研究,可以说,是在《中国傩戏史》的各个细部上进行深入和拓展。

钱茀将中国傩的历史分为五个时期:史前时代——傩的发生和孕育产生期、先秦时代——傩礼形成和完善期、从秦至五代——傩俗发展期和傩戏准备期、宋元明清时代——傩戏形成和普及期、近现代——傩的衰落和残存期。大体说来,傩的发展经历了傩礼、傩俗、傩戏的粗线条过程。尤为我们注意的是傩戏在其中的发展变化过程,在"(隋唐五代)逐渐形成了傩仪普遍世俗化和娱乐化趋势。这是傩史上一个重要的发展时期,为晚古的进一步演变做了重要的准备。宋元明清时代,傩戏形成和普及期,傩俗杂交期。'傩中戏'和'戏中傩'交相推动,促进傩戏大面积出现;傩俗与多种民俗杂交,使傩俗庞杂化。最重要的变化,是明清时期南方产生了迷信市场性质的傩坛"[①]。因此,可以看到,钱茀把对傩戏的观察放入傩俗史的整体中,宋以后是傩戏产生发展的重要阶段。

柯琳《傩文化刍论》主要从傩乐角度来审视傩文化,该书把宋代至近现代傩文化的发展形态称为"傩戏时期",分为前期傩戏和现状傩戏两个发展阶段:"前期傩戏即傩戏雏形阶段。参照戏剧文化发展过程,汉代的百戏可对应傩的队戏;宋元的杂剧可对应傩的剧目。从而可推论,戏曲形态的明显变化是在宋代。……宋代的傩戏雏形经宋元杂剧、金院本、明传奇的影响,形成了明清傩戏的发展。特别在南宋,是中国傩戏的形成时期,也是傩文化从宫廷向民间流布的时期。……现状傩戏,广义上包含了现代社会中民间传承的各种傩事活动,它是古傩乐的传承和衍变,具有远古社会物质基础和思想基础。它已不是最初的大傩活动,也不仅只是古风习俗,而是从歌舞祭祀中蜕变和脱胎出来的戏剧性表演,是宗教文化和艺术文化紧密结合的产物。"[②]

---

① 钱茀:《傩俗史》,广西民族出版社、上海文艺出版社2000年版,第238页。
② 柯琳:《傩文化刍论》,中央民族大学出版社1994年版,第11—12页。

◈　地方社火与现代傩俗　◈

　　章军华在《中国傩戏史》里重点从"戏礼"的角度对傩戏史进行梳理：傩之"戏礼"（简称"傩戏"）作为礼制生成于夏代建立国家机制之时。……从理论上来讲，在国家礼制乐舞中的"颂扬"与"诅祝"内涵，即可视为最早的傩戏形态。殷商上甲微时代是早期傩礼发展变革的重要时期。……西周以来的傩戏呈现出淆杂的状态：一是占梦体系的傩歌流转至民间发展，与民俗蜡祭（包括协风）等结合一起，呈现出傩蜡之歌的风貌特色。……二是方相氏体系的傩歌，主要以巫咒祝、册告形式呈现，或以狂夫乐歌的癫狂形态呈现，却不为史籍所载，直至东汉大傩仪中出现中黄门与侲子的"倡和"式"十二神兽吃鬼歌"，才能开始确立其地位并一直影响后世宫廷大傩仪。东汉时代是傩戏的重要转型期。从东汉时代的史学家、文学家及注疏家们笔下记录傩戏的文献中，可以发现傩戏的戏剧化演变倾向。……另一个重要转型的表征，是赋予傩戏以神话故事内涵，即出现"歌舞演故事"的戏剧形态。……再一个重要转型的表征，是傩礼与百戏相互融合而产生"傩百戏"。……东汉时的"傩百戏"表演，于隋唐时达到又一鼎盛期。傩礼与百戏的融合，历经汉唐的兴盛而形成宫廷傩戏的表演程式，至北宋时代进一步向市井娱乐化转变……在明成化年间傩戏与社戏全面融合，而这一现象一直沿袭至清与近现代。[①]

　　笔者认为，梳理中国傩戏的发展脉络有三点值得注意：第一，中国傩戏由汉族傩戏和少数民族傩戏两脉构成，这不仅观照当下中国傩戏的现实，也考虑到中国傩戏的多元性。汉族傩戏文献较为丰富，少数民族傩戏活态遗存较为可观，两者并非泾渭分明，可以统合观照。第二，中国傩戏由"官傩"和"民傩"两层构成，官傩主要由官方主导，如宫廷傩、官府傩、军傩等，而民傩主要由民间主导，如"乡人傩""百姓傩"等。二者存在一定的互动关系，也存在明显的差异。第三，中国傩戏的发展过程大体呈现出"官傩逐步式微、民傩渐成主体"的趋势。就整体傩文化走向来看，强调政

[①] 章军华：《中国傩戏史》，上海大学出版社2014年版，第6—9页。

第三章　傩文化中的固义傩戏

治仪礼制度的傩逐渐被废弃，而侧重于娱乐戏拟演剧的傩不断调整姿态，紧密地与民间社会联系在一起，具有强劲的生命力。

杨堃在《灶神考》中说："余相信秦汉以前之傩祭，不仅是一官礼，而且是一民礼。如《论语·乡党》篇所言：'乡人傩，朝服而立于阼阶。'足证孔子时代，乡人犹行傩祭。至孔子则朝服立于阼阶之故，据朱子《集注》所云，则曰：'傩虽古礼而近于戏，亦必朝服而临之者，无所不用具诚敬也。或曰：恐其惊先祖五祀之神，欲其依已而安也。'此在余看来，朱子的注解实近于迂。而其最显明与正当之解释，乃傩祭在孔子时代，宗教意味犹颇浓厚，孔子在乡随俗，故朝服而立于阼阶，以示参与之意。"[①]

傩戏的双层一体性质也符合傩文化的整体发展趋势。"傩文化至此可以分为两大系统，一支与史官文化合流，成了封建正统文化的一部分，这便是朝廷所改造和提倡，载入了周朝礼制的官方傩仪。另一种则是未经改造的，继承了传统傩文化思想的民间的傩。当然，在几千年来，'官傩'与'民傩'也是在不断互相影响、互相发展之中，不可能全都是纯之又纯的。"[②]

曲六乙在《中国各民族傩戏的分类、特征及其"活化石"价值》一文中将中国傩分为民间傩、宫廷傩、军傩、寺院傩四种，陈跃红等人的《中国傩文化》沿袭了这种分法。《东方傩文化概论》在此基础上又做了细分，共分为宫廷傩、京都傩、官府傩、官家傩、民间傩、寺傩、军傩七种。综合看来，在傩的发展史上，主要分为上层的官傩和下层的民傩。二者主要的区别是官傩由官方组织操办，有一定的礼制要求，作为政治秩序的一种确认手段，更倾向于傩礼；而民傩由民间力量组织操办，形式相对自由灵活，主要是民间祈福的民俗活动，更倾向于傩艺。

现简要梳理中国傩戏发展脉络，大体而言，先秦是中国傩戏的先导期，汉至宋是傩礼向傩戏的转变期，元明清是傩戏的发展期，

[①] 杨堃：《灶神考》，载马昌仪编《中国神话学文论选萃》，中国广播电视出版社1994年版，第663页。

[②] 林河：《傩史：中国傩文化概论》，东大图书股份有限公司1994年版，第410页。

现当代是傩戏的存续期。

1. 先秦：傩戏的先导期

这一时期虽然还没有明确出现可称为"傩戏"的艺术种类，但傩戏形成所依赖的文化因素均在逐步成熟之中。这一时期，鬼神信仰早已深入人心，傩祭、傩仪、傩礼相对成熟，傩戏得以从中生发出来。

这一时期，可以看到"官傩"和"民傩"的分野已经出现。即便在官傩中，也有民傩的影子。较为著名的记载当属"三傩"礼与《论语》的"乡人傩"。

> 乡人傩，朝服而立于阼阶。
> ——《论语·乡党》
>
> 季春之月，国人傩，九门磔禳，以毕春气。
> 仲秋之月，天子乃傩，御佐疾，以通秋气。
> 季冬之月，命有司大傩，旁磔，出土牛，以送寒气。
> ——《吕氏春秋》
>
> 季春之月，命国难，九门磔攘，以毕春气。
> 仲秋之月，天子乃难，以达秋气。
> 季冬之月，命有司大难，旁磔，出土牛，以送寒气。
> ——《礼记·月令》

另外，傩的初始和"梦"联系起来，实际指向的是变相的鬼神信仰。方相氏的出现，代表了专门的傩角色，既有宗教的成分，也有角色扮演的影子。

> 占梦掌其岁时，观天地之会，辨阴阳之气。以日、月、星、辰占六梦之吉凶。一曰正梦，二曰恶梦，三曰思梦，四曰寤梦，五曰喜梦，六曰惧梦。季冬，聘王梦，献吉梦于王，王拜而受之，乃舍萌于四方，以赠恶梦，遂令始难殴疫。
> ——《周礼·春官》

> 方相氏，狂夫四人。
>
> 方相氏，掌蒙熊皮，黄金四目，玄衣朱裳，执戈扬盾，帅百隶而时傩，以索室逐疫。大丧，先柩，及墓，入圹，以戈击四隅驱方良。
>
> ——《周礼·夏官》

"国人傩""天子傩""大傩"在春、秋、冬三个季节举行，可见彼时对傩礼的重视，"三傩"之礼均是在官方主导下进行的，属于国家典礼，但即便如此，其中也有了民间参与的色彩，《太平御览》引《周礼外传》说："大傩者，贵贱至于邑里，皆得逐疫。命国傩者，但于国城中行之耳。"[①]

更为重要的是，之所以把这一时期的傩礼看作傩戏的先导，在于这些典礼与其他庄重的典礼有所区别，其包含的娱乐成分不断增加，潜藏了戏的影子。所以，苏轼以腊祭为例说"三代之'戏礼'也。岁终聚戏，此人情之所不免也。因附以礼义，亦曰不徒戏而已矣"[②]。朱熹说"傩虽古礼而近于戏"，亦如此意。

2. 汉至宋：傩礼向傩戏的转变期

"三傩"礼在汉代后逐渐稳定为冬天举行的"大傩礼"，由官方操办。《后汉书》《隋书》《新唐书》都有宫廷大傩礼的记载。宫廷的大傩礼，规模庞大，场面壮观。以《新唐书》记载的大傩礼为例：

> 大傩之礼。
>
> 选人年十二以上、十六以下为侲子，假面，赤布袴褶。二十四人为一队，六人为列。执事十二人，赤帻、赤衣，麻鞭。工人二十二人，其一人方相氏，假面，黄金四目，蒙熊皮，黑衣、硃裳，右执楯；其一人为唱帅，假面，皮衣，执棒；鼓、

---

① （宋）李昉等：《太平御览》，中华书局1960年标点本，第2405页。
② （宋）苏轼：《东坡志林·仇池笔记》，华东师范大学出版社1983年点校本，第44页。

角各十，合为一队。队别鼓吹令一人、太卜令一人，各监所部；巫师二人。以逐恶鬼于禁中。有司预备每门雄鸡及酒，拟于宫城正门、皇城诸门磔禳设祭。太祝一人，斋郎三人，右校为瘗埳，各于皇城中门外之右。前一日之夕，傩者赴集所，具其器服以待事。

其日未明，诸卫依时刻勒所部，屯门列仗，近仗入陈于阶。鼓吹令帅傩者各集于宫门外。内侍诣皇帝所御殿前奏："侲子备，请逐疫。"出命寺伯六人，分引傩者于长乐门、永安门以入，至左右上阁，鼓噪以进。方相氏执戈扬楯唱，侲子和，曰："甲作食殃，胇胃食虎，雄伯食魅，腾简食不祥，揽诸食咎，伯奇食梦，强梁、祖明共食磔死寄生，委随食观，错断食巨，穷奇、腾根共食蛊，凡使一十二神追恶凶，赫汝躯，拉汝干，节解汝肉，抽汝肺肠，汝不急去，后者为粮。"周呼讫，前后鼓噪而出，诸队各趋顺天门以出，分诣诸城门，出郭而止。

傩者将出，祝布神席，当中门南向。出讫，宰手、斋郎舁牲匈磔之神席之西，藉以席，北首。斋郎酌清酒，太祝受，奠之。祝史持版于座右，跪读祝文曰："维某年岁次月朔日，天子遣太祝臣姓名昭告于太阴之神。"兴，尊版于席，乃举牲并酒瘗于埳。

——《新唐书·礼乐志》

这样的"大傩礼"虽然作为国家典礼出现，但是需要指出的是，越往后宫廷铺陈操练仪式的气息越浓厚，越来越接近于戏了。魏晋时期废除大傩礼，傩礼被更实用的耀兵所取代："因大傩耀兵，有飞龙、腾蛇、鱼丽之变，以示威武"，"高宗和平三年十二月，因岁除大傩之礼，遂耀兵示武"[①]，傩礼在国家典礼中的重要地位随着废立更改逐渐发生了变化。而傩礼之中具有的角色扮演、场景

---

① （北齐）魏收：《魏书》，中华书局1974年标点本，第120、2810页。

第三章 傩文化中的固义傩戏

设置、情节转承已经具有了傩戏的形态。到了宋代，虽然还有名义的官方大傩仪，但宋史却没有记载，从其他记载中可以看出明显地转向演戏了。

> 至除日，禁中呈大傩仪，并用皇城亲事官。诸班直戴假面，绣画色衣，执金枪龙旗。教坊使孟景初身品魁伟，贯全副金镀铜甲装将军。用镇殿将军二人，亦介胄，装门神。教坊南河炭丑恶魁肥，装判官。又装钟馗、小妹、土地、灶神之类，共千余人，自禁中驱祟出南薰门外转龙湾，谓之"埋祟"而罢。
>
> ——孟元老《东京梦华录》
>
> 禁中除夜呈大驱傩仪，并系皇城司诸班直，戴面具，着绣画杂色衣装，手执金枪、银戟、画木刀剑、五色龙凤、五色旗帜，以教乐所伶工装将军、符使、判官、钟馗、六丁、六甲、神兵、五方鬼使、灶君、土地、门户、神尉等神，自禁中动鼓吹，驱祟出东华门外，转龙池湾，谓之"埋祟"而散。
>
> ——吴自牧《梦粱录》

方相氏的表演也不再是宫廷州府的专属，百姓也成为官傩的观众，这对官傩民傩的互动意义非凡。

> 用方相四人，戴冠及面具，黄金为四目，衣熊裘，执戈扬盾，口作"傩、傩"之声，以除逐也。右十二人，皆朱发，衣白绣画衣。各执麻鞭，辫麻为之，长数尺，振之声甚厉。乃呼神名，其有甲作，食凶者；肺胃，食虎者；腾简，食不祥者；揽诸，食咎者；祖明、强梁，共食磔死寄生者；腾根，食蛊者等。侲子五百，小儿为之，衣朱褶、素襦，戴面具，以晦日于紫宸殿前傩，张宫悬乐。太常卿及少卿押乐正到西阁门，丞并太乐署令、鼓吹署令、协律郎并押乐在殿前。事前十日，太常卿并诸官于本寺先阅傩，并遍阅诸乐。其日，大宴三五署官，

其朝寮家皆上棚观之，百姓亦入看，颇谓壮观也。
——段安节《乐府杂录·驱傩》

在官方傩礼傩仪逐渐增加娱乐因素的同时，民傩也逐渐向傩戏转变了。

十二月八日为腊日，谚云"腊鼓鸣，春草生"。村人并击细腰鼓，戴胡头，乃作金刚力士以逐疫。
——宗懔《荆楚岁时记》

自入此月，即有贫者三数人为一火，装妇人神鬼，敲锣击鼓，巡门乞钱，俗呼为"打夜胡"，亦驱祟之道也。
——孟元老《东京梦华录》

市井迎傩，以锣鼓遍至人家，乞求利市。
——周密《武林旧事》

桂林傩

桂林傩队，自承平时，名闻京师，曰静江诸军傩，而所在坊巷村落，又自有百姓傩。严身之具甚饰。进退言语，咸有可观，视中州装，队仗似优也。推其所以然，盖桂人善制戏面，佳者一直万钱，他州贵之如此，宜其闻矣。
——周去非《岭外代答》

到宋代，官傩近于戏，民傩直接呈现为演戏形态，"百戏"中诸多假面除疫的出现，表明这个时候傩戏真正出现了。"诸军百戏"中具有傩戏性质的表演也已经颇为丰富了。

诸军百戏……忽作一声如霹雳，谓之"爆仗"，则蛮牌者引退，烟火大起，有假面披发，口吐狼牙烟火，如鬼神状者上场。着青帖金花短后之衣，帖金皂袴，跣足，携大铜锣随身，步舞而进退，谓之"抱锣"。绕场数遭，或就地放烟火之类。又一声爆仗，乐部动拜新月慢曲。有面涂青碌，戴面具金睛，饰以豹皮锦绣看带之类，谓之"硬鬼"。或执刀斧，或执杵棒之类，作脚步蘸立，为驱捉视听之状。又爆仗一声，有假面长髯，展裹绿袍靴简，如钟馗像者，傍一人以小锣相招和舞步，谓之"舞判"。继有二三瘦瘠，以粉涂身，金睛白面，如髑髅状，系锦绣围肚看带，手执软仗，各作魁谐趋跄，举止若排戏，谓之"哑杂剧"。又爆仗响，有烟火就涌出，人面不相睹，烟中有七人，皆披发文身，着青纱短后之衣，锦绣围肚看带，内一人金花小帽，执白旗，余皆头巾，执真刀，互相格斗击刺，作破面剖心之势，谓之"七圣刀"。忽有爆仗响，又复烟火。出散处以青幕围绕，列数十辈，皆假面异服，如祠庙中神鬼塑像，谓之"歇帐"。又爆仗响，卷退。次有一击小铜锣，引百余人，或巾裹，或双髻，各着杂色半臂，围肚看带，以黄白粉涂其面，谓之"抹跄"。各执木棹刀一口，成行列，击锣者指呼，各拜舞起居毕，喝喊变阵子数次，成一字阵，两两出阵格斗，作夺刀击刺之态百端讫，一人弃刀在地，就地掷身，背着地有声，谓之"扳落"。

——孟元老《东京梦华录》

3. 元明清：傩戏的发展期

宋代及之后，辽金元明清，民族融合，边疆开发，汉族傩戏继续在民间发展，对少数民族傩戏的记载逐渐增多。这一时期，宫廷傩礼彻底废除，民间傩戏成为主体。汉族傩戏在不同地方形成独特的品种，少数民族傩戏保持了独有的民族特色。

对于宫廷傩礼，清《续通志》总结道：

《宋志》不载傩礼。《东京梦华录》云：除日禁中呈大傩仪，并用皇城亲事官请班直，戴假面、绣画色衣，执金枪龙旗，装将军、门神、判官、钟馗、小妹、土地、灶神之类，共千余人。自禁中驱出南熏门外转龙湾，谓之埋祟而罢。此则傩礼之行于汴京者也。《乾淳岁时记》云：禁中腊月三十日呈女童驱傩，装六丁六甲六神之类，此则傩礼之行于南渡者也。

臣等谨案《月令》三傩……郑（玄）氏斗直日躔之说必有所本。……张衡《两京赋》："卒岁大傩驱除群厉"，仅于东京言之，则西京无此制可知。唐时傩礼大率依仿后汉之制，唯于季冬一行之。《宋史》遂不复载，观《东京梦华录》所言，大抵杂以委巷鄙俚之说，盖唐时犹为国家之典礼，至宋则直以戏视之，而古意益微矣。此史志所以削之与？辽、金、元、明俱无傩礼。明臣丘濬《大学衍义补》："请斟酌汉唐之制，俾内臣依古制为索室逐疫之法。"然亦未见施行也。

——《续通志》

各地各族的傩戏遍地开花，撷取部分作为佐证。

楚俗尚鬼，而傩尤甚。蕲有七十二家，有清潭保、中潭保、张王、万春等名。神架雕镂，金䑽制如橇。刻木为神，首被以彩绘，两袖散垂，项系杂色纷帨，或三神，或五、六、七、八神为一架焉。黄袍远游冠曰唐明皇；左右赤面涂金粉，金银兜鍪者三，曰太尉。高髻步摇，粉□而丽者，曰金花小娘、社婆；髯而翁者曰社公；左骑细马，白面黄衫如侠少者，曰马二郎。行则一人肩架，前导大纛、雉尾、云罕、爆㸈、格泽等旗，曲盖、鼓吹，如王公。迎神之家，男女罗拜。蚕桑疾病，皆祈问焉。其徒数十，列幢歌舞，非诗非词，长短成句，一唱众和，呜咽哀婉。随设百戏，奉太尉，歌跃幢上。主人献酬，三神酢主人，主人再拜。须臾，二蛮奴持绁盘辟，有大狮首尾奋迅而出，奴问狮何来，一人答曰凉州来，相与西望而泣，作思乡怀土之歌。舞毕送神，鼓吹偕作。先立春一日，出神于匮，具仪簿随土牛后，春分后藏焉。崇祯末，无复旧观矣。

——顾氏《蕲州志》

民患疠，五月五日迎神逐疠，伐竹为之龙，画状似鳅，以

第三章 傩文化中的固义傩戏

十二人为神装载之市，此虽赛会乎！

——《（万历）祁门县志》

（元月）二十一日，调集各处蒙古、西番马步兵三千名，顶盔贯甲，执长矛、弓箭、鸟枪、藤牌，马亦从头至尾披挂五色甲裙，各各跳舞放枪，绕召三次，至琉璃桥南，点放火炮，以为迎神逐鬼。

十二月二十九日，木鹿寺跳神驱鬼，喇嘛装束各种神佛鬼怪，至晚则绕召放枪呐喊，以为驱邪逐鬼云尔。

——允礼《西藏志》

白石堡松洲乡人，于正月十五夕伐鼓鸣金，执戈扬盾，取驱除疾疠之意，亦古之傩也。

——清《南海县志》

正月十五日，喇嘛具鼓乐旗仗，舁唐金城公主铜像周历城外，装神鬼夜叉诸怪，以一足跳踯，作商羊舞，曰跳布札。有小喇嘛十数，戴白锅圈帽，穿彩衣，执小铜斧，相率而舞，称为跳钺斧。

——钱召棠《巴塘志略》

除夕逐除，俗于是夕具牲礼，扎草船，列纸马，陈火炬，家长督之，遍各房室驱呼怒吼，如斥遣状，谓之逐鬼，即古傩意也。

——《（嘉靖）贵州通志》

巫师戴面舞傞傞，岁晏乡风竞逐傩。

——胡奉衡《黎平竹枝词》

十二月一日，乞人傅粉墨妆为钟馗、灶王，持竿剑望门歌舞以乞，亦乡人傩之遗意。

——《常昭合志·风俗》

值得注意的是，民傩在时间空间上的发展，让傩戏呈现出多姿多彩的局面。在傩戏的发展过程中，与民间社会紧密结合，与岁时节日紧密结合，与群众娱乐紧密结合，它与民间信仰紧密结合，因此傩戏像核子一样既吸收周边元素，又不断调整自身，逐渐成长为包裹多种文化因子的综合体。现当代傩戏承续了古傩的血脉，承载了历史发展的信息，融入了现代社会变迁的状貌，依然在民俗生活中扮演重要角色。

第三节　现代傩戏与鬼神信仰

在作为整体的傩文化中，切入的角度不同，在现代存在形式大致被分为傩俗、傩仪、傩舞、傩戏、傩技、傩礼等并不严格的分类。其中傩俗具有涵盖其他子分类的特点。因为其作为一种民俗形式，并不能离开一定的仪式、戏剧、技艺等形式独立体现；并且傩俗和贯穿在整个傩文化体系中的面具文化、图腾崇拜等密不可分。傩戏作为傩俗的重要构成，在傩文化中占有重要地位。随着社会的发展，现代傩戏在实际的表现过程中也发生了巨大的变化，然而其深层蕴含的一些信仰特点得以留存。鬼神信仰就是其中一个重要的组成部分。

"'傩'体现着古今参与此类活动的人们的鬼神信仰，反映出一种特殊的人与神界及与人类自身的相互关系。人敬神畏鬼，借神逐鬼，通过一系列诸如面具装扮式的仪式使人神相通，神灵附体，以达到一种人即神、神即人的理想境界，人驱鬼即神驱鬼，神获胜即人获胜。这样，'傩'使得人力上升（回到万物）神灵降至（天人合一），于是鬼疫消除，人界平安。可见'傩'既是两界相分的产物，同时也是彼此互通的象征。总之，'傩'的存在证明着两个世界的存在，即在人的世界之外还有一个隐秘的世界，其中善者是神，恶者是鬼，与人相关，善恶有报。这是'傩'的前提，也是傩作为一种文化的内核所在。"[①] 论者强调了鬼神信仰在傩文化中的重要性，同时解释了鬼神信仰的认识论内涵。叶舒宪在分析神话的世界结构时有大致相同的认识，"神话意识中的三分世界分别确定了神、鬼和人的空间分界。在正常情况下，三界之间的界限是不得混淆的。神界是永生的世界，凡人与鬼魅不可企及；人间是有生亦

[①] 陈跃红、徐新建等：《中国傩文化》，中央编译出版社2008年版，第34页。

有死的世界,一切生物都要受到死亡法则的支配,它们的最后归宿是地下的鬼域"①。

这些可以看作在对象"存在"的情境下的一种反观性分析。从追溯信仰的源头探索,考察鬼神信仰与现代傩戏中鬼神展演的联系实为必要。神话遗存也罢,仪式遗存也罢,鬼神信仰与最初的万物有灵崇拜有关。"人类的信仰不仅产生于客观存在的自然界的万物万象,同时也来源于人类自身通过直接的感官接触后所引起的多种联想。这些联想所形成的虚幻的事物,在远古的观念中形成了幻想物,并对它表示崇拜,这就是从原始思维发展下来的'万物有灵'的神灵崇拜、精灵崇拜、祖灵崇拜、鬼灵崇拜及图腾崇拜,和与之相关的神幻体的灵物崇拜。"②

崇拜和信仰的形成延续过程中,原始思维发挥了重要作用。"神灵观念形成于人类社会的童年时代。……由于生产力极其低下,人类的生存能力很弱,对于自然现象,对于野兽,对巨石、高山和茂树,都存在难以克服的畏惧,感到难以理解。人们用儿童般的天真和理解力赋予万物以人类同样的心理,按照人类自己的好恶喜怒去推测自然万物,用简单的因果推理把人类的行为与自然现象联系起来。从而也按照人类当时的观察和认识能力,创造、想象出无数具有感情的神灵。"③ 我们不难发现,生产力和神灵信仰的最终出现之间应该还有一系列的机制,学者们最终关注的焦点还是落在"想象"上。

在信仰出现过程中,无可否认,想象和联想都是重要的思维方式,都有重要的地位。

关于鬼神信仰,还有一些考古资料可作为思考的基础。"在伊拉克东北部扎格罗斯山(Zagros Mt.)上的沙尼达尔(Shanidar)洞穴,考古学家 R. 索莱基(R. Solecki)描述了一处意蕴非凡、后来

---

① 叶舒宪:《中国神话哲学》,中国社会科学出版社1992年版,第42页。
② 乌丙安:《中国民间信仰》,上海人民出版社1995年版,第100页。
③ 刘晔原、郑惠坚:《中国古代的祭祀》,商务印书馆国际有限公司1996年版,第4页。

被有关学科专家广泛征引的埋葬遗址。尸骨被埋在一堆石块下面,底下是一层植物的有机物质,通过对石化花粉(flower pollen)的分析表明,它含有大量的花卉残质,这些花卉一定是在封墓之前放在尸体上的。花粉的有意识地保存与集中,证明拿进墓穴的是花卉、而不是被风吹进来或被动物带进来的花粉。几乎所有的专家都承认沙尼达尔Ⅳ是被安葬的(其年代被确定为大约6万年前),这表明人类仪式的发生(the beginnings of ritual)在沙尼达尔的尼安德特人那里,已经有了起源学上的较为确切的证据,人类已开始信仰其死后灵魂的生活(believe in an after life)。"[1]

在傩戏形成之前,鬼神信仰已经深入人心,对傩戏的形成具有重要作用。在傩戏发展的过程中,鬼神信仰始终伴随着。即便到了现代傩戏中,依然能够看到鬼神信仰的显著影响。

考"傩"字本义,虽最初无驱鬼意,但很早就开始作为驱鬼逐疫的借用字。但凡提到"傩",就必然指向"驱除疫鬼"的意思,因此就"傩"字意义而言,具有鲜明的鬼神信仰色彩。在注"乡人傩"句时,孔安国说"傩,驱逐疫鬼",郑玄说"十二月命方相氏索室中逐疫鬼",朱熹说"傩,所以逐疫"。总之,"傩"字包含"逐疫鬼"的意义。郑玄注礼曰:"乡人裼,孔子朝服立于阼,存室神也。裼,强鬼也。谓时傩,索室逐疫逐强鬼也。裼或为献,或为傩。"傩、裼、献等都指向了同一仪式——驱鬼。鬼是疫病灾难的来由,为祈求平顺安康,必须通过特定的仪式驱除疫鬼。因此,"傩"本身具有鬼神信仰的丰富内涵。

在史前传说中,事神驱鬼看作是"傩"的核心职能和显著标志。

---

[1] 郑元者:《艺术之根:艺术起源学引论》,湖南教育出版社1998年版,第112—113页。根据作者原注,文中事例引自V. Barnouw, *PhysicalAnthropology and Archaeology*, 5th Ed., Belmont, California: Wadsworth Publishing Company, 1989, p.180; K. L. Feder, M. A. Park, *Human Antiquity*: *An Introduction to Physical Anthropology and Archaeology*, Mountain View: California, Mayfield Publshing Company, 1989, p.218。

第三章　傩文化中的固义傩戏

　　《山海经》又曰:"沧海之中,有度朔之山,上有大桃木,其屈蟠三千里,其枝间东北曰鬼门,万鬼所出入也。上有二神人,一曰神荼,二曰郁垒。主阅领万鬼。恶害之鬼,执以苇索,而以食虎。于是黄帝乃作礼以时驱之,立大桃人,门户画神荼、郁垒与虎,悬苇索以御。"

——王充《论衡》①

　　《汉旧仪》曰:昔颛顼氏之有三子,已而为疫鬼,一居江水为疟鬼;一居若水为罔两蜮鬼;一居人宫室区隅,善惊人,为小鬼。于是以岁十二月,使方相氏蒙虎皮,黄金四目,玄衣丹裳,执戈扬盾,帅百隶及童子而时傩,以索室中而逐疫鬼也。

——萧统《文选》②

后世的历代宫廷大傩和乡傩,都有一个共同点,就是扮成鬼或神,通过表演和仪式,达到驱除疫病灾难的目的。

如承担驱傩职责的主要角色"方相氏":

　　方相氏,掌蒙熊皮,黄金四目,玄衣朱裳,执戈扬盾,帅百隶而时傩,以索室逐疫。

——《周礼·夏官》

宫廷傩在古代主要是宫廷皇家仪式典礼,其仪式庄重严肃,参与者多,角色分工明确,场面宏大。在文献描述中,可以明显地看出"驱傩逐疫"的目的。尽管驱傩的场景稍微更易,但延续下来的仪典中仍然遗存有鬼神信仰的文化因子。

　　尔乃卒岁大傩,殴除群厉。方相秉钺,巫觋操茢。侲子万童,丹首玄制。桃弧棘矢,所发无臬。飞砾雨散,刚瘅必毙。

---

① 黄晖:《论衡校释》,中华书局1990年版,第938—939页。
② (梁)萧统:《文选》,上海古籍出版社1986年点校本,第123页。《搜神记》有同样记载,文字稍有别。

煌火驰而星流，逐赤疫于四裔。然后凌天池，绝飞梁。捎魑魅，斮猰狂。斩蜲蛇，脑方良。囚耕父于清泠，溺女魃于神潢。残夔魖与罔像，殪野仲而歼游光。八灵为之震慑，况魖蝛与毕方。度朔作梗，守以郁垒。神荼副焉，对操索苇。目察区陬，司执遗鬼。京室密清，罔有不虔。

——张衡《东京赋》

先腊一日，大傩，谓之逐疫。其仪：选中黄门子弟年十岁以上，十二以下，百二十人为侲子。皆赤帻皂制，执大鼗。方相氏黄金四目，蒙熊皮，玄衣朱裳，执戈扬盾。十二兽有衣毛角。中黄门行之，冗从仆射将之，以逐恶鬼于禁中。夜漏上水，朝臣会，侍中、尚书、御史、谒者、虎贲、羽林郎将执事，皆赤帻陛卫。乘舆御前殿。黄门令奏曰："侲子备，请逐疫。"于是中黄门倡，侲子和，曰："甲作食殟，胇胃食虎，雄伯食魅，腾简食不祥，揽诸食咎，伯奇食梦，强梁、祖明共食磔死寄生，委随食观，错断食巨，穷奇、腾根共食蛊。凡使十二神追恶凶，赫女躯，拉女干，节解女肉，抽女肺肠。女不急去，后者为粮！"因作方相与十二兽儛。欢呼，周遍前后省三过，持炬火，送疫出端门；门外驺骑传炬出宫，司马阙门门外五营骑士传火弃雒水中。百官官府各以木面兽能为傩人师讫，设桃梗、郁櫑、苇茭毕，执事陛者罢。苇戟、桃杖以赐公、卿、将军、特侯、诸侯云。

——《后汉书·礼仪志·大傩》

齐制，季冬晦，选乐人子弟十岁以上，十二以下为侲子，合二百四十人。一百二十人，赤帻、皂褠衣，执鼗。一百二十人，赤布袴褶，执鞞角。方相氏黄金四目，熊皮蒙首，玄衣朱裳，执戈扬楯。又作穷奇、祖明之类，凡十二兽，皆有毛角。鼓吹令率之，中黄门行之，冗从仆射将之，以逐恶鬼于禁中。

隋制，季春晦，傩，磔牲于宫门及城四门，以禳阴气。秋分前一日，禳阳气。季冬傍磔、大傩亦如之。

——《隋书·礼仪志》

大傩之礼。选人年十二以上、十六以下为侲子，假面，赤布

第三章 傩文化中的固义傩戏

袴褶。二十四人为一队,六人为列。执事十二人,赤帻、赤衣,麻鞭。工人二十二人,其一人方相氏,假面,黄金四目,蒙熊皮,黑衣、朱裳,右执楯;其一人为唱帅,假面,皮衣,执棒;鼓、角各十,合为一队。队别鼓吹令一人,太卜令一人,各监所部;巫师二人。以逐恶鬼于禁中。……方相氏执戈扬楯唱,伥子和,曰:"甲作食歹凶,肺胃食虎,雄伯食魅,腾简食不祥,揽诸食咎,伯奇食梦,强梁、祖明共食磔死寄生,委随食观,错断食巨,穷奇、腾根共食蛊,凡使一十二神追恶凶,赫汝躯,拉汝干,节解汝肉,抽汝肺肠,汝不急去,后者为粮。"周呼讫,前后鼓噪而出,诸队各趋顺天门以出,分诣诸城门,出郭而止。

——《新唐书·礼乐志》

至除日,禁中呈大傩仪,并用皇城亲事官。诸班直戴假面,绣画色衣,执金枪龙旗。教坊使孟景初身品魁伟,贯全副金镀铜甲装将军。用镇殿将军二人,亦介胄,装门神。教坊南河炭丑恶魁肥,装判官。又装钟馗、小妹、土地、灶神之类,共千余人,自禁中驱祟出南薰门外转龙湾,谓之"埋祟"而罢。

——孟元老《东京梦华录》

元明清之后,官方傩逐渐淡出,而民间傩仍然存在,并且逐渐成为傩俗的主干部分。傩戏则在民间傩的基础上兴盛起来,成为傩俗中不可或缺的构成。就文献记载来看,彼时的傩戏,精彩纷呈,各具特色。这些傩戏是现代傩戏的直接源头。

厉神乃恣肆,魑魊并猖狂。

——吴莱《时傩》

除夕逐除,俗于是夕具牲礼,扎草船,列纸马,陈火炬,家长督之,遍各房室驱呼怒吼,如斥遣状,谓之逐鬼,即古傩意也。

——《(嘉靖)贵州通志》

巫师戴面舞傞傞,岁晏乡风竞逐傩。

——胡奉衡《黎平竹枝词》

◆　地方社火与现代傩俗　◆

以上可以简略地看到傩戏的历代沿革。古代傩戏虽然在具体的实施形式有一些不同，但是其中一点还是比较鲜明的，那就是事神驱鬼。在上古，神秘色彩更浓重一些，彼时的傩俗（戏）一般都有官方参与，具有一定的统治工具性质，表现了当时社会普遍存在的信仰状况。人们对傩的重视程度，体现的国家意志，都表现出鬼神信仰在日常生活中的重要性。及至中古，虽然各朝都沿袭傩礼，并且形式更加烦琐细化，但是可以明显看到的是，娱乐的气氛上升，其中一个重要表现就是在官方仪式进行的同时，民间傩俗逐渐兴盛，这样鬼神信仰更多地成为一个信仰的外壳，驱鬼演变为内容上的主题，娱人开始成为傩戏的重要目的。当然也不能说这时的人们普遍地放弃了鬼神信仰，而只能说对鬼神的信仰实质已经发生了变化。到了近古，官方的傩仪已经很难和前一段时期相比，几乎销声匿迹，但民间傩戏活动却愈演愈盛。鬼神信仰的气氛更加稀薄，民间狂欢的性质凸显。在整个时间维度下观照现存的傩戏活动，现代傩戏连采用鬼神的外壳也失去了一定兴趣，更多地倾向于一些具有娱乐性质的表现形式。

在河北省西南的武安市至今存在着名为《捉黄鬼》的傩戏，是汉族傩的重要代表。《捉黄鬼》和古代鬼神信仰联系更为紧密，其和后汉傩仪的也有诸多相同之处。

《捉黄鬼》的角色主要有：三个鬼差，大鬼、二鬼，头戴蓬乱长发头套，蓝白条纹相间隔的脸谱，身穿黄色虎皮纹坎肩和单裤。腰束宽带，手腕戴铜环。他们是阴曹地府阎罗王的差役。三鬼也叫跳鬼，阴曹地府的地方官，协助大鬼和二鬼捉拿黄鬼。他头戴斗铰形红缨帽，身穿靰子衣，白涂眼圈和口轮，面蒙罩纱，身背案卷公文，一手拿令牌，一手掌折扇。黄鬼是洪涝、干旱、虫灾、病患等灾异的人格形象。另外有阎罗王和判官。

《捉黄鬼》是一出街头哑剧，演出场地从村中前街到村西打谷场，最后到村南判官台、阎罗王台和斩鬼台。时间是正月十五日早晨、上午和中午。剧情和演出情况是，在村街中，主要是三

◈ 第三章 傩文化中的固义傩戏 ◈

个鬼差诱迫黄鬼就范，而黄鬼畏畏缩缩，不愿就范。在判官台棚阎罗王台前主要是接受审判，最后到斩鬼台受破肚抽肠之极刑。演出过程中，有锣鼓伴随。群众手持柳棍沿街随四鬼奔跑。

从中我们些许可以看到后汉傩仪的影子，但是随着时代变化，捉黄鬼和汉傩仪已经相去很远。虽然在角色装扮、使用道具、基本程序上都有共同之处，但已经有了很多后世加进去的元素。即使如此，我们也可以认为，《捉黄鬼》的傩戏继承了"事神驱鬼"的傩文化本质。在整个傩戏的活动中，把鬼神的世界现实化，而不再只是幻想中的鬼神，把人神鬼放置在同一时间空间维度中，这和古代鬼神信仰在时间空间上的对立态度是迥然不同的。鬼神都成为现实中可见的，这样使得鬼神信仰失去了神秘的特性。因而，现代傩戏中的鬼神观念更加内化和符号化。比如鬼神的角色意识，是古代鬼神信仰的残存。而鬼神符号化的最典型代表就是狰狞可怖的面具。

综上所述，现代傩戏和鬼神信仰有着密切的关系。对于两者关系的考察有很多的切入点，在鬼神信仰的发生源头和发展过程中，对傩戏的影响和傩戏的反作用都是不可忽视的。例如从文字学角度考量"傩"的五音十义和"傩"字的渊源和假借过程都能看到傩戏和鬼神信仰的紧密关系。[1] 例如对傩面具、傩戏、傩技的专门分析等。无论如何，傩戏（包括现代傩戏）在发生发展过程中都难以摆脱鬼神信仰而独自生存。"傩文化也包括自己的文化内核和文化外象两大部分。其文化内核即在特定的天人合一过程中产生了鬼神信仰，正是这一信仰支撑了傩文化的存在及发展。其余的所有外在行为和外在事象都只是鬼神信仰这一特定文化内核的外现而已。"[2] 这种说法是较为妥帖的。固义傩戏为审视中国傩戏的整体提供了一个案例，为观照傩戏中的鬼神信仰提供了活态样本。

---

[1] 参见曲六乙、钱茀《东方傩文化概论》，山西教育出版社2006年版，第42—56页。
[2] 陈跃红、徐新建等：《中国傩文化》，中央编译出版社2008年版，第8—9页。

第四节　固义傩戏的类型特征

现代傩戏流行于全国十余个省市区，有三十余个品种，虽然均属于"傩戏"的大类，但各有特色。固义傩戏作为傩戏的一种，除了具有傩戏的共同之处外，还有一些较其他地区傩戏而言的独特之处。这也是固义傩戏可以作为众多傩戏种类中的一个代表的原因所在。

全国各地傩戏林林总总，细究起来各自差别明显，但归于"傩戏"一类，其共同点亦较为突出。《东方傩文化概论》一书中将傩戏的特征概括为以下方面："1. 祭祀仪式剧特征；2. 娱神与娱人相结合；3. 演出的特殊时空观念；4. 依附于民俗节日的固定演出时间；5. 面具——独特、奇妙的造型手段；6. 叙述体说唱文学的特征；7. 艺术传承与禁忌。"[①] 各地傩戏因流传地域的不同、流传地的民族差异、艺术呈现的差异、传承中的变化等各种因素，各具特色。大体而言，各地傩戏均具有上述七个特征，固义傩戏也不例外。如果放在傩戏的整体环境下，以比较的视野观照固义傩戏和其他地区傩戏的差异，更能够看出固义傩戏作为一个品种的类型特征。

第一，固义傩戏的社火性质。各地傩戏在很多细节上可以说差别很大，乃至同一种傩戏在不同村落间也不尽相同。但能把不同的傩戏区别开来，主要在于各地傩戏在大的分类之下，性质有所差异。这种差异也带来当地傩戏信仰、艺术、传承等方方面面的差异，因此可以说是根本性的。

安徽贵池傩戏属于家族傩和社火傩的结合，既具有家族性，也具有某种社火特点。安顺地戏以"军傩"为主要特点，当地傩戏与作为军属后裔的"屯堡人"关系密切，扮演剧目也多为征战故事。曲沃扇鼓傩戏是包括傩祭、傩仪、傩戏——程序完整的民间社火活

[①] 曲六乙、钱茀：《东方傩文化概论》，山西教育出版社2006年版，第68—70页。

动。傩戏的一种——阳戏，"流传于马鸣乡红寨村一带的'梓潼阳戏'是属于村民家庭个体性、小范围的一种传统宗教仪式，其基本性质属于酬神还愿的仪式剧范围"①。而少数民族傩戏则多和民族迁徙、先祖繁衍有关，彝族傩戏"（撮泰吉）其内涵反映的是变成神鬼的祖先当初迁徙、垦荒的艰难场面，并借助祖先的威灵来保佑后裔和驱除邪魔瘟疫。因此'撮泰吉'的含义理解为'请变成神鬼的老祖宗来保佑后裔的游戏'，或'人变神鬼的游戏'，或许更恰当一些"②。湘西傩堂戏为私家冲傩、还愿而搬演。贵州荔波布依族傩戏以求子保子为内容。

贵池傩戏和曲沃扇鼓傩戏也有社火的成分，固义傩戏与之较为相似，明显区别于傩坛性质的傩戏。固义傩戏的社火性质更为明显和突出。首先，固义傩戏以《捉黄鬼》为核心，而捉黄鬼这出傩戏是固义社火的构成。其次，固义傩戏搬演的时间、地点、场景均与本村社火融为一体。再次，在傩戏演出的同时，其他社火形式同时进行。最后，固义傩戏的组织、演出、排练均依托社火班社。某种程度上说，《捉黄鬼》这样的傩戏在当地主要被当作社火表演来看。

第二，固义傩戏的流传范围。各地傩戏在当地流传一般维持在一定的范围内，或州或县，只流传在某个村落的情况比较少见。贵池傩戏流传在贵池刘街、姚街、梅街、棠溪、桃坡、元四、渚湖、清溪、矛坦、里山一带。在贵州，地戏范围较广，"地戏主要流传于贵州的安顺、贵阳、平坝、普定、镇宁、紫云、清镇、广顺、贵定、罗甸、六枝、水城、毕节、黔西、大方、长顺、兴义、盘县等县、市的广大农村"。少数民族傩戏往往分布在这些民族聚居的区域内，如彝族的撮泰吉、苗族的傩堂戏等。有些傩戏数量较多，如"安顺地戏以堂为单位……据统计，安顺县所辖的7个区42个乡镇，共分布着156堂地戏，一般每村只有一堂，少数村寨有2—3

---

① 于一、王康、陈文汉：《四川省梓潼县马鸣乡红寨村一带的梓潼阳戏》，财团法人施合郑民俗文化基金会，1994年，第16页。
② 潘朝霖：《贵州威宁县"撮泰吉"调查报告》，载顾朴光等编《中国傩戏调查报告》，贵州人民出版社1992年版，第227页。

堂，也有的村寨没有地戏"①。

也有一些傩戏品种，流传范围极小，集中在一个村寨里，如"咚咚推"流传于新晃侗族自治县贡溪乡四路村天井小组，扇鼓傩戏流传于曲沃县任庄村，固义傩戏主要流传于武安市固义村。这类流传范围极小的傩戏，很难在其周边找到同类的傩戏表演，因此流传下来殊为不易。固义傩戏不仅在所在的武安市难寻同样的表演，就是放到更大的地域内，也难以找到同等的民俗样式。不仅此类傩戏有研究的必要，此种流传样貌亦有探究的价值。

第三，固义傩戏的祭祀对象及仪式。一般而言，大多数傩戏呈现多神祭祀、傩神为主的特点。祭祀仪式围绕祭祀对象大体分为请神、娱神、送神三个环节。

贵池傩戏的形成，据文献史料的记载，起源于对昭明太子神像的祭祀活动。② 源溪三姓家族的傩神会有"请神下架""启圣""朝庙""演出""祭灶"和"送神"等几个阶段。③ 安顺农村供奉的神祇众多，佛教、道教及民间诸神一应俱有，而用于"抬菩萨"仪式者只有以下几位：汪公、关羽、杨泗、欧阳、郭子仪、双龙、白云、康王、包拯、王灵官、马元帅、城隍、五显等。其仪式有如佛教行像活动，唯所抬之神多为民间诸神和历史人物。时间略有先后，但多在正、二月举行。一般一村只抬一位，或有一村两位或多位的则较少。亦多为一位或一组神明被一村所抬，唯汪公一位，据说历史上九屯十八堡都有抬汪公习俗。④

曲沃扇鼓傩戏中，"十二神家"所请之神，包括后土娘娘为主

---

① 顾朴光：《贵州安顺地戏调查报告》，载顾朴光等编《中国傩戏调查报告》，贵州人民出版社1992年版，第188、201页。
② 吕光群、纪明庭：《安徽贵池傩戏调查报告》，载顾朴光等编《中国傩戏调查报告》，贵州人民出版社1992年版，第30页。
③ 王兆乾、王秋贵：《安徽省贵池市刘街乡源溪村曹、金、柯三姓家族的傩戏》，财团法人施合郑民俗文化基金会，1993年，第48页。
④ 沈福馨：《贵州省安顺市大西桥镇吉昌屯村正月十八的"抬汪公"仪式》，载王秋桂、沈福馨编《贵州安顺地戏调查报告集》，财团法人施合郑民俗文化基金会，1994年，第206页。

第三章 傩文化中的固义傩戏

神的各方神祇。从最高的神灵玉皇大帝、王母娘娘到当境城隍、本宅土地；从远古的三皇五帝到当今圣上；从道教的元始天尊到佛教的万方诸佛，可以说，宇宙之内，六合之中的各路神祇无所不包。后土娘娘是扇鼓傩活动祭祀的主神，全村灾难靠她收取，阖庄安康靠她荫佑，因此，村民对她特别虔敬，不仅专门演出与后土娘娘有关的戏剧，而且在傩祭和献艺活动结束后，还专门安排对娘娘迎送。整个扇鼓傩祭和献艺活动需时三天。第一天（农历正月十四日）进行"游村""入坛""请神""收灾"等项活动；第二天（正月十五日）进行"下神""添神"诸项和献艺活动中的《吹风》《打仓》《攀道》表演；第三天（正月十六日）进行献艺活动中的《猜谜》《采桑》《坐后土》演出和"送娘娘"等傩祭活动。从内容看，三天所进行的项目分傩祭、禳灾逐疫、献艺表演三部分。①

四川梓潼马鸣乡一带的阳戏，戏神有坛前供奉的正神、"天上三十二神""地下三十二神"三种。从众多戏神来看，多为道家诸神，或有道教大神与民间小神相结合，并有部分儒家、佛教之神，以求达到为人祈福禳灾的目的。"梓潼阳戏"的整个表演仪式比较繁杂，其基本程序分为五个部分：一是燃香放炮挂神像；二是开坛仪式；三是"天戏"；四是"地戏"；五是"安神归位"。②

固义傩戏也呈现多神祭祀的倾向，从儒释道神灵到民间俗神，均是请神送神的范围。白眉三郎被尊为固义傩戏的傩神，但需要注意的是，白眉三郎和其他傩戏中的傩神是有区别的。在其他地区傩戏中，傩神在傩戏中占据核心地位，在祭祀中也享有最崇高的地位。白眉三郎在固义傩戏中是最为重要的角色，但在祭祀中与祭龙王、祭土地相比稍有不足。在村内的庙宇形制和规模上，也无法与碧霞元君、龙王庙、关帝庙相比较。因此，固义傩戏严格意义上无

---

① 黄竹三、王福才：《山西省曲沃县任庄村〈扇鼓神谱〉调查报告》，财团法人施合郑民俗文化基金会，1994年，第29、31、91页。
② 于一、王康、陈文汉：《四川省梓潼县马鸣乡红寨村一带的梓潼阳戏》，财团法人施合郑民俗文化基金会，1994年，第35、52页。

法找到像其他傩戏中傩神的角色。

第四，固义傩戏的搬演时间。各地傩戏大多数与特定的民俗节日相结合，而由巫师班承担的傩坛戏往往不遵从此例。

与民俗节日相结合的傩戏，以元宵节上演的居多。贵池傩戏平时不演出，一般只在每年农历正月初七至十五祭祀时择日演唱。安顺地戏一般每年演出两次，一次在春节期间，称为"玩新春"，另一次在七月半谷子扬花的时节，称为"跳米花神"。有些地区年年办，有些则需商议。任庄的扇鼓傩祭活动，并非每年都举行，因此，是否举办活动，要在族长主持的会上根据村民的意愿及族内的经济实力商议决定。

很多傩戏的演出时间并不固定，侗族"咚咚推"的演唱期为每年农历正月初一至十五，村寨中若遇虫灾、旱灾、瘟病，则视情演唱。此类演唱一般在农历六七月。"咚咚推"为天井之村寨集体活动，不为私家献唱。彝族"撮泰吉"是驱灾除邪、迎祥纳福的宗教性民俗活动。它不是年年举行，而是碰到天灾人祸的年景，以消灾除难为主要目的而表演的。演出时间，一般选择在农历初三至十五。

固义傩戏演出的时间一般固定在元宵节前后，也有"演三年停三年"的惯例。与其他地区相比，集中在元宵节期间，与社火节目一同上演，娱乐的氛围更加浓厚。

第五，固义傩戏的经费筹措。各地傩戏在演前的筹备、器具的置办、祭祀的进行等环节都有开销，花费颇巨，一般而言，筹措经费的方式有两种，一种是众人集资，一种是单方资助。很多地区傩戏筹措经费的方式多种多样。

在贵池，"土地改革以前，源溪三姓的傩神会所需费用主要依靠家族的公堂。……一九八七年后三自然村恢复傩戏，置办面具、服装和道具之费用，均按各户男丁数摊派，有钱出钱，无钱可用木炭抵数，家境贫困者亦不相强"[①]。安顺的"抬汪公"仪式中，"筹

---

① 王兆乾、王秋贵：《安徽省贵池市刘街乡源溪村曹、金、柯三姓家族的傩戏》，财团法人施合郑民俗文化基金会，1993年，第41页。

◈ 第三章　傩文化中的固义傩戏 ◈

款的主要方式为个人捐款，按姓氏集中，每人捐多捐少不论，多者五至十元，少者一至二元……筹款的另一个方式是让村中较富有者认捐……此外，整个仪式经费来源还有仪式进行中的随喜功德收入"[①]。梓潼马鸣乡一带的阳戏班的经费来源主要征集方式有三种：戏班成员自筹；还愿主家付给演出报酬；戏班演"过路戏"挣"过路钱"三个方面。[②]

固义傩戏的开销原先依靠公产的产出，后来主要是村民集资，现在也有村委和当地企业的资助。经费筹措的过程依然依靠社火班社的操持。

第六，固义傩戏的组织形式。全国各地的傩戏在组织形式上要么依托家族，要么依托班社。有时候家族和班社相互交叉。

贵池傩戏"演员和观众都是本族成员。各宗族之间无论从演出日期安排、剧目顺序、演出形式以及剧本、唱腔、面具、服饰、砌末道具等方面，皆有所差异。……贵池傩戏由于各宗族代代沿袭，互不交流，很少受外来艺术影响，故至今仍保持着古朴、粗犷的原始风貌"[③]。曲沃扇鼓傩戏，筹办傩祭活动的人员，具体分工为：族长，是整个傩祭活动的总负责人。在筹备、排练过程中，负责督促、检查；在进行傩祭、献艺时，负责协调、指挥。神头，为扇鼓傩祭献艺活动主要表演者"十二神家"之首负责组织装扮十二神家的村民进行排练、演出。摆坛负责人，负责筹备坛位所需之器具、祭品和指挥摆坛。锣鼓队负责人，即"社首"，任庄"星火社"的首领，负责从社内三"节"的锣鼓队中挑选这次傩祭活动的锣鼓队队员，并组织他们的排练和演出。花鼓队负责人，负责从许姓儿童

[①] 沈福馨：《贵州省安顺市大西桥镇吉昌屯村正月十八的"抬汪公"仪式》，载王秋桂、沈福馨编《贵州安顺地戏调查报告集》，财团法人施合郑民俗文化基金会，1994年，第212页。

[②] 于一、王康、陈文汉：《四川省梓潼县马鸣乡红寨村一带的梓潼阳戏》，财团法人施合郑民俗文化基金会，1994年，第29页。

[③] 吕光群、纪明庭：《安徽贵池傩戏调查报告》，载顾朴光等编《中国傩戏调查报告》，贵州人民出版社1992年版，第31页。

中挑选合适的花鼓队队员,组织他们排练和演出。① 梓潼阳戏,旧时演阳戏是以还愿为首要任务,故主导其事的轴心是主家和阳戏班。主家即是因某家在遇到某种不吉利的事时,向神许过愿的,当他们所许的愿得以达成时,便请戏班来还愿。戏班是以宗族为主体,可以适当吸收少数外姓人组成的团体,即有入教仪式、学习训练过程、资格取得等较严密进程和严格教规的特殊戏班。②

固义傩戏依赖社火班社组织,至今虽有家族痕迹,但已不甚要紧。固义的社火班社与北方社火班社相似,往往村落同姓聚居而成,既有血缘的亲近,也有比邻而居的便利,在生活、生产中互帮互助,在社火活动中为同一组织。这样的组织既不同于南方和少数民族以营利为目的的傩坛、巫师班、傩堂班,也不同于阳戏所依赖的阳戏班、阳戏教。可以说,固义社火班社宗教的氛围较少,没有营利的目的,现在以自发的元宵花会表演为主要职能。

第七,固义傩戏的传承方式。全国傩戏由于流传上的封闭性和保守性,往往以家族传承和师徒传承为主。

贵池傩戏带有浓厚的宗族色彩,始终限于祭祀演出,它既无职业班社,亦无专业艺人,演员皆由各宗族按房头摊派男丁担任。演唱艺术的传授,大都是以"口传心授"的民间传袭方式,父子相传和宗族师承。③ 任庄的扇鼓傩属家族傩,过去只准许家弟子参加演出。④ 任庄"扇鼓傩戏",为许氏大族所固有,行头、道具为祠堂公有,演唱技艺辈辈相传,含有封建、凝固、保守的一面。⑤ 曲沃任庄扇鼓傩祭是由一个村的名门望族组织本家族同宗进行的傩祭,

---

① 黄竹三、王福才:《山西省曲沃县任庄村〈扇鼓神谱〉调查报告》,财团法人施合郑民俗文化基金会,1994年,第25—26页。
② 于一、王康、陈文汉:《四川省梓潼县马鸣乡红寨村一带的梓潼阳戏》,财团法人施合郑民俗文化基金会,1994年,第23页。
③ 吕光群、纪明庭:《安徽贵池傩戏调查报告》,载顾朴光等编《中国傩戏调查报告》,贵州人民出版社1992年版,第37页。
④ 张之中:《山西傩戏的流变与分布》,载顾朴光等编《中国傩戏调查报告》,贵州人民出版社1992年版,第18页。
⑤ 段士朴、许诚:《〈扇鼓神谱〉初探》,《中华戏曲》(第六辑),山西人民出版社1988年版,第98页。

所以具有"家族傩"的性质,迄今所知,安徽贵池和江西一些地区的傩祭也属"家族傩"[①]。

在过去,"梓潼阳戏"表演艺术的传承,主要是家族祖传性质,如有"邓家班""刘家班"等。在这些家班中,无外姓人参加,但随着家族中学阳戏的故去或有的迁居外地,这种家族祖传的阳戏班也发生了变化,有了外姓的掺入。因此,"梓潼阳戏"的表演艺术传承,基本点是拜师学艺,但是有资料显示,是经历了族姓家班,传至外地,吸收外姓人加入,并不久为外姓家族或由外姓任掌坛师、为班主的发展。[②]

固义傩戏的传承方式因组织方式的不同,完全不同于南方和少数民族傩戏的傩戏班、阳戏班、巫师班的内部传承。但也有家族传承的讲究,一般傩戏演出的某个角色集中在家族内部传承,子承父业,亦有传给弟弟、子侄的,同属家族内部,外姓人一般难以插足。口传心授为主,无所谓师徒名分,亦没有特殊的拜师学艺的习俗,当然更没有宗教性质的约束。

第八,固义傩戏的傩戏剧目。各地傩戏所演剧目在内部多有相似之处,与外地傩戏多不相同。剧目数量和剧目内容多有差别。各地傩戏均受到当代剧种和民间小戏的影响。

贵池傩戏演剧剧目有两类:一是以舞蹈为主,以"乐神"为题材的小戏傩舞与奉行酬神仪式的吉祥词。……另一类剧目是有唱、有白、有故事情节的正戏,有《刘文龙赶考》《孟姜女》《章文显》《摇钱记》《陈州放粮》《花关索》《薛仁贵平辽记》等。[③] 安顺地戏由于军傩的性质,多战争戏。"安顺地戏演出的剧目,全部取材于古代的话本小说、历史演义和民间传说,内容都是金戈铁马的征

[①] 曲六乙:《〈扇鼓神谱〉的历史信息价值》,《中华戏曲》(第六辑),山西人民出版社1988年版,第116页。

[②] 于一、王康、陈文汉:《四川省梓潼县马鸣乡红寨村一带的梓潼阳戏》,财团法人施合郑民俗文化基金会,1994年,第71页。

[③] 吕光群、纪明庭:《安徽贵池傩戏调查报告》,载顾朴光等编《中国傩戏调查报告》,贵州人民出版社1992年版,第32页。

战故事，而没有生活戏、公案戏和爱情戏。"①"梓潼阳戏"有"阴一堂""阳一堂"之称，即阴戏与阳戏两种剧目。阴戏以提线木偶表演三十二个神像。因是表演天上的神戏，又非由人扮演，故又称"天戏"，天上三十二戏。阳戏则由演员戴面具或涂面化装，扮演角色，亦叫"地戏"。此外，还有在还愿仪式中演出"天戏""地戏"过程里，应愿主家要求插演一些"清戏"。所谓"清戏"即是在仪式中插演娱人为主的民间小戏。②少数民族傩戏又多演到先祖功绩的，如撮泰吉"正戏演出的内容，主要反映彝族祖先艰苦跋涉，迁徙来到当今住地，垦荒种植，驯牛耕作的经历"③。

固义傩戏的剧目和内容与其他地区傩戏相比，傩味较浓厚的当属《捉黄鬼》一剧，其他剧目属赛戏、队戏（实则《捉黄鬼》亦可归入队戏）。《捉黄鬼》驱邪逐疫的色彩最为突出，其他剧目则偏重迎神祭祀剧。简单说来，固义傩戏和其他地区傩戏都有多种剧目并存的样貌，而且很多剧目偏重祭祀仪式，间杂傩舞和傩戏的形态。就固义傩戏而言，多种祭祀戏剧形式同时出现，严格被称为傩戏的主要是戴面具演出的简短仪式剧，如《吊黑虎》《吊绿脸小鬼》《吊掠马》等剧。而《虎牢关》《长坂坡》《夺状元》等属于赛戏，与晋东南、冀南赛戏同源。

第九，固义傩戏的唱腔伴奏。各地傩戏唱腔多样，伴奏各不相同。总体而言，唱腔以简单易行的吟诵体居多，也有所谓"傩腔"的唱法。伴奏以锣鼓最为常见，少见管弦。

安徽贵池傩戏，"其音乐分为唱腔与锣鼓伴奏两部分；声腔基本上可分为傩腔和高腔两大类。……傩腔是傩戏独有的颇具地方特色的唱腔，属花腔小调，源于当地流行的民歌俗曲。曲调质朴、流

---

① 顾朴光：《贵州安顺地戏调查报告》，载顾朴光等编《中国傩戏调查报告》，贵州人民出版社1992年版，第207页。
② 于一、王康、陈文汉：《四川省梓潼县马鸣乡红寨村一带的梓潼阳戏》，财团法人施合郑民俗文化基金会，1994年，第76页。
③ 潘朝霖：《贵州威宁县"撮泰吉"调查报告》，载顾朴光等编《中国傩戏调查报告》，贵州人民出版社1992年版，第232页。

畅，接近口语，有浓郁的乡土风味。多为六、七言唱词，其基本句式，六言为三三，七言为二二三。……傩腔的基本结构一般是由呼应式二乐句和起、承、转、合的四乐句组成的单段体。……高腔旋律与当地目连高腔基本相似"。"贵池傩戏的武场有大锣、筛金、小锣、铙钹、堂鼓、板鼓、扎板各一。"①

安顺地戏"剧本除少数道白、对话外，大量是七言为主，五言、六言、十言为辅的唱词，其文体是第三人称为主的叙事说唱体"。"地戏音乐简单粗犷，它没有婉转抒情的旋律，唯有雄浑高亢的声腔，这是由于地戏是在田间旷地演出，且以武打拼杀为主的特点所决定的。地戏的乐器只有一锣一鼓，没有铙、钹或弦乐。地戏的唱词一般分为上下句，由一人独唱上句及下句的前半句，众人合唱下句的后半句，上下句之间常用锣鼓作为过门。"②

曲沃扇鼓傩戏较为独特，以扇鼓为主要道具。"十二神家"所用的乐器和道具为扇鼓，扇鼓形若团扇，直径长约一尺五寸，柄长约九寸，径厚约四分。鼓圈和鼓柄均用热铁打成，鼓面用羯羊背部的皮革制成。鼓柄末端分为三股，卷成三个圆圈，每个圆圈上套有三个铁环，这种样式俗称"三钩九环"③。

"梓潼阳戏"的声腔分为两类，一类是傩腔，俗叫"端公调"，主要用于开坛、请神、净天、净地、净身、净心和"天戏"中使用。……第二类是"地戏"中所见的声腔……采用了川剧中的弹戏、胡琴、高腔等声腔及锣鼓牌子。"梓潼阳戏"的乐队，有软场面和硬场面之分。所谓软场面，即弦乐、唢呐等。硬场面指大锣、钵、镲等打击乐。④

---

① 吕光群、纪明庭：《安徽贵池傩戏调查报告》，载顾朴光等编《中国傩戏调查报告》，贵州人民出版社1992年版，第37—38、47页。

② 顾朴光：《贵州安顺地戏调查报告》，载顾朴光等编《中国傩戏调查报告》，贵州人民出版社1992年版，第208、224页。

③ 黄竹三、王福才：《山西省曲沃县任庄村〈扇鼓神谱〉调查报告》，财团法人施合郑民俗文化基金会，1994年，第93页。

④ 于一、王康、陈文汉：《四川省梓潼县马鸣乡红寨村一带的梓潼阳戏》，财团法人施合郑民俗文化基金会，1994年，第93、100页。

◆ 地方社火与现代傩俗 ◆

侗族"咚咚推"不托管弦，只以锣鼓伴奏。打击乐有靓（鼓）、筛（大锣）、蜡（包锣）、嘎艾（钹）。唱腔锣鼓有"起腔"和"收腔"。配合跳跃的身段锣鼓，以"咚咚推"为主旋律，"咚咚"为鼓声，"推"为包锣声。包锣声在锣鼓点中最为突出，"咚咚推"亦因此得名。巫师班、傩堂戏也多用锣鼓伴奏。

固义傩戏与上述各地傩戏相比，具有少许相同，如多用锣鼓伴奏，也有些不同。《捉黄鬼》这出傩戏台词较少，除了掌竹和阎王有几句念白外，几乎没有唱词，只有仪式动作，近于哑剧。《吊黑虎》《吊四值》《吊绿脸小鬼》等剧目，亦近于哑剧。还有演出的赛戏剧目，以吟诵体为主，七言句式，和晋东南、冀南流行的赛戏相似。所用伴奏的锣鼓在社火中俗称"锣鼓套"，较为常见，锣鼓点参照社火形式。

第十，固义傩戏的面具。戴面具表演是傩戏的一个重要特点，各地傩戏多重视面具，有些地区面具雕刻较为细致，有些则较为简单。各地傩戏共同之处是把面具视为"神"，形成相应的制作、存放、使用规矩。全国傩戏面具多为木质，很多地区有专门的雕制艺人。汉族地区面具多称为"脸子"。

贵池傩戏演员的面部不化妆，一直沿袭戴面具演出传统。面具，俗称"脸子"，系用柳木或黄杨木雕制，油漆彩绘而成。形状为外凸内凹，眼珠和眼角镂空，便于演员表演时向外张望，戴时头上均扎一块红头巾或戴红布帽子予以装饰。全套脸子18块（也有19块）、24块、36块、42块不等，常见为36块。[①]

安顺地戏老艺人们说："地戏玩的就是脸子（面具）。"地戏面具一般用白杨、白果、丁木和楸木制作。地戏面具种类繁富，角色众多，一堂地戏面具少则三四十面，多则一百多面。[②] 在伐取树材时匠人们要举行仪式，对即将砍伐用于雕刻面具的大树顶礼膜拜，

[①] 吕光群、纪明庭：《安徽贵池傩戏调查报告》，载顾朴光等编《中国傩戏调查报告》，贵州人民出版社1992年版，第49—50页。

[②] 顾朴光：《贵州安顺地戏调查报告》，载顾朴光等编《中国傩戏调查报告》，贵州人民出版社1992年版，第214、216页。

念一些吉利的祝词，然后才砍伐此树。动刀雕刻之前，民间艺人会举行"驾马"仪式，将所要使用的工具和木砧摆放在神龛前，供以香蜡纸烛，念动祝词，以鸡血祭祀，才能开凿。面具雕刻完毕，上彩着漆，装饰整齐之后，还不能马上使用，需要经过"开光"仪式，使木雕的面具升华为"神"，才能用于表演。[1]

曲沃扇鼓傩戏较为特殊，不戴面具表演，这在各地傩戏中不多见。"曲沃任庄'扇鼓傩戏'与贵州、安徽、湖南、四川、广西等地的傩戏相比较有其不同的特色。曲沃任庄的傩戏演出时不戴脸子（面具），而贵州、安徽、湖南、四川、广西等地的傩戏，演出时普遍都戴脸子（脸壳），这是形式上的最大区别。"[2]

彝族撮泰吉面具是被当作神灵看待的。以当地所产杜鹃树和杂木树为主，由民间艺人制作，工艺简陋，把圆木锯断与人头大小相近，划破后砍成与人面长宽相当的毛坯，然后进行五官加工。其特点是前额突出，眼鼻长，嘴小，有猴相。雕刻中不强调角色的区别，线条粗犷，几斧即就。面具制成后，用黑色涂料涂抹。演出前用石灰、粉笔在面具上勾画出皱纹，取其方便，用麻绳、纸条之类配以胡须，以示年龄的苍老。[3]

湘西傩堂戏的面具，乾隆年间是以纸制作的。清末民初间，傩堂戏面具产生了两个变化。一是大多由纸质变为木质，二是面具逐渐减少，戴面具的只限于傩堂正戏的部分角色，其余部分以及傩堂本戏所有的角色，都改为涂面化妆。[4]

另外，"梓潼阳戏"以提线木偶为主体，伴以面具表演和涂面表演。侗族"咚咚推"每个角色都有专用的面具。面具用楠木制

---

[1] 沈福馨：《地戏面具面面观》，载王秋桂、沈福馨编《贵州安顺地戏调查报告集》，财团法人施合郑民俗文化基金会，1994年，第188页。

[2] 段士朴、许诚：《〈扇鼓神谱〉初探》，《中华戏曲》（第六辑），山西人民出版社1988年版，第98页。

[3] 庹修明：《傩戏、傩文化 原始文化的活化石》，中国华侨出版社1990年版，第39页。

[4] 李怀荪：《湘西傩戏调查报告》，载顾朴光等编《中国傩戏调查报告》，贵州人民出版社1992年版，第94页。

成。通常是将直径为 25 厘米左右的楠木对劈，再截为长 30 厘米左右的木坯，由当地工匠雕制。靖州巫师杠菩萨时，全都是戴面具的。面具称为"脸子"，用香樟或楠木，由当地工匠雕成。现在部分巫师班取消了面具。

各地傩戏的面具一般就地取材，选择木质较多，随着时间发展，很多面具改为涂面。固义傩戏面具的特别之处在于材质上以纸质为主、尺寸比常人脸面要大得多、使用时并非所有演员都戴面具。与常见的木质面具不同，固义傩戏的面具为纸质硬头壳形，先用黄泥造模，风干后加热，以石灰水糨糊裱面，多层裱糊，最后彩绘。固义傩戏《捉黄鬼》各角色均不戴面具，均以涂面装扮。但另有一类脸戏，属简单的仪式剧，如《吊掠马》《吊黑虎》《吊四值》《吊四尉》《吊绿脸小鬼》《点鬼兵》等剧目均戴面具。固义傩戏的面具也主要是这些剧中的角色。赛戏演出一般不戴面具，涂面化妆，与当地平调落子化妆相仿。

综上所述，固义傩戏既具有中国傩戏的共同特点，与其他地区傩戏有诸多相似之处，同时与它们相比，又存在大量差异。这些差别形成了固义傩戏的独特之处。傩戏的种类很多，每个傩戏种类都有较为突出的类型特征，在傩戏版图中占有一席。像安徽贵池傩戏是族傩与社傩相结合的代表，安顺地戏是军傩的代表，傩堂戏是还愿类傩戏的代表，梓潼阳戏是宗教性傩戏的代表，童子戏、端公戏是巫觋傩戏的代表，咚咚推、撮泰吉等是少数民族傩戏的代表，固义傩戏可以视为社火傩戏的代表。固义傩戏呈现出北方地区流行的社火与傩戏《捉黄鬼》相融合的形态，这是固义傩戏的生存样态，也是细节上区别于各地傩戏的根本原因。

第四章　县域整体：固义傩戏与武安社火

固义傩戏是武安社火环境中的产物，它的形成发展无不受到当地社火环境的影响。同时，固义傩戏也是武安社火的一个重要代表，反过来对武安社火的发掘和保护研究有标杆作用。时至今日，固义傩戏与武安范围内的社火并非是毫无关联，而是存在着大量高度相似的社火民俗，尤其与白府傩仪、土山诚会、通乐赛戏关系密切，从这个意义上来说，固义傩戏对武安社火而言绝非是孤立的，而是有机整体的构成部分。

第一节　武安社火环境

民间社火有诸多名称，如社会、社贺、射虎、闹红火等，各地都有不同的叫法。"社火就是指中国乡土社会节日庆典当中的民间文艺表演活动。"[1] 中国民间社火分布广泛，西北、华北、东北尤为炽盛，南方地区亦有分布。就全国而言，黄河流域的甘肃、陕西、山西、河北、河南、山东等地可视为社火集中地带。各地社火的形式和内容有一定共性，也有当地的本土风格，呈现地域色彩。各地社火种类多样，常见的有几十种。

如甘肃的社火主要有耍狮子、舞龙灯、踩高跷、跑旱船、唱社戏、小曲队、马队、锣鼓队、秧歌队、铁芯子、魁鳌、西王母、跑

---

[1] 王杰文编：《民间社火》，中国社会出版社2006年版，第1页。

◈　地方社火与现代傩俗　◈

四门、八卦阵、地蹦子（跑大场）、鳌山灯、跑仙鹤等①。山西社火种类繁多，有锣鼓唢呐类：威风锣鼓、太原锣鼓、襄汾转身鼓（转身鼓舞）、翼城浑身板（花板子）、洪洞金鼓乐；秧歌演唱类：临县伞头秧歌、平阳秧歌锣鼓、汾孝地秧歌、朔州踢鼓子秧歌（土滩秧歌、过街秧歌、跑地秧歌、耍故事）、左权小花戏；车船轿阁类：小车会（扮会、刘三推车、推小车、太平车、别把车、跑花车）、跑旱船、抬花轿、挑椅子（悬空椅）、抬阁（古楼、高台）与背阁、铁棍与背棍；飞禽走兽类：舞龙（龙舞、耍龙灯）、牛斗虎、舞狮（狮子舞、耍狮子）、跑驴；武打杂技类：高跷、走兽高跷、响铃高跷、流星、二鬼跌跤（二鬼摔跤）；宗教歌舞类：五鬼盘叉（五鬼捉刘氏）、鬼判（五鬼闹判）、阴鼓、跳鬼（金刚舞、姜姆、跳布扎、喇嘛社火）；焰火花灯类：龙灯、九曲黄河灯（九曲黄河阵、九曲、迷魂阵）、顶灯、瓦瓮灯、灯官、迎灯、旺火、架火；谐趣逗乐类：哑老背妻（哑巴背妻、张公背张婆）、丑婆婆、傻小子等②。河南民俗也包罗众多形式，如社火器乐：大鼓队、大铜器、唢呐队、十番鼓（十盘、社盘）、经班、八音、腰鼓队、鼓戏（对花鼓）、玩路钹（玩钹）；社火歌舞：玩狮子（狮子舞、耍狮子、舞狮子）、独角兽、河蚌仙子（蚌壳舞、蚌蚌舞）、玩春牛（玩老水牛）、斗金龟、竹马（跑马灯、活马、竹马灯）、赶犟驴、踩高跷（高跷舞、踩跷）、龙灯（玩龙灯、耍龙灯、玩火龙）、九莲灯、跑旱船（赶花船、旱船舞）、推小车、二鬼扳跌（鬼摔跤）、打铁、高抬火轿、扇子舞、龙舟捉鸭、盘叉舞拉秦桧、抬皇杠、姜公背姜婆（张公背张婆）、迷瞪膏车、打棒槌、抬花轿舞、挑花篮、扑蝴蝶、大头和尚戏柳翠（月明和尚戏柳翠）、打霸王鞭（打花棍、棒棒鞭）、独杆轿（压杆轿、挑轿、老别）；社火演出：社火队、对社火（赛社火）、骂社火、拦社火等③。

武安旧属河南，现属河北，位于晋冀豫交界地带，是北方社火

---

① 武文主编：《甘肃民俗》，甘肃人民出版社2004年版，第354页。
② 张余、曹振武编：《山西民俗》，甘肃人民出版社2003年版，第318—337页。
③ 刘永立编：《河南民俗》，甘肃人民出版社2004年版，第419—438页。

◈ 第四章 县域整体：固义傩戏与武安社火 ◈

汇聚之地。武安东西通达晋鲁，南北沟通冀豫，历史上人口迁徙频繁，具有晋冀鲁豫四省社火的多重色彩。再加上武安西部属太行山区，相对闭塞，保留了许多传统的社火形式；东部接近平原地带，容易受到周边地区社火的影响。因此，特殊的地理区位决定了武安民间社火形式多样、内容丰富。

从历史脉络来看，武安民间祭祀繁盛、各类迎神赛会遍布乡间。乾隆《武安县志》言武俗"尚鬼祷赛"，尤其元宵节时"正月十五日元宵张灯放花爆竞杂技游戏"[①]。民国《武安县志》载武安民间祭祀之蕃，为民间社火的生存发展提供了条件："武俗尚鬼，多淫祀。南乡祭白马天神、马奶奶。北乡则祀张爷。皆附会流俗，祀典不载。通常所祭，乡间则有关帝、龙神、药王、文昌、土地等，名目繁多，不可胜记。家中则有家堂、天地、皂（灶）王、钟馗、门神、马王等。工商各业，皆有专祀，而典仪隆重。厥唯士庶祭先祖，有宗祠者祭于宗祠，无宗祠则或祭于寝，或祭于墓，皆恪恭将事，无敢或怠，为民间最隆重之祀典。"除去平时祭祀表演，到元宵节时，各类社火上演。"（正月）十四日灯节即自此日至十六日皆为灯节，居民大张灯火，灯节戏于是日开演。"[②]

在清末民初时，武安民间好戏尚乐，各类小戏、拳术、赛会极大促进了民间社火的繁盛。"戏剧：武俗好戏，酬神演唱，无日无之，甚有一日数台者。农民喜平调（本地土戏），绅商以皮黄梆子为适宜。村夫愚妇最迷乐子腔，唯其戏有伤风化，历来禁演。自乐班：武民往往自组剧部，延老曲家教演。至正月灯节前后演唱。角色剧本，亦与通行戏剧无异。唯腔调……生疏，舛误屡见，每为观众捧腹，俗称为良家头。打地摊：武民当业务余闲，或春秋佳日，即聚集一般（班）戏剧家，并坐一处，金石迭奏，三五对唱，音调抑扬合节，竟夜浩歌，其乐陶然，俗称打地摊。拳术：城乡壮健青年，尚拳术，于村中自组拳班，演习枪棒，俗称为武少林。暇即聚

---

① 乾隆《武安县志》，成文出版社有限公司1976年影印本，第370页。
② 民国《武安县志》，见《中国地方志集成·河北府县志辑》第64册，上海书店2006年影印本，第273页。

集广场，击刺为戏。赛会：扮演诸般杂剧、歌舞酬神，俗谓赛会，亦称成会。其剧有高跷、竹马、彩船、武术、秧歌、大鼓书，皆农民自相扮演，且行且歌，举市若狂。北乡最喜为此。酬神报赛，岁有举行，虽耗巨费，亦所不计。"[1]

及至今日，元宵节及庙会时，民间社火依然搬演，构成了独特的社火环境。武安村村有社火，范围极广；村村社火有特色，争奇斗艳；人人参与社火，影响深远。20世纪90年代初《武安县志》载"据目前统计，本县花会活动有24项，其中秧歌类4项，道具类3项，祭祀类5项，面具类2项，技艺类1项，其他9项"，种类主要有"高跷、秧歌、竹马、旱船、抬阁、腰鼓、跑驴、跑帷子、扛阁、太平车、狮子舞、大头舞、慌张三卖豆腐、王大娘锔缸、三关口等"[2]。可以说，北方较为常见的社火形式大多能在武安乡间看到。各村村民都颇看重本村本社社火的传承与演出，《磁山村志》载"磁山社火，从种类来说分两大类。其中光花会就有十多种。其中造型艺术有大抬阁、小抬阁、皇杠（花阁）三班。表演艺术有高跷、竹马、旱船、太平车、秧歌、拉花、大头和尚戏柳翠、闲老婆赶会、花鼓等九种十二班。武术分前、后、中街共五班……灯会和焰火是磁山村社火的又一大类型"[3]。这样的情况几乎村村皆如是。每逢元宵节，山沟村间、平原村落，各类社火争相上演。

除去各村均有的高跷、秧歌、舞龙、舞狮等常规社火外，很多村落形成了独具特色的社火形式，流传到现在，构成了武安色彩斑斓的社火环境。较有特色的有：固义《捉黄鬼》、白府《拉死鬼》、得意《拉死鬼》、东通乐赛戏、秋树坪抬黑龙爷、城关抬城隍、土山诚会、康宿送城隍、柏林后土圣母出巡、琅矿

---

[1] 民国《武安县志》，见《中国地方志集成·河北府县志辑》第64册，上海书店2006年影印本，第275页。

[2] 武安市地方志编纂委员会编：《武安县志》，中国广播电视出版社1990年版，第777—778页。

[3] 霍九桓主编：《磁山村志》，内部资料，1990年，第200—201页。

◆ 第四章　县域整体：固义傩戏与武安社火 ◆

跑帷子、骈山黄河灯会、柏林灯山、李十王子火、骈山跑竹马、坦岭跑旱船、大水犁耧耙灯、姚家峧大盛会、龙务摆海眼、贺进吹歌等。

固义傩戏就是在武安的社火环境中生存发展的。一方面，固义傩戏依托固义村的社火表演传统，社火班社为固义傩戏的演出提供了时间、地点、人力、物力、组织、传承等方面的保障。另一方面，固义傩戏也是固义社火的构成部分，在搬演傩戏《捉黄鬼》的同时，固义村还有各类民间社火同时进行。固义西大社搬演队戏、赛戏、傩戏，其他社火班同时搬演武术、旱船、高跷、跑驴、秧歌、霸王鞭、舞狮、跑猪、猪八戒背媳妇、花车、小推车、芝麻官坐轿、舞龙、军乐、竹马、三句半、卖膏药等。同固义傩戏的情况一样，诸如拉死鬼、诚会、赛戏、抬城隍、跑帷子等武安其他村落的独特社火形式也是依赖武安整体的社火环境。

1987年，固义村村民决定恢复中断半个世纪的傩戏演出。其后中国傩戏学研究会会长曲六乙在观摩了固义村的大型傩戏《捉黄鬼》后感到"巨大的震动"，并且表示："固义村的社火活动不能默默无闻，应当进行宣传。……我将努力发挥中国傩戏学研究会的作用，争取同河北一些单位联合举办国际学术研讨会，让固义的社火文化，包括各种戏曲演出形式，引起全国乃至海外有关学者专家的注目。"[①] 进而有了1998年"亚洲民间戏剧、民俗艺术国际观摩与学术研讨会"在武安举行。从此，武安固义傩戏进入傩戏学、民俗学、艺术学等诸多研究界的视野，并成为一个重要的代表。2006年，武安傩戏和武安平调落子同时被列入第一批国家级非物质文化遗产名录。在这中间，很多研究者、爱好者、社会人士都做了大量工作，发挥了重要作用。

固义傩戏受到重视的意义还在于对以武安社火为代表的当地民俗有了新的价值认知。长久以来，富有地方特色的民俗资源并没有

[①] 杜学德：《燕赵傩文化初探》，甘肃人民出版社1998年版，第132页。

得到足够的重视。傩戏历史悠久，文化内涵丰厚，但在自明至今的各版武安县志中，很难寻觅到十分详尽的记载。这是对于文化认识的偏颇，特别是对民俗文化认识的缺位。中华人民共和国成立后一段时期内，因为对民俗事象存在一定的误解，也没能引起足够的重视。现在我们应当欣喜，具有浓郁武安地域性特征的民俗活动正在陆续回归。

  作为民俗文化重要构成的社火，在民俗研究中扮演重要角色，尤其在地方民俗的现实观照和价值重估过程中更是如此。至于民俗文化和民俗事象的发掘，就不仅仅局限在对几种民俗事象的认知层面上了。"民俗，即民间风俗，指一个国家或民族中广大民众所创造、享用和传承的生活文化。民俗起源于人类社会群体生活的需要，在特定的民族、时代和地域中不断形成、扩布和演变，为民众的日常生活服务。民俗一旦形成，就成为规范人们的行为、语言和心理的一种基本力量，同时也是民众习得、传承和积累文化创造成果的一种重要方式。"[1]"民俗文化，简要地说，是世间广泛流传的各种风俗习尚的总称。民俗文化的范围，大体上包括存在于民间的物质文化、社会组织、意识形态和口头语言等各种社会习惯、风尚事物。"[2]因而，上述傩戏之类，不过是民俗很小的一个构成部件。这些民俗事象得到一定的认可是可贵的，其在现实生活中发挥的作用更不容忽视。

  以固义傩戏为代表的武安社火反过来促进了武安社火环境的改善。社火民俗的一个明显功能在于区域文化的认同，诸如此类的民俗共同作用，使得武安人之为武安人，武安文化之为武安文化。在市域内部，人们在共同的民俗约束下行动，例如丧葬、婚嫁等，形成了区域特征；对外部而言，这种特征就是武安式的，带有武安特点的。另外，民俗本就存在于生活中，本身就是生活的。因而当民俗活动表面的形式性元素褪去后，民间生活的本真就得以显现。人

---

[1] 钟敬文主编：《民俗学概论》，上海文艺出版社1998年版，第1—2页。
[2] 钟敬文：《民俗文化学：梗概与兴起》，中华书局1996年版，第9页。

们在适应环境的生存过程中，自发地形成了调控人与自然、人与人、人与族群以及人自身生理与心理的能力，民俗就是在上述过程中形成的。

在努力挖掘、保护本土文化的今天，固义傩戏可以说是幸运的。以固义傩戏的关注和研究为典范，武安其他的社火形式也逐渐引起人们重视，这在很大程度上显示出固义傩戏对当地社火环境的积极意义。例如武安很多山区村落盛行的"黄河灯会"（又称九曲黄河灯、串黄河等），虽然声势浩大，但没有像傩戏那样令人瞩目。黄河灯会，广泛分布于我国北方地区，不同地区的灯会具有很大的相似性，并且在传播过程中地域特色越来越浓厚。在国家级非遗产文化名录中，山西等地的黄河灯会名列其中，而武安不在其列。在全国黄河灯会的谱系和版图中，武安没能耀眼地走到台前。其他诸如扇鼓、舞龙、旱船、秧歌等都还没有得到系统地挖掘和考量。近些年来，在固义傩戏研究的带动下，类傩的民俗拉死鬼、诚会、赛戏都受到前所未有的关注。当地学者深入挖掘整理相关的社火资料，形成了新的武安社火研究走向。

总之，武安特殊的地理、历史条件形成了特定的社火环境，固义傩戏正是在这样的社火环境中存续发展的，且受益于当地社火环境。由于时代原因，固义傩戏成为武安社火的主要代表之一，反过来对武安社火环境的良性发展起到了促进作用。如果要对固义傩戏作一探讨，不但不能脱离武安的社火环境，而且要把周边类似的社火民俗统筹考量，既看重个体的考察，也兼顾其生存环境的样貌。

第二节　固义傩戏与白府傩仪

在武安整体的社火环境中，固义傩戏（主要是《捉黄鬼》）受到的重视远超当地其他类似的傩文化事象。同时也需要注意到，固义傩戏与当地其他傩文化事象存在密切关系。同一县域内同类民俗事象的观照，其实在固义傩戏引起注意之初就一直持续着。这也从一个侧面说明，固义傩戏在一定文化地域内绝非孤立的现象，白府傩仪《拉死鬼》就常常与固义傩戏《捉黄鬼》一同论述。

一 《捉黄鬼》与《拉死鬼》的并列

杜学德《燕赵傩文化初探》被视为固义傩戏引起学界注意最初且关键的著作，该书绝大部分篇幅是关于固义傩戏的，但却并非仅关注固义傩戏。杜学德在立意之初就把固义傩戏置于大的文化场域中，因此该书可被视为关于"燕赵傩文化"的论著。即便固义傩戏占的篇幅较大，但也列举了诸如白府《拉死鬼》、和村"打鬼王"等傩文化事象。可以说，固义傩戏在被发掘之初，就与白府《拉死鬼》等其他类似民俗并列提出。由于固义村和白府村同属武安，因此对固义傩戏的最初研究可被视为基于武安整体民俗环境的。（当然，《燕赵傩文化初探》也涉及其他县市的傩文化，此问题后文阐述）虽然后来固义傩戏和白府《拉死鬼》受到的"礼遇"差别甚大，但却不能否认从一开始就将二者并列的努力。

延续《燕赵傩文化初探》的观点和初衷，杜学德先后撰写的《冀南巫傩文化概述》[1]、《武安傩戏》[2] 等论著都把白府《拉死鬼》作为重要的参照。王慈娴等编著的《中国·武安傩戏》[3] 也依照杜学德的做法。这表明，考察固义傩戏应该关注整个武安范围内的类似傩文化事象，而白府《拉死鬼》不应当被忽视。或者说，如果给"武安傩戏"作一界定的话，不宜直接指代"固义傩戏"，也应当把《拉死鬼》考虑进来。

武安当地学者孔祥峰、刘玉平的《武安乡傩〈拉死鬼〉及两种民俗艺术形式》一文就提出，在分析固义的《捉黄鬼》之外，"还有白府的《拉死鬼》、康宿村的《请城隍》、东通乐村的《大

---

[1] 杜学德：《冀南巫傩文化概述》，载麻国钧等主编《祭礼·傩俗与民间戏剧》，中国戏剧出版社1999年版，第137—144页。
[2] 杜学德：《武安傩戏》，科学出版社2010年版。
[3] 王慈娴、王新荣、丁计良主编：《中国·武安傩戏》，河北美术出版社2012年版。

赛》等"①。可以看出，与固义傩戏《捉黄鬼》相类似的祭祀、演剧、仪式在武安尚有同类。

武安籍的研究者可能更加深切地感受到把固义傩戏与同类民俗统合观照的必要性。朱少波与人合作的《武安白府村"拉死鬼"傩俗探析》②、《从武安傩中的"鬼"符号看两种文化本源模仿方式——以固义村"黄鬼"和白府村"死鬼"为研究个案》③ 及他的硕士学位论文《符号学角度下的河北武安"捉鬼"傩俗——以固义村"捉黄鬼"和白府村"拉死鬼"为研究个案》④，都展现出把固义傩戏和白府《拉死鬼》并列考察的倾向。这些研究不仅推进了对固义傩戏的研究，也填补了对《拉死鬼》的研究不足，更为重要的是进一步明晰了"武安傩戏"的内部构成。苗靖等的《武安"捉黄鬼"与"拉死鬼"傩戏音乐的对比研究》⑤ 及其硕士学位论文《河北省武安市村落间傩戏艺术比较研究》⑥ 在"武安傩戏"内部的比较研究中，还把固义《捉黄鬼》、白府《拉死鬼》、得意《拉死鬼》统合分析，从整体上探讨了"武安傩戏"的艺术风格。

以固义傩戏为研究中心的考察十分重要，上述研究取向的理论立足点在于把固义傩戏置于地方文化环境，将同类事象比较分析统合观照，即并不把固义傩戏视为脱离民俗环境的孤立存在。这对固义傩戏研究的意义是值得重视的。

固义傩戏《捉黄鬼》和《拉死鬼》的并列，有利于围绕"驱

---

① 孔祥峰、刘玉平：《武安乡傩〈拉死鬼〉及两种民俗艺术形式》，载麻国钧等主编《祭礼·傩俗与民间戏剧》，中国戏剧出版社1999年版，第96—102页。
② 朱少波、李扬：《武安白府村"拉死鬼"傩俗探析》，《民俗研究》2009年第2期。
③ 朱少波、孟华：《从武安傩中的"鬼"符号看两种文化本源模仿方式——以固义村"黄鬼"和白府村"死鬼"为研究个案》，第二届证据理论与科学国际研讨会，北京，2009年7月。
④ 朱少波：《符号学角度下的河北武安"捉鬼"傩俗——以固义村"捉黄鬼"和白府村"拉死鬼"为研究个案》，硕士学位论文，中国海洋大学，2011年。
⑤ 苗靖、张竹岩：《武安"捉黄鬼"与"拉死鬼"傩戏音乐的对比研究》，《北方音乐》2017年第19期。
⑥ 苗靖：《河北省武安市村落间傩戏艺术比较研究》，硕士学位论文，燕山大学，2017年。

鬼"的傩文化整体分析。在《捉黄鬼》被视为某个范围内"唯一"傩戏的语境下，《拉死鬼》的考察拓展了类似傩文化事象考察的对象和视野。值得深思的现象是，白府的《拉死鬼》傩仪逐渐受到关注，得意村本已停演的《拉死鬼》也重新搬演，而且沙河市樊下曹村、康川村、张下曹村的《拉死鬼》也进入人们的视野。固义村处于武安西南角，白府村和得意村位于武安的东北角，后两者毗邻邢台沙河市。至少可以推定，该区域内尚遗存着类似的祭祀仪式和演剧。比起孤立的考察来看，整体观照的重要性不容小觑。

二 《拉死鬼》的仪式与演剧

目前可见的《拉死鬼》主要流传于武安市邑城镇白府村、得意村，毗邻的邢台沙河市也有若干村落有此仪式。武安的《拉死鬼》以白府村为代表。杜学德主张把白府、得意的《拉死鬼》称为"傩仪"，因为其仪式性更强、台词较少、故事性并不突出。相较而言，固义的《捉黄鬼》也侧重仪式，台词也不多、故事性也不相上下。只不过《拉死鬼》比起《捉黄鬼》来说规模小、人数少、情节简单。二者相较来看，《拉死鬼》称为傩仪亦可，称为傩戏也无不可。

每年春节前，白府村家家户户都会把祖先灵牌供于家中，将祖先的魂灵请到家中一起过年。过完元宵节，要将先祖灵魂送回阴间，同时驱逐无处安身而作乱的孤魂野鬼，演出《拉死鬼》。正月十五，主事者开始在村里筹募经费。正月十六，白天上坟祭扫，村民们制作《拉死鬼》时用的"钱叉子"，准备纸钱、元宝、纸扎各类祭祀用项。晚上，村里各户点火放炮，准备社火节目。

正月十七上午，村民到村中大庙祭祀，摆供燃香，叩头祈祷。在大庙前空地或村中广场上组织锣鼓、秧歌、杂耍等社火节目。准备灯笼、旗牌伞扇、钱叉子等晚上《拉死鬼》用项。

下午搭蒿里山，挂钱叉子。"蒿里山"是由玉米秸秆、芝麻秆、柏树枝、柴禾等堆积成的，高约两丈，村民把"蒿里山"当作是阴阳间的时空隧道，通过焚烧"蒿里山"把给过世亲人的祭品传递过去。钱叉子是一种用白纸或蓝纸糊成的挎包形状的纸兜,里面装上纸钱、金元宝等,上面写明家里已经过世亲人的名字和地址,用玉米秆或是高粱秆串起来,插或挂在蒿里山上。

晚上,家家户户门前燃起火堆,等"死鬼"跑过。所有的演员到村委会集合准备化装。扮演死鬼的人和两个鬼差事先藏在村外的荒凉僻静处。死鬼头戴一个用白纸糊的高约1米的圆锥形大帽,每个鬼的肩上都斜背着一串铃铛,走起路来,叮叮当当作响。

《拉死鬼》开始,锣鼓队开道,锣鼓震天,路神在前面负责净街指路,孩子组成的灯笼队紧随其后,并将队伍带到村东捉鬼。路神由人装扮,高2米多,下半身是人,上半身是路神形象的道具,眼睛用两个灯泡做成。最后压阵的角色是"扁担官",由4个男青年用两条扁担抬着。队伍到了村边,鬼差进行捉鬼表演,做出一些找鬼的动作,找到后用铁锁链将死鬼锁好。

鬼差捉到鬼后拉着"死鬼"跑遍村中的大街小巷,从各家各户门前经过。"死鬼"路过时,村民燃旺门前的火堆,"死鬼"需从火堆上跳过或绕过,同时这户人家燃放鞭炮。"死鬼"跑完所有人家之后要接受审判,村民叫作"审鬼"。拉死鬼的队伍拉着死鬼来到蒿里山跟前,所有在场的人都跪在地上,等候判官审问死鬼,待死鬼供认罪行后,判官宣布对死鬼的惩罚。鬼差押着死鬼绕着熊熊燃烧的"蒿里山"转圈、磕头。主事者将"死鬼"的鬼帽子摘下来投入大火烧掉,挂在蒿里山上的"钱叉子"也一起烧掉。参加人员全体磕头,并跪拜先人神灵,燃放鞭炮烟火。《拉死鬼》结束。

三 《捉黄鬼》与《拉死鬼》的异同

关于固义傩戏《捉黄鬼》和《拉死鬼》的异同,朱少波和苗靖在文章里做了较为详细的分析。朱少波主要对比了固义《捉黄鬼》和白府村的《拉死鬼》,而苗靖则把白府和得意两村的《拉死鬼》都考虑进来。在他们论述的基础上,把《捉黄鬼》和《拉死鬼》的异同列表说明。

《捉黄鬼》和《拉死鬼》的相同点有[①]:

表 4—1　　　　　《捉黄鬼》和《拉死鬼》的相同点

历史传承	两种活动均历史久远,诞生后即代代相传,流传至今。流传方式都是以家族传承,口耳相授,辈辈相传
表演形式	两个活动采取的表演方式都是沿街表演,并且表演持续的时间长,将在场的人们都带动了起来,整个村子沸沸扬扬。两者存在相同的驱邪免灾方式,如让"鬼"在街道来回走,清除邪祟;通过"蹦火"来避邪;等等
表演仪式	在两个活动中,敲锣打鼓、焚烧纸钱和磕头跪拜等贯穿整个过程,是必不可少的
角色含义	"鬼"在两种活动中都有善恶之分,被捉的"黄鬼"和"死鬼"都是瘟疫等负面因素的代表,本村人都视此为忌讳,由外村人扮演
活动目的	两者都是驱除邪恶、消灾纳吉,祈求风调雨顺、世道安宁。两个"捉鬼"的村子都有多神崇拜的宗教特点,都秉承着迎神祭祖的传统
道德意蕴	在活动中,都通过形象化的表演对人们进行敬老爱幼、与人为善的教育,具有鲜明的伦理主张和情感倾向
仪式象征	两者都是通过"捉鬼"这一象征性行为来展开傩事活动。"鬼"藏在村外的坟地里等待"被捉",然后要游街示众,最后被审判、施以惩罚
影响要素	两种活动中"鬼"的形象代表都受到时代、社会因素的影响,"死鬼""黄鬼"在特定的时期化身为"蒋介石""反对派"等,打上了时代的烙印
参加动力	参加活动是完全自愿的行为,人们以参加表演为荣,认为不参加是不吉利的
活动经费	活动所需要的经费均由本村村民募捐而来
民间影响	两种活动在当地都有广泛影响,对当地村民都是必不可少的过年娱乐项目

---

① 主要根据朱少波、李扬《武安白府村"拉死鬼"傩俗探析》(《民俗研究》2009年第2期)一文绘表,对原文内容稍有改动。

第四章 县域整体：固义傩戏与武安社火

固义《捉黄鬼》和白府《拉死鬼》的不同点有[1]：

表4—2 《捉黄鬼》和《拉死鬼》的不同点

固义村《捉黄鬼》	白府村《拉死鬼》
规模庞大，内容丰富多样，熔迎神、祭祀、傩仪、队戏、赛戏和多种民间艺术形式为一炉，具有很强的综合性	规模较小，内容简单，结构单一
组织严密，有一整套完整的管理方法	组织相对松散，没有专门的管理方法
侧重于迎神、娱神、送神，酬神在整个活动中占很大的比重	侧重于迎家亲、送家亲，在活动中更注重祭祖
活动中的表演有台词、动作、剧本，是典型北方傩戏和社火仪式的结合	活动中的台词及和动作很少，只是一个很隆重的"驱鬼"的"傩舞"
活动中使用许多面具，将其作为通灵工具，对面具的保管很严格	演员大都化装，只有路神头戴面具
活动中有跳火仪式和点火驱邪的说法，但表演过程中没有过多涉及"火"	当地人们有强烈的"火"崇拜意识，整个活动都有"火"的存在
"黄鬼"在表演中虽没有语言，却注重利用夸张的表情和动作细节来表现内心活动，表演细腻、形象	"死鬼"在表演中从被"捉"开始就一直处于奔跑的状态，缺少表情和动作的刻画
在历史的沿革中，曾停演过几次，最近恢复演出在1987年	据村民口述，自产生之日起年年举办，从来没有间断过

综合对比《捉黄鬼》和《拉死鬼》，苗靖的硕士学位论文做了较为全面的分析[2]：

---

[1] 朱少波、李扬：《武安白府村"拉死鬼"傩俗探析》，《民俗研究》2009年第2期。
[2] 苗靖：《河北省武安市村落间傩戏艺术比较研究》，硕士学位论文，燕山大学，2017年。

表4—3　　　　　　　《捉黄鬼》和《拉死鬼》的综合比较

		《捉黄鬼》	《拉死鬼》
演出过程	组织形式	活动组织严密、管理方法完善	组织松散，无专门的管理方法
	演出筹备	时间长、人员多、分工细	时间短、人员少
	演出时间	4天	1—2天
	演出剧目	队戏、脸戏、赛戏等	队戏、秧歌
	演出目的	侧重于迎神、娱神、送神	侧重于迎家亲、送家亲
	演出方式	表演有台词、剧本及动作	台词、动作较少，无固定剧本
	演出形式	规模庞大、内容丰富多样，是一种综合性较强的民间艺术形式	规模小、内容简单、结构单一
	演出内容	丰富、有详细要求	简单、无详细要求
	角色含义	"黄鬼"代表自然灾害或忤逆不孝、欺负弱小等形象	"死鬼"代表恶鬼、自然灾害等
	表演动作	"黄鬼"无语言，通过夸张的表情和动作来刻画形象	"死鬼"动作单一，全程在跑、跳
鼓乐伴奏	拉街鼓乐	大得胜、小得胜	拉街鼓
	乐器	锣鼓队、吹歌班	锣鼓队
	运用时间	4天	1—2天
	运用次数	不间断	2次
	演出节目内容	丰富、有详细要求	简单、无详细要求
	音乐和演奏技法	均配合演员动作，调动观众氛围	
面具服饰	面具	脸戏（面具戏）通常以面具为主，而其余队戏、赛戏则以画脸谱为主。面具的存放和使用有一套严格的规矩	面具的保管则相对随意，人物没有太多讲究，演员多化装，其妆容通常也不固定，只有个别角色头戴面具
	服饰	固义傩戏的服装风格与明代服饰相近，其制作较为简朴，演员穿着也非常方便，只需把长衫套在身上即可上场演出	路神黑冠蓝衣；白鬼白高帽白孝衣；扁担官乌纱，红衣。服饰均没有特定制式，得体即可

第四章　县域整体：固义傩戏与武安社火

综上所述，固义村和白府村、得意村同属武安市，虽然距离稍远，但处于同一社火环境中，《捉黄鬼》和《拉死鬼》在组织形式、传承方式、演出过程、祭祀仪式等方面很相似。地缘相近是原因，形式相似是表现，更为内在的是《捉黄鬼》与《拉死鬼》借助驱鬼的仪式展演，通过化装、面具的神人沟通，达到驱邪逐疫的目的。对"鬼"的特意关注、驱鬼的叙事结构、逐疫的演剧目的，《捉黄鬼》和《拉死鬼》属于同类傩文化事象，具有密切的内在联系。与此同时，二者也有一定程度上的个性差异，可作为傩戏、傩俗考察的重要对象。

第三节　固义傩戏与土山诚会

固义傩戏有时专指《捉黄鬼》，有时被用来指称包括《捉黄鬼》在内的固义元宵节期间祭祀、社火、演剧的总称。单指剧目时，一般是前者；总称固义社火时，一般指后者。土山诚会是指武安市西土山村和东土山村在农历丑、辰、未、戌年的三月十五到十九围绕碧霞元君信仰为中心的祭祀、行像、民间花会等综合的民俗活动。土山诚会的基本程序是：会首择日、朝北顶、清道子、挂彩布、迎圣旨封印、点贵宾、巡游、民间花会展演、送神等，参与者往往数千人，规模较大。东西土山村位于武安市城北4千米处，与位于城西南的固义村相距大约30千米。固义傩戏与土山诚会在祭祀对象、仪式过程、演出时间、传说背景等方面存在一定的差异，但存在民俗关联，从赛会的角度来看可被视为类似的民俗活动。

以下从不同方面综合分析二者的关联。

一　存续环境

固义傩戏和土山诚会在存续的文化环境和自然环境上有诸多类似之处。

首先在文化环境上，固义傩戏和土山诚会都是武安社火环境中的产物，都带有当地民间社火的色彩。因此与武安其他村落的社火一样，二者在演出语言上都使用武安方言，锣鼓伴奏鼓点相近，祭祀过程大体相似，社火节目类同，组织形式相近，传承方式近似，艺术特点具有一定共性。虽然并没有直接证据说明二者存在相互沟通交流的情况，但在武安乡间普遍存在的社火形式在固义和土山也共同存在着。

其次在自然环境上，武安各村社火规模有大有小、参与者有多有寡，这与承办村落的规模、人口有直接关系。固义傩戏和土山诚会都属武安县域内规模较大的民俗活动，能够延续至今与两村的自然环境、经济实力有一定关系。东西土山村包括东土山村、西土山西街、西土山北街、西土山东街四个行政村，总人口过万，一直是西土山乡政府驻地。东西土山村北靠山岗，南依北洺河，土地平坦，耕地肥沃，人口集中，自古以来就是武安南北交通的重要节点，也是武安城北首要乡镇。像土山诚会这样规模较大、耗资较多的民俗活动，是一般中小村落难以负担的。固义村虽然现今村落规模较小人口较少，但在明清时是固义里（当时称顾亦里，相当于镇）的行政中心，管辖周边二十几个村子，是武安西南较大的镇。固义村北靠山坡，南依南洺河，耕地肥沃，人口集中，位于旧时通往山西的官道上，店铺林立，商业发达。及至如今，距离冶陶镇驻地冶陶村不过1千米，向来属于冶陶镇治所的中心村落。固义傩戏这样规模的民俗活动也依托固义村以往雄厚的经济能力。

由于依山傍水的自然环境，固义和土山都是较为适宜的聚居地，考古发掘发现，先秦时期这里就有人类活动。而且历代都是较大的村落，人口集中，文化昌明。固义傩戏、土山诚会的存续与两地的文化环境、自然环境密不可分。

二 赛社性质

固义傩戏在当地被称为"三爷圣会""捉黄鬼""大抽肠"，土山诚会又叫"碧霞元君盛会""抬銮驾""奶奶庙会"，两者都属于迎神赛社的性质。

首先，固义傩戏和土山诚会基本程序都是请神、安神、祭神、

第四章 县域整体：固义傩戏与武安社火

娱神、送神的程序，符合迎神赛社的基本特点。其次，二者在具体的祭祀演出活动中，都在不同场合强调赛社的性质。固义傩戏中重要的角色"掌竹"，是傩戏中祭祀、演剧的主持人和引导人，他的吟唱词中多次提到演剧的目的是"奉祭尊神"，在西卷棚接神时，掌竹吟唱道："圣驾离霄降尘寰，合神恭迎到村间。报赛天地焚香跪，酹（酬）谢龙神贺丰年。"因此，固义傩戏酬神报赛的性质较为显著。山西学者王福才认为，"河北武安固义傩戏《捉黄鬼》和其他演出形式以及赛社中的一些仪式，源于山西上党的赛社活动"[1]，黄竹三以固义傩戏为案例来对比晋冀宗教戏剧的类同性[2]，都是基于固义傩戏呈现出的明显的赛社特点。

土山诚会在祭祀仪式、演出过程等方面也有明显的赛社特点。比较突出的如在诚会中承担请神、祭祀、进香、敬膳、护驾等核心工作，起主导作用的"琴音赛社"，当地又叫"大赛班"。奶奶起驾前，琴音赛社的社首叩头上香，念祝词，主礼生和社首念诵《报晓文》《催寝文》《盥漱文》《上香文》等，恭迎奶奶銮驾；琴音赛社所奏乐曲、吟诵祝文、主持仪式均与山西潞城南贾村碧霞元君盛会相似，也说明其赛社的性质。而民国当地士绅认为诚会（又写作成会）即是赛会，民国《武安县志》载："扮演诸般杂剧、歌舞酬神，俗谓赛会，亦称成会。其剧有高跷、竹马、彩船、武术、秧歌、大鼓书，皆农民自相扮演，且行且歌，举市若狂。北乡最喜为此。酬神报赛，岁有举行，虽耗巨费，亦所不计。"[3] 傩戏学者曲六乙亦认为土山诚会属赛社："从整个来说如果要作为一种文化的定位呢，它还是赛社，赛社的一种文化，它应该属于我们整个黄河流域的赛社文化圈，在我们黄河以北赛社文化圈中占有一个独特的位置。"[4]

---

[1] 王福才：《河北傩戏〈捉黄鬼〉源于山西上党赛社考》，《山西师范大学学报》（社会科学版）1995年第3期。
[2] 黄竹三：《晋冀宗教祭祀戏剧的类同性》，《戏剧》2001年第3期。
[3] 民国《武安县志》，见《中国地方志集成·河北府县志辑》第64册，上海书店2006年影印本，第275页。
[4] 杨建华主编：《土山诚会》，武安市文化馆、武安市非物质文化遗产保护中心，2016年，第288页。

三　仪式过程

依照赛社的程序，固义傩戏和土山诚会的仪式过程基本相似，但也有细节上的差异。

固义傩戏的祭祀和演出历时四天，一般在正月十四到十七举办，大致遵循"演三年，停三年"的旧制。正月十四的活动主要是请神和亮脑子。请神是请龙王和白眉三郎、白面三郎和赤锋三郎。"亮脑子"是指正月十五正式表演的彩排，也有些许安神的意味。正月十五主要有迎神踏边、"摆道子"、《捉黄鬼》、社火节目演出、队戏赛戏演出等内容。踏边指在村里村外踏走三遍，以驱除影响演出的邪祟。"摆道子"指集结社火队伍，做开演前的准备，骑马踏街。同时准备《捉黄鬼》的演出，社火节目依次走街。捉到黄鬼后，审判，上演大抽肠。同时伴随在神棚、街口处祭神，下午和晚上搬演队戏和赛戏。正月十六祭祀虫蝻王和冰雨龙王，下午和晚上演队戏、赛戏。正月十七送神、烧完表、换社首、过厨，吃完供饷后，仪式结束。

土山诚会农历二月初择日，二月末到沙河市北顶朝山进香。三月十二和十六"清道子"，也就是清理街道，如同固义村的踏边，安置香案。三月十七到二十，家家户户在门前挂彩布，装饰街道。三月十七上午，社首带领众人在九龙庙集合，迎圣旨、封印，请到碧霞元君庙供桌上。晚上八点琴音赛社举行请神仪式，表演"点贵宾"，随后有安神仪式。三月十八"摆道子"，各项节目集合摆开，琴音赛社请神，碧霞元君凤銮起驾，行至塔庙坡前稳驾。马队举行"跑趟子"表演，马队踏街。琴音赛社举行安神仪式，下午各社火节目上演。三月十九，碧霞元君銮驾继续前进，仪式同前一天。三月二十，銮驾继续行进，仪式同前。傍晚，銮驾入庙，社火节目上演，琴音赛社举行安神仪式，祭拜叩首。诚会到此结束。

固义傩戏和土山诚会请神、娱神、送神的仪式过程基本相同，但仪式和演出的安排却不尽一致。最主要的区别在于整个仪式的侧重点不同，固义傩戏以《捉黄鬼》的演出为核心内容，祭祀对象以龙王和白眉三郎为主，祭祀主要集中在开始和结束。土山诚会以祭祀碧霞元君为中心，仪式按照祭祀对象的銮驾行程依次进行，社火节目伴随祭祀贯穿始终。简单说，二者均有祭祀和演剧，相对而言，固义傩戏较侧重演剧，土山诚会较侧重祭祀。

另外在祭祀上，土山诚会始终围绕碧霞元君展开，固义傩戏名义上围绕"白眉三郎"展开，但对白眉三郎的祭祀并不贯穿始终。碧霞元君的信仰在武安较为常见，以土山碧霞元君祠最为著名。固义村南山下也有碧霞宫，但不是祭祀的中心，白眉三郎所在的傩神庙近年新修，在碧霞宫西边，历史和形制弱于碧霞宫。

四 社火节目

固义傩戏和土山诚会都有各式各样的社火节目上演，有些是武安乡间常见的社火形式，有些则独具本村特色。二者有一定相似之处。

固义西大社的节目有队戏《捉黄鬼》（即众所周知的傩戏剧目）、十棒鼓、夺状元、吊四值、吊四尉、吊绿脸小鬼、吊掠马、吊黑虎、点鬼兵、开八仙、大头和尚，赛戏虎牢关、长坂坡、讨荆州。刘庄户的节目有武术、旱船、高跷、跑驴、秧歌、霸王鞭、狮子舞、跑猪、猪八戒背媳妇、花车、小推车、莫老爷坐轿。东王户节目有花车、跑驴、西游记人物造型、芝麻官坐轿、三句半、武术、火龙、军乐队。南王户节目有武术、狮子舞、竹马、跑驴、芝麻官、霸王鞭、秧歌、三句半、卖膏药。锣鼓套伴奏，间有吹唱班。

土山诚会社火节目总称"十八班故事"，也就是十八班社火的意思。头班少林有武术（大杆、大枪、大刀、洪拳、绳鞭）、彩带、上刀山、扛阁、跑竹马、舞龙、舞狮。二班少林有武术、舞龙、舞狮、腰鼓、花棍、高跷、昆腔、丝弦、彩旗、狻猊、銮驾等。三班少林有武术（舞刀、绳鞭、大枪、大杆、大仰刀）、舞龙、舞狮等。四班少林有三节鞭、绳鞭、花枪、大刀、大枪、大杆、洪拳、舞龙、舞狮、大头和尚等。五班少林有各式武术。另有抬阁、拉花、丝弦、皮影、高跷、秧歌、军乐吹歌等，不一而足。

相较而言，固义傩戏和土山诚会的社火节目各有千秋，固义傩戏里队戏赛戏演出独具一格，土山诚会武术氛围浓厚。在艺术特点上，锣鼓套是最主要的伴奏方式，高亢激烈，响震全村；服饰多古装、戏装，有涂面和面具；歌舞并存；有军乐等现代艺术形式。

五 组织传承

固义傩戏和土山诚会在组织形式、传承方式上多有相似，主要表现为以社火班社为主要组织形式，在家族内部传承。

固义傩戏的班社主要有西大社、刘庄户、东王户、南王户等，这些班社的形成带有一定的家族色彩。西大社以李、丁、马姓为主，刘庄户以刘姓为主，东王户和南王户以王姓为主。傩戏的角色扮演一般固定在某个家族内部传承，传男不传女，传内不传外，近年偶有传给女婿、外甥者。各班社的社首负责组织管理自己的班社，社首们共同商议整个活动。

土山诚会最初是东西土山两个村成立一个社"天地社"，作为诚会的主要承担者，也属于社火班社。后来随着发展，东土山由头班少林分出三班少林、四班少林，西土山由二班少林分出五班少林，加上抬阁社共六个大班。用"少林"来指代社火班社在武安乡间十分常见，某某少林即是某某社火班，常内含排序，如"头班少林"即第一社火班的意思，"双盛少林"指第二社火班，"三山少林"指第三社火班等。另有多户自发组织的社火班十二个小班，共称"十八班故事"。土山社火班多以多姓家族构成，一般在家族内传承。社首是社火班的负责人，各班社的社首商议办会事宜，根据传统进行分工。

固义傩戏和土山诚会在经费来源上与武安各村的社火班基本相似，一部分来自庙上的香火钱，一部分来自村民自捐，一部分来自村委资助，一部分来自周边企业店铺捐助。

六 关键要素的类同

经过对比，不难发现，固义傩戏和土山诚会相似的地方很多。虽然有些内容是各自独有的，比如固义的《捉黄鬼》，土山的挂彩

第四章 县域整体：固义傩戏与武安社火

布等，但几乎类同甚至一致的内容尤其值得注意。杜学德是固义傩戏和土山诚会的最早发掘研究者，多次实地考察，他认为"重点放在对戏、赛戏、面具、八千岁的挖掘上"①。确实有这些类同或一致的地方需要进一步思考。

两地都有的"点鬼兵"一项，土山诚会称为"点贵宾"，二者在武安方言中发音一致。固义的"点鬼兵"是一出队戏，主要敷演"白眉三郎"的故事，在舞台演出，掌竹吟词，演员只做动作。土山诚会的"点贵宾"是请神仪式，邀请十八路神仙降临，现场以十八个人戴面具扮演请来的神灵。二者性质虽有差异，但都有祭祀的浓厚色彩，更为巧合的是，土山诚会"点贵宾"中邀请的神灵中有一位"白眉神"，与城隍、财神、土地等相比，"白眉神"作为戏曲保护神与其他诸神是区别较大的（其他神灵主要与日常生产生活相关，白眉神与人们日常生活距离较远）。"白眉神"是否与固义"白眉三郎"有关，主要是作为赛社行业神的遗存，尚可细究。

两地都用到了面具表演，除了大头和尚和柳翠是戏剧角色外，其他主要是当地祭祀的神灵，这其中都有上文提到的"白眉神"。土山诚会围绕面具并没有特别的演出剧目，但却出现了赛社中常见的"排神簿"。从这些面具的使用来看，两地的类同可能不是偶然。

两地还出现了同一功能的角色，固义傩戏里叫"掌竹"，土山诚会里叫"八千岁"。相同之处是二者均在祭祀演出中承担重要责任，固义傩戏里的掌竹除了演剧中担任吟诵前行词的角色外，还在祭祀中起到主持的作用，在祭祀中类似"主礼生"。土山诚会中的"八千岁"主要在各个祭祀环节担任主持的角色，但演剧的成分很少，也类似于"主礼生"。而在上党赛社中，"主礼生"的角色至为关键，统筹主导所有祭祀仪式。固义傩戏和土山诚会在祭祀上缺乏专门的"主礼生"，可能由其他角色分担，"掌竹"和"八千岁"

---

① 杨建华主编：《土山诚会》，武安市文化馆、武安市非物质文化遗产保护中心，2016年，第292页。

147

应当都保留了"主礼生"的部分职责。

综上所述，通过对存续环境、赛社性质、仪式过程、社火节目、组织传承及几个关键要素的对比分析，可以大致认为，固义傩戏和土山诚会在同一社火环境中，均属赛社性质的民俗活动，社火的氛围浓厚，既具有赛会的特点，又有社火的特点。固义傩戏和土山诚会的源头应当是一致的，均出自赛社，在发展过程中形成了不同的特点。

较固义傩戏而言土山诚会在发展过程中，"傩"的意味稍淡，与上党赛社也有了一定区别。"在中原大地流传的社火节目中，多数只留下傩戏的模糊身影，而在山地丘陵地形为主的武安，傩戏还在传承。固义'捉黄鬼'、东通乐赛戏中，傩的成分所占的比例很大。在土山，或者是傩戏的内容丢了，或是在成会之初就不健全。经过认真分析，我们认为应该属于后者。其一，土山诚会形成于清康熙年间，当时傩戏已式微了，其引进'赛'的形式应该以当时流行娱神方式为主；其二，如果诚会当时有全套傩戏，民间身口相传，不会消失得看不出模样。土山虽然有天仙圣母庙，但碑文记载，诚会形成前早已毁坏多年，不具备有潞城碧霞元君大赛的历史条件。"[①]

整体观照固义傩戏和土山诚会，有利于更加深入地认识武安傩戏的内部关联，也有利于继续探讨武安赛社的发展状况。这无论对于固义傩戏，还是土山诚会，在研究上都具有很大的参照意义和推动价值。

第四节　固义傩戏与通乐赛戏

武安赛戏，与邯郸县（后归入邯郸市区）赛戏、涉县赛戏合称"邯郸赛戏"。据史料记载，武安在清代时有十多个村庄流行赛戏，

[①] 杨建华主编：《土山诚会》，武安市文化馆、武安市非物质文化遗产保护中心，2016年，第132页。

第四章 县域整体：固义傩戏与武安社火

主要有固义、通乐、柏林、南冯昌、里店、洪山、骈山、迁城等。武安赛戏当指流行在武安市范围内的所有赛戏。遗憾的是，很多村子的赛戏早已失传，难以觅迹。目前只有东通乐和固义两村能演赛戏，由于固义赛戏归在"固义傩戏"范围内，因此"武安赛戏"很多情况下指东通乐赛戏。就仪式和演剧的保存状况来说，武安范围内以东通乐村为最完备。近来又发现武安市贺进镇梁市村亦搬演赛戏，该村赛戏在祭祀马王爷时演出，保留有18本演出底本（都本），从清到民国，主要是武戏。相较于邯郸各地保存的赛戏底本而言，梁市赛戏的底本数量和质量都较为可观。从剧目分布上，与其他地方的赛戏大体相似，梁市赛戏剧目以历史演义为主。梁市赛戏既具有武安赛戏的共性，也具有一定的个性。例如锣鼓伴奏的形式、吟咏的唱腔、结社演出的组织形式、古朴的服饰化装、村落内部传承形式等都属于赛戏的共同点。梁市赛戏有女性参与，这与东通乐赛戏相似。目前关于梁市赛戏的调查研究还没有充分展开，但它的发现至少说明武安赛戏中还有更多的成员。

张松岩在《河北傩戏考略》一文中对武安赛戏有过概述，其中在剧目上："武安市固义村对戏有《捉黄鬼》《点鬼兵》《吊黑虎》《吊掠马》《大头和尚戏柳翠》《开八仙》《十棒鼓》《祭鹿台》，赛戏有《岑朋马武夺状元》《长坂坡》《虎牢关》《甘露寺》等。武安柏林赛戏有《老河东》《雅观楼夺带》《火烧博望坡》《出幽州》《烧战船》《古城会》等二十余出。武安市东通乐村赛戏有《舌战群儒》《挑袍》《河梁会》《激张飞》《潼关》《赵氏孤儿》《广武山》《细柳营》《三关》《雅观楼》等。"[①] 柏林赛戏现在已经无法上演了，据老人们回忆，柏林赛戏是为"白衣大士"神圣奶奶演的，除了上述赛戏剧目，至少还有《吊黑虎》这类队戏剧目，同时还有各类社火节目。柏林赛戏曾经名声很大，而且与固义赛戏曾有

---

① 张松岩：《河北傩戏考略》，载王慈娴、王新荣、丁计良主编《中国·武安傩戏》，河北美术出版社2012年版，第209页。

◆ 地方社火与现代傩俗 ◆

交集:"听固义村的老人们谈起,说柏林赛戏,驰名一方,和固义赛戏在很早以前还经常来往,主要是交流都本、服装、道具,甚至还包括演出技巧。"①

虽没有直接证据说明固义和东通乐在赛戏方面有过直接或频繁的沟通,但由于地缘相近、艺术形式相近等原因,固义赛戏和东通乐赛戏归于武安赛戏大类,高度相似,可以视为同根同源的祭祀戏剧。固义村的祭祀戏剧,现在通行的叫法是"傩戏",但实则村民自称并非傩戏。对于这些戏剧形式,固义剧本底本上分为"队戏"和"赛戏",因此,笼统的"固义傩戏"的叫法实际上包含了固义队戏和固义赛戏。通乐赛戏也由队戏和赛戏组成,而且个别剧目具有明显的"傩"意味,故而就构成上而言,固义傩戏和通乐赛戏,名称虽异,实际上内容大体一致。

固义赛戏和东通乐赛戏的共性引起当地学者的注意:"武安赛戏现在唯有这东通乐赛戏和固义赛戏了。通乐居城北,固义居城西,两地相距六七十里,古时候,应该很少有过来往,但它们所表现出来的赛戏特征却有着惊人的相似之处,同时也各有其独特的一面。一、都与傩戏紧密联系,又各有侧重。……二、演员与观众都有互动,表现形式却各有差异。……三、都有愿戏演出,只是活动频率有差异。"②

下文从仪程、演剧、艺术、组织传承等方面综合对比固义傩戏和通乐赛戏,兼顾差异,侧重内在关联。

一 办赛仪程

通乐赛戏主要流传于武安市东通乐村(另有西通乐村、通乐南庄村及周边村庄参与二月初二东通乐村的土地神祝寿活动)。通乐赛戏为敬奉土地神而搬演,时间在元宵节期间的正月十四到正月十七,和土地神寿诞的二月初二。

通乐赛戏在每年的年前和春节期间就开始筹备排练。正月初六

---

① 王慈娴、杨建华、王新荣主编:《邯郸·武安赛戏》,河北省武安市非物质文化遗产保护中心、武安市文化馆,2014年,第14页。
② 王慈娴、杨建华、王新荣主编:《邯郸·武安赛戏》,第126—129页。

第四章 县域整体：固义傩戏与武安社火

"请社火"，负责赛戏演出的"大会首"，召集其他二十位社首商议本年的赛戏活动，进行人员分工和各方面筹备。正月十四"安神"，在大会首的带领下，全体社首和村民代表到三圣祠前祭祀，为三尊神像上供、焚香、点蜡，随后叩首、燃鞭，鼓乐，最后搬演安神戏《二鬼闹判》。三圣祠的牛王、五道、土地三位尊神被请到神坛供奉。自正月十四安神之后到正月十七，每天下午和晚上搬演赛戏。正月十四下午《千秋岭》，晚上《吊黑虎》《激张飞》；十五上午《摆八仙》，下午《幽州》上木，晚上《幽州》下本；十六下午《广武山》，晚上《登州》；十七下午《大头和尚戏柳翠》。正月十五、十六、十七的上午演出各家各户向神灵许愿后的还愿小戏。正月十七晚上，赛戏演出结束，举行送神仪式，叩拜三圣，神灵归位。最后，所有参与人员到三圣祠吃供飨，元宵赛戏活动结束。

二月初二是土地神寿诞，搬演赛戏。事先要求周边村落社火班前来助兴。上午请出三位尊神，坐轿沿街巡视开道，谓之"排道子"。参加排道子的有各村的社火班社，有大鼓队、秧歌队、舞狮队、竹马队等，中午前巡街结束。演出赛戏《摆八仙》。后各社火队表演各类社火。

固义傩戏的仪程大体相似：正月十四的活动主要是请神和亮脑子。请神是请龙王和白眉三郎、白面三郎和赤锋三郎。"亮脑子"是指正月十五正式表演的彩排，也有一定安神的意味。正月十五主要有迎神踏边、"摆道子"、《捉黄鬼》、社火节目演出、队戏赛戏演出等内容。踏边指在村里村外踏走三遍，以驱除影响演出的邪祟。"摆道子"（即彩排）指集结社火队伍，做开演前的准备，骑马踏街，同时准备《捉黄鬼》的演出。社火节目依次走街。捉到黄鬼后，审判，上演大抽肠。同时伴随在神棚、街口处祭神，下午和晚上搬演队戏和赛戏。正月十六祭祀虫蝻王和冰雨龙王，下午和晚上演队戏、赛戏。正月十七送神、烧完表、换社首、过厨，吃完供飨后，仪式结束。

通乐赛戏和固义傩戏的仪程基本遵照"请神、安神、娱神、送神"的顺序，整体相似，细节上有所差异。二者均以请神开始，以最后的吃供饷结束；祭祀仪式和演剧交叉进行；赛戏演出集中在下午和晚上；各项仪式和剧目大体固定。在整体相似的同时也有些差异，如固义傩戏只在元宵节上演，通乐赛戏在元宵节和二月二上演两次；祭祀对象稍有不同，但都有全神祭祀的倾向，固义侧重龙王和白眉三郎，通乐主要围绕土地神展开；通乐赛戏剧目较多，并且搬演一部分还愿戏，固义赛戏剧目较少，上演《捉黄鬼》傩戏；固义傩戏中社火节目较丰富，通乐赛戏中社火节目较简单。总之，固义傩戏和通乐赛戏都是明显的"迎神赛社"性质，遵循大体相近的仪程，在发展过程中形成了一定差异。

二　演剧形式与内容

固义傩戏和通乐赛戏在演剧形式与内容方面，不仅相似之处颇多，而且很多部分几乎一致。

固义傩戏和通乐赛戏都有"引戏人"的角色，固义傩戏中叫作"掌竹"，通乐赛戏中叫"报场官"。二者的相近之处是都持有象征引导作用的"竹竿子"，固义是竹子做成，通乐是金铜样，约六十厘米，上缠红绸布。引戏人的作用相近，都是在赛戏演出中承担引戏，交代剧目剧情的作用。这一角色的出现，类似土山诚会中的"八千岁"、上党赛社中的"前行"。"掌竹"和"报场官"也稍有差异：在形象上，固义掌竹涂面穿红蟒袍，通乐报场官净面穿八卦衣；在职责上，掌竹除了演剧引导，还承担一定的祭祀主持者角色，报场官主要引导赛戏开场和角色出场退场。

固义傩戏和通乐赛戏的剧本都称为"都本"，这一称呼在涉县赛戏、邯郸县赛戏、上党赛社中均是如此。固义傩戏和通乐赛戏均由队戏和赛戏构成，队戏唱词中均有"若问队戏名和姓"，"今日做一某某队戏"的套语。都本均为七言体，间有杂言。包括队戏和赛戏在内，能够演出或只有都本的剧目，两村开列如下：

第四章　县域整体：固义傩戏与武安社火

表4–4　　　　　　　　固义傩戏和通乐赛戏的剧目

固义傩戏	《捉黄鬼》《点鬼兵》《吊黑虎》《吊掠马》《吊四值》《吊四尉》《祭鹿台》《大头和尚戏柳翠》《巴州》《虎牢关》《开八仙》《讨荆州》《封官拜印》《幽州》《十棒鼓》《霸王截本》《西柳营》《衣带诏》《长坂坡》《战船》《坤阳锁秦王》
通乐赛戏	《大国称》《摆家堂》《吊黑虎》《小国称》《度柳翠》《猿猴教刀》《二鬼闹判》《探枯骨》《张良品箫》《开列马》《摆八仙》《猿猴脱甲》《开三郎》《激张飞》《蒹萌关》《潼关》《登州》《千秋岭》《三关》《煤山》《八义》《细柳营》《定正》《幽州》《汉水》《祁山》《徐州失散》《舌战群儒》《小会垓》《李陵碑》《大会垓》《功臣宴》《鏖兵》《昆阳》《河东》《临潼山》《狼山》《赤壁鏖兵》《广武山》《长坂坡》《程婴》

值得注意的有以下几点：

首先，固义傩戏和通乐赛戏都可以明显地分为两类，一类是掌竹或报场官引导吟词，场上人物只有动作，有极少或没有台词的，戴面具演出，属于队戏。这类如固义傩戏里的《吊黑虎》《吊掠马》《吊四值》《吊四尉》等，通乐赛戏里的《大国称》《摆家堂》《吊黑虎》《小国称》《度柳翠》《猿猴教刀》《二鬼闹判》《探枯骨》《张良品箫》《开列马》《摆八仙》《猿猴脱甲》《开三郎》等。另一类是剧中人物扮演角色，各自吟唱词，涂面演出的，属于赛戏。这类如固义傩戏里的《讨荆州》《封官拜印》《幽州》等，通乐赛戏里的《激张飞》《蒹萌关》《潼关》《登州》等。因此，固义傩戏和通乐赛戏都由队戏和赛戏共同构成。

其次，固义傩戏和通乐赛戏里有很多相同剧目。固义的《开八仙》同通乐的《摆八仙》，固义的《吊黑虎》同通乐的《吊黑虎》，固义的《点鬼兵》同通乐的《开三郎》，固义的《吊掠马》同通乐的《开列马》，固义的《大头和尚戏柳翠》同通乐的《度柳翠》。两村赛戏均以历史演义故事为主，相同剧目有《虎牢关》《幽州》《细柳营》《昆阳》《长坂坡》等。很多剧目不仅名字相同，内容相同，唱词也几乎一致。如《开八仙》《摆八仙》这两出戏，八仙都是吕洞宾、汉钟离、张果老、曹国舅、张四郎、蓝采和、铁拐李、

153

韩湘子八位，均是有张四郎，没有何仙姑。固义的《点鬼兵》和通乐的《大国称》均有"今在神前摆一出鬼兵队戏"的句子。最有代表性的即固义的《点鬼兵》和通乐的《开三郎》。《开三郎》与固义傩戏《点鬼兵》具有比照价值，对于梳理固义傩戏的来源发展有重要意义。"白眉三郎"信仰及《点鬼兵》剧目在固义傩戏中地位十分突出，但一直以来呈现"孤点"状态。通乐赛戏中有白眉三郎面具，也有与《点鬼兵》相近的《开三郎》，二者可对比分析。可参见本书剧目考中《点鬼兵》内容。固义傩戏是围绕"白眉三郎"演出的，通乐赛戏也出现白眉三郎面具，并且也有同样的剧目，而该剧在其他地方难以见到。因此可以看出固义傩戏和通乐赛戏同根同源的关系。

最后，固义傩戏和通乐赛戏都采用舞台演出和撂地演出的形式。大多数队戏和赛戏都在戏台上演出，同时有些剧目在地上演出。撂地演出的形式，固义傩戏比较有代表性的是《捉黄鬼》《夺状元》，通乐赛戏比较有代表性的如《摆家堂》。这说明二者都呈现撂地演出与戏台演出相结合的样貌，表明了同样的祭祀演剧形态。

三 艺术风格

固义傩戏中的队戏和赛戏与通乐的队戏和赛戏，属于同类祭祀戏剧，因此在艺术风格上较为接近。主要体现在面具、服饰、伴奏、唱腔等方面。

两地演剧中，均有戴面具和涂面两种形式，戴面具的戏多祭祀成分，涂面的戏多为历史演义。固义的面具主要有城隍、曹官、关公、白眉三郎、寿星、赵公明、灶君、财神、四值、四尉、土地爷、五道、牛王、马祖、绿脸小鬼、探神、黄虎、黑虎、判官、大头和尚、柳翠等；通乐的面具有寿星、赵公明、城隍、关公、灶君、四值、四尉、土地爷、五道、牛王、马王、判官、探神、如来、观音、二郎神、孙大圣、四天王、金翅雕、诺诺神、关平、秦琼、敬德、文天祥、白眉三郎、周仓、绿脸小鬼、黄虎、黑虎、大头和尚、柳翠等。虽然两村面具数目不一，但主要角色十分接近。

两村的面具形制相近，均是纸质硬壳形。制作工艺基本一致，先用黄泥塑形，然后用石灰水掺胶水和糨糊涂抹，再用粗布片、粗纸裱糊，最后上彩勾画。平日不用时，存放在庙里（或社首保管），起用时焚香叩拜请神，用完后安神归位。

两地演剧中，涂面化装方式、服饰均采用当地常见的平调落子妆容、戏装。唱词以七言为主，间有五言或杂言。七言押韵，篇幅长短不拘，兼有散白。唱词以吟诵为主，单句末字声调上扬，感情充沛。掌竹和报场官唱词和赛戏角色唱词均如是。伴奏以锣鼓为主，没有丝弦，一般由大鼓、镲、锣组成。赛戏演出过程中伴有数目不等的社火节目。

四 组织传承方式

在组织形式上，两地均是社火班社组织，固义傩戏由西大社、刘庄户、东王户、南王户等班社组成，社首负责组织管理。通乐赛戏由天地社、黄河社、家务社组成，二十一位社首负责组织，每年抽签选出三位社首负责，大社首总体协调，剩余两位分别负责黄河社和家务社。

在传承方式上，两地均是家族传承为主，近年稍有变化。固义近年来有传外甥、女婿、侄子的，通乐赛戏则有女性参与。固义傩戏的传承主要是李、丁两族，通乐赛戏主要在庞氏家族内传承。固义西大社从第一代李仲乙、丁士严算起，已经传至第二十一代，第十九代李增旺为代表性传承人。通乐赛戏从第一代庞永算起，已经传至第十九代庞民奇、庞立德，第十八代庞小宝是代表性传承人。

综上所述，固义傩戏和通乐赛戏同处武安的民俗环境中，均属于赛戏。二者在办赛仪程、演剧形式和内容、艺术风格、组织传承方式等方面较为接近，而且在细节上可以看到明显的相同之处，表明二者有文化上的亲缘关系，属于同根同源的赛戏品种。通过综合比较分析，把固义傩戏和通乐赛戏统合观照，不仅能够把握武安赛戏的整体特点，也能够促进对二者的深入探究。

第五章　地区类同：固义傩戏与邯郸社火

上一章在论述固义傩戏与武安社火环境的基础上，统合分析了武安范围内同类的社火民俗事象。武安社火富有地方特色，也是邯郸社火的构成部分。固义傩戏不仅与武安范围内的白府傩仪、土山诚会、通乐赛戏有密切关系，而且放到邯郸社火的环境中也能找到同类型的民俗事象。固义傩戏是邯郸社火环境的产物，在赛社的性质和赛戏的演出方面与涉县赛戏、邯郸县东填池赛戏有亲缘关系，它们可作为整体观照。

第一节　邯郸社火环境

由于独特的地缘文化环境，固义傩戏既有社火傩戏的类型特征，在傩戏演出中，又有赛戏的搬演。固义傩戏呈现的多种民俗事象交融一体的状态，与武安社火环境有关。武安社火环境也受到整个区域民俗环境的影响，如前文所述，武安地处晋冀豫交界的地带，带有多地区社火交叉的特色。从大的地域空间而言，武安社火属于邯郸社火。由于地理、文化、人口迁徙等诸多要素的影响，邯郸社火呈现更加明显的晋冀鲁豫社火的多重色彩。对固义傩戏的考察离不开对邯郸社火环境的整体观照。

一　邯郸社火

民间社火在全国均有分布，主要散布在黄河流域，邯郸处于华

◈ 第五章 地区类同：固义傩戏与邯郸社火 ◈

北社火集中的地区。邯郸西依太行山，东接平原，四省通衢，人口密集，文化繁荣，社火丰富多彩。每到元宵节或庙会时，常会看到村村闹社火的景象。邯郸社火有种类多、流传范围广、参与程度高、艺术特色鲜明、民间色彩浓厚的特点。

在邯郸地区常见的社火形式有秧歌、舞龙、舞狮、锣鼓、九曲黄河灯、打扇鼓、武术（拳术、枪棒等）、跑驴、太平车、抬阁、竹马、高跷、霸王鞭、跑旱船、拉花、焰火等。除了前文已述的武安社火外，邯郸地区各县区还流行着多种多样的社火形式。

原邯郸县有名的丛中社火，种类很多，造型艺术有大抬阁、小抬阁、顶阁、抬花杠；武术有少林武功；表演艺术有大高跷、小高跷、竹马、旱船、扁担官、串心官、柴王车、二鬼扳、霸王鞭；小杂耍有十八弦、仙鹤斗寿、孙二娘开店、潘金莲雇驴、独腿跷、盲人卖膏药等。丛中社火规模宏大，大闹时，演员、服务人员出动一千多人，它需要严密的组织和指挥系统才能完成。郭河一带的拉花也是社火的一种形式，它以秧歌为主，兼有戏曲和杂耍的特点，演出有行进和扎场两种，行进只舞不歌，扎场歌舞兼有，两种都有乐器伴奏，其歌词多为民间情歌小调。张庄桥的社火有高跷、龙灯、牛斗虎、旱船、抬阁、花板舞等。[①]

峰峰矿区最负盛名的是西王看社火。在元宵节期间，"吉时一到，社头宣布迎焰火活动开始，鞭炮齐鸣。整个队伍三眼炮开路，走在队伍最前边的是敬奉天地及火神爷的敬驾仪仗队伍。由龙凤日月旗、金扇、银扇、金瓜、钺斧、朝天镫等组成，也称'牌扇执事队'，为'天地''玉皇''火神'等各龙车凤辇护驾。鞭炮不停，浩浩荡荡在锣鼓马号声中起驾。随队伍行进排列顺序为：耍狮子、耍龙、竹马、旱船、扁担官、二鬼扳跌、高跷、柴王车、太平车、秧歌，使号班打击乐器、管乐穿插其间。原有武故事多场，现仅存'祝家庄''失街亭''盗御马''反徐州'四场。全为武打场面。迎焰火队中也吸收周边各村助兴队伍，如山底、东王看等。队伍最

---

① 张文涛：《邯郸民俗录存》，天津古籍出版社2003年版，第165页。

后为抬焰火东西队伍及观众"[1]。

涉县以更乐社火、张家庄花灯、台村刀山、固新和神头高台、马布高跷、清凉九曲、河南店烟花闻名。[2] 更乐村中古碑记载："更乐一乡因立烟火社，非徒睹龙灯，观鹤焰，原以妥神灵也。我大东巷每岁上元节，届十五灯月交辉，锣鼓并响。角抵场中，宛然笛偷宫调；踏歌声里，时或曲按霓裳。"[3] 每逢元宵节，更乐"唱家庭""犁地"别具风味。跑旱船、跑竹马、高跷等节目家家参与，热闹非凡。

除了遍布城乡的社火形式外，曲周舞龙灯、临漳攒花、峰峰矿区南大峪跑彩帷、丛台区河东扇鼓舞、峰峰矿区响堂扇鼓、曲周傩舞聚英叉会、峰峰矿区鼓山犁耙灯、峰峰矿区顶灯、永年抬花桌、临漳李家村高跷皇杠、峰峰矿区抬皇杠、峰峰矿区龙洞村背阁、馆陶二人扳、曲周花车、峰峰矿区"抵拐"、永年吹歌、磁县打梨花、磁县迓鼓、永年民间舞蹈、曲周民间舞蹈、磁县民间舞蹈、大名民间舞蹈、馆陶民间舞蹈、邱县民间舞蹈等均是邯郸社火的重要代表。

邯郸地区悠久的民间文化传统、深厚的民俗文化积淀造就了区域社火环境，在这样的环境中，不仅有利于各种民间社火生存发展，而且即便遇到停演多年的情况，某种程度上还存在恢复重演的基础。多种民间社火互相吸收、互相借鉴，更利于艺术水准的提高、艺术生命的延续。多种多样、精彩纷呈的各类社火构成了邯郸的社火环境，这个环境又对具体的社火形式产生了影响。故而，在此区域内的社火无一例外地彰显地区风格，同时受益于区域社火环境。

---

[1] 马全祥：《峰峰豆腐沟村西王看村土烟火社信仰习俗调查》，载欧大年、范丽珠主编《邯郸地区民俗辑录》，天津古籍出版社2006年版，第304页。

[2] 康喜英、杨振国主编：《涉县民俗》，政协涉县委员会文史委员会，2011年，第45页。

[3] 康喜英主编：《涉县文史资料》（第6辑），政协涉县委员会文史委员会，2008年，第197页。

二 邯郸赛戏

《中国戏曲志·河北卷》（中国ISBN中心出版社2000年版）对河北省内赛戏的分布做了初步调查和介绍，该书认为赛戏在河北省邯郸地区主要流行于邯郸、武安、涉县、永年等县份（邯郸县和永年县已经划入邯郸市区）。清中叶，赛戏在邯郸地区普遍流行，出现了一个较兴盛的时期，有五十多个村演出赛戏，直至清末民初，涉县的弹音、台华、井店、清凉店、偏凉，邯郸县的东填池、东军师堡、裴堡，武安县的固义、通乐、南冯昌、里店、洪山、骈山、虞城，永年县的曲陌等村时有演出。中华人民共和国成立后，赛戏的演出逐渐减少，如今只有邯郸县东填池，涉县上清凉等极少数村落偶有演出。

赛戏的行当，有生、净、丑、旦，以须生为主，净次之，丑再次，旦只有非上不可时才出场，也不站正场，甚少宾白。有旦角的戏极少。

邯郸赛戏的表演形式，在民国以前尚有"竹竿子"引队。如武安柏林村的赛戏，在逢庙会唱戏之时，即使请来别的戏班，也必要由本村的赛戏先演一天，其他戏班才能演出，有"赛不登台，戏箱不开"的说法。为祭祀神灵，必先报赛，唱四句赛戏戏词后，由一着武士装的人，手持竹竿，上饰有彩绸之类，挥舞一番，"神仙"才能起驾。

赛戏剧本的形式很古老。每个人物上场，特别是第一次出场，照例念诗，自报家门前冠有"念吾"二字，所叙之事较多，从出身一直叙至规定情节，道白结束时，再念诗，诗前有"恐君不信，有诗为证"的套话，颇似曲艺，并较明显地带有说唱文学"赞"的套子，如对文武官员服饰兵甲仪仗之类的描写。在剧本的故事情节处理上，也常有独特之处。如《火烧战船》中孔明计赚周瑜之弟"二都督"周珍改换道装，在祭风台上被周瑜射死；《葭萌关》中马超竟嘲讽张飞弟兄失散后，不曾有什么"古城会"，而是在"林中断路为生"。

赛戏表演非常原始朴拙，没有严谨的戏曲程式，虽多武戏，但武打非常简单，即便是圆场、带马、上马也是模拟生活真实，略有夸张。舞台上没有兵卒龙套。登场演员不坐不跪，即使是皇帝上场，也是站立在桌后演唱。它的表演很少受其他剧种影响，独特之处很多，如《华容道》行军，关羽手挥马鞭立于台中心，周仓一人肩扛大刀围关羽绕圆圈；《葭萌关》张飞用鞭击碎了马超之"火炒抓"，这种"抓"带有神话色彩，是一个红布缠包如流星锤的东西，表演时，为表现其威力，竟点燃一小串爆竹。

赛戏音乐也非常简朴，各村的唱腔也不尽相同，武安柏林、邯郸东填池的赛戏有简单的一对上下句旋律，不论何种角色均可反复演唱，上下句之间有一个固定的锣鼓过门。涉县清凉店等村的赛戏唱腔则近似吟诵体的念白，旋律较差。伴奏只有大鼓、大铙、大镲、小锣等打击乐，没有管弦，锣鼓点与花会的鼓点相似。

邯郸赛戏的化装，最早采取面具，现已不用。脸谱的构成简单，只承袭一点戏曲的影子，如关羽红脸黑髯，张飞抹黑脸，项羽额头书"王"字，曹操抹白脸。服装常因陋就简，有的用粗布染画而成，因多演历史故事戏，蟒服官衣之类，仍大致有个粗略的规定。

历史上邯郸赛戏，从无专业班社，从不营业演出，其活动规律是每年农历十月开始对词、排戏，春节或正月十五前后演出几天，平时逢庙会才演出。其传承方式是父子世代相传。如东填池"龙虎班"（该班取名"龙虎班"，一是因不要女演员，二是所演剧目是历史故事剧，龙虎即君臣之意），戏中所有角色分别由村民扮演，而且所扮演角色是世袭的。子承父业，父亲演几个戏中的角色，在年老之前，早早地在子辈中物色继承者，并随时传授技艺，直至其可以上台演出。长者把培养后辈视为一种莫大的安慰，晚辈把继承父业视为一种莫大的荣耀。赛戏班虽是业余性质，但一经参加，非重大变故便不许退出，赛戏靠这种特殊的传习形式和对神的虔诚延续至今。

三 邯郸傩文化

随着近年来对傩俗的挖掘、研究，邯郸地区的各类傩文化事象逐渐丰富起来。既有傩戏、傩舞，也有傩祭、傩技等，构成了相对完整的邯郸傩文化。傩祭、傩技、傩舞、傩戏等傩文化常常交糅在一起，呈现了邯郸傩文化的多面性。

杜学德在《燕赵傩文化初探》一书中以固义傩戏为论述中心，同时也兼顾了河北其他地区的傩俗。该书中涉及武安白府村的傩仪《拉死鬼》、峰峰矿区和村镇的《打鬼王》、刘岗西村的《送瘟神》、磁县发掘出的方相氏壁画、邯郸县丧仪中的开路鬼、磁县崔府君出巡中的开路鬼、临漳县西街撵花中的琉璃鬼、大名县金滩镇高跷中的开路鬼、井陉县的《撵虚耗》、冀东青龙县的《猴打棒》、涉县驱鬼戏、承德藏传佛教寺院的"跳布扎"。除了少数几个属邯郸地区以外的傩文化事象外，该书主要阐述了发现于邯郸地区的傩俗，可以视为对邯郸傩俗的整体观照，也展现了对固义傩戏置于邯郸地区傩俗中考察的倾向。

同样的倾向也表现在杜学德撰写的《冀南巫傩文化概述》一文中，该文分析了邯郸地区曾经存在和现存的"丧葬仪式中的方相氏，民间祭祀仪式和民间艺术中的开路神和开路鬼，用于战争的兰陵王面具，固义大型社火傩戏《捉黄鬼》、武安乡傩《拉死鬼》、和村镇《打鬼王》、涉县驱鬼戏，以及冀南各地的钟馗习俗"[①]。该文对邯郸巫傩文化的梳理，表现了邯郸傩俗的丰富程度。

周大明在《傩舞文化见识——有感于燕赵傩舞现象》《浅谈河北傩舞》两文中把眼光集中在河北傩舞上，其中以邯郸地区的傩舞（有些也被归入傩戏）为主。两文中除了武安的《捉黄鬼》和《拉死鬼》外，还有丰南篓子灯、井陉"撵虚耗"、青龙"猴打棒"、曲周"聚英叉会"等。曲周"聚英叉会"归入傩舞一类，逐渐引

---

① 杜学德：《冀南巫傩文化概述》，载麻国钧等主编《祭礼·傩俗与民间戏剧》，中国戏剧出版社1999年版，第137—144页。

起研究者的注意，进一步丰富了邯郸傩文化的种类①。

张松岩《河北傩戏考略》，梳理了分布在邯郸、廊坊、保定和张家口四个地区的傩戏（论述主干是赛戏），其中主要的分布区是邯郸和廊坊，尤以邯郸为最。因此，一定意义上来讲，邯郸赛戏（包括邯郸县、武安、涉县三地）是河北傩戏（赛戏）的主要代表。文末总结道："河北的傩戏有自己的鲜明个性和艺术特点，在中国戏曲发展史和戏曲音乐发展史上有自己独特的位置。它在戏曲学、戏曲发生学、美学、宗教、民俗、舞蹈、音乐等学科的研究中是不可多得'活化石'，它特有的史料价值、研究价值、审美价值，都是其他剧种难以替代的。与我国其他地区的傩戏相比较，它有黄河流域傩文化的印记和特色，显著的地域特征使它在中华乃至世界傩文化中亦能占有一席之地。"② 这段论述很大程度上适用于对邯郸傩戏（赛戏）的评价。

郑一民在《冀南傩文化考》一文中说："伴随着武安市固义村傩文化景观，在冀南地区还发现了武安市白府村的《拉死鬼》、峰峰矿区和村镇的《打鬼王》、刘岗西村的《送瘟神》、井陉县南王庄乡大尖山村的《撵虚耗》、邯郸县磁县一带丧葬仪式中的'开路神''开路鬼''方相氏'等；类似的景观还有涉县的井店村、清凉店村、永年县的曲陌村等地流传的傩活动。综观这些傩文化散布地，都呈现一个共同的特点，那就是都处在太行山麓的偏僻山野之乡，也就是说，冀南的傩文化遗孑，沿太行山脉形成一条不规则的傩文化带。这些至今还处在经济落后生活贫困的村落，由于在更朝换代中较少受到战争和灾难的扫荡冲击，竟成了历史傩文化遗孑的藏身地和遗存地，构成了冀南傩文化生存、传衍的另一个条件——

---

① 参见王军利《曲周傩舞聚英叉会》，《当代人》2014年第6期；李光清、吕计海《古风神韵 聚英叉会：曲周"南阳庄聚英叉会"的起源、演变及其他》，《当代人》2009年第2期等文章。

② 张松岩：《河北傩戏考略》，载麻国钧等主编《祭礼·傩俗与民间戏剧》，中国戏剧出版社1999年版，第158—165页，此处引自王慈娴、王新荣、丁计良主编《中国·武安傩戏》，河北美术出版社2012年版，第221页。

第五章 地区类同：固义傩戏与邯郸社火

特殊地理环境。剖析冀南傩文化景观，无论是震动学界的武安固义村的《捉黄鬼》，还是散落其他地方的《撑虚耗》《打鬼王》《送瘟神》《拉死鬼》等，其角色打扮和表演内容有三个共同的基本特点：一是都演出宋代以前的历史战争演义和神话故事，以两汉、三国为多，明以后的几乎没有；二是大多搬用宋、明时期的说唱词作品，在演出过程中从叙述体向代言体过渡；三是采取科白与颂赞相结合，而不是唱、白兼用的艺术手段，因此被称为诗赞体戏曲样式或锣鼓杂剧。在出场表演中，由古代戏装和历史人物脸谱妆扮成的群众最熟悉的人物形象，成了正义或邪恶、善良或奸雄、美丽或丑恶的化身。虽然表演粗俗简陋、动作朴拙、念多唱少、角色众多，却传达了中原地区傩信仰的历史深蕴，表达了广大群众扬善惩恶、追求幸福平安的美好愿望和心声。"[1]

综合近年来对邯郸傩文化的发掘、研究可以发现，地处华北地区的邯郸保留了种类丰富、内涵深厚的傩文化事象。让人感到欣喜的是，在邯郸各县市区的乡村中，祭祀、演剧、社火中还遗存着大量的傩文化事象，这给中国傩文化研究提供了个案和素材，对于梳理傩文化的演变和发展意义重大。

综上所述，邯郸地区的文化土壤孕育保留了大量珍贵的民俗事象，很多原先认为只有在偏远地区、少数民族地区、南方地区才有的社火、赛戏、傩俗在地处中原的邯郸也存续着。对于固义傩戏的研究而言，我们不仅能够在山西的上党地区找到类似的赛社形式，在河南的豫北地区找到类似的社火形式，在河北的太行山区找到类似的傩俗，更为重要的是在其生存的邯郸地区找到关系足够密切的社火、赛戏、傩文化事象。把固义傩戏置入区域整体的视野中，置入跨地域民俗的场景中，对于探索其来源、发展、生存、保护都有至关重要的价值。固义傩戏中的祭祀仪式与周边县区的祭祀仪式存在密切关联；固义社火形式与周边县区的

---

[1] 郑一民：《冀南傩文化考》，白庚胜、俞向党、钟健华主编：《追根问傩 国际傩文化学术研讨会论文集》，江西人民出版社2007年版，第249页。

社火有极大共性；固义赛戏与周边县区的赛戏同源同脉；固义傩戏与周边县区的傩仪傩舞内在相似。通过比较分析，我们能够把握固义傩戏在当地社火傩俗环境中的生长样态，既有可参照的同类事象，又有可比照的对象，对于深入探讨固义傩戏和整体审视邯郸地区民俗都有重要意义。

第二节　固义傩戏与涉县赛戏

固义村地处武安西南，距离武安涉县界仅5千米，西距涉县城区约30千米，东距武安市区约28千米，大致位于涉县到武安的中间点上，不仅是过去武涉官道的必经之地，也是现在武涉之间公路、铁路的关键节点。武安和涉县的自然风貌、历史沿革、风土人情都十分接近，人员来往密切，属于名副其实的兄弟县。武安与涉县之间的紧密程度要远远高于它们与邯郸东部县区的联系。

从自然风貌来讲，武安和涉县均处于太行山东麓，境内以山地丘陵为主，耕地较少；两县西部均毗邻山西，历史上与山西来往密切，当地均传说祖上迁徙自山西某地某地。从历史沿革来讲，两县都是千年古县，自古以来县界变化不大。历史上两县长期处于同一行政区域，很少分开。明清以来，与邯郸东部平原县份隶属关系不同，武安涉县长期隶属河南省彰德府，同时在1949年从河南划归河北管辖。抗日战争和解放战争时期，武涉两地均是红色政权和人民军队驻扎地，是全国有名的革命老区。在风土人情方面，衣食住行婚丧嫁娶习俗几乎一致，同属晋方言区的磁临小片，方言口语接近，区别于邯郸东部的冀鲁官话区。两县铁矿煤矿森林资源丰富，生产方式大体相近。因此，在邯郸地区，由于武安涉县独特的亲近关系，常常武涉并称。

在这样的地缘环境下，武安赛戏与涉县赛戏存在高度的相似性。固义傩戏中的社火、祭祀、赛戏、队戏在涉县也有同类，尤其与涉县赛戏关系密切。

第五章　地区类同：固义傩戏与邯郸社火

一　涉县赛戏概述

涉县原有8个村可演赛戏，即上清凉、弹音、寨上、井店（前门）、下庄、台村（下堂）、固新、原曲，现在确定为6个，即上清凉、弹音、井店、下庄、台村、固新，主要分布在涉县的西北部地区。由于种种原因，这6个村子的赛戏保存状况不一，有的已经停演，目前以上清凉和弹音两村的赛戏最具有代表性。对于赛戏，当地叫法不一，上清凉称"排赛"、台村称"社火"，井店、弹音、下庄称"队戏"，尽管严格意义上排赛、社火、队戏所指对象稍有差异，但基本归总为赛戏一类。

李伟的《河北涉县赛戏考察报告》[1]、《涉县赛戏考》[2]、《涉县上清凉弹音等六村迎神仪式与赛戏演出》[3]、《弹音对戏》[4] 等文章详细介绍了涉县赛戏的全貌，归纳了当地赛戏的特点。笔者实地观摩了弹音村的祭祀仪式和赛戏演出过程。据任秋成主编的《涉县赛戏》一书，涉县赛戏的特点主要有：在演出方面，演出时间和演出地点相对固定，群众参与广泛，供奉对象明确，具有浓厚的原始祈神色彩；在艺术方面，戏中人物单一，唱腔简单，台词丰富；在剧本方面，保存多且相对完整，传承时间长且经过多次记录，剧本书写原始，剧目创编严谨，故事情节多为明代及以前的历史剧；在道具和服装方面，赛戏舞台布置简单，赛戏的服饰穿戴简陋粗糙，伴奏乐器以锣鼓、镲、铙、钹等打击乐为主。[5]

现在赛戏实际上演的剧目远少于保存的剧本数量，据李伟实地

---

[1] 李伟：《河北涉县赛戏考察报告》，《中华戏曲》（第21辑），山西古籍出版社1998年版，第334—341页。

[2] 李伟：《涉县赛戏考》，载麻国钧等主编《祭礼·傩俗与民间戏剧》，中国戏剧出版社1999年版，第108—115页。

[3] 李伟：《涉县上清凉弹音等六村迎神仪式与赛戏演出》，载欧大年、范丽珠主编《邯郸地区民俗辑录》，天津古籍出版社2006年版，第3—26页。

[4] 李伟：《弹音对戏》，载康喜英主编《涉县文史资料》（第6辑），政协涉县委员会文史委员会，2008年，第114—125页。

[5] 任秋成主编：《涉县赛戏》，河北人民出版社2016年版，第7—15页。

调研，上清凉村现存的剧本有 30 多个，有《渑池会》《大会垓》《乌江岸》《火烧赤壁》《庞统献连环计》《长坂坡》《华容道》《取三郡》《取四郡》《收姜维》《七擒孟获》《葭萌关》《失街亭》《战仓汉》《祭东风》《张飞战马超》《取汉中》《智激周瑜》《美良川》《打登州》《沟家滩》《擒彦章》《杨色汉征南》《宁武关》《挡将》及新编的《解放平壤》等。弹音村现存的剧本有《渑池会》《孙武子炮雷行兵》《大会垓》《虎牢关》《火烧战船》《伏制张仁》《讨荆州》《夜打登州》《夜探白壁关》《打蒋全》《淤泥河》《水困涿州》《广武山》《金钟计》《下南唐》《幽州》《宁国府》《杨龙开弓》《铁关图》等，佚失的剧本有《金门洞》《江东桥》《葭萌关》《普救寺》《红沟河》《征南》《鸡宝山》等。井店村剧本有《刘秀河北安民》《汜水关》《破潼关》《司马师带剑进宫》等。台村下堂剧本有《出幽州》。①

二 固义傩戏与涉县赛戏的异同

涉县各村赛戏虽然存在一定差异，但大体相似。固义傩戏中的赛戏（含队戏）与涉县赛戏同中有异，大同小异。

首先，在祭祀仪式上围绕当地崇祀对象展开，具有浓厚的祭神演剧的色彩。

涉县赛戏中多祭祀山神，信仰常常在赛戏存续过程中发挥了关键作用。武涉各村的赛戏大都有类似的传说，曾经赛戏停演，接着发生某种灾难，赶紧恢复演赛戏，灾难才得以平复。涉县各村的祭祀仪式大体相似，稍有差异。

上清凉村的迎神活动，是每年正月十三开始的。初十时，沿路已用松柏枝搭起了牌坊，从山神祠堂前一直搭到村后的禁坡山前。正月十三黎明时分，由几位主持人将山神爷神辇抬到禁坡山的山坡上，摆上供品，并在该处宿一夜。正月十四早晨八时左右，所有参

---

① 参见李伟《涉县上清凉弹音等六村迎神仪式与赛戏演出》，载欧大年、范丽珠主编《邯郸地区民俗辑录》，天津古籍出版社 2006 年版，第 3—26 页。

第五章 地区类同：固义傩戏与邯郸社火

加迎神活动的队伍集合于村中戏台前（山神祠就在戏台左侧），约有三百多人，其中有排赛剧团、秧歌队、武术队、花灯队、高跷队等，后面还有一些老人。是时，每个队伍都化了妆。临行时，主持人先放三声大炮，然后队伍依序沿街游行。排赛剧团走在最前面。整个队伍由西往东，由东再往北转，转遍上清凉村的主要街巷。演员们边走边捎带表演一些动作，经过两个小时，到该村后禁坡山的山坡上，排赛剧团向早已在此等待的"山神爷"行过三叩礼后，便抬着山神爷神辇顺捷道回到山神祠堂，将"山神爷"落回原座。此时，下一程序的仪式又开始了。主持人将一张条桌摆在山神祠堂前，逐个点名。各队伍上前为山神爷演小戏，唱颂词。主持人还负责接受人们敬神的捐款，一天可收几百元。就这样，山神祠堂前一面有络绎不绝的妇女、老人们烧香祷告，一面有各队伍逐一上前演出，大约各占半小时。排赛剧团上前演出时，一般是每个演员独自做个开场亮相式，他们称这是"砍三撅"，即连做三个动作，然后唱几句台词，一共约有十几位演员这样做，并且循环演几遍。同时，他们还派四五个演员到各户演小戏（一户仅一出），为各户祈福。直到中午时，这场活动才告结束。[①] 弹音村与此相似。

固义傩戏的祭祀主要围绕龙王和白眉三郎展开，祭祀对象较多。固义和上清凉、弹音等村在祭祀过程上，细节稍有差异，但基本遵循请神、安神、娱神、送神的程序。它们祭祀的神灵多为主宰农业生产的山神、土地神、龙王等，显示了当地自然条件下，与农业相关的诸神对于人们生活的重要性。

其次，村民参与程度高，几乎全村参与。

由于赛戏是在祭祀过程中上演的，对于神灵的崇拜使得人们自觉参与进来。更为重要的是，当地浓厚的社火氛围，把赛戏看作村里最为隆重的庆典，村民们乐于参加。在涉县上清凉和弹音村，"虽然赛戏演出是一种无强制约束力的活动，但因该村全体村民对

[①] 李伟：《河北涉县赛戏考察报告》，《中华戏曲》（第21辑），山西古籍出版社1998年版，第336—337页；李伟：《涉县上清凉弹音等六村迎神仪式与赛戏演出》，载欧大年、范丽珠主编《邯郸地区民俗辑录》，天津古籍出版社2006年版，第5—6页。

赛戏的偏爱及有意保护，使这一古老的戏剧形态得以延续下来。他们认为，参加赛戏演出活动，或观看赛戏，能够使人健康益寿，驱邪避害，家中安康。因此，在剧团主持人根据节目演出，选派某家青年参加演戏时，都能尽义务去参加，使得剧团的预备演员有三十人之多。在正月演出时，村民们大都要观看几出赛戏，以求得平安。"[①] 在弹音村，到了演赛戏的时候，不仅普通的农民、工人、职员都化身演员，村里的男女老少也都簇拥到赛戏演出的场子里来，成为一项全村参与的盛会。

固义傩戏的赛戏演出也是这样，尽管本村的赛戏演员表演并不算精湛，表演的剧目也不十分精彩，但到了演出的时候，演员、锣鼓班、后台的协助、老老少少的观众，可谓全村出动，共同参与。

再次，艺术形式相近，在剧目、伴奏、道具、服饰、唱腔等方面基本一致。

李伟总结涉县赛戏有十个艺术特点，表现在：（1）乐器：伴奏唱戏的乐器只有两面大鼓和两面马锣，偶尔用大钹，根本不用丝弦、琴笛之类的乐器。在唱戏中，这锣鼓不仅起着伴唱的作用，同时也起着启示唱词的作用。尤其在交战双方转阵时，锣鼓还用来烘托战场上的肃杀之气。（2）戏装：有二十多样，但主要为蟒袍和铠甲。蟒袍一般用来扮饰帝王，铠甲用于饰演将官。红脸者穿绿铠，花脸者穿黑铠。（3）道具：排赛用道具很少，一般只有一张条桌和两把椅子，代表皇宫设施；如若是元帅帐府，则在条桌上加一令箭筒，所用器械也仅是刀枪剑戟，在换场时不谢幕。（4）人物：由于赛戏中武打场面较多，因此人物也多是帝王将帅出场。两边人马均是以帝携帅，或是以帅带将，而无一兵一卒。女角更稀少，并且是男扮女装。（5）演本：在涉县赛戏中，井店、台村、弹音、下庄为神唱愿戏时，每四句诗为一出戏，一出戏即一个小剧本，演一场戏就需好多个剧本。而上清凉村一个剧本为一场戏，多

[①] 李伟：《河北涉县赛戏考察报告》，《中华戏曲》（第21辑），山西古籍出版社1998年版，第336页。

◇ 第五章　地区类同：固义傩戏与邯郸社火 ◇

则三至四个小时，少则一至二个小时，一般为三小时左右。（6）剧目：一般为一个剧本即一个剧目。最盛时，弹音村剧目有四十多个（但目前尚未找全），上清凉村有三十多个（目前存二十多个），井店十多个，台村、下庄不详，尽皆为明代及以前的历史剧。（7）台词：在这些传统剧本里，其台词极具民间口语色彩，与元杂剧台词文雅化形成鲜明对比。（8）唱腔：涉县赛戏唱腔一般分为四种：大唱、小唱、平腔、挑腔。大唱的句中时常停顿，中间多加楚辞中的"兮"字；小唱句间停顿，以敲鼓边或二锤子相碰作极简单伴奏。（9）人数与训练：赛戏剧团人数不固定，但平时有二三十个预备演员。演出大本戏时，人数可达二十多个。（10）场面：赛戏由于主要是征伐之戏，因此场面多是武打、格杀，但动作却不太激烈。即使杀伐气氛紧张之处，也只是刀枪剑戟略作穿插比画，动作粗疏缓慢。①

固义傩戏中的赛戏表演大致与此相似，武安东通乐的赛戏也大体具有这些特点。但固义傩戏与涉县赛戏在艺术细节上有所差异。固义赛戏常常涂面演出，涉县赛戏多有净面。表演时间上固义赛戏一般较短，上清凉赛戏个别剧本演出时间较长。近些年来，固义赛戏多演简短剧目，或者适当删减，大多不到半个小时即告结束。固义赛戏台词多以七言为主，或有散白，间有赞词。固义赛戏的演出者较少。固义赛戏虽然剧目多征伐戏，但目前上演的剧目已经很少，不仅与通乐赛戏比起来偏少，与涉县赛戏比起来更显得少。

最后，组织形式和传承方式上接近，都倾向于班社组织和家族传承。

涉县赛戏主要由本村社火班社组织。上清凉排赛剧团有三位香首，一人管账，一人管钱，一人管人。香首一年一换，不挣工资。到换届时，上一任班香首把钱账交给下一任班香首。但香首必须自

---

① 李伟：《河北涉县赛戏考察报告》，《中华戏曲》（第21辑），山西古籍出版社1998年版，第337—341页。

己找人接任，否则就一直义务当香首，为大家服务。弹音村还有关于社首规定的石碑："从来事有繁简，必有难易。简而易者独理之而有余，繁而难者分任之犹不定。如我村三官、山神社旧有戏赛两班，每逢元旦，习演半月，其事甚繁，用人居多，任大责重。一村之社事繁难，莫大于此矣。膺充社首，孰不畏难哉！固同合村公议，重立章程，共襄厥事。凡社中一切执役，均任社首裁派，不许推诿搅扰，以及箱之出台，亦任社首自主，不可强领。凡行台班，概不准赁。恐后难凭，刻石为证。"① 固义傩戏主要由村里的班社承担，形成了固定的传统，赛戏演出由社火班西大社组织排练、演出。

涉县赛戏的传承主要依靠"父子相传"和"师徒相传"两种方式，"父子相传"的成分较弱，"师徒相传"成为主要传承方式。在实在找不到传承人时，弹音村还有"捉尾巴"的方式，被抽中的年轻人不得拒绝。

在赛戏的祭祀演出上，固义傩戏和涉县赛戏大同小异，但还存在最主要的差异，即固义傩戏具有傩文化的性质，尤其是《捉黄鬼》一出戏，这是涉县赛戏没有的剧目和演出形式。尽管涉县赛戏多多少少有一点"傩"的意味，但没有出现面具，也没有明显的逐除疫鬼的成分，这是把固义傩戏和涉县赛戏区别开来的关键。另外，固义傩戏中有一个重要的角色"掌竹"，虽然在赛戏演出中并不参与，依据此角色可以区别赛戏和队戏，涉县赛戏恰恰没有类似的"掌竹"角色，从而可以看出二者的差异。

三 固义傩戏与涉县赛戏的关联

固义傩戏中的赛戏演出与涉县赛戏的类同并非偶然，由于性质相似、地缘相近，二者应当存在一定的沟通交往。

前文所述同属武安的固义赛戏和柏林赛戏就有剧本、道具、演

---

① 李伟：《涉县上清凉弹音等六村迎神仪式与赛戏演出》，载欧大年、范丽珠主编《邯郸地区民俗辑录》，天津古籍出版社2006年版，第9—10、19页。

第五章　地区类同：固义傩戏与邯郸社火

出技巧等方面的沟通交流。固义和柏林都毗邻涉县，相互之间是否有借鉴关系呢？笔者认为是肯定的。通过对比，两地的赛戏剧目十分接近，很多剧目内容几乎一致。剧目内容多是历史演义题材，唱腔接近，剧本都是明代之前的，明代以后的剧目都没有，这不是偶然。固义傩戏称赛戏剧本为"都本"、通乐赛戏称赛戏剧本为"都本"，涉县赛戏称赛戏剧本为"杜本"，字异音同，应是同一词语。而且据调查，涉县井店的赛戏剧本抄自武安固义，上清凉的赛戏剧本又抄过弹音和井店，邯郸东填池赛戏又抄过武安东通乐赛戏剧本。因此或许可以推定，在某地赛戏剧本出现佚失或残缺的情况下，上演赛戏的村落间有相互借鉴的关系。

固义傩戏与涉县赛戏中个别仪式如出一辙，应当是它们共同保留了赛社的部分仪式，虽然已经带有本村延续下来的色彩，但依然能够看出一致性。在固义傩戏开演之前、请神之后，要有两个探马踏街迎神，一来驱除街上邪物，二来为神开道，称为"踏边迎神"。这个仪式在土山诚会中也有。在当前农村里马已经不常见，会骑马的人也不多的情况下，骑马踏边的仪式能保留下来，说明这一环节在整个仪式中的重要。在涉县弹音村，迎神队伍由趟马、神枪、大旗、拉板、灯笼、小鼓、马锣、罩驾伞、围子、香案、神辇、对戏班、梆子戏班、秧歌队及善男信女等组成。趟马在队伍最前面，"趟马者为两人，各穿一身清代马快服装，各骑一马，专在队伍前为山神趟道。进村后（天还不明），要在山神所要经过的街道趟一遍。这样做有两个作用：一是看街道上有没有污秽的东西妨碍山神行'路'；二是查看各家各户有没有人在门口执香放炮，迎候'神'驾。并且一些大户还要在所经路上备上香案，摆上果品等"[1]。固义和弹音在"探马踏边迎神"这一程序上基本一致。

固义傩戏具有社火的性质，内部又分为队戏和赛戏，呈现多种

---

[1] 李伟：《弹音对戏》，载康喜英主编《涉县文史资料》（第6辑），政协涉县委员会文史委员会，2008年，第115—116页。

演剧形式的综合，实质属于迎神赛社的一类。涉县赛戏也呈现这种综合性和赛社性质。涉县赛戏，上清凉称为"排赛"，台村称"社火"，井店、弹音、下庄又称为"对戏"，可以看出对于同类祭祀演剧，各村的名称各异，表现多种演剧的综合。据上清凉老人口述，该村的"排赛"旧称"迎神赛社"（或因方言口音误写作"人生赛社"），这与固义迎神赛社的性质一致。至于对戏和赛戏，严格意义上二者是有区别的，但在实际演剧过程中，村民难以明确区分，泛泛称之。在弹音赛戏《大会垓》中，有"今日太平元宵，做着一场对戏，答报神明。这场对戏，出在汉朝"的句子，表明弹音称赛戏为对戏的原因。固义傩戏中也有对戏（或写作队戏），这样的句子在这类戏中颇为常见，如《点鬼兵》中"奉祭尊神做一鬼兵对戏，此段对戏出在何时？出在战国春秋时"，《吊掠马》中"奉祭尊神做一掠马对戏，此段对戏出在何处？出自三国演义"，《开八仙》中"今日是广阳正赛，排的是八仙对戏"等。在赛戏的演出过程中，都有秧歌、锣鼓、高跷等社火形式，依赖社火班组织，因此固义和涉县的演剧都带有浓厚的社火色彩。赛戏、社火、对戏这些关键词，恰恰证明了固义傩戏和涉县赛戏内在的民俗亲缘。

综上所述，固义傩戏和涉县赛戏绝非完全不相干的民间祭祀演剧形式，二者在传播的过程中，有共同的文化血脉，而且在发展过程中有过交流，作为亲缘艺术曾经在历史上某段时期内互相影响，地缘相近给相互影响提供了便利。固义傩戏和涉县赛戏是同一民俗环境中的产物，它们应该处于同一祭祀演剧谱系中较为亲近的脉络上。现在虽然把二者归入不同的民间祭祀演剧类型中，某种程度上说明二者存在一定差异，但也不宜掩盖内在的关联。

第三节　固义傩戏与东填池赛戏

邯郸赛戏包括武安赛戏（固义赛戏、东通乐赛戏）、涉县赛戏（上清凉赛戏、弹音对戏等）和邯郸县赛戏（东填池赛戏）。笼统而言，东通乐赛戏、上清凉赛戏、东填池赛戏合起来作为邯郸赛戏的代表。

邯郸市地形大体以京广铁路为界，西部为山地、丘陵，主要有武安、涉县、峰峰矿区和磁县；东部为平原，有肥乡、成安、临漳、大名等十余县区。原邯郸县环绕邯郸市区，西部与武安市接壤，南部毗邻磁县，北部依靠永年，东部临肥乡和成安。近年来邯郸市调整行政区划，2014年邯郸县两乡镇划入复兴区，自此武安市和邯郸县不再接壤。2016年撤销邯郸县，原辖乡镇划入丛台区和邯山区。从此"邯郸县"成为历史。东填池村位于原邯郸县东部，隶属兼庄乡，现属邯郸高新经济技术开发区。

武安市和邯郸县地缘相近，风土人情相似，方言接近，生活习惯接近，历史上长期属于同一行政范围，尤其是武安东部与邯郸县西部联系紧密，交界的很多村庄曾频繁改隶。东填池村现属于邯郸市区，距离武安市45千米，距离东通乐村约50千米，距离固义村约70千米。在方言上，武安更接近晋语，邯郸东部更接近冀鲁官话，口音存在明显区别。衣食住行婚丧嫁娶整体相近，稍有差异。固义和东填池在同一民俗地域内，在赛戏搬演中存在密切关联。邯郸地区有句俗话叫"填池闹一闹，固义醮一醮"，意思是东填池村的赛戏唱一回，固义村的傩戏《捉黄鬼》就演一回。从这句俗话中就可以看出固义傩戏和东填池赛戏在邯郸地区的知名度和影响力，由于内在的关联，俗语里把二者放在一起亦非偶然。

一 东填池赛戏概述

东填池赛戏最早受到当地文化学者的注意，戴月的《古老的赛戏》（载王永信、杜学德、戴月编《赵都民俗趣话》，中国民间文艺出版社1989年版）对当时的东填池赛戏进行了调查。据戴月该文介绍，东填池的赛戏据传说当始于元至顺年间该村填池爆台建寺之时。在清朝中叶曾形成其最后一个鼎盛时期，并保留至今。过去总是在当年旧历十月开始排练。经过十一月、腊月和次年正月三个月的排练，熟悉原有剧目，补充角色，增排新戏，到次年二月十五至二十登台演出。在演出周期上，一般为六年演一次。但也不尽然，现在几乎年年演出，时间也改在正月初五以前了。

东填池赛戏能保留到现在，主要是该村群众世世代代对这个古老活动有着特殊的偏爱、扶植和保护。他们自称该赛戏组织为龙虎班，演员阵容浩大，几乎全村老户家家都有。而且是世袭相传，子承父职，弟操兄业。父兄演哪几出戏中的哪几个角色，其子弟在平常就早早地继承了下来，成为村风。因此，每年春节演出时就真正成为轰动全村的大众业余文化艺术活动了。

东填池赛戏，确实是一个古老剧种，在艺术上与其他剧种有着众多的不同。它们称道白、念白均为"评说"。"评说"有两种，一为有节奏的四字句为主的"韵白"；一为平仄讲究的七字句为主的"念白"，并都有着自己独特的古味和浓重的乡音。

东填池赛戏的唱是富于朗咏色彩的唱吟。唱腔基本上是曲牌体，但曲牌特少，现在用的只有大同小异的"小唱"（又名"官腔"）和"截子鼓"两种。在唱腔的曲牌上，过去还沿用过"西水令""油葫芦""武说"等，现多已失传，只留下曲名了。当然，连曲名也没有留下的，就更不知多少了。总之，唱中有念，念中有唱，唱亦似吟，念亦似唱，是赛戏的一大特点。

东填池赛戏在伴奏乐器上，也与其他剧种大不相同。它不但不用弦乐、笙笛，现在连以前常用的唢呐、大号也早已不用了。在打击乐上也有自己独特的一套，它用的大鼓、大锣、手锣与其他剧种常用的完全不同，而和这里乡间过去敬神、祈雨用的打击乐"神鼓"完全一样。东填池赛戏的妆面、服饰已全部向其他剧种靠拢，化妆已全部脸谱化，面具则早不采用了。

东填池赛戏在表演上，仍保留了自己的特色，熔武术、民间舞蹈、戏曲程式于一炉，处处流露出农民简朴、古雅、憨厚的风韵，粗中含雅，野中透秀，简中蕴精。

东填池赛戏在演员分类上还有一个更怪的特点。它以须生、红净为主，剧目也多为须生、红净的重头戏，因这两行当多扮演忠臣良将，这是赛戏歌颂的主要对象。净次之，但也有几本以它为

第五章 地区类同：固义傩戏与邯郸社火

主的重头戏。因这个行当常演勇猛之将帅王侯。丑更次之，已没有以它为主的重头戏了，旦则几乎不存在，非有旦角不可的戏，也很少出场；非上场不可，也只走个过场，当当龙套，不给台词，不准站舞台正位。

东填池赛戏在剧目内容上，没有家庭生活戏，没有神话故事剧，只有以忠义内容为主的历史故事剧。在戏剧风格上，没有悲剧，没有喜剧，更没有闹剧，只有正剧或略带喜、悲剧色彩的正剧。在剧目选材上，大都以三国、汉、宋历史故事为主。三国戏最多，仅现仍可上演的十六个剧目中，三国故事剧就有十个，汉、宋故事剧各三个。

东填池的赛戏巧妙地把自己较完整地保留到今天，为研究中国戏曲的历史演变提供了活的资料，它可以说是戏曲艺术发展史上一个珍贵的"活化石"[①]。

二 固义傩戏与东填池赛戏的类同

固义傩戏与东填池赛戏都属于迎神赛社的性质，涉县赛戏和东通乐赛戏亦属此类。它们在祭礼、演剧、组织传承方面存在类同之处。

1. 祭礼

固义傩戏和东填池赛戏中祭祀多神，以天地、龙王、土地、风雨为主。东填池赛戏有专门的祭土地、祭城隍、祭龙王、祭天地、祭风雨的仪式。固义傩戏也在傩戏演出的前后祭祀天地、城隍、土地、龙王。二者仪式大体相似。

在东填池赛戏中，祭祀天地时，"老板头"（总社首）带领社首和男性村民代表行祭祀天地礼，他们站在神棚前，由老板头主祭。"'老板头'高呼：请天地神灵入坛位。众'板头'和群众齐应：请天地神灵入坛位。'老板头'吟祭天地词：遥望西北乾，近

---

① 戴月：《古老的赛戏》，载王永信、杜学德、戴月编《赵都民俗趣话》，中国民间文艺出版社1989年版，第123—126页。

观西南坤；奉迎临宝座，降福永无边。大家齐应末一句：降福永无边。'老板头'吟安天地词：高明霞万物，博爱载众生；天地安坐位，免灾保安宁。大家齐应末一句：免灾保安宁。"① 固义在正月十六正祭时行祭天地诸神之礼，祭文曰："既望某某年某月某某朔祭日，某某县某某村社首某某某暨领合社人等，谨以俚歌庶馐之仪致祭于天地三界、四府三官、十方万灵、该罗无边、圣众于本坛一切显应神祇位前曰：维神至灵，祷之即应，祈之遂征……来格来歆，方表愚诚，谨具祭表，祈上以闻。社首某某某叩。"②

两地祭礼中尤其值得注意的是"祭鹿台"和"祭监斋"，这两个祭祀仪式在上党赛社中较为常见，在冀南赛戏中显得十分独特。

对于"祭鹿台"，固义傩戏中有"祭鹿台"仪式本和祭文，下文录"祭鹿台"仪式本：

祭鹿台

兆丰年梨园花开，朝圣者稳坐天台。众文武随身携带，一个个跟驾上来。肃静　回避　执事者各司其事　排班　班齐　奏乐　请主公行祭祀天地礼　就位　撒笏　移盥洗所　折水　沐浴　进巾　复位　复笏　请主公香案前　撒笏　移酒樽所　正冠　掇带　掸尘　复位　上香复笏　奏乐　起鼓器　擂鼓三通　作揖　跪　叩首　（兴　凡六回）到五回　撒笏　献爵　亚献爵　三献爵　复笏　止乐　读祝文　焚祝文　化财　众文武叩首　再叩首　三叩首　（连叩二十四叩首）　免礼平身。墙上画马不准骑，泥捏耕牛怎拉犁。纸糊船儿怎渡江，斑鸠怎比凤凰美。跌尽天鹅传，星辰百斗移。圣天共情鸾，圣劳奉神祇。③

---

① 王永信：《邯郸县东填池村迎神赛会》，载欧大年、范丽珠主编《邯郸地区民俗辑录》，天津古籍出版社2006年版，第31—32页。
② 王慈娴、王新荣、丁计良主编：《中国·武安傩戏》，河北美术出版社2012年版，第116—117页。
③ 王慈娴、王新荣、丁计良主编：《中国·武安傩戏》，第126页。

第五章　地区类同：固义傩戏与邯郸社火

固义傩戏中已经没有了"祭鹿台"的仪式，只保留了仪式底本和祭表。而在东填池赛戏中保留了"祭鹿台"的仪式，而且整个仪式过程和固义保留的底本基本一致。固义底本"祭鹿台"中提到的祭祀天地礼、盥洗、祭酒、献爵、叩拜、读祝文等环节和顺序，与目前东填池祭鹿台的仪式基本一致[①]。

在上党赛社中，祭鹿台的仪式常常有祭监斋，又称为调监斋，上党古赛中的《调监斋》可参见杨孟衡《"傩"在"赛"中——上党古赛〈监斋〉剖析》一文[②]，《上党古赛写卷十四种笺注》亦收录《讲监斋》全文。东填池赛戏中有"祭监斋"的仪式，大体同请天地、安天地祭礼，老板头的祭词是"祭监斋词：掌管厨房饮食精，调和五味确均平；忽有外患到门户，挺身而出抵万兵。安监斋词：供献香花美，全凭厨灶精；诸神皆喜欢，填池永太平"[③]。固义傩戏中没有了祭监斋的仪式，但却保留了和祭监斋一致的过厨仪式，其祭文表明，这正是祭监斋的仪式。该祭文略作："社首暨领合社人等，谨以香楮庶品之仪，致祭于九天云厨鉴斋使者曰：维神东厨司命定福府君，特修洁供，报答苍穹，设厨炮制，无不洁清。今将供毕，上酹神功，恪具菲馔，上奉尊神。唯冀昭格，鉴兹微忱，谨以上奉，伏维尚飨。"[④] 从祭文中看，"鉴斋使者"就是"祭监斋"里的监斋。

监斋的故事背景是：元顺帝时，监斋神隐匿在少林寺中，陈友谅造反围攻少林寺，监斋神显圣，击退叛军，被封为监斋神，掌管香厨。上党赛社、东填池赛戏、固义傩戏中的"监斋"

[①] 参见王永信《邯郸县东填池村迎神赛会》，载欧大年、范丽珠主编《邯郸地区民俗辑录》，天津古籍出版社2006年版，第33—38页。
[②] 杨孟衡：《"傩"在"赛"中——上党古赛〈监斋〉剖析》，载麻国钧等主编《祭礼·傩俗与民间戏剧》，中国戏剧出版社1999年版，第259—268页。
[③] 程海涛、王振杰主编：《邯郸东填池赛戏剧本集》，邯郸经济开发区非物质文化遗产保护中心，2015年，第1页；王永信：《邯郸县东填池村迎神赛会》，载欧大年、范丽珠主编《邯郸地区民俗辑录》，天津古籍出版社2006年版，第32页。
[④] 王慈娴、王新荣、丁计良主编：《中国·武安傩戏》，河北美术出版社2012年版，第115—116页。

应当都是依照此故事背景。有趣的是，东通乐赛戏中有《大国称》一剧，亦敷演此故事，也提到了监斋神："（元）顺帝见喜，封他作诺诺神，又封监斋八部天神。"[①] 麻国钧认为："看到《大国称》的演出以及上文引证的剧本，我们立刻想到山西长治潞城的《跳监斋》，二者依据同一传说故事，结构也相类，但出场人物的名称以及数量却明显不同，面具形态差别很大。"[②] 可以认为，上党古赛、东填池赛戏、固义傩戏、东通乐赛戏中都有"祭监斋"的祭祀仪式，只不过在各自流传过程中逐渐产生了差异，但这个祭祀却一定程度上保存下来。更加值得玩味的是，上党古赛中的"祭监斋"细分为四个环节，祭台、祭社、前行讲监斋、撵黄痨鬼。附着在仪式中的"撵黄痨鬼"或许和固义的《捉黄鬼》存在亲缘关系。

固义傩戏中的白眉三郎（咽喉神）、东通乐赛戏中的白眉三郎和上党赛社中的咽喉神是同一信仰（另处分析），这说明它们同源同流。这样的例子很多，东填池赛戏在祭鹿台之后上演《庆八仙》戏，八位神仙与当下流行的八仙队伍不同，有张四郎没有何仙姑，这和固义傩戏中的《开八仙》、通乐赛戏中的《摆八仙》、上党古赛中的八仙戏一致。"八仙"的队伍是逐渐固定下来的，上述地区的八仙赛戏（或队戏）保留着"八仙"成型过程中的一个历史阶段，传递出它们属于同一祭祀演剧脉络的信息。

2. 仪程

固义傩戏和东填池赛戏的仪程较为相似，都有请神、安神、唱戏、送神等环节。固义傩戏中没有唱愿戏的过程，东填池赛戏和东通乐赛戏都有唱愿戏。

东填池赛戏中的愿戏一般安排在演出时期的上午："初一晚上祭过鹿台，从初二上午到初五上午，是赛戏班应各户邀请，按报名

[①] 王慈娴、杨建华、王新荣主编：《邯郸·武安赛戏》，河北省武安市非物质文化遗产保护中心、武安市文化馆，2014年，第64页。
[②] 麻国钧：《武安赛戏〈大国称〉及"诺诺神""水草三官"考》，《戏剧》2013年第1期。

第五章　地区类同：固义傩戏与邯郸社火

登记、交费的先后顺序，到各户唱小戏，即愿戏。……愿戏的演出情况是：愿戏演出班进入村民家里，站在院中的天地台旁，本家主妇已经在台前摆上供馈、水果，香炉里的线香青烟缕缕，男女主人在台前虔诚地跪拜作揖，然后起身。接着，锣鼓响起，三四个，或者五六个赛戏角色，依次上前，对着天地台各唱几句，一场愿戏即告结束。主人点燃纸箔大猓，燃放一挂鞭炮，再向天地跪拜。然后起身，给领班人送上两盒香烟或者瓶装酒、糖果，送愿戏班再赶下一场。"①

东通乐赛戏中的愿戏也安排在上午："正月十五、十六、十七三天的上午是唱愿戏时间。所谓'愿戏'，在民间也叫'小戏'，是各家各户向神灵许愿后还愿时所唱之戏。唱愿戏的人以各家的实际情况，为自己家许愿，并还愿。一般在头年许愿，现在如了愿……言明许戏一场（一场为一小戏），到唱戏的时候还戏一场。演唱时间一般在十分钟到三十分钟不等，演员两人到五人不等。唱一段或唱一小场也不一样，这要根据许愿和还愿的大小，付报酬的多少而定。唱愿戏的人是要付报酬的，一个愿戏付几元或几十元，有条件好的，付得更多，唱愿戏的收入到三圣祠会计处入账。"②

对比可知，在愿戏的时间安排、演出形式、给付报酬等方面，东填池赛戏和东通乐赛戏更为接近。两村唱愿戏的情况和南方傩愿戏颇为接近。固义傩戏中是否有过唱愿戏不得而知，但东填池赛戏中的愿戏更接近傩戏中沿门逐疫的意味，而固义傩戏在《捉黄鬼》一剧中具有浓厚的逐疫意味。

固义傩戏、东填池赛戏、东通乐赛戏中仪程基本相似，个别仪式几乎相同。如在赛戏演出结束之后，三村都要举行"吃供馈"的收官仪式，表示整个活动的结束。固义傩戏在演出结束后的当天中午，西大社和社首带领所有参演人员，集中在一起吃供馈，把供品

---

① 杜学德、封俊：《仪式戏剧奇葩——东填池赛戏》，载程海涛、王振杰主编《邯郸东填池赛戏剧本集》，邯郸经济开发区非物质文化遗产保护中心，2015年，第353页。
② 王慈娴、杨建华、王新荣主编：《邯郸·武安赛戏》，河北省武安市非物质文化遗产保护中心、武安市文化馆，2014年，第31页。

从供桌上撤下来分食。东通乐赛戏最后举行"收坛"仪式，即吃供饷，所有参加赛戏的人员集中在三圣祠，先把神案上的供品撤下来，然后平均分发。东填池赛戏结束后，老板头召集所有人员一起"吃供饷"，同时向大家汇报今年的收支情况。"吃供饷"结束代表本年整个活动的结束。

3. 演剧

由于固义傩戏、东填池赛戏、东通乐赛戏，乃至涉县赛戏，都属于迎神赛社的性质，因此在演剧的剧目、音乐、伴奏、服饰、道具等方面有诸多相似之处。当然，各村在传承过程中也有所差异，如固义傩戏中面具十分重要，东通乐赛戏中面具也大量出现，但东填池赛戏却不再使用面具了，它们的共性是主要的。

有学者认为："东填池村赛戏与明代山西潞城县南舍村迎神赛社活动中的演剧，有某种内在联系，属于同一类型。……邯郸地区（包括东填池村）迎神赛社活动中的表演，原来也像山西潞城县南舍村的迎神赛社时演出音乐、歌舞、队戏、院本、杂剧等那样，是综合性表演。"[1] 这是较为符合实际情况的。

在祭赛活动的时间安排上，各村稍有差异，固义集中在元宵节，东通乐集中在元宵节和二月二，东填池则有个变迁的过程，原先在二月，后来也集中在正月初一到初五。"旧时，东填池赛戏在农历二十五前后演出五天。……村中还大致规定，六年演出一次，但并不严格。……1944年改在二月十三至十七演出五天。此后直至1952年二月十三至十七演出一次。20世纪五六十年代破除迷信，只能演赛戏，请神、祭祀等仪式全部忽略。到20世纪七八十年代……部分恢复了迎神祭祀活动……《祭鹿台》更简单，只由老板头单独宣读一下仪式的程序即可。1984年至2005年，该村演出过十多次。1992年开始，改在农历初一至初五或初六演出至今。"[2]

---

[1] 齐易、王志丽：《河北邯郸东填池村赛戏研究》，《中国音乐学》2009年第1期。
[2] 杜学德、封俊：《仪式戏剧奇葩——东填池赛戏》，载程海涛、王振杰主编《邯郸东填池赛戏剧本集》，邯郸经济开发区非物质文化遗产保护中心，2015年，第348—349页。

◈ 第五章 地区类同：固义傩戏与邯郸社火 ◈

固义傩戏和东填池赛戏的剧目大多为历史演义故事，主要是敷演三国、汉代、隋唐、宋的征伐故事；伴奏以锣鼓为主，没有管弦乐；服饰都接近戏装，尤其受到当地平调落子的影响，化装服饰都相对简单，道具也比较简陋。唱腔以吟诵为主，东填池赛戏虽有过曲牌，但现在也主要以吟诵为主；剧本体例七言居多，间有散白和韵白。三村都保留一定数量的赛戏剧本，但实际能上演的剧目，在固义较少，东通乐尚有七八出，东填池有十四出。

在演剧过程中，值得注意的是"掌竹"这一角色，上党古赛中有持竹竿子的"前行"，东通乐赛戏中叫"报场官"，他们的职责较为相似，都起到引戏导戏的作用。这个角色被视为戏剧雏形的标志。从东填池赛戏的剧本来看，应当也存在过"掌竹"的角色，但中断后恢复的赛戏演出把这一角色取消了，近年申报非遗项目才根据回忆和剧本重新增加了这一角色："该村（东填池）赛戏大多数老本前边，都有掌竹的一首开场诗，开宗明义，概述该剧的简要剧情，吸引观众的注意力。……然而在实际演出中，该村都把掌竹及其开场诗省略了。2008年该村赛戏申报国家级非物质文化遗产保护项目时，根据北京专家学者的意见，在申报书及其视频资料中，如实补上了掌竹扮相及其开演前吟唱开场诗的场面。该村老艺人回忆掌竹的扮相，说是戴乌纱，穿蓝色七品官服，腰束玉带，右手拿一根二尺多长、系一条红绸子的竹竿。赛戏开场前，掌竹站在前台口，吟诵开场诗后，接着说'杂戏奉献，奉祭尊神。一言未尽，圣驾来矣。'接着向右方侧身，用竹竿向上场口一指，请角色上场，然后掌竹退场，剧目开演。"[1] 在申报国家级非遗时，东填池赛戏和东通乐赛戏、涉县赛戏作为整体申报，可以说，东填池赛戏中"掌竹"角色的恢复不能不受到固义傩戏、东通乐赛戏的启发。但可以肯定的是，这种恢复是尊重历史旧貌的体现，是符合实际的。

---

[1] 杜学德、封俊：《仪式戏剧奇葩——东填池赛戏》，载程海涛、王振杰主编《邯郸东填池赛戏剧本集》，邯郸经济开发区非物质文化遗产保护中心，2015年，第350页。

4. 组织形式和传承方式

固义傩戏与东填池赛戏和邯郸地区的其他赛戏一样，在组织上没有专业的赛戏班，也没有以此为生的专业演员，主要依靠本村的社火班社组织。在技艺传承上，都属于家族传承，某个角色或某个职责大多在一个家族内传承。

与固义村、东通乐村社火班社的负责人叫"社首"不同的是，东填池村叫作"板头"，即社火班社领头者的意思，或可写作"班头"。总负责人叫"总板头"，类似东通乐的"大会首"，还有若干"板头"各司其职，类似于东通乐的"会首"。东填池的板头数量较其他两村多："旧时，该村演出赛戏的组织机构是 23 位板头。板头户，即会首户之意。"[①]"旧时东填池村赛戏班叫龙虎班，1977 年恢复演出时有成员 145 名，到 1986 年以后发展到 186 人。旧时，龙虎班的主事人是一正两副三个会首，后改称老班头和班头，如今改为团长与副团长。龙虎班有几个识字又懂戏的人当'抱老本的'，即如今的导演，负责教台词、'拨场'（导戏）；还有教唱腔、身段和武功的本村老师（村民老演员），有锣鼓班成员 20 人左右，村民演员 100 多人。"[②]

邯郸地区的村落本身都有家族聚居的特点，社火班社也具有家族色彩，因此赛戏演出在传承上也呈现家族性。大多数子承父业，偶有弟弟接替哥哥、侄子接替叔伯的情况。传承者主要是家族的男性，固义傩戏中的赛戏没有女性参与，即便戏中有女角也由男性扮演。东通乐由于特殊的原因，女性广泛参与赛戏表演，这是较为特殊的。东填池赛戏依然以家族男性传承为主，这一点和固义傩戏一致。"东填池赛戏的传承方式是父传子承，即最初定下的谁家男人扮演某出戏的某个角色或某种乐器、某种义务，辈辈传承。没有儿子的家户，可从家族内侄子辈中选人承担；有女儿的，上门女婿也

---

① 杜学德、封俊：《仪式戏剧奇葩——东填池赛戏》，载程海涛、王振杰主编《邯郸东填池赛戏剧本集》，邯郸经济开发区非物质文化遗产保护中心，2015 年，第 349 页。
② 王振杰主编：《邯郸东填池赛戏》，邯郸经济开发区非物质文化遗产保护中心，2018 年，第 33 页。

可以接替。这种传承方式既保障了演员队伍的连续性，也方便了演技的传承。"[1] 除了家族传承外，戏班传承和社会传承也发挥了一定作用。戏班传承与家族传承密切相关，在排练期间吸引家族外对赛戏感兴趣的成员加入。近年来，赛戏班进校园，辅导学生排练赛戏，呈现社会传承的新变化。

综上所述，固义傩戏和东填池赛戏在祭礼、仪程、演剧、组织、传承等方面大体一致，很多细节上的差异是各村流传过程中产生的，但从目前保留的内容来看，二者存在密切的关联，应当是同根同源的民间祭祀演剧类型。笔者相信，它们在流传过程中并未完全隔绝，例如东填池赛戏剧本的来源之一即是武安东通乐赛戏，而东通乐赛戏也与固义赛戏有过交集。邯郸俗谚"填池闹一闹，固义醮一醮"从一个侧面说明了二者相似的性质，武安西部的固义和原邯郸县东部的东填池在迎神赛社的演剧上遥相呼应。再考虑到固义傩戏中的赛戏和柏林赛戏的密切关系，涉县赛戏和武安赛戏的相互交流，邯郸地区的赛戏呈现整体性。与邯郸毗邻的上党地区，保留着丰富的赛社资源，通过人口迁移、文化交流，这个区域的祭祀演剧应该有流传播布的过程。固义傩戏和东填池赛戏的类同绝非偶然，它们存续于同一民俗地域内，共同承继了同一类型的祭赛形式。邯郸赛戏可作为既有差异性、又有相通性的整体看待。

---

[1] 杜学德、封俊：《仪式戏剧奇葩——东填池赛戏》，载程海涛、王振杰主编《邯郸东填池赛戏剧本集》，邯郸经济开发区非物质文化遗产保护中心，2015年，第349页。

第六章　地域交互：固义傩戏与上党赛社

固义地处邯郸市武安市，在武安市或邯郸地区范围内有类似固义傩戏的赛戏、迎神赛社、祭祀仪式都不足为奇，也很容易从地域民俗的角度对比分析。武安毗邻山西上党地区，自古以来两地交流频繁。固义傩戏与晋东南赛社的关系在研究之初就受到学者关注，但由于种种原因没有充分展开。固义傩戏与晋东南赛社的联系主要表现在信仰、仪式、演剧三个方面的互文互通。跨地域的视野对梳理固义傩戏的起源、特点、价值是重要且必需的。

第一节　信仰的互文

固义傩戏和晋东南赛社都是迎神赛社的性质，在信仰上有互文关系。一方面，在迎神中，两地都有多神信仰的特色，虽然每个村落在迎神赛社中所请的神灵并不完全相同，但却呈现出很大的相似性；另一方面，将固义傩戏和晋东南赛社联系起来的关键要素还有白眉三郎的信仰。

一　赛社迎神：排神簿

固义傩戏和晋东南赛社常常是围绕一个主神展开的，但在迎神的过程中体现了多神信仰的特点。具体到每个村落要邀请哪些神灵来享赛，一般均是邀请"天地诸神"。但具体神灵的名目和排列顺序稍有差异，往往都有"排神簿"。"排神簿，排列诸神名号的簿

第六章 地域交互：固义傩戏与上党赛社

册。各村社主庙赛祭的神祇大同小异，赛前需要确定邀请享赛的名单，按神界等级次序加以排列，故每座报赛庙宇均需备有一份'排神簿'。"① 固义傩戏乃至武安赛戏和晋东南赛社中的排神簿在形式和排列上极为相似。

上党古赛写卷中共录七份排神簿，所供神灵大同小异，下图6—1 录一则：②

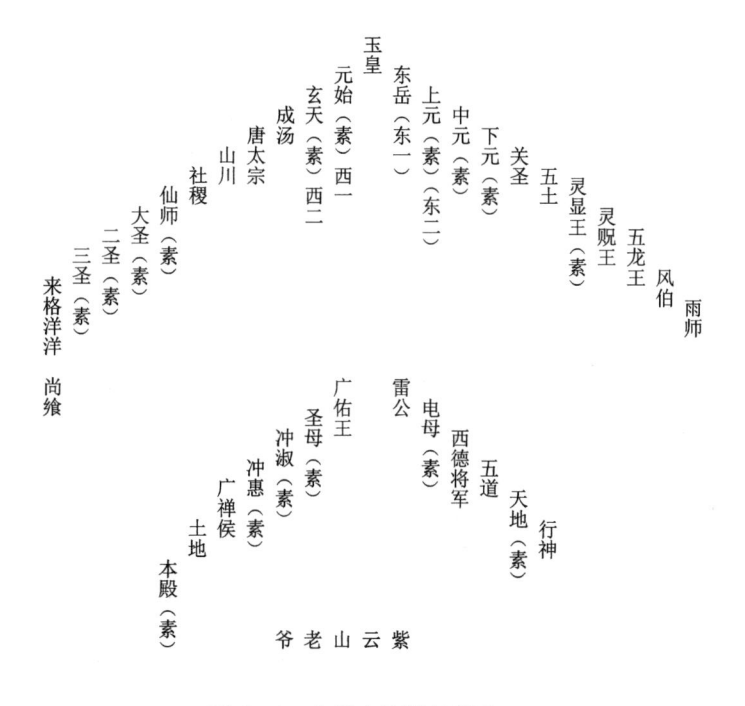

```
                              玉皇
                     元始（素）   东岳（东一）
             玄天（素）西一   上元（素）（东二）
        成汤         中元（素）
      唐太宗           下元（素）      关圣
      山川                         五土
   社稷                              灵显王    灵贶王
  仙师（素）                                五龙王
大圣（素）                                       风伯
  二圣（素）                                        雨师
    三圣（素）
      来格洋洋      广佑王
        尚飨        圣母（素）    雷公
                  冲淑（素）    电母（素）
                  冲惠（素）    西德将军
                  广禅侯       五道    天地（素）
                   土地                        行神
                   本殿（素）
                           爷 老 山 云 紫
```

图6—1 上党古赛排神簿之一

长治潞城南贾村恢复赛社后，大殿亦有排神簿，形制与古赛大体相同，所祭神灵稍有差异，可看作目前可使用的"排神簿"，见图6—2：

---

① 杨孟衡：《上党古赛写卷十四种笺注》，财团法人施合郑民俗文化基金会，2000年，第57页。
② 杨孟衡：《上党古赛写卷十四种笺注》，第57页。

185

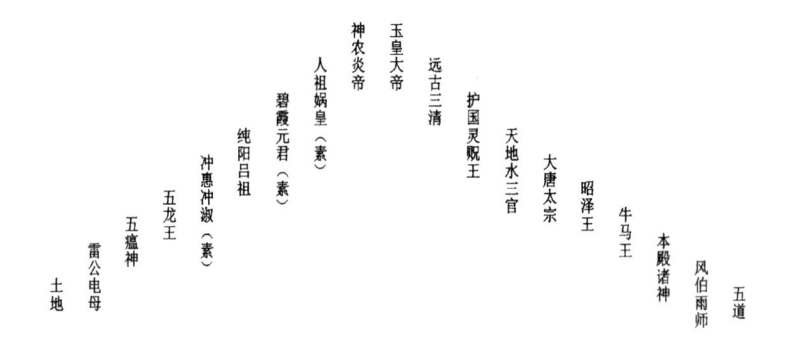

图中神位（自左至右）：
土地、雷公电母、五龙王、五瘟神、冲惠冲淑（素）、纯阳吕祖、碧霞元君（素）、人祖娲皇（素）、神农炎帝、玉皇大帝、远古三清、护国灵贶王、天地水三官、大唐太宗、昭泽王、牛马王、本殿诸神、风伯雨师、五道

图 6—2　潞城南贾赛社排神簿①

　　固义傩戏的"迎神"一项现在已经大大简化，迎请的神主要有：玉皇大帝、城隍、财神、关公、五道、土地、寿星、四值功曹、四尉、绿脸小鬼等。"据村中老年人回忆，旧时要摆放60多个神灵牌位。近几年来，仙殿旧址上盖成了钢磨坊，摆不下那么多牌位，便在神案上摆了一个全神牌位。"目前的排神簿大致状况是："神案坐西朝东，神案正中已摆有'天地三界十方万灵真宰神位'牌。左边从左至右是'山川社稷五谷花果苗稼神位'牌和'五方五帝兴云致雨龙王神位'牌。右边从右至左是'元宵会内盖罗边其宰神位'牌和'当年风伯雨师雷公电母神位'牌。"② 这和上党古赛写卷中的排神簿从神灵名号到排列形式都高度相似。

　　2016年元宵节，固义傩戏演出期间，在村中的关帝庙内，重现了60多个神灵牌位的"排神簿"。神殿内共分三部分，正中、西厢、东厢，每厢分五层，正中共祭17位神灵，西厢共祭33位神灵，东厢共祭29位神灵。简图6—3如下（按实际摆放的上下序）。

　　与潞城南贾村以碧霞元君主庙为祭赛的场合较为相似，武安市土山诚会也是以碧霞元君祠为主赛场。在土山诚会中，请神环节称为"点贵宾"，意为邀请来享赛的诸神。这十八位神灵分别是白眉

---

① 杜同海主编：《上党赛社》（上册），湖南地图出版社2011年版，第196页。
② 杜学德：《燕赵傩文化初探》，甘肃人民出版社1998年版，第15、46页。

◆ 第六章 地域交互：固义傩戏与上党赛社 ◆

```
                              盘斧
                              无声老母
                              娲皇圣母
                          □□
                          奶奶
                                        地皇  太清   太上老君
                                        天皇  玉清   ⸺
                                        人皇  尚清   圣人
                                  十八六四二 护  地 三五七九
                                  源源源源源 法  藏 源源源源
                                  间间间间间 善  王 间间间间
                                  君君君君君 臣      少君君君君
                                                  君臣
                         童 金 造   姝 周 关 南
                         子 童 子   老 公 花 海
                         水  白    爷 神 顶 大
           三三三三三    土   玉    财 仓 公 士
           位位位位位    山   女    神 官 女 关
           明明明明明    爷   观    爷 爷 爷 爷
           皇皇皇皇皇      观 音    女 玉 观 观
     九七五三一 大大大                王 女 世 音
     位位位位位 玉王张   观            母 圣 音
     文武武武武 皇皇皇   音            娘 母
     昌朝朝朝朝 爷爷爷               娘
     爷爷爷爷爷               全年尊
                十八六四二           牢年神
                仙仙仙仙仙           王千车
                姑姑姑姑姑
```

图6—3 固义傩戏关帝庙排神簿图示

神、城隍、财神、福神、药王、文昌、钟馗、童神、山神、牛王、火神、河神、灶神、路神、马王、左门神、土地、右门神。由戴面具的演员排神，见图6—4。

图6—4 土山诚会中的排神簿（李永明提供）

◆ 地方社火与现代傩俗 ◆

武安市东通乐赛戏也以演员扮演神灵来享赛,该村称为"摆家堂",见图6—5。

图6—5 东通乐赛戏中的排神簿(李永明提供)

东通乐赛戏的"摆家堂"与排神簿属一类,在现实祭祀中稍有差异,有底本为基本依据,见图6—6。

通过上文中上党赛社、固义傩戏、土山诚会、东通乐赛戏中的

第六章　地域交互：固义傩戏与上党赛社

"排神簿"的对比可以看出，这类赛社性质的活动均有多神信仰的特点，并且都有沿袭下来的诸神排序，作为邀请各路神灵享赛的依据。虽然上党古赛只保留了底本，现代赛社依然有演员戴面具扮演神灵的演示，我们可以把它归为一类。神灵名号虽不尽相同，排序也不尽一致，但排神簿的形式却基本一致，从这一信仰现象就可以看出两地赛社上的内在关系。

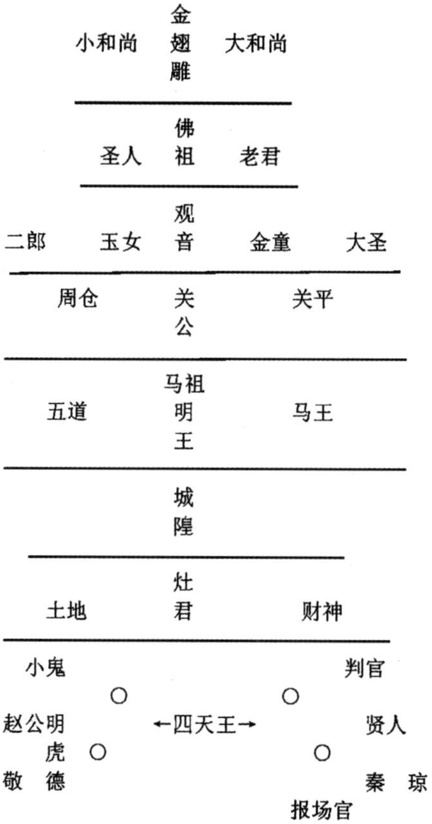

```
                金
        小和尚  翅   大和尚
                雕
        ─────────────────────
                佛
          圣人  祖   老君
        ─────────────────────
                观
   二郎   玉女  音   金童   大圣
        ─────────────────────
          周仓  关   关平
                公
        ─────────────────────
                马祖
          五道  明    马王
                王
        ─────────────────────
                城
                隍
        ─────────────────────
                灶
          土地  君   财神
        ─────────────────────
        小鬼     ○      ○     判官
        赵公明   ←  四天王  →   贤人
        虎     ○      ○     秦琼
        敬德          报场官
```

图6—6　东通乐"摆家堂"图示①

---

① 王慈娴、杨建华、王新荣主编：《邯郸·武安赛戏》，河北省武安市非物质文化遗产保护中心、武安市文化馆，2014年，第56页。

189

二 行业信仰：白眉神

在武安固义村，"白眉三郎"是村庄的守护神，是该村整个傩戏中地位最高的神。关于"白眉三郎"的实物主要有木像一尊、面具一副和队戏《点鬼兵》都本（演出底本），相关的民间传说故事也基本是对该都本的再演绎。

《点鬼兵》敷演的故事大致情节是：拿着金骨朵银樽玉把的白眉神当坛坐下，做一出鬼兵队戏。白眉神的故事出在春秋战国时，他是秦庄王十三太子，称作英雄殿下。他好周游列国，一次走到晋国，遇到一个无赖名叫拦路虎，白眉神好打抱不平，一怒之下把拦路虎打死。晋国报于朝廷知道，朝廷立马差人来捉拿白眉神。他骑马奔逃，来到顺德府唐山县镇殿村，忽然听见锣鼓震天。他上前打听："锣鸣鼓响是做什么？"人们答道："乡赛天地，祭赛龙神。"白眉神说："这是一件好事。我行不更名坐不改姓，乃秦庄王十三太子，在晋国把人打死了。晋兵追着捉拿我，你们把我藏起来，感激不尽。"人们答道："没有办法，怎么救老爷呢？哈哈，有了，请老爷戴上面具，穿上彩衣，就能得救。"白眉神想，蝼蚁尚且偷生，做人怎么能不珍惜生命。随即戴上面具，穿上彩衣，隐藏在祭赛队伍中。晋兵追来追去，追到这里，见有社火队伍，就问："敲锣打鼓干什么？"人们答道："乡赛天地，祭赛龙神。""真是一件好事，只好收兵，不能扰乱。"晋兵走后，白眉神得以脱身。人们献上一匹白马，白眉云游天下逃命。路过雀鹅山，得了一身风疮疥癣。药王药圣老爷送来两丸药，一丸抹在身上，一丸吃到肚里，病很快好了，但留下白眉两道，颏下二唇，坐化在雀鹅山。宋真宗没有子嗣，沿庙烧香求子，路过雀鹅山，空中刮起狂风，鸾铃声响。宋帝问："空中什么神？"老爷答道："春秋战国将，前来保驾。"宋帝回朝，宣宰相上殿，查不到老爷的行宫名号。于是宋帝下旨七十二司内加一司，出报先报司，敕封白眉神为咽喉司都巡按，阳间大急神。

固义傩戏于正月十五夜在三郎位前焚烧鬼兵表文，中有"谨以

◆ 第六章　地域交互：固义傩戏与上党赛社 ◆

香花庶品之仪敬献于咽喉司三郎位前"句。从上文故事来看，白眉三郎的正式封号为"咽喉司都巡按，阳间大急神"，又称"咽喉宫（公）"。笔者在走访和查阅资料后发现，白眉三郎的信仰在武安仅存于固义一村。这是一个奇怪的现象，在没有充足资料的情况下，对白眉三郎信仰的分析就陷入困境中。咽喉司的信仰普遍存在于和武安毗邻的晋东南地区（上党地区），这为白眉三郎信仰提供一个分析路径。

晋东南地区包括现山西省东南部的长治和晋城两市，以晋城为例，21世纪初据当地学者统计，共发现九处咽喉神祠：

（1）陵川县礼义镇东陈丈沟咽喉神庙
（2）泽州县府城村玉皇庙咽喉殿
（3）晋城市李寨乡望城头村开元宫咽喉祠
（4）沁水县玉皇庙咽喉殿
（5）泽州县五聚堂咽喉祠
（6）泽州县神南村咽喉神殿
（7）阳城县润城镇上伏村咽喉殿
（8）高平浩庄（高庄）咽喉祠
（9）高平县县城咽喉祠[1]

王宁的论述主要侧重两点，即"地方性"："咽喉神崇拜在古泽州的确风行一时"；"戏神"："咽喉神之所以被称为戏神，是因为它同乐户、戏班的关系十分密切。"王群英在《戏曲咽喉神考》中说："咽喉神崇拜主要流行于中国北方省份的乐户艺人和地方剧种中，如晋梆等。咽喉庙以山西为最多，另外，北京亦存在，清南府曾建有咽喉神祠，供奉咽喉神。……咽喉神又称为喉咽神，在山西上党地区尤其盛行，甚至上党梆子艺人也对此神灵崇祀有加。"[2]而据乔健等人的调查："咽喉神只是'乐户'艺人敬奉的行业神。而如八音会、红衣行之类的'吹鼓手'，则分别敬奉'乐音大师'、

---

[1] 王宁：《咽喉神：一种颇具特色的地方性戏神》，《民俗研究》2000年第3期。
[2] 王群英：《戏曲咽喉神考》，《戏剧文学》2006年第7期。

◆ 地方社火与现代傩俗 ◆

包公（包拯）而不是咽喉师。"① 项阳在《山西乐户研究》中也表达了相同的观点。因此可以说"咽喉神是乐户的行业神"应当是妥帖的。

从目前可见的乐户文物和《点鬼兵》都本相参校来看，作为固义傩神的白眉三郎（喉咽公）与乐户行业神咽喉神二者为同一神。证据见表6—1：

表6—1　　　　乐户行业神咽喉神与固义白眉三郎参照②

	上党	固义
称呼	咽喉神、咽喉师、咽喉司、三郎爷、疮疙瘩爷	白眉三郎、咽喉公、咽喉司
敕封	宋帝真宗敕封咽喉祠	宋帝敕封咽喉宫
名号	三十三天都教主 七十二司咽喉神	七十二司内加一司，敕封为咽喉司都巡按，阳间大急神
兵器	锤	骨朵（锤）
神态		
传说	战败，逃入乐户中死去，被乐户所敬	逃亡，隐藏在乐户中，后脱身
配飨	关公（为白眉神讹传所致）、赵公明	赤锋三郎、白面三郎（关公、赵公明）

---

① 乔健、刘贯文、李天生：《乐户：田野调查与历史追踪》，江西人民出版社2002年版，第168页。
② 本表中，上党一栏均引自乔健、刘贯文、李天生《乐户：田野调查与历史追踪》和项阳《山西乐户研究》两书，二书中有些资料转引自他处，此处不再一一注明。

◇ 第六章 地域交互：固义傩戏与上党赛社 ◇

如果将二者统称为咽喉神的话，那么就必须对"白眉三郎"之"白眉"作出较为合理的解释。"白眉三郎"因"白眉两道，颏下二唇"而得名，这或可作为一解，而上党咽喉神则难以给出合适的理由。

在山西省陵川县礼义镇东陈丈沟咽喉神庙内，至今保存的一副木联，内容为：

雪艳晶莹映白眉而神光耀采
梅花香馥拂金体以圣泽流晖

据明代田艺蘅《留青日札》载：

"**白眉神** 教坊妓女皆供白眉神，每至朔望，则以手帕汗巾之类扎神面一遭。若遇子弟有打乖空头者，辄以帕洒拂其面，一晃而过，则子弟之心自然欢悦相从，留恋不已。盖花门厌术也。"[1]

因此上文的木联很明显是赞颂白眉神的。在咽喉神庙内悬挂赞颂白眉神的木联，这表明咽喉神和白眉神有密切关联。在上党和固义，现在对咽喉神都是三神并祀的。其中一位是关公，以关公在民间信仰中的地位，为一个咽喉神陪祀，是十分奇怪的。据明代沈德符《万历野获编》载：

> 近来，狭邪家多供关壮缪像。窃以为亵渎正神，后乃知其不然。是名白眉神，长髯伟貌，骑马持刀，与关像略肖，但眉白而眼赤。京师相詈，指其人曰"白眉赤眼儿"者，必大恨，成贸首仇，其猥贱可知。狭邪讳之，乃驾名于关侯，坊曲娼女初荐枕于人，必与其艾豭同拜此神，然后定情。南北二京皆然也。[2]

---

[1] （明）田艺蘅：《留青日札》，上海古籍出版社1985年影印本，第700—701页。
[2] （明）沈德符：《万历野获编》，中华书局1959年整理本，第919—920页。

◆ 地方社火与现代傩俗 ◆

由于白眉神像与关公像外观上很像，因此出于有意或无意，后世渐以关公代白眉神。"乐户所敬的咽喉神，实即明代教坊见供的白眉神"[①] 的说法或有道理，但也不宜将二者直接等同。由于乐户和娼妓在历史上有较为密切的联系，所以拥有较为相似的信仰并不奇怪。因此一个较为保守的说法是，咽喉神在历史流变中，有白眉神的影响存在，现在咽喉神的信仰，不可避免地掺杂有白眉神的因子。作为乐户行业神的咽喉神逐渐与白眉神区别开来，成为较独立的信仰对象，如果上党地区尚能大致区分咽喉神和白眉神的话，固义的"白眉三郎"则将二者融合为一体，这应当可以作为"喉咽公白眉三郎"神号的缘由。两地咽喉神中"白眉神"成分的遗存，更加证明了作为固义傩神的白眉三郎（喉咽公）与乐户行业神咽喉神二者为同一神。

固义傩戏中述及的白眉三郎与乐户行业神之间的关系，使固义傩戏和上党赛社的互文关系得到确证。固义傩戏"主要有戴着面具表演的'队戏'和不戴面具表演作诗赞讲唱的'赛戏'。其中队戏如《捉黄鬼》《大头和尚戏柳翠》《开八仙》，赛戏如《岑彭马武夺状元》《虎牢关》等也都与山西上党地区赛社时所见的演出形态乃至剧情、剧名一致。而且这种村民自办，作为春节期间娱神又娱人的社火演出活动，在上党地区如潞城县南舍等村，历来也是如此。这种村民自办的演出形态，实由赛社演出衍化而来，是赛社时原由乐户作职业演出的一种'业余化'、大众化，与乐户演出一脉相通。因此，固义村民的自娱性演出，至今仍保留着一些与乐户相关的痕迹。其保留的队戏《点鬼兵》，更是直接演义咽喉神的来历"[②]。

上党赛社有句俗话叫"赛社赛三行，王八、厨子、鬼阴阳"，王八是旧时对乐户的蔑称。乐户是赛社的主要承担者，因此在赛社中扮演重要角色。白眉三郎即为乐户信仰的咽喉神。信仰上的一致

---

① 乔健、刘贯文、李天生：《乐户：田野调查与历史追踪》，江西人民出版社2002年版，第175页。

② 乔健、刘贯文、李天生：《乐户：田野调查与历史追踪》，第170页。

第六章 地域交互：固义傩戏与上党赛社

性是把固义傩戏和乐户研究结合起来的至为关键的一环。固义傩戏是赛社的一种，其中有傩戏的构成，这也符合乐户职能的历史转变。《山西乐户研究》一书中论及从驱傩到迎神赛社的乐户职能形式转换："无论是驱傩仪礼还是其后的迎神赛社酬神，均由乐籍中人为主体。这些礼仪分属不同的历史阶段，其实质是相同的。"[1] 固义傩戏保留白眉三郎的信仰，有专门搬演的《点鬼兵》队戏，为上党乐户及赛社的信仰提供了佐证，二者相互补充，使人们对于这一区域的赛社内部关联有了更深入的认识。

综上所述，在信仰层面上，无论是赛社中迎神过程中的"排神簿"，还是白眉三郎的信仰，都指向了固义傩戏（乃至冀南赛戏、赛社、傩戏）与晋东南赛社之间密切的关系。由于保存的资料相互补充，在信仰上呈互文关系。这对于理解固义傩戏和冀晋祭祀戏剧的关系提供了可行的路径。

第二节 仪式的互见

固义傩戏和上党赛社，目前前者归为"傩戏"，后者归为"赛社"，看似有明显差别，实则内在性质相同。除了信仰层面的内在关联外，在仪式上也可以看出二者的密切联系。从请神、娱神、送神的仪程和各种细节上，都可以找到二者互相关联的地方。

黄竹三在《晋冀宗教祭祀戏剧的类同性》一文中分别从赛祭性质仪程、演出形式、剧目内容三个方面述说晋冀两地宗教祭祀戏剧相同或相类之处。从中可以看出整体意义上晋冀两地在宗教祭祀戏剧（主要是赛社）上颇多的类同。涉及仪式方面的考察，该文认为："晋冀两地的宗教祭祀，都有一套完整的迎神、享祭、送神仪式。迎神是组织盛大的请神队伍，到各神庙迎请诸神到主祀神庙享赛，一般在正赛前一日进行，诸神（神像或神画、神

---

[1] 项阳：《山西乐户研究》，文物出版社2001年版，第155—156页。

◆ 地方社火与现代傩俗 ◆

位）驾乘车马到主办神庙，民众焚香献爵。享祭又称正赛，时间从一日到三日不等，由主礼生对诸神诵念祭文，供馔献艺，包括诵词、奏乐、唱曲、舞蹈、演出各种祭祀戏剧等。送神在享赛后一日或当日进行，排班供馔，用车马送诸神回原在神庙，或焚烧纸马、神祼，以示诸神回归天界。这一套仪式，晋冀各地繁简不同，但都有规定的迎送程序，穿插献演各类技艺和祭祀戏剧。祭祀活动的主持者不是专职的'巫'或道士，而是非专职的社首或阴阳先生。这些社首或阴阳先生，本身就是农民，只是在赛祭期间才充任主持人的角色，并非作为职业，以此谋生，这也与南方一些地区的祭祀不同。"①

一 祭祀仪式表文

固义傩戏和晋东南赛社中祭祀仪式都有祝文或表文，既保留了信仰信息，也保留了仪式信息。目前固义傩戏中保留了晚清的表文，上党古赛表祝文数量丰富，明清皆有。在迎神赛社中，几乎所有的仪式环节都有念诵或焚烧表祝文的要求。晋东南赛社中，开赛之后仪式均有祝文："开赛之后，'祭太阳'、'祭太阴'、'祭风'、'祭井'，'祭天地三界'、'请神上马'、'下马'、'送阴神'、'请阴神'，及其'归寝'、'入寝'、'报晓'、'盥洗'等节，均由主礼或前行念诵相关祝文，表达各项祭祀仪节的主题思想和虔诚的奉神意念。"②

杜学德的《燕赵傩文化初探》一书中，共附录了十二道表文（理论上数量应当多于此），从表文的时间上看，基本都是晚清时期的，当属那个时期的基本状貌。这十二道表文从第一篇请神开始到最后一篇完表，基本上包含了傩戏仪式进行过程中的大体过程。第一道表文是请神，这个时候的请神活动，还是主祭活动的准备阶段。之后正月十五才开始请各路神仙就位，并有接神文。

---

① 黄竹三：《晋冀宗教祭祀戏剧的类同性》，《戏剧》2001年第3期。
② 杨孟衡：《上党古赛写卷十四种笺注》，财团法人施合郑民俗文化基金会，2000年，第10页。

第六章 地域交互：固义傩戏与上党赛社

之后演剧前要烧相关表文。正月十六有祝寿文，祭虫蝻龙王、冰雨龙王文，都是这一天所要进行的祭祀活动。正月十七结束时有完表文，送神完毕。从表文上看，祭祀的神灵很多，天地、玉皇、龙神、关公、虫神、灶神、鬼怪等无所不包，反映了一个多神论的信仰状况。由于固义傩戏是20世纪80年代恢复的，仪式过程很多都简化或去掉了，因此很多仪式的表文现在难以确定使用的场合和时间。

上党古赛一般持续六天，第一天下请，第二天迎神，第三天头场祭祀演剧，第四天正赛祭祀演剧，第五天末场祭祀演剧，第六天送神。现代赛社多持续三天，基本过程相似。固义傩戏持续三天到四天，大体亦是下请、迎神、安神、正祭、送神的过程。

1. 下请

固义的请神表文有两道，分别在正月十四下午"亮脑子"路过仙殿和正月十五请神时焚烧。

大清国河南彰德府武安县△△村
奉祭天地庆贺龙神　社首△△暨领合社人等谨以香楮庶品之仪叩于
城隍土地五道将军位前曰
坛位纷纭　冀神条分　详示次序
灿然弗紊　恪具祭品　一一苾芬
恭请上圣　靡不居歆　伏乞洞鉴
宽宥愚蒙　敬备笺文　奉以上闻
　　　　　社首△△△等叩

驾离碧宫　金光霭霭喷紫雾
轩临草野　瑞气纷纷吐红霓
鸾舆临宠　礼宜迎接　涤尘净地　略表寸心
今吾侪小人
感天地生成之德

◆　地方社火与现代傩俗　◆

　　赖日月照临之恩
　　知此有自　欲报无由　所以香花结彩恭迓圣驾
　　伏乞　来格来歆　鉴兹朴诚　右具贺表　奉上以闻
　　　　　大清光绪△年△月△
　　社首△△△暨领合社人等叩

在赛社开始之前，当村社首带领合社人向诸神下请，一般称为"下请文"。下请时先要向当地土地五道将军报备，请当地土地邀请众神来享赛。固义的下请在正月十四"亮脑子"（即彩排）时在仙殿前焚表。与之相似，上党古赛也是在赛社的第一天，向土地下请，即由土地请各路神灵。

下请文

　　维

　　大清雍正四年岁至丙午三月癸巳朔初六日戊戌之辰，今据山西潞安府长子县钦崇乡河村都河村里人氏，见在常村居住，奉神执香社首△人暨领合社香老人等，群仰膏泽，共慕庥恩，诚惶诚恐，稽首顿首，谨言：缘为护国灵贶正尊神春祈享赛之辰，诸神皆宜来格，但神位崇高，愚情难达，今拜告于当处土地正神位前曰：百家之宰，一境之司，凡有所祀，必先预报，伏望正神，速驰云御，远达神宫，择于今月初四日在于小关馆护国灵贶王尊神庙内，谨严道从，奉仰诸神就于本庙，设乐致祭，敬肃三朝之俎豆，虔供九献之裸将。谨呈诸神圣号，唯冀鉴兹来临。[1]

山西潞城南贾村 2006 年恢复赛社时，也在第一天下请，形式内容与上党古赛大体相似。

---

[1] 杨孟衡：《上党古赛写卷十四种笺注》，财团法人施合郑民俗文化基金会，2000 年，第 81 页。

第六章 地域交互：固义傩戏与上党赛社

下请文

维

山西省潞城市南贾村社首引领合社人等，谨以香楮清酌之奠，敢昭告于当方土地五道将军之神位前。唯神乃一郡之宰，百家之司，凡有所祀，必先预报。伏望正神速驭风驰，远达神宫，敬持治请之明文，谨请在境诸神共赴碧霞元君圣诞之辰，同往在境本庙，享赛三朝。今者下民社首人等，无任惶恐，激切屏营之至。

右谨具状以闻　　尚享

公元△△△△年古历四月初一日

士民社首人等[1]

2. 接神（迎神）

固义的接神文：

今有大清国河南彰德府武安县△△村社首△△暨领善众顿首百拜谨以香花结彩净尘接轩于玉帝神舆左右随骖一切神祇驾前曰：维神旗旌飞扬，祥光霭霭绕间里；金鼓叠奏，瑞气腾腾冲碧空。恩深苍海，德重泰山。伏愿，帝神陛下，大展神功，孽海化为福海；广布圣德，灾星化为吉星；家家安乐，户户清平。恪具接表，万望鉴纳，予等小人。曷胜忻忭，待泽之至。谨启。

社首△△△等叩

固义傩戏中迎接神灵来享，于玉皇神棚前焚表。上党古赛写卷亦如是，有"玉皇表"大体类似。

---

[1] 杜同海主编：《上党赛社》（上册），湖南地图出版社2011年版，第182页。

199

玉皇表

维

大清雍正四年岁次丙午三月癸巳朔初六日戊戌之辰。南极赐寿星君表朝，昊天金阙玉皇上帝尊神御前曰：唯神，神人之主，造化之枢，福国庇民，古今永赖。弘恩莫报，至德难酬。兹值春祈享赛之辰，恪陈豆登之祀。恕愚诚之僭越，期右享以君歆。无任瞻仰，悚惶启奏，谨表以闻。①

3. 安神（祝寿）

固义的安神（祝寿）表文：

伏以钜德昭彰，纳群生于在宥。洪恩浩荡，周庶类而无私。朝日夕月，人民具仰其化。春露秋霖，草木各被其恩。故本村△△△等感天地生成之德，蒙日月照临之恩。知恩有自，欲报无门。今逢神明赐福之辰，愚蒙迓祥之候。所以敬具香仪，特献俚歌，端伸奉贺，本坛巍巍，圣众合坐尊神。伏冀怜悯之念下逮闾阎沛泽之恩。时逢禹甸，谨疏逢上以闻。

　　　　　　　　　　　大清光绪△年△月△日
　　　　　　　　　社首△△△暨领合社人等叩

请来诸神，正赛开始，有诸多祭祀仪式。安神的环节较多，往往有祝寿一节，搬演八仙戏。同时焚烧安神类的表文，固义傩戏和上党古赛均有此仪式。

请寿文

维

大清雍正四年岁次丙午三月癸巳朔初六日戊戌之辰，今据

---

① 杨孟衡：《上党古赛写卷十四种笺注》，财团法人施合郑民俗文化基金会，2000年，第86页。

◈ 第六章 地域交互：固义傩戏与上党赛社 ◈

山西潞安府长子县钦崇乡河村都河村人氏，见在△村居住，奉神执香社首△人暨领合社香老人等，诚惶诚恐，稽首顿首，谨言：缘为护国灵贶王尊神春祈享赛之辰，奉请南极赐寿星君位前曰：维星君尊临，南极寿算无疆，德与天地同流，恩与日月并丽。兹以社众合享上下神祇，恳乞尊星与会居歆，来格来临，伏唯降鉴。①

4. 正祭

固义的正祭表文：

维

大清光绪△年岁次△△月△△朔越祭日△△河南△△府△△县△△村社首△△暨领合社人等谨以俚歌庶馐之仪致祭于天地三界四府三官十方万灵该罗无边圣众与本坛一切显应神祇位前曰

维神至灵	祷之即应	祈之遂徵
百谷播种	禾稼长增	恪具祭品
聊表寸心	诸神洞鉴	列圣现形
冰雹远去	甘雨调匀	螟蝗俱减
虫蝻不生	田禾茂盛	仓箱常盈
上天施泽	下民沾恩	众信献醑
上奉神明	来格来歆	方表愚诚
谨具祭表	启上以闻

社首△△△等叩

在正赛期间，诸神享赛，正祭中祭祀天地三界十方神灵，祈求诸神享赛，保佑下民。固义傩戏和上党古赛均有祭祀天地三界的

---

① 杨孟衡：《上党古赛写卷十四种笺注》，财团法人施合郑民俗文化基金会，2000年，第87—88页。

◆ 地方社火与现代傩俗 ◆

表文。

祭天地三界文

维

　　大清雍正四年岁次戊申正月壬子朔越二六日丁丑之辰,今据山西潞安府长子县钦崇乡河村都何董二里各坊里不同人氏,见在某村居住,奉神执香社首△人暨领合社香老人等,敢昭告于天地三界十方万灵真宰位前:曰唯神,大哉乾元,万物蒙培植之功;厚德资生,群伦被长养之泽。尊称底主,恩满舆图。兹值春祈会馆之辰,恪陈菲祀,唯乞尚享!①

5. 送神

固义的送神完表文:

　　伏以神功浩浩,纳群生于在宥。圣德昭昭,周庶类而无私。事当告虔,之余暨伸寸敬。礼终三献,之后鉴此丹衷。伏愿,本坛巍巍,圣众合坐,尊神返驾,回宫之余,高展电日之光,俯察愚蒙之隐;务赐千祥之福,亦除五瘟之灾。恩覃于三界,福临人间,凡蒙神惠,无不输诚,恪具完表,谨此告终。

光绪△年△△月△△日
社首△△暨领合社人等叩

　　诸神享赛完毕,赛社的最后有送神仪式,固义傩戏所用表文称为完表文,实则是上党古赛中的送神文。送神文和完表文向诸神表达敬意,希望诸神原谅招待不周,期盼诸神归位后保佑人间吉祥。一般送神文和完表文在赛社的最后。

---

① 杨孟衡:《上党古赛写卷十四种笺注》,财团法人施合郑民俗文化基金会,2000年,第91—92页。

第六章　地域交互：固义傩戏与上党赛社

送神表

维

大清雍正四年岁次丙午三月癸巳朔初八日庚子之辰，今据山西潞安府长子县钦崇乡河村都河村里人氏，见在△村居住，奉神执香社首△人暨领合社香老人等，各殚厥心，敬理禋祀；诚惶诚恐，稽首顿首谨言：缘为护国灵贶王尊神春祈享赛之辰，因举古者合祀之典，恭迎众圣降銮于本庙之坛；大享诸神，止辇于几筵之上。虽三朝之内，执事者各尽厥心……敢昭告于昊天金阙玉皇上帝尊神暨两班诸位神祇位前：曰唯神，天地为量，覆载为心，广上天好生之仁，赦此小过；鉴下民无心之失，施彼洪恩。万圣垂慈，仍赐天禾茂盛，百灵护佑，常保人马平安，家家生意亨通，户户子孙兴旺，消灾赐福，远祸呈祥。唯望神庥请罪！尚享！[①]

从上文列举的固义傩戏和上党古赛（及潞城恢复的赛社）中使用的表文可以看出，两地清代所使用的赛社表文体例大体一致，仪式过程基本一致，虽然具体措辞稍有差异，但表达的意思和语言风格高度一致。这些表文说明了两地赛社祭祀仪式的相近，尤其是现在很多仪式已经不能完整呈现，保留下来的仪式底本表文反映的只是基本的仪式过程，从中可以看到两地赛社在仪式上的基本关联。

除了整体仪式过程上的相近之外，有些特殊的仪式在两地都保留了下来，这些特殊的仪式更加有助于梳理两地赛社的联系。祭鹿台和调监斋就是突出的案例。

二　祭鹿台

在固义村保存的都本中，有《祭鹿台》一篇，全文如下：

[①] 杨孟衡：《上党古赛写卷十四种笺注》，财团法人施合郑民俗文化基金会，2000年，第93—94页。

◆ 地方社火与现代傩俗 ◆

祭鹿台底

　　肃静　回避　执事者各司其事　排班　班齐　奏乐　请主公行祭祀天地礼　就位　撤笏　移盥洗所折水　沐浴　进巾　复位　复笏　请主公移香案前　撤笏　移酒樽所　正冠　掇带　掸尘　复位　上香　奏乐　起鼓四　擂鼓三通　揖　跪　叩首　兴　凡六回到五回撤笏　上香　献爵　亚献爵　三献爵　复笏　止乐　读祝文　焚祝　化财　叩首　再叩首　连三首　连扣　礼毕平身①

　　杜学德认为这是"一出没有恢复的队戏的都本",然而对比固义的其他队戏、赛戏都本,没有一个是如此的行文方式和文字内容,毋宁说它更近似于祭祀仪式。就这个问题,笔者曾和杜先生探讨过,后来杜先生也倾向于认为这不是一个队戏都本,而是祭祀仪式。杜先生后来撰文说:"在1998年拙著《燕赵傩文化初探》一书出版前,固义村没有恢复《祭鹿(露)台》仪式,笔者将其认作是一个节目。但是其没有吟唱词,只有20多个动作提示词语,很像一次祭祀仪式。在求解该仪式具体内容的过程中,因为商纣王曾在商都朝歌附近(今河南省淇县县城西7.5千米)建造鹿台,作为他聚集财宝、供妲己淫乐之所,因而理解为商纣王带领群臣举行祭鹿台仪式。随后在调查邯郸高开区东填池村赛戏时,知道《祭露台》是赛戏正式演出前,古代帝王带领群臣和黎民代表祭祀天地和戏台,祈求国泰民安、丰衣足食,确保祭祀和整个演出顺利的仪式。因为古时的戏台一般建造在庙宇的对面,舞台有房顶,观众席露天,因此戏台亦称'露台'。旧时乡间秀才在誊抄剧本时,或因以讹传讹,或因自己文化程度受限,只求字音对,不求字义对,把《祭露台》写成《祭鹿台》《祭陆台》,甚至写成《祭六台》,使得后人容易引起歧见。"②

---

　　① 杜学德:《燕赵傩文化初探》,甘肃人民出版社1998年版,第79页。
　　② 杜学德:《武安固义傩戏有关内容再认识》,载万伟主编《群文荟萃:邯郸市群众文化论文集》,河北美术出版社2013年版,第148页。

◆ 第六章　地域交互：固义傩戏与上党赛社 ◆

　　从祭鹿台底本看来，固义傩戏中"祭鹿台"的仪式大致过程是：先肃静回避，排班奏乐，然后祭祀天地，行就位、撤筯、盥洗、沐浴、复筯等仪式。之后正冠、掸尘、上香等各项动作，同时奏乐。跪拜叩首，六次。到五回时，三次献爵，读祝文，三次叩首后礼毕。

　　邯郸东填池赛戏中完整呈现了"祭鹿台"的仪式过程，在开戏的时间，先要祭鹿台。在台正中挂天地神位，神位下摆方桌呈供品，社首带领众人祭鹿台。大致的过程是，"老板头"（总社首）先念祝词，之后读祭文，紧接着祭天地仪节、行初献礼、行亚献礼、行终献礼、享福受胙、谢胙、撤席、送神，最后演八仙戏。

　　可以看出，固义傩戏中虽然"祭鹿台"仪式没有恢复，但东填池赛戏中的祭鹿台应当和固义傩戏的祭鹿台属于同一类仪式。两地祭鹿台仪式几乎一模一样。（参见第二章《祭鹿台》一节）

　　东填池赛戏中祭鹿台的祭天地礼基本也是固义傩戏中祭鹿台底本的现场呈现。而且两村所读祭鹿台的祭文基本一致。固义保留的"祭鹿台"表文见本书第二章第五节。

　　东填池赛戏祭鹿台中念的祭文如下：

　　　　维

　　　　民国三十三年二月十三日，谨以香烛楮帛庶馐之仪致祭于天地三界十方万灵真宰之位前。曰，呜呼！乾元坤元之资生广生也，岂不大哉！溯自混沌初分，两仪未判，浑然一太极也，嗣是而天皇作，地皇起，人皇生，于是乎，始有三才之说焉。但上古之世浑噩成风，茹毛饮血，杯饮汗樽，即有祭祀之诚，究无祭祀之具。后经中天唐虞君治水，神农教稼，树艺五谷，民皆粒食，则极赛之典，固以兴焉。然亦统同而无辨也。延及三代元公冢宰制礼作乐，情文兼备，律以天子、祭天地，诸侯祭封山川，大夫祭五祀，士庶祭其先祖。此定例也。亦即祭祀之所由来也。今者，时逢月吉之良，礼重春祈之典，虔备马锞

205

◆ 地方社火与现代傩俗 ◆

之仪，致祭中官之前，蒙天地高厚之德，覆载之恩，愿风顺雨调，五谷丰登，丰收在望，群众康宁，六畜平安，村民共享安乐。此皆上帝深仁厚德所赐，吾辈当聊报以万一。神祇有灵，来格来享。尚飨！①

而在上党各类古赛写卷中，在演剧之前有"祭台"的仪式，掌竹的前行词也有"细分露台"和"讲三台"。在上党各类写卷中，"鹿台"也写作"路台""露台""炉台""楼台""陆台"等。基本可以肯定的是，固义傩戏和东填池赛戏中的"祭鹿台"与上党赛社的"祭露台"属同一仪式。

明代抄立的《迎神赛社礼节传薄四十曲宫调》中两次提到《细分露台》，均属供盏队戏演出前的前行词。《上党古赛写卷十四种笺注》中收录了至少四篇"讲三台"的前行词，分别在《赛乐食杂集（甲）》《赛乐食杂集（乙）》《赛场古赞（甲）》《赛场古赞（丙）》中，内容大致相同，主要敷演唐明皇筑三台的故事。《赛场古赞（丙）》抄立于嘉庆二年（1797），其中有"前行讲三台"（又名楼台），言："将此台修完，明皇传旨，晓谕天下人民各州府县，凡祭神祇，修造楼台，一台有三名：一名会台、一名戏台、一名乐台；搬调作乐，名曰会台；梨园戏监司一名曰戏台，乐人上场，名曰乐台。享赛祭神，乐人先祭楼台。"②

《赛乐食杂集（甲）》录"讲三台"大致内容是："今日是广阳正赛……古庙神明两边排，社首即早赴蓬莱。两下站有合社人，装神扮鬼排上来。上边掌礼主神官，五音律吕在正怀。上告恩官齐雅静，举手开山讲露台。夫露台者，当日汉明帝故造者台，台未立，明帝驾崩。后来唐明王皇帝造为此台，内有二臣，名唤袁天罡、李淳风上本说：'我主不可造此台，当日汉明帝造为此台，正为立明

---

① 王永信：《邯郸县东填池村迎神赛会》，载欧大年、范丽珠主编《邯郸地区民俗辑录》，天津古籍出版社2006年版，第34页。
② 杨孟衡：《上党古赛写卷十四种笺注》，财团法人施合郑民俗文化基金会，2000年，第388页。

第六章　地域交互：固义傩戏与上党赛社

帝驾崩，我主若造此台，只恐江山不稳，社稷不牢。'明皇大怒，将二臣打了四十金头御棍，贬博离朝，气绝身死，不在话下。单道唐明王皇帝为造此台，听寡人御口亲封：一名有三，一名叫露台，一名叫戏台，一名叫乐台。……若论祭祀者，天子祭为山川，诸侯祭为社稷，百姓祭为祖宗，端公祭为鬼神，古伦祭为露台，是唐明王皇帝所造。"[①]《上党傩文化与祭祀戏剧》一书录"讲三台"的民国抄本[②]，内容大体相似。

固义傩戏、东填池赛戏和上党赛社中的"祭鹿台"内在一致，都是祭祀演剧开始前，行祭祀的舞台仪式。固义傩戏只保留仪式底本，仪式已经无存。东填池赛戏还保留着仪式过程。上党古赛写卷中有关于"露台"的大量材料，有关于祭鹿台的仪式场合，更有关于露台的前行词（介绍了露台由来和祭祀露台的缘由）。晋冀两地祭祀演剧在"祭鹿台"仪式、前行词、底本的保留上不尽相同，可以看作这一仪式的不同程度遗存。这一仪式也表现了两地赛社内在的一致。

三　调监斋

提到"祭鹿台"，就不得不提到"调监斋"。在上党古赛写卷列出的赛社仪程中，"赛社第三天，头场"完整程序如下：

请阴神：寝宫候驾、金鸡报晓、出寝、盥洗；

祭太阳；

调监斋：跳四门、祭台、祭灶、前行讲说《监斋》赞词、乐户上演《鞭打黄痨鬼》《斩旱魃》；

领羊礼；

过院礼；

[①] 杨孟衡：《上党古赛写卷十四种笺注》，财团法人施合郑民俗文化基金会，2000年，第158—160页。

[②] 寒声主编：《上党傩文化与祭祀戏剧》，中国戏剧出版社1999年版，第448—450页。

◆ 地方社火与现代傩俗 ◆

祭风；

卯筵三盏：排班点亭子、打篆香、打散酒、值宿监斋、供馔；

演队戏；

吹珏棚；

夜盏（供七盏，与卯筵三盏仪节略同）；

演队戏、院本；

送阴神。①

调监斋是赛社重要的环节，在现在长治潞城南贾村恢复的赛社过程中，依然重视调监斋一节。监斋仪式是赛社的开场仪式。"《调监斋》，又称《调方相》或《调四角》。由乐户艺人扮监斋神，戴面具，三头六臂，穿大龙褂，腆肚撅臀，手执板斧，领四名戴面具的神将叫'机緘神'，踏着'监斋鼓'的节奏舞蹈。先由四机緘神出台'跳四门'，舞蹈一毕，分四角站定；然后监斋神上场，舞蹈一毕，端坐舞台中央，由乐户科头在前台焚香献爵，杀鸡洒血，行'祭台'仪式，以示开台大吉。故又称'调方相'，寓'逐疫'之意。最后，前行手执戏竹，走至台口站定，开说《监斋》赞词。"②《监斋》赞词原作"祭楼台下厨讲监斋"，包含了祭楼台、祭厨和讲监斋三部分。

这一仪式的重要性在于它包含了祭祀露台的仪式、祭灶（祭厨）仪式、讲监斋词、乐户上演《鞭打黄痨鬼》《斩旱魃》。而固义傩戏有祭鹿台祭文和仪式底本、有过厨仪式、有与鞭打黄痨鬼近似的《捉黄鬼》，这绝非偶然。固义傩戏和乐户的关系前文已述，调监斋又是固义傩戏和上党赛社类同的焦点。

固义傩戏中保留监斋的信息很少，但有"过厨文"提到了监斋：

---

① 杨孟衡：《上党古赛写卷十四种笺注》，财团法人施合郑民俗文化基金会，2000年，第25—26页。

② 杨孟衡：《上党古赛写卷十四种笺注》，第69页。

第六章 地域交互：固义傩戏与上党赛社

维

大清光绪△年岁次△△月既望日△△河南彰德府武安县△△村社首△△暨领合社人等谨以香楮品物之仪致祭于九天云厨鉴斋使者曰：维神东厨司命定福府君。特修洁供，报答苍穹，设厨炮制，无不洁清。今将供毕上酬神功，恪具菲馔。上奉尊神，唯冀昭格，鉴兹微忱，谨以上奉，伏唯尚飨。

社首△△△等叩①

这里的"鉴斋使者"就是"监斋"，从表文可知"监斋"掌管厨灶。固义傩戏中的过厨仪式实际上就是祭祀监斋的仪式。

东填池赛戏中有祭监斋文：

祭监斋词：掌管厨房饮食精，调和五味确均平；忽有外患到门户，挺身而出抵万兵。

安监斋词：供献香花美，全凭厨灶精；诸神皆喜欢，填池永太平。②

武安东通乐赛戏中有《大国称》一剧，敷演监斋神的故事。上党古赛写卷中的"讲监斋"前行词讲述了监斋神的故事，二者均是一段散白，之后诗赞。现将诗赞部分做一对比，就可以看出二者系一剧。

东通乐赛戏中的《大国称》（节选）③：

---

① 杜学德：《燕赵傩文化初探》，甘肃人民出版社1998年版，第67页。
② 王永信：《邯郸县东填池村迎神赛会》，载欧大年、范丽珠主编《邯郸地区民俗辑录》，天津古籍出版社2006年版，第32页。
③ 王慈娴、杨建华、王新荣主编：《邯郸·武安赛戏》，河北省武安市非物质文化遗产保护中心、武安市文化馆，2014年，第63—64页。

地方社火与现代傩俗

此段故事出于何朝,讲于何帝,出在元顺帝之时。……恐君不信,有诗为证:

此位菩萨住少林,威名赫赫振乾坤。
菩萨本是观音体,少林寺内隐其身。
江东反了陈友谅,领定贼兵抢少林。
伽蓝托梦于长老,哀告菩萨救众僧。
逼得菩萨无了奈,变作烧火一僧人。
火门进去脱凡体,闪出丈二一金身。
青脸红发蓝靛脸,巨齿獠牙似血盆。
大红袍上十洋景,玲珑宝带系腰中。
左手拿定砍柴斧,右手拿稳擀面杖。
脚蹅金银山寨岭,雀鹅山下大交兵。
棒棒打得天灵碎,板斧劈得碎粉粉。
战罢红巾归本寺,菩萨立化在山门。
本官报于元顺帝,顺帝亲口把神封。
敕封大脚系诺诺,又封监斋八部神。
今朝会首虔心动,赶得诺诺到棚中。
青油白面人爽利,厨下一切要用心。
若还一点半错了,菩萨一怒不容情。
今摆一场逍遥乐,诺诺食王大国称。

上党古赛写卷《赛场古赞(丙)》中的"讲监斋(节选)"[①]:

此位尊神,出在何朝,封在何地?出于大元顺帝辛卯十一年……恐君不信,有诗为证:

此位菩萨住少林,威灵赫赫镇乾坤。
金容本是菩萨面,自幼削发做僧人。

[①] 杨孟衡:《上党古赛写卷十四种笺注》,财团法人施合郑民俗文化基金会,2000年,第366—368页。

第六章 地域交互：固义傩戏与上党赛社

顺宗皇帝失仁政，宠爱西域一番僧。
教养宫中天魔舞，天下荒荒起群凶。
李二老彭招军勇，田贵毛凤驻山东。
可恨山贼陈友谅，又反妖人刘福通。
称皇称帝三五载，为国为君十数春。
聚就凶兵数十万，反上中原抢少林。
伽蓝托梦呼长老，红巾杀至少林门。
杀了僧人还则可，掘打泥胎坏金身。
长老回言告伽蓝，何不显圣救我们。
伽蓝回言说厨下，烧火小僧救你们。
长老醒来叫徒弟，大雄殿上叫连声。
徒弟法堂鸣钟鼓，聚就寺内许多僧。
来在厨下忙哀告，菩萨显圣救残生。
烧火小僧回言道，身小力微显神通。
火门进入烟突出，显出丈二一金身。
青脸红发神通大，锯齿獠牙唬杀人。
擀面杖上削板斧，显出菩萨八部神。
肩上横担开山斧，统领寺内众僧兵。
出向寺院门外走，鹅扣岭上大交兵。
红巾一见心胆战，四散奔走各逃生。
顺宗皇帝多有福，感得天神下天宫。
众僧簇拥菩萨驾，回首直至寺山门。
身躯教大难回转，立化山门现金身。
左脚踏住嵩山顶，右脚踏了玉寨林。
增福财神前引路，判官小鬼随后跟。
长老报在登封县，知县写表奏朝廷。
顺宗一见心欢喜，敕封菩萨八部神。
大慈大悲紧那罗，吩咐厨下要用心。
清油白面多爽利，那罗厨下监斋神。

上党赛社有句俗话叫"赛社赛三行，王八、厨子、鬼阴阳"。"王八"指乐户，负责供盏献艺，厨子负责赛社中的敬膳供品。固义傩戏和邯郸赛戏中的乐户遗存较为潜隐，与厨行的关系也不是很明显，但无论是固义傩戏、东填池赛戏、土山诚会、东通乐赛戏、涉县赛戏等都比较重视祭祀中的敬膳，此为厨行的遗存。监斋神是厨行的主神，因此在赛社中扮演重要角色。这在晋冀的赛社中是一致的。

综上所述，从仪式层面来看，固义傩戏（包括与固义傩戏关系密切的冀南赛戏、诚会）与上党赛社互相佐证，个别细节高度一致。首先在仪程上，基本程序一致，所用到的仪式底本、祭祀所用的表文属于同一形制、文体，可参照使用。其次在祭鹿台仪式上，两地有内在的联系。最后在调监斋仪式上，两地都有监斋神的祭祀环节。由于各地保留的赛社仪式并不完全一致，在当代赛社恢复的过程中，都出现不同程度的减损，差异性比较明显。但通过一些关键仪式的对比，可以透过有限的信息找到两地赛社存在的内在关联。尽管有些仪式上的联系不容易察觉，但依然能够看到冀南傩戏赛戏与晋东南赛社仪式上的互见。

第三节　演剧的互通

固义傩戏和晋东南赛社都属于迎神报赛的性质，除了相近的信仰、仪式之外，在酬神演剧上亦颇为类通。在演剧的形式、内容、艺术特色等方面，两地高度近似，而且在演剧过程中的关键术语上也基本一致。这说明，两地的祭祀演剧存在互通性。

一　队戏

队戏又写作"对戏"，是冀南赛戏和晋东南赛社中占主要地位的戏曲形式。尽管固义傩戏被归为"傩戏"，东填池赛戏被归为"赛戏"，涉县赛戏被归为"赛戏"，南贾赛社被归为"赛社"，但名字差别甚大，似乎在演剧上完全不同类。但实际上，它们自称祭

第六章　地域交互：固义傩戏与上党赛社

祀中的演剧形式时，均称之为"队戏"。这成为探究两地演剧联系的关键。

杜学德把固义傩戏的演剧细分为队戏、脸戏和赛戏三种，脸戏与队戏稍有差异，也可大体归入"队戏"的行列，而队戏和赛戏的关系又颇为复杂。有些地方把迎神赛社中的演剧统称为"赛戏"，那么队戏也因此可视为赛戏。但实际情况中，队戏和赛戏在表演时存在一定的差异。在目前归为赛戏的演剧中，也有很大一部分属于队戏。

固义傩戏被称为傩戏，很大程度是因为《捉黄鬼》这出戏扮鬼逐疫的傩意味，这是毋庸置疑的。在各地赛社中，乐户常常"装神扮鬼排上来"，很多仪式、演剧都具有傩的痕迹。在固义村，村民把《捉黄鬼》这出祭祀仪式剧称之为"队戏"。在《捉黄鬼》演出中，掌竹吟唱词有"若问对（队）戏名和姓，十殿阎罗大抽肠"的话，可以看出，严格意义上《捉黄鬼》自称为"队戏"。在固义的演剧中，不独《捉黄鬼》被称为"队戏"，还有《夺状元》《吊绿脸小鬼》《吊四值》《吊四尉》《点鬼兵》《吊掠马》《吊黑虎》《开八仙》《戏柳翠》《十棒鼓》《审马龙》等剧目亦是队戏。掌竹的前行词对这些剧目的性质有说明，如《点鬼兵》："奉祭尊神，做一鬼兵对（队）戏。此段对（队）出在何朝"。《吊掠马》："奉祭尊神，做一掠马对（队）戏。此段对（队）出在何朝"。《十棒鼓》："若问对（队）戏名和姓，今日打个十棒鼓"。《开八仙》："今天是八仙对（队）戏，老人星降临元世"。《捉黄鬼》："若问对（队）戏名和姓，十殿阎罗大抽肠。"从掌竹的前行词中，可以看出，这类剧目被认为是"队戏"。

类似的情况在武安通乐赛戏中也可以看到。东通乐祭祀演剧被归为"赛戏"，其中一部分确属赛戏，但还有一部分属于"队戏"。同样在报场官前行词中，如同固义傩戏中掌竹的前行词一样，对上演剧目的性质也做了交代，如《大国称》：今在神前摆列一场鬼兵队戏，此段故事出于何朝。《度柳翠》：若问队戏名和姓，明月和尚度柳翠。《探枯骨》：若问队戏名和姓，庄子先生探枯骨。《张良品箫》：若问队戏名和姓，张良品箫散楚兵。《大耗小耗》：今在神前摆列一出鬼兵队戏，此段故事出在唐朝。《开三郎》：今在神前摆一场鬼兵对戏，此段故事出在何朝？前文已述固义傩戏和通乐赛戏的密切关系，如固义的《点鬼兵》就是通乐的《开三郎》，对于剧目属"队戏"的前行词，两村用词完全一致。

同样的情况在涉县赛戏中也存在。涉县弹音、井店、下庄等村把祭祀演剧自称为"对戏"，演出的组织称为"对戏班"，前行词也做了说明，如弹音《大会垓》一剧中说："今日太平元宵，做着一场对戏，答报神明。这场对戏，出于汉朝。"除了自称"队戏"外，其实邯郸地区所称呼的赛戏，与队戏都关系密切。如涉县上清凉村称为"排赛"，邯郸东填池村称为"杂戏"。东填池村祭祀演剧时，掌竹上场先念定场诗，然后说"杂戏奉献，敬祭尊神"的套语，随后引角色上场。无论是"排赛"也好，"杂戏"也好，实际上都与"队戏"性质相当，主要原因是各村在赛戏演剧上剧目一致、内容相近、形式类同，名字稍有差异。

在恢复赛社的山西长治潞城南贾村，迎神赛社中的演剧也有大量队戏，如队戏《过五关》、八仙队戏等。在上党地区明清以来的古赛写卷中，队戏就更多了。抄立于明万历二年（1574）的《迎神赛社礼节传簿四十曲宫调》（俗谓《周乐星图》）中，单是正队戏就有二十四出，更不要说把"队戏陈列于后"所说的很多应当归为"队戏"的剧目了。除《礼节传簿》外，其余的上党古赛写卷中列出的队戏数量很多，有近四百出。根据演出场合和形式的差异，在不同的写卷中还有队戏的细分，如正队、衬队、走队、流队、行队等，此外还有队舞单子。

杨孟衡认为"从写卷剧目标题取向看，上党古赛戏剧艺术约定俗成统称'队戏'；从写卷中剧目分类的情形看，队戏在发展流变中，大体可分为前后两个时期，概括而言：前期的队戏是以大曲为歌，舞队为戏，不依托于舞台的流动型表演体制；后期的

第六章 地域交互：固义傩戏与上党赛社

队戏，则经过舞台规范，仅以锣鼓击节，不被丝弦的吟诵体表演形制"①。

因此，队戏是迎神赛社中演剧的主要形式，固义傩戏、通乐赛戏、涉县赛戏、东填池赛戏、上党赛社保留大量的"队戏"的叫法是明清沿袭下来的。而且队戏与傩戏、赛戏并非严格分开的，在队戏演出过程中，如《调监斋》《调方相》《斩旱魃》等剧目都有浓厚的傩意味，赛戏也主要呈现于迎神赛社中。在晋东南和冀南，赛戏、赛社、傩戏主要由社火班社承担，这也促使多种演剧形式的融会。

冀南的队戏和晋东南的队戏不仅有同样的源头，而且保留下来的演剧也有很大相似性。都有掌竹（前行、竹竿子）角色。掌竹是各项仪式的主持者，是舞台演出的指挥者，负责吟唱开场词和介绍剧情，手执"戏竹"，长二尺许，直径二厘米至四厘米，顶部劈成细篾，或于冒头上插上许多细竹枝，用红绸束扎。各地均有此角色。队戏剧本都叫都本（杜本）。两地对剧目或剧本的称呼，固义称"都本"，涉县称"杜本"，上党称"都本"，发音相同，实际为一。演剧均由社火班社组织，组织者称为社首（科头、板头）。在上党乐户中，社首是社火的负责人，邀请乐户（科头、板头）来演赛。后世乐户身份消亡，社首、科头、板头混用，是整个社火或赛戏的负责人和组织者。除邯郸县东填池称"板头"外，一般均称"社首"。队戏的演出剧目全部是宋代以前的历史故事，仪式性很强，神灵戏、征战戏居多，生活戏几乎没有，风格古朴严肃。队戏的唱腔为吟诵体，有散白，属诗赞体戏剧，吟诵系押韵的七言上下句，在吟一句或两句后伴以锣鼓点。伴奏以锣鼓镲为主，鼓点简单，不用丝弦。演出过程中，女性一般不参与。很多队戏戴面具，固义、东通乐、上党赛戏均有面具戏。服饰因剧目内容和角色性质蟒袍居多。

---

① 杨孟衡：《上党古赛写卷十四种笺注》，财团法人施合郑民俗文化基金会，2000年，第16页。

固义队戏中，《吊绿脸小鬼》《吊四值》《吊四尉》《点鬼兵》《吊掠马》《吊黑虎》祭祀性极强，在舞台演出，接近祭神仪式，角色几乎没有台词，时间简短，剧情简单，大体是神灵的亮相，掌竹叙述故事，类似于供盏队戏。《捉黄鬼》沿街行进演出，类似于走队戏，《夺状元》在神棚前撂地演出，《开八仙》《戏柳翠》《十棒鼓》在舞台演出，《审马龙》属竹马戏。《开八仙》类似于正队戏，《戏柳翠》《十棒鼓》相较而言比较诙谐，有一定生活气息，与其他队戏风格差异较明显。

二　赛戏

固义傩戏的演剧中，除了队戏，还有赛戏。固义保留的《封官拜帅》都本附诗云："封官拜帅都本传，至到如今不计年。倘或失落文章句，不能演赛是枉然。"可以看出，固义傩戏是赛社的性质，同时演剧有赛戏的成分。虽然队戏也可笼统归入赛戏，但这里所说的赛戏与队戏明显不同。为了与队戏相区别，把固义傩戏中的另一类演剧形式叫作"赛戏"。

固义傩戏中的赛戏能够上演的已经不多，大约三出：《长坂坡》《虎牢关》和《讨荆州》。剩余的赛戏只保留都本，已经停演，有《霸王戏本》（伯王截本）《幽州都本》《幽州全部》《战船》《战船都本》《屺城大会垓》《衣带诏》《巴州》《细柳营》《封官拜印》《昆（坤）阳锁秦王》。《虎牢关》敷演三国故事，前半部分讲关羽温酒斩华雄，后半部分讲虎牢关前三英战吕布。《讨荆州》敷演三国故事，主要讲鲁肃向刘备讨要荆州。《长坂坡》敷演三国故事，主要讲长坂坡前赵云单骑救主。《战船》敷演三国赤壁之战故事。《衣带诏》敷演三国故事，汉献帝赐国舅董承衣带诏反曹。《巴州》敷演三国故事，诸葛亮取巴州。《细柳营》敷演汉初事，汉文帝命周亚夫驻扎在细柳营。《霸王戏本》敷演楚汉项羽称霸故事。《封官拜帅》前半部分同《霸王戏本》，敷演霸王分封诸侯事，后半部分敷演羽邦争夺天下。《屺城大会垓》敷演楚汉事，汉刘邦围困项羽于垓下。《昆（坤）阳锁秦王》前部分敷演东汉事，王莽昆阳大战；后部分讲敷演隋唐事，程咬金擒获李世民。《幽州都本》《幽州全部》敷演杨家将故事。固义赛戏均是历史演义故事，以三国戏居多，有金戈铁马征战之风。

　　从固义保存的都本来看，可以推断固义赛戏的规模是比较大的，搬演的剧目多，演出时间长，参与人数多，影响比较大。但目前除了在下午或晚上偶尔演赛戏外，几乎不再上演。笔者几年前到固义观摩赛戏，发现主要观众都在正月十五看《捉黄鬼》的热闹，下午和晚上不再看赛戏，主要观众都是固义本村人，且观看者也不多。总之，目前来看，固义傩戏，傩戏《捉黄鬼》保存较为完整，仪式性较强的队戏保存稍好，侧重于娱人演剧的赛戏保存最差。

　　固义队戏和固义赛戏都是祭祀戏剧的组成部分，二者有相同之处，伴奏均用锣鼓、吟诵唱腔、穿戏服、使用方言、由西大社演出等。与固义队戏（包括傩戏《捉黄鬼》）相比，固义赛戏的特点有以下方面：演出场合上，队戏一般在祭祀仪式间或上午，赛戏在下午或晚上；演出时长上，队戏简短，一般几分钟，长则十几分钟，捉黄鬼比较特殊，延续时间长，赛戏则一般一两个小时，现在多压缩到半个小时。演出内容上，队戏主要是神灵亮相或神的故事，赛戏主要是历史故事；服饰道具上，队戏一般戴面具，赛戏画脸谱或净面；演出形式上，队戏多有掌竹主持，角色无台词或少台词，主要做动作，赛戏扮演人物，有台词；演出地点上，队戏撂地或戏台演出，赛戏在戏台演出。

　　冀南和晋东南的很多村落在实际祭赛中，队戏和赛戏的区分不是十分明确，泛称的赛戏在很多村落的剧目中相似度很高。剧目均以历史演义为主，其中三国戏、两汉戏、隋唐戏居多，赛戏演员装扮近似，伴奏形式相似，很多剧目中的唱词几乎一致。下面选取几例予以说明，民间手抄本多有讹误字，照原文录。

表6—2　　　　　　两地赛戏《虎牢关》中张飞吟词

固义赛戏《虎牢关》①	涉县赛戏《虎牢关》②
张飞： 　幼年桃园把义结， 　赤胆扶植立汉业。 　陡上三鞭血染袍， 　姓张名飞字翼德	张飞： 　自幼桃园把义结， 　扶真卖假立汉业。 　抖牛三边雪仍怕。 　姓张名飞字翼德

最为典型的是具有队戏和赛戏双重性质的"八仙戏"，现在通行的八仙阵容中没有"张四郎"，各地赛戏中均有这个人物，唱词大体一致。

表6—3　　　　　　三地"八仙戏"中张四郎吟词

固义队戏《开八仙》③	通乐赛戏《摆八仙》④	东填池赛戏《八仙庆寿》⑤
张四郎： 　玉皇差我降下方， 　仙丹御酒我先尝。 　八仙曾赴蟠桃会， 　王母面前把名扬。 　海枯石烂为一岁， 　只想长生不老王。 　海枯石烂为一岁， 　好吹铁笛张四郎	张四郎： 　玉帝请我到上方， 　仙桃仙果我先尝。 　海干石烂人一岁， 　我有长生不老王。 　八仙来赴蟠桃会， 　王母面前把名扬。 　若问吾仙名道号， 　横吹铁笛张四郎	张四郎： 　玉皇差我到下方， 　仙桃仙果我先尝。 　海干石烂为一岁， 　我是长生不老王。 　怕生死，躲无常， 　一驾祥云朝玉皇， 　久住蓬莱张四郎

---

①　王慈娴、王新荣、丁计良主编：《中国·武安傩戏》，河北美术出版社2012年版，第128页。

②　任秋成主编：《涉县赛戏》，河北人民出版社2016年版，第100页。

③　王慈娴、王新荣、丁计良主编：《中国·武安傩戏》，河北美术出版社2012年版，第123页。

④　王慈娴、杨建华、王新荣主编：《邯郸·武安赛戏》，河北省武安市非物质文化遗产保护中心、武安市文化馆，2014年，第147页。

⑤　程海涛、王振杰主编：《邯郸东填池赛戏剧本集》，邯郸经济开发区非物质文化遗产保护中心，2015年，第256—257页。

◆ 第六章　地域交互：固义傩戏与上党赛社 ◆

各地赛戏中的八仙都有的人物，唱词均高度相似，以蓝采和的唱词为例。

表6—4　　　　　　　　　蓝采和吟词比较

固义队戏《开八仙》①	通乐赛戏《摆八仙》②	东填池赛戏《八仙庆寿》③	南贾赛社《八仙庆寿》④	上党古赛写卷《开八仙》⑤
搽胭抹粉渡过河，擅能金鼓几张锣。人笑我，我疯魔，长街吃的小儿歌，手中执掌阴阳板，口内常念道情歌。点头唤帝人不识，半字不差蓝采和	马走步里不过河，善能骑鼓过漳河。人笑我，是疯魔，大街以上小儿多。八仙过海东游记，每日过河不湿鞋。若问吾仙名道号，手拿阴阳蓝采和	我是六洞蓝采和，身穿毛布赛绫罗。手中执定云阳板，口中常念道情歌。人笑我，是疯魔，长街市上小儿多。改头换面人莫识，万古风流蓝采和	魔王踏水去过河，三知今古口张罗。手中执定云阳板，口内长念道情歌。人笑我，我疯魔，丹街领定小儿多。蟠桃会上人不识，拍板高歌蓝采和	乐中仙，为第一。学才广，知转多。善知今古口张罗，口唱道情歌。人道我疯魔，长街贝盘还做戏。打渔鼓，唱道歌，白云队内笑呵呵。勾引儿童耍，歌唱蓝采和

赛戏都本多为民间手抄，错讹之处常见，不可解的地方很多。各地虽然相隔较远，但赛戏都本却较为一致，甚至可以互相参照校对，纠正错讹之处。这也从一个侧面说明了冀南、晋东南两地在赛戏上的互通之处。

三　剧目

先将晋冀两地相关性很强的剧目列表如下：

---

① 王慈娴、王新荣、丁计良主编：《中国·武安傩戏》，河北美术出版社2012年版，第122页。
② 王慈娴、杨建华、王新荣主编：《邯郸·武安赛戏》，河北省武安市非物质文化遗产保护中心、武安市文化馆，2014年，第146页。
③ 程海涛、王振杰主编：《邯郸东填池赛戏剧本集》，邯郸经济开发区非物质文化遗产保护中心，2015年，第257页。
④ 杜同海主编：《上党赛社》（下册），湖南地图出版社2011年版，第54页。
⑤ 杨孟衡：《上党古赛写卷十四种笺注》，财团法人施合郑民俗文化基金会，2000年，第268页。

表 6—5　晋冀相关剧目对比

剧目	赛戏（固义）	赛戏（东通乐）	上清凉赛戏	弹音队戏（涉县）	赛戏（邯郸东填池村）	周乐星图	唐乐星图及其他十四种
队戏				弹音队戏	赛戏	队戏	队戏、杂剧、院本
岑彭马武夺状元						岑彭马武夺状元	二十八宿应武举
开八仙		摆八仙			庆八仙	八仙庆寿、八仙过海	开八仙、排八仙
大头和尚戏柳翠		大头和尚戏柳翠					
十棒鼓						十棒鼓	
捉黄鬼	虎牢关			虎牢关	打冠（三战吕布）	鞭打黄痨鬼	鞭打黄痨鬼
	讨荆州			讨荆州		战吕布	虎牢关三战吕布
	长坂坡	长坂坡	长坂坡		景山（长坂坡）	长坂坡	大战长坂坡
	伯（霸）王截本、封官				草牌楼、火烧草牌楼	霸王封官、霸王辞朝封官	霸王封官
	幽州都本、幽州全部	幽州		幽州	幽州	七郎八虎战幽州	保鉴舆八虎出幽州、七郎八虎战幽州
	歧船		火烧赤壁	火烧战船			诸葛亮火烧战船
	纪城大会垓	大会垓	大会垓	大会垓	大会垓	大会垓、十面埋伏	九里山大会垓、十里埋伏

第六章 地域交互：固义傩戏与上党赛社

续表

固义		东通乐	涉县		邯郸东填池村	周乐星图	唐乐星图及其他十四种
队戏	赛戏	赛戏	上清凉赛戏	弹音队戏	赛戏		队戏、杂剧、院本
	巴州				巴州		
拜帅						拜帅	拜帅送印
昆阳		昆阳					昆阳大战汉光武、二十八宿闹昆阳
细柳营		细柳营				周亚夫细柳营	周亚夫屯军细柳营
锁秦王							锁秦王
		真八义				赵氏孤儿大报仇	赵氏孤儿大报雠、赵氏八义
		崤山			崤山	六出祁山	孔明六出祁山
		定正			祁山	三王定正	临虎殿三王定政
		狼山全部				两狼山潘杨征北	
		赤壁鏖兵				赤壁鏖兵	诸葛亮赤壁鏖兵
		登州	打登州	夜打登州			
		潼关			下潼关		
		广武山		广武山			
		河东				三下河东	大战光武山 赵二舍三下河东

221

◆ 地方社火与现代傩俗 ◆

续表

	固义	东通乐	涉县		邯郸东填池村	周乐星图	唐乐星图及其他十四种
	赛戏	赛戏	上清凉赛戏	弹音队戏	赛戏	队戏	杂剧、院本
队戏		葭萌关	葭萌关	葭萌关			
			七擒孟获			七擒孟获	诸葛亮七擒孟获
			祭东风			诸葛祭风	诸葛亮祭风
			华容道			挡曹	
			武王伐纣	武王伐纣		武王伐纣	
					古城聚	古城聚义	古城聚义
					过五关	过五关	五关斩将
					鸿门宴	鸿门会	鸿门会

注：* "各地郇本保存状况"统计：固义，可见手抄本17件，14种，经处理后，有效本15本。东通乐，除去重复，34种。涉县，上清凉村保存26本；弹音村20本，佚失存目7条；井店村4本，剧本抄自固义村；合村可见1本；下庄村，固新村赛戏已停演，剧本状况未明。《周乐星图》（礼节传簿），仅存本14种古赛写卷，及其他共14种古赛写卷。告台文书，告台文抄人。以上各项共计254种，若将前行赛词可能涉及的剧目，类戏剧形式和无名队戏写卷共保守估计本写卷共录剧目141种，录剧目估计不少于300种（含一定数量的重复剧目）。

** 不列入表的剧目，一是《吊绿脸小鬼》《吊四鬼》《吊绿脸》《吊四值》《吊黑虎》《点鬼兵》仪式性更强，故事性较弱，不作为剧目考察。二是上党古赛写卷中某些剧目内容已经难以考证。三是一些剧目虽然敷演同一故事，但内容侧重有巨大差别。四是很多剧目缺乏可比性。

222

第六章 地域交互：固义傩戏与上党赛社

表6—5反映出：冀南的固义、东通乐、上清凉、弹音、东填池各村有限保存的剧目中，名称相同或相似者占一定比例。另外，同属涉县的上清凉和弹音所有剧目大致相当，这种情况也存在于同属武安的固义和东通乐之间。冀南除个别外都能在上党古赛写卷（《周乐星图》《唐乐星图》及其他十四种）中找到相同或高度相似名称的剧目。

黄竹三在对比晋冀（主要是冀南和晋东南）两地祭祀戏剧时就发现："首先在题材方面，队戏（脸戏）多写神怪故事，或与祭祀、驱傩有关……而杂剧（赛戏）则多演历史故事，并且主要是征战之戏，特别是三国戏……戏剧类型与题材选用，两地有明显的相似之处。其次是剧目的名称也多类同或近似。晋冀两地的队戏（脸戏）中，剧目名称类同的有《度柳翠》《十棒鼓》《捉黄鬼》（山西称《鞭打黄痨鬼》）、《开八仙》（山西称《排八仙》）。而在杂剧（赛戏）中，剧目名称类同的有《武王伐纣》《霸王封官拜印》（山西称《霸王设朝封官》）、《大会垓》《乌江岸》（山西称《霸王别姬》）、《岑彭马武夺状元》《长坂坡》《虎牢关》《祭东风》（山西称《诸葛亮祭风》）、《火烧赤壁》《七擒孟获》《张飞战马超》《智激周瑜》（山西称《三气周瑜》）、《美良川》《幽州》《擒彦章》《广武山》等。从数量看似乎不多，但因河北现存脸戏、赛戏本子较少，从比例看，相类同的已占到半数以上了。从剧目内容看，晋冀两地也十分相近。比如《长坂坡》《虎牢关》，人物、情节、唱词也大致相同。又如河北的《捉黄鬼》，在山西则称《鞭打黄痨鬼》，名字虽有异，但人物、情节、表演完全相同……最有代表性的剧目是《开八仙》，在山西则称《排八仙》，又有《八仙赞》或《八仙庆寿》。八仙为汉钟离、吕洞宾、韩湘子、张果老、张四郎、曹国舅、蓝采和、铁拐李，却没有何仙姑。有的本子还增加花杨女。"[1]

再参以街头演出和舞台演出相结合的演出形式、都本集中取材于元以前（三国戏最集中）、吟咏式的语言特点等，可以看出，在剧目内容的层面上，冀南和晋东南的祭祀戏剧呈现整体性特征。

---

[1] 黄竹三：《晋冀宗教祭祀戏剧的类同性》，《戏剧》2001年第3期。

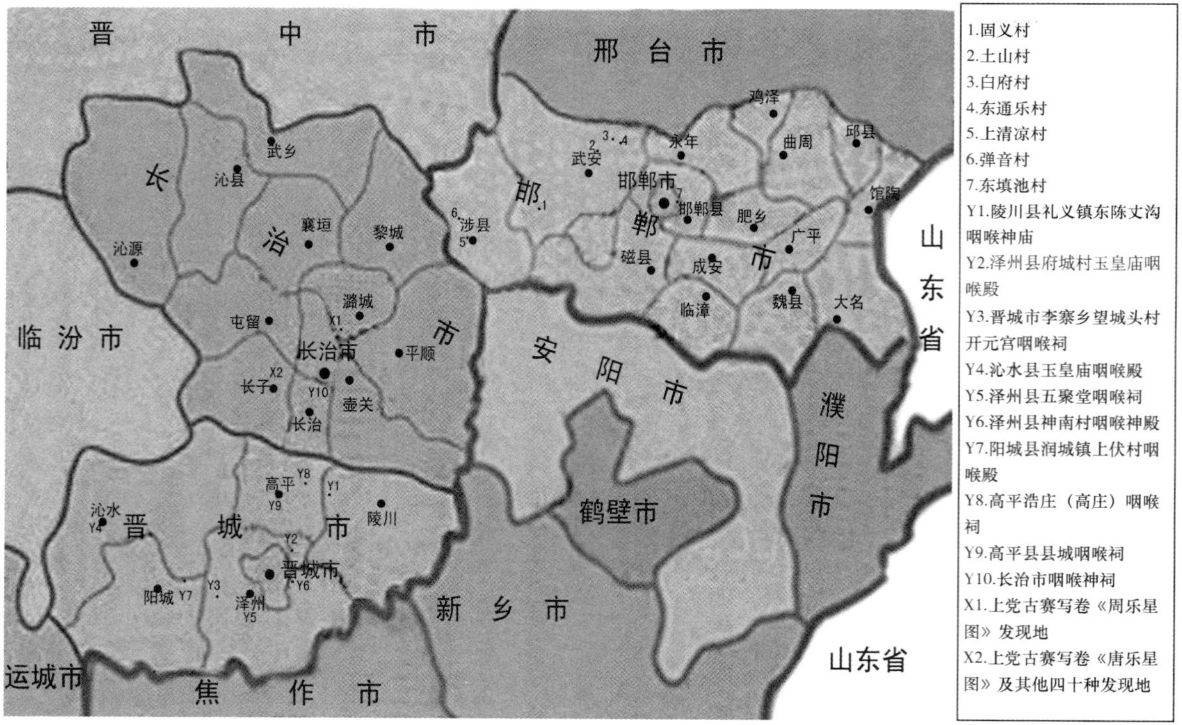
晋 中 市
邢 台 市
长 治 市
邯 郸 市
安 阳 市
濮 阳 市
鹤壁市
临 汾 市
晋 城 市
新 乡 市
焦 作 市
运城市
山 东 省
山东省
武乡
沁县
沁源
襄垣
黎城
潞城
屯留
长治市
平顺
长子
壶关
长治
X1
X2
Y10
高平
陵川
沁水
阳城
泽州
晋城市
Y1
Y2
Y3
Y4
Y5
Y6
Y7
Y8
Y9
涉县
武安
永年
邯郸市
邯郸县
鸡泽
曲周
邱县
馆陶
肥乡
广平
磁县
成安
临漳
魏县
大名
1.固义村
2.土山村
3.白府村
4.东通乐村
5.上清凉村
6.弹音村
7.东填池村
Y1.陵川县礼义镇东陈丈沟咽喉神庙
Y2.泽州县府城村玉皇庙咽喉殿
Y3.晋城市李寨乡望城头村开元宫咽喉祠
Y4.沁水县玉皇庙咽喉殿
Y5.泽州县五聚堂咽喉祠
Y6.泽州县神南村咽喉神殿
Y7.阳城县润城镇上伏村咽喉殿
Y8.高平浩庄（高庄）咽喉祠
Y9.高平县县城咽喉祠
Y10.长治市咽喉神祠
X1.上党古赛写卷《周乐星图》发现地
X2.上党古赛写卷《唐乐星图》及其他四十种发现地

图6—7　20世纪初冀南—晋东南赛社（赛戏）分布点

第七章　固义傩戏参与者的心理特点

对傩戏中不同参与个体的心理考察，可能涉及诸多方面。全国各地较有代表性的傩戏品种所表现出的状况也多种多样，这就增加了进行心理特点分析的困难。因此选取几个较有说服力的点，遵从于特定的范围和原则切实有效地进行分析。

第一节　特殊信仰结构下的信仰心理

在固义傩戏的心理图式中，表现较为直接的首先是"白眉三郎"在信仰结构中的特殊站位。

在"中国民间信仰的多样性是最明显的特点"[①]和"中国信仰民俗是一个完全开放的结构"[②]的整体生态条件下，各地傩戏都呈现出"多神信仰"的特点。在各地傩戏中，信仰状况表现的形式不尽相同，祭祀对象的结构在某种程度上差别也很大，但"多神信仰"的特点是较为显见的。在北方，山西曲沃任庄的扇鼓傩戏，请神是主要的表演部分，手抄本《扇鼓神谱》所列要请的神有五百之多，上至儒道释尊神，下到铡草童子、喂马郎君。[③] 在南方，贵州安顺一堂地戏多则上百，少则三四十副面具，既是傩戏的角色，也是神灵的代表；安徽贵池傩戏的"迎神下架"仪式中，除了"二

---

① 乌丙安：《中国民间信仰》，上海人民出版社1995年版，第4页。
② 郑土有：《中国民俗通志·信仰志》，山东教育出版社2005年版，第20页。
③ 参见李一注释《〈扇鼓神谱〉注释》，《中华戏曲》（第6辑），山西人民出版社1988年版，第60—87页。

十四位嚎啕戏神"外，还有其他三官、菩萨、唐三藏等各路神灵。"从信仰角度来讲，源溪（安徽贵池一村）人并不是虔诚的佛教徒，而是多神信仰的。他们心目中既有儒、释、道三教之神，也有土地、山川、古树、岩洞等自然神，什么神灵验就信奉什么神。"①湘西新晃侗族"咚咚推"则通过对民族历史的回顾，歌颂了包括本民族祖先和儒道释俗在内的众多神灵。在柳州师公傩中，无论是文坛的神案图，还是武坛的请神仪式，都能体现出多神信仰。②湘西傩堂戏、南通童子戏、四川泸州傩戏、云南澄江关索戏、威宁傩戏、荔波傩戏、织金傩戏、德江傩戏、思南傩戏、四川梓潼阳戏等傩戏品种中多神信仰的特点也很明显。③因此，可以说，在中国傩戏中，多神信仰是个普遍的现象。固义傩戏的信仰状况，前文已经述及，亦属多神信仰。"傩坛神谱显得十分庞杂混乱，傩坛已成为万神聚会之所"④，这种说法可以适当地扩展开来，而不是局限于一地一种傩戏。

在整个信仰背景成"面"状的同时，各地傩戏中，某一位神灵受到最高的尊崇（姑且称为"主神"），整个傩戏是围绕该神灵而进行的。山西曲沃任庄的"后土娘娘"，安顺地戏中的"汪公"，新晃侗族咚咚推中的"盘古"或"杨再思"，云南澄江关索戏中的"药王"和"关索"，贵州荔波傩戏中的"花王圣母"，贵州织金傩戏中的"赵侯"或"五显"，四川梓潼阳戏中的"文昌"或"川主"，德江傩堂戏中的"傩公和傩母（伏羲和女娲）"，柳州师公傩中的"三元"，固义傩戏中的"白眉三郎"等都属此列。主神在众多神灵中虽不是神格最高的，但地位却最为尊贵。由此，傩戏的信仰结构基本呈现"一点一面，点面结合"的特点。

---

① 王兆乾、王秋贵：《安徽省贵池市刘街乡源溪村曹、金、柯三姓家族的傩戏》，财团法人施合郑民俗文化基金会，1993年，第17—18页。
② 庞绍元、王超：《广西柳州师公傩的文武坛法事》，财团法人施合郑民俗文化基金会，1995年，第19、42、47、58、72页。
③ 顾朴光等编：《中国傩戏调查报告》，贵州人民出版社1992年版。
④ 《德江傩堂戏》采编组编：《德江傩堂戏》，贵州民族出版社1993年版，第65页。

第七章 固义傩戏参与者的心理特点

各地傩戏主神的来历各不相同，大致有这样几种情况：傩堂戏多为祖师神，如"川主（二郎）""三元"；少数民族傩戏多为祖先神，如"盘古""花王圣母"；其他主要为地方显宦或为地方作出特出贡献的英雄，如"汪公""昭明太子"和"关索""赵侯"。在某种程度上来讲，贵池的昭明太子、安顺的汪公、固义的白眉三郎在当地傩戏中扮演着同一角色，那就是当地傩戏的主导，是傩戏所娱的"神"，傩戏是围绕他们展开的。因此，对主神考察的意义要远大于对多神信仰的考察。虽然众多的研究者都对傩戏所在地的多神信仰给予了关注和阐释，但如果放到整个中国民间信仰的特点上来看，这种考察基本是无意义的。而且对当地傩戏不具有充分的解释力，所以对信仰的深入考察可以考虑聚焦到这些主神上来。

对固义傩戏中的"白眉三郎"进行深入考察，很多令人费解的现象就出现了。

1. 尊卑扞格。根据固义村村民关于《捉黄鬼》来历的传说，在田野调查中也可以知道，《捉黄鬼》的戏是演给三郎爷看的。"三郎爷"指白眉三郎、赤锋三郎和白面三郎，有时候专指白眉三郎。从村民的感情来看，白眉三郎在他们心目中占有独特的地位。在固义的社火祭祀演剧活动被界定为"傩戏"以来，白眉三郎顺理成章地上升为"傩神"的地位。即便白眉三郎被视为固义村的保护神，固义傩戏中最高贵的神，与之地位不相称的是，固义村之前并没有专祀白眉三郎的庙，白眉三郎、赤锋三郎、白面三郎长期寓居在村南的奶奶庙内，也没有精心制作的塑像和神位。三位三郎神像高约一米，坐落在奶奶庙的西墙边，不仅不及奶奶和道教三清的两米以上的高大塑像，甚至无法和奶奶庙内偏殿的乔三爷、赵爷、财神爷等民间俗神的规模相比。地位和受飨规格严重不符。近年来才在奶奶殿西侧新修了三位三郎的神殿，称之为"咽喉祠"。

2. 信仰孤点。与其他地区傩戏中的"傩神"相比，白眉三郎的信仰呈现信仰孤点的情状。前文厘清了白眉三郎、咽喉神与白眉神的关系，但在当下的语境下，在不至于引起误解的情况下，白眉三郎在周边村屯乃至县市都没有见到。土山诚会中出现了白眉神，有专属面具；通乐赛戏中有关于白眉三郎的队戏《开三郎》，有专属面具。似乎在武安范围内白眉三郎的信仰并非无迹可寻，但实际上，土山和通乐除了一副面具外，并没有白眉三郎的庙，这表明了白眉三郎在当地信仰中的角色。而安顺的"汪公"、贵池的"昭明太子"等则不然，尽管是地方神，但在该区域内庙宇林立，祭祀繁盛，绝非一村一寨。伴随着"汪公""昭明太子"都形成了一定的（除傩戏外）民俗活动，如庙会、求子等。固义村虽有庙会，却和白眉三郎关系不大。白眉三郎对当地民俗的影响似乎仅仅局限在傩戏中的一部分，既没有整套的民俗活动，也没有完整的崇祀仪式。但如果就立庙祭祀而言，仅见于固义村，而且还是近年新修。与当地的龙王庙、奶奶庙、土地庙相比，既没有悠久的建庙史，也没有村村可见的普遍性。

3. 出处匮阙。一般而言，在村落和民俗活动中占据核心地位的神灵信仰都有实物文献资料佐证。如果是影响较大的神灵，往往古籍中记载颇多，大体能够梳理出信仰的发展脉络。即便是史籍记载很少的神灵，当地碑刻铭文也都有所记载。即便是碑刻缺乏的，也会有大量的民间传说口耳相传。实物和口头资料都保留了信仰对象丰富的信息，能够借此了解信仰的构成和大体脉络。关于白眉三郎的传说，主要保存在都本《点鬼兵》中，村民的口传也主要本于这出队戏。另外对于白眉三郎的来历没有更多更新鲜的传说。在固义可见的历代庙宇碑刻中，也不见"白眉三郎"名号。而"汪公""昭明太子"等主神不仅有古籍参考，也有更具地方色彩的传说，具备较为清晰的来历脉络。如果不是把白眉三郎和咽喉神联系起来，在固义除了一出队戏，关于白眉三郎的其他信息几乎难以得到，这在其他地区傩戏中是不常见的。

对主神的考察，我们可以清晰地看到，白眉三郎不仅仅大大异于其他两地主神，而且本身也存在矛盾。笔者认为原因在于他们在深层心理结构上表面形同，实则差异。如果将多神信仰简化为一个二维平面内半径可无限延长的圆，圆心代表神格最高的神，距离圆

第七章 固义傩戏参与者的心理特点

心距离越远，代表神格越低。同时用一个点标示主神。那么在"一点一面，点面结合"的信仰结构中，贵池和安顺的情况可以见图7—1，固义的情况如图7—2和图7—3所示。在二维中，图7—1（a）和图7—2（a）并没有多大区别。这是表面上的相同。如果从三维的视野来看，就会发现，图7—1（b）中的点处于圆所在的平面内，图7—2（b）中的点溢出圆之外，并且不处于圆所在的平面。（图7—3是图7—2的一个假想状况，这种状况在预设前提下不可能出现，仅是对图7—2的极端化表现。然而这并不能否认其现实存在的可能）这说明，白眉三郎并不是像汪公、昭明太子那样融合在多神信仰之中，成为多神信仰中融洽的"一神"，而是处于平面外一个孤立的点上。

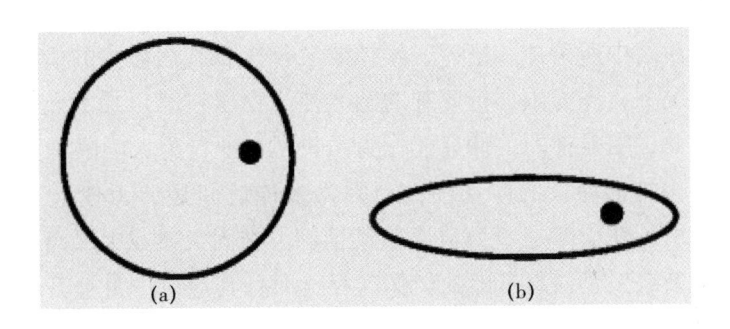

图7—1 安顺、贵池等地傩戏信仰结构示意

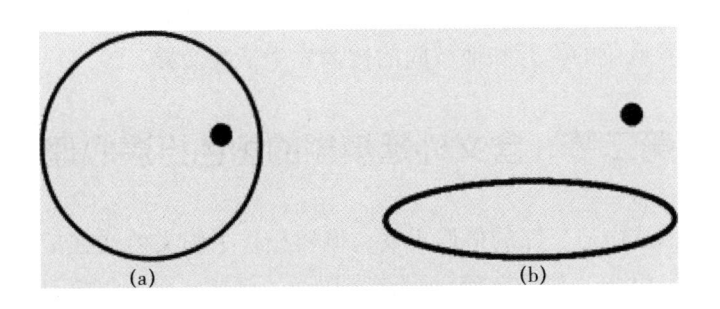

图7—2 固义傩戏信仰结构示意（1）

◆ 地方社火与现代傩俗 ◆

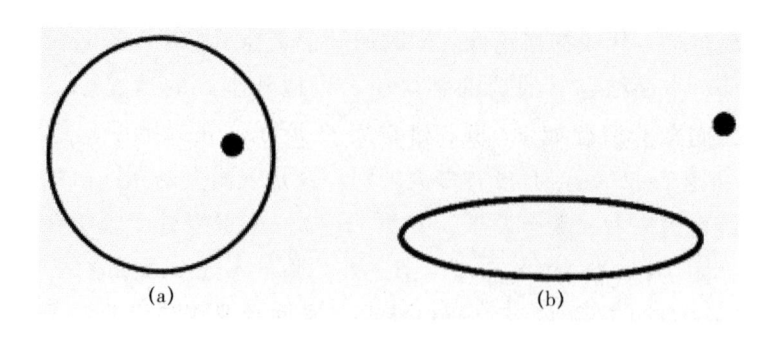

图7—3 固义傩戏信仰结构示意（2）

图7—3绘制的依据和出现图示微妙的差别的原因在于：白眉三郎信仰和多神信仰的整体存在一定罅隙。在上文对白眉三郎的考察中，我们需特别注意一个现象，赛社是乐户受人之托施行的，乐户在表演之中所请神、祭神、娱神的"神"都代表雇主的信仰，在这种情况下，作为乐户行业神的咽喉神（白眉三郎）是不允许出现的。因此，咽喉神的信仰只能作为乐户私自的行为，咽喉神也无法进入"多神信仰"的体系中去。因为多神信仰是"为他人"的信仰，白眉三郎信仰是"为自己"的信仰。在固义傩戏中，当乐户的身份逐渐缺失，白眉三郎的信仰尚存，而且其地位一直上升，直至到主神。前文对白眉三郎做过考察，在乐户的视野下，将大众的信仰（即自己的对象）和自身的信仰不断融合，在乐户地位开始模糊乃至消失的时候，自身的信仰才能和对象自然地融合起来，并且必然伴随着地位的提升和地域间的传播发生某些变异。

第二节　含义外延模糊的角色扮演心理

上节从白眉三郎的信仰出发，概要分析了固义傩戏在信仰方面的特点。由于"信仰"牵涉到诸多层面的问题，而不仅仅只可以从心理维度给予一定的阐释。同样，心理维度也是具有相当丰富的考察点，信仰只是其中的一个部分。在对白眉三郎信仰的分析中，尽量将其局限在"心理"的框架内。上面的分析虽是心理分析的一个

第七章　固义傩戏参与者的心理特点

具体点，但从中已经可以看到它所具有的典型意义，已经在某种程度上揭示了固义傩戏在心理方面的一些特征。然而仅仅这一点的分析是远远不够的，还需要增多考察点。

"逐疫"是"傩"的一个基本特点。通过在对国内主要傩戏的考察，在"逐疫"的具体实施上，固义傩戏表现出很大的特殊性。

在山西任庄扇鼓傩戏中，"收灾"是体现逐疫最主要的仪式，主要是由"十二神家"和"马马子"配合表演完成的。其关键情节是这样的："村内各家各户已将祭桌摆在院外门前……祭桌上焚香三柱，水酒三杯，果品糕点四盘，五谷杂粮一碗，清水一碗。清水上漂放着一朵用五色纸剪成的石榴花（多为红色），以象征灾难。'马马子'来到各家的祭桌前，先奠酒三杯（或饮，或把酒洒在地上），将漂有纸花的清水泼去，然后鸣鞭三响。这时，'马马子'的随从一面给户主发符（符上用硃书写'以奉敕令斩鬼'，墨书'镇宅大吉'），一面收取五谷杂粮，这些粮食是作为对'马马子'收灾的酬谢。"[①]这里用"五色纸剪成的石榴花漂在清水上"来象征灾难，"灾难""斩鬼之鬼"并不能直接地表达出来，必须采用"象征"的做法。因此，灾难鬼疫都是心理上的意象，并没有实体表现，所以能采取象征来以物代物。

这种"象征"的手法也广泛存在于傩堂戏中。在德江傩堂戏的"扫荡"法事中，"扫荡是彻底扫除邪秽……用面盆盛清水放在堂屋正中，盆上放一扫帚。另备一只雄鸡做'挂号'鸡，又叫'带兵鸡'。香火前安放1张大木桌，摆上3个茶盅，3炷燃香和3束长钱以及画讳的发水碗"，然后法师边念文边拿起扫帚扫除一切精怪鬼妖魔，从外扫到内，扫完，将盆里的水倒在堂屋中央，把盆扣在地上，用扫帚的下角沾水在盆底上画"井字讳"，又念完一段文后，"用鸡冠血在大门正中的地脚枋上画'二十八宿讳'。将鸡放在门外，把大门关上。左手挽'祖师诀'，右手以'鸟头式'手诀

---

① 黄竹三、王福才：《山西省曲沃县任庄村〈扇鼓神谱〉调查报告》，财团法人施合郑民俗文化基金会，1994年，第43页。

形在两扇门缝处画'天开地闭讳'和'井字讳',反于背挽'铁栏杆讳'于大门上,随手开门,百事大吉。扫荡结束,全部功果圆满,祝主家清洁平安,百事顺利"①。在属于傩堂戏之一种的阳戏中,"二郎扫荡"仪式大致是:"李二郎上场,为主家住宅进行扫荡,以清除一切瘟疫、病魔。……头戴面具、手执神鞭的二郎神,便要开始为主家镇宅,他必须逐房逐室地去为主家驱赶一切妖魔鬼怪。并把这些驱赶出去的妖魔鬼怪装入鲁班制成的茅船之中,然后,带领法师、乐队、主家和其他观众一道走出主家大门,到附近的河边或大池塘去,在法师的诵经和乐队的吹奏下,将船焚毁,并送入水中,俗称'荡下扬州'。"②

无论是"鸡"还是"船",都象征了"灾难鬼怪",两者之间通过"象征"发生联系,但我们关注的重点不在这"象征"上。这里之所以借助"象征"的范畴,是因为"鬼怪"一直只是一个心理意象。在另外两个较有代表性的傩戏品种中,贵池傩戏的"踩村",安顺地戏的"扫场"都具有"驱除"的仪式功能。同样,所有一切邪恶疫病鬼怪污秽都只是心理意义上的。人们对上述事情的恐惧来自于心理,同理,逐除也很大程度上是心理的满足。

而在固义傩戏中,则是另一种情况。《捉黄鬼》是一出街头哑剧,主要是阎王命令三鬼差(大鬼、二鬼和跳鬼)沿街去捉拿黄鬼,最后对黄鬼进行审判行刑。阎王和鬼差,虽然也面目狰狞,但是作为捉鬼的角色出现,就如同师公、端公、神家、二郎、钟馗等其他傩戏中逐疫的神灵一样。黄鬼则是一切"恶"的象征,疫病灾难旱涝等。在固义傩戏中,黄鬼不仅以实体出现,而且还有特别的禁忌。

有学者在强调"傩"中鬼神信仰的时候指出:"'傩'体现着古今参与此类活动的人们的鬼神信仰,反映出一种特殊的人与神界

---

① 德江县民族宗教事务局编:《傩韵:贵州德江傩堂戏》,贵州民族出版社 2003 年版,第 415—417 页。
② 于一、王康、陈文汉:《四川省梓潼县马鸣乡红寨村一带的梓潼阳戏》,财团法人施合郑民俗文化基金会,1994 年,第 40—41 页。

第七章 固义傩戏参与者的心理特点

及与人类自身的相互关系。人敬神畏鬼，借神逐鬼，通过一系列诸如面具妆扮式的仪式使人神相通，神灵附体，以达到一种人即神，神即人的理想境界。人驱鬼即神驱鬼，神获胜即人获胜。这样，'傩'使得人力上升（回到万物）神灵降至（天人合一），于是鬼疫消除，人界平安。可见'傩'既是两界相分的产物，同时也是彼此互通的象征。总之，'傩'的存在证明着两个世界的存在，即在人的世界之外还有一个隐秘的世界，其中善者是神，恶者为鬼，与人相关，善恶有报。这是'傩'的前提，也是傩作为一种文化的内核所在。"[1] 鬼神信仰在"傩"文化中占有举足轻重的地位，这在前文对各地傩的引述中也可见一斑。然而一个较为普遍的现象是通过某种仪式，达到人即神的情境，进而来驱鬼，几乎见不到通过某种仪式，达到人即鬼的情况。这并没有对傩文化中"鬼神信仰"提出新的挑战，却是对"鬼神信仰"在心理层面提供了一个更为有价值的维度。

黄鬼的扮演者，旧时都是乞丐或者抽鸦片抽得倾家荡产没有了生计的"大烟鬼"，现在主要由外地打工者扮演，扮演后付给一定钱粮补助，本村村民自己从来不扮演黄鬼。

黄鬼的实体出场，对于黄鬼的扮演者来说，首先面临着巨大的心理压力。与其他地区傩戏不同的是，"鬼"代表的邪恶是不直接出场的，"鬼"的感受根本不在人们的考虑范围，人们可以尽极大的可能想象其邪恶，并尽情表达对其的厌恶。而"鬼"在固义有形象，将一个新产生的压力施加于某个扮演者身上。这种压力远不是戏剧中的反面角色的扮演者所比拟的。在特定的语境中，黄鬼扮演者只是扮演者，之前与之后理应不再与黄鬼发生任何联系，然而实际情况并非这样，在黄鬼扮演者的前期选择中就已经显示出，傩戏中的角色与现实中的社会角色密不可分。在进行某种道德训诫的同时，黄鬼形象的出现，使得"逐疫"的双方实现了心理互动，这是其他傩戏单靠法事执行者的心理暗示式的"逐疫"所不可能具

---

[1] 陈跃红、徐新建等：《中国傩文化》，中央编译出版社2008年版，第34页。

备的。

　　实现与看不见的世界的交往所必不可少的条件是"使人处于一种易感的特别状态,近似梦、癫痫或神魂颠倒的状态"[①]。列维－布留尔一再强调的"互渗",其发挥作用,必须先将人处于"易感"的状态中,而这一过程是通过"神秘化"来实现的。在各地的傩戏中,仪式执行者采用各种手段以期达到"易感"的状态,进而可以沟通人神,来进行"逐疫"。而这一系列仪式和手段本身是神秘的。就心理层面来讲,达到"易感"状态,其他地区傩戏,特别是傩堂戏,是通过仪式执行者强大的心理暗示来进行的,在很大程度上只是他自身进入了易感状态,在外界看来,很少有人能介入他所达到的情境中。因此,所谓请神"逐疫",是在仪式执行者的心理完成的,是虚化的。观众只是观感上的参与。在固义傩戏中则是另一种情形,"易感"状态的达到是通过实际的形象来表达的,黄鬼无论以什么装束出场,只要其出场就足够了,虽然将之作为"鬼"也需要一定心理暗示,但这暗示不仅仅局限在某人身上,而是集体预设性的。黄鬼的出场产生的心理互动,很容易让所有参与者进入精神亢奋的状态,从而摆脱"一个人或几个人的娱乐",而成为"集体的狂欢"。

　　同时,也应当注意,虽然很多傩戏品种中的仪式是通过几个法师、师公、神家来执行的,但是傩戏本身还是集体的娱乐。而这里的"集体"与固义的"集体"存在不同,两者在对待神秘世界的态度上迥异,后者从仪式的最初阶段,就不需要特殊的心理暗示,可以通过自己的实际感观就能达到特定的心理状态,并且有足够的耐性持续下去。更为重要的是,这种心理互动是众多个体同时完成的,并且能够达到高度相似。因此,同样是通过象征来表达,同样涵盖在鬼神信仰之下,固义傩戏的心理运动状况和其他地区傩戏有着明显的不同。

　　以上通过黄鬼一个角色,对心理的互动给予了一定的说明。其

[①] [法]列维－布留尔:《原始思维》,丁由译,商务印书馆2009年版,第396页。

第七章 固义傩戏参与者的心理特点

中也部分地涉及了角色内涵、外延的问题,这个问题还可以在固义傩戏中找到很多其他方面的证据,以说明这个问题不仅仅存在于某一个角色中,也不仅仅牵涉到心理的唯一层面。例如在傩戏准备阶段中,当傩戏确定了参演的人员后,举行开始仪式的前后和整个傩戏演出时间,所有演员(绝大多数是男性)禁止行房事,否则就将视为对神灵的不敬。对于性生活的禁忌,特别是对特定时间场合的性禁忌,在其他傩戏中也可以找到,例如南方的傩堂戏(傩愿戏)中,主家在整个傩事活动中是严禁性事的。在《金枝》《古代社会》等享有盛誉又包含丰富民族志资料的著作中,也不乏性禁忌的例证。具体到角色的内涵外延上,在固义,性禁忌主要是针对参加傩戏演出的人员(社员)而言的,而这些社员主要是作为"神"的形象出现,因此可以说是具有神性。因此行房事和对神灵造成玷污之间很容易建立起联系。施行性禁忌的实际效果在于使整个傩戏活动具有神秘的气氛。就如上文所引述列维－布留尔的观点一样,"原始思维"本质上是神秘的[①]。虽然已经不能把固义人的思维归入"原始"的范畴,但是列维－布留尔对"神秘"的阐述不乏启发性。同时,傩戏角色中的神灵,如欲不因人为的扮演而显得过于平淡和戏谑,必须引入众多的禁忌来增加整个傩戏活动的神秘性。这样的例子还有很多,例如在阎王等角色的化装过程中,是绝对不允许人看的。尽管,这样的化装即使被人看见(现实状况是,很多调查者和拍摄者确实看到并记录了),也并不能降低阎王的威严和外貌的恐怖程度。但是缺乏了诸如阎王化装等各方面的禁忌,阎王扮演者和阎王之间的等同性急剧下降,那么所有参与者的心理将发生某种导向"神秘性"的欠缺,威严者不再有力,恐怖者不再奏效。虚构的神秘世界首先将在心理层面坍塌,那么"傩戏"会在"傩"与"戏"的权衡中倒向"戏"的一边。

---

① [法]列维－布留尔:《原始思维》,丁由译,商务印书馆2009年版,第473页。

第三节　民俗迫力支配下的参与心理

　　信仰和角色扮演问题的论述已经部分涉及观众参与心理的问题，下面将对这一心理做一简析。傩戏的参与者既包括傩戏的直接表演者，又包括众多的观众。在固义傩戏中，观众又可以分为两种，一种是较为单纯的观众，指四里八乡来看热闹的群众，并不直接参与傩戏的任何表演环节；而另一种观众则是手持柳木棍的社火班成员，他们基本是属于有组织的观众，一定程度上又属于傩戏的表演者，但为了和傩戏的主要角色相区分，而把这种数量众多、又不承担重要角色的人群也归入观众。虽然均作为观众，但扮演的角色则差别很大。前者是较为纯粹的"观众"，不参与傩戏演出的任何部分，也不承担任何职责，看时即来，看完即走，存在流动性和随意性的特点；后者在固义傩戏中被称为"柳棍组"，在傩戏演出过程中手持柳木棍跟随队伍前行，呐喊助威。严格意义上，"柳棍组"不能称为"观众"，一方面他们承担营造气氛的职责，实际演出中还兼有开道、维持秩序等角色，实际上也可作为傩戏演出的一部分。在一般观众看来，鬼差的身影看不到，簇拥着的柳棍组及他们的呐喊声也是看点。但与傩戏演出中的核心表演者相比，柳棍组只能算是观众，他们并不在表演中充当角色，虽然有一定的组织性，但也有流动性和随意性的特点。对这两种观众进行区分是有必要的，因为后者主要是固义村村民，较能够代表广大社员的参与心理，而前者的参与心理则更多地涉及傩戏的接受心理。因此放到一起分析是不恰当的。下文对参与心理的分析，主要是针对傩戏的直接表演者和作为后者的观众。

　　全国各地现存的傩戏种类，在20世纪内基本都有一个相同的经历，大致是随着社会环境的变化而兴衰。特别是一个时期内，很多地方傩戏被视为封建迷信，大多销声匿迹，而后经过社会环境变迁，或变化形式生存了下来，或因道具书面资料大量丢失、主要人员去世而消亡。在20世纪80年代初，各地傩戏在条件适宜的情况

第七章 固义傩戏参与者的心理特点

下又相继恢复了演出。固义傩戏也有这样的经历。这一独特的经历表明，傩戏在民间具有强大的生命力，即使相隔几十年，社会条件发生了巨大的变化，傩戏还能恢复演出。在恢复民俗活动的过程中，我们常常听到这样的故事，原先村子里一直保持某种祭祀活动，村子安定祥和，后来由于某种原因停了下来，很快村子里发生了这样那样的灾难，很多人接到神灵的暗示，要赶紧恢复起来。因此曾被毁掉的庙很快修复、停下的民俗活动也很快恢复。固义傩戏的恢复也不例外，这其中就包含了乡民对傩戏活动的强大心理动力。特别是像参与人数众多、极具群众性的固义傩戏，要恢复演出，仅凭几个人的努力是难以实现的。首先必须具备广大村民接受的心理基础，傩戏的恢复演出才可能实现。

有学者在分析贵池山民之所以跳傩蕴含的文化心态时指出五个方面：（1）表现了浓厚的自然崇拜心态。（2）以跳傩作为维系和凝聚宗族宗法关系的纽带。（3）流露了崇佛崇道崇巫的迷信心态。（4）契合山民生产生活的心理需要，折射出山民追求自由幸福的人生观。（5）表现山民惩恶劝善的社会道德观念。同时，论者还阐明："山民跳傩既有现实的诱因，又有心理的诱因；既有宗教迷信的驱使，也有文化习尚的传承。它作为一种宗教形式，一种独特的文化现象，所反映的山民心态也是多方面多层次的，有积极的，也有消极的，有浅层次的，也有深层次的。而且各种心态往往又交织黏合在一起，幽深微妙，朦胧含混，令人难以准确把握。"[1] 论者对山民所反映出的"交织"的心态，可以说是有较为深刻的认识，这种心态某种程度上也是各地傩戏参与者的心态反映，单纯某种心态支撑傩戏演出的情况是很难想见的。贵池傩戏中的五种文化心态确有现实针对性，而且在新的社会条件下也逐步发生着变化。

例如"以跳傩作为维系和凝聚宗族宗法关系的纽带"，基本具有心理诱因的色彩。相比较其他地区的傩戏而言，贵池傩戏的"家

---

[1] 何根海、王兆乾：《在假面的背后：安徽贵池傩文化研究》，安徽大学出版社2000年版，第184—194页。

族和宗族"氛围是十分浓厚的,"几乎所有古老的家族都拥有自己的傩神会","傩神会的组织核心为宗族"。然而随着社会条件的变化,宗族观念出现松动,在1987年恢复傩神会的活动中,"有团结客姓、打破宗族包揽的主观愿望"[1]。而客姓也有参与的愿望。后来的傩神就相应做出了某些改变,如客姓人担任主要角色,"缟溪曹傩神会"改成为"缟溪傩神会",以去除明显的宗族色彩。因此考虑到诸如此种的变化,过于强调宗族宗法关系就有些不大符合实际状况了。

如对于傩戏中的迷信色彩,长期以来,破除迷信的努力从未间断,如何看待迷信和傩戏参与者对迷信的态度,"迷信心态"的说法有现实意义,但也有可能过于笼统,实际上傩戏中有些现象并不适宜归为迷信。在贵州德江,傩愿戏十分流行,但这并没有影响正规的医药医疗知识普及到乡民中间,生病了先看医生,是通行的观点。但是傩又在人们无能为力的时候发挥某些作用。德江县青龙镇田家湾田兴荣老人在重病之后请来傩师进行"还寿愿"仪式。从经济角度考虑是不合算的,但还是坚持进行了。"'祝寿'仪式的重要功能,是使人们回到孝道原则所规定的社会关系之中,在仪式氛围的感召之下,重新体验和理解这一关系的存在和意义。这种新的体验和理解,不仅在仪式进行的过程中,占据了每一个参与者的身心,并化为一种强烈的情绪表现;还在仪式结束、仪式参与者回到现实生活之后,对他们的观念以及与之相关联的社会行为发生影响。"[2] 在这个意义上讲,对于迷信思想的倚重就显得较为薄弱了。虽然当下看来,所谓"迷信思想"仍对傩戏有很强的支撑力,但它在驱使人们参与到傩戏傩事当中来究竟发挥多大的作用,确实值得深思。

对固义傩戏参与者的参与心理分析之前,有必要区分因傩戏

---

[1] 王兆乾、王秋贵:《安徽省贵池市刘街乡源溪村曹、金、柯三姓家族的傩戏》,财团法人施合郑民俗文化基金会,1993年,第1、39、66页。
[2] 李岚:《信仰的再创造:人类学视野中的傩》,云南人民出版社2008年版,第192页。

第七章 固义傩戏参与者的心理特点

种类不同而造成的参与者情况的迥异。南方主要的傩戏品种，诸如四川梓潼阳戏、江苏南通僮子戏、广西师公戏、云南保山香童戏、德江傩堂戏等，傩祭傩仪傩戏傩舞主要是由巫师组成的傩坛班（或相似组织，如广西称师公馆）承担的，安顺地戏由地戏团承揽。这些傩堂戏（傩愿戏）性质的傩戏，巫师（师公、法师、土老师）和主家形成了雇佣关系，傩戏表演基本上可以看作某种性质的经济行为。傩堂戏的参与者，主要就是巫师和主家双方，他们的心理可以在此意义上看作某种利益交换。巫师赚取一定收入，演化成一种职业是自然的，主家付出一定钱粮，收获心理上的安抚。功利目的发挥了至关重要的心理动力的作用，至于双方在对待傩神、傩戏等信仰或认识层面的心理，虽然也会发生积极或消极作用，但只能是更为背景性和间接的。固义傩戏则是另一种情况，根本不存在雇佣关系，是村民自筹自演的。安徽贵池傩戏也大致具备这个特点。由于缺乏了直接的功利心理，因此对参与者参与心理的分析就必须从这些傩戏反映出的一些特殊现象入手。

通过和其他傩戏种类的对比，可以大致得出以下一些认识：固义傩戏的参与心理是：（1）非经济利益驱动的。虽然其中某些角色（如黄鬼）会得到一定补助，但是很多时候，募集来的钱粮都用于道具制作、骡马租赁、人员食宿、供奉神祇等必要开支，组织者、表演者等参与者基本无收入。在固义傩戏的恢复演出中，丁德玉等人发挥了重要作用，他们积极奔走，并没有收取一分钱一袋粮，并且为恢复傩戏自己还贴钱。[1]（2）非还愿性质的。没有人会因为许愿而进行傩戏演出，傩戏演出也不是为了还愿，相对于家庭性质的还愿来讲，集体性的傩戏更多地具有社火性质，还愿这种更具个体性质的行为在固义傩戏中是没有体现的。（3）非宗教信仰的。在藏族、蒙古族等少数民族中以及道教佛教繁盛的区域，傩事活动带有浓厚的宗教色彩，宗教信仰成为这些

---

[1] 杜学德：《燕赵傩文化初探》，甘肃人民出版社1998年版，第58—60页。

傩事活动的主要驱动力。固义没有类似的宗教信仰，整个傩戏也看不出突出的宗教性质，因此必须排除宗教信仰的心理作用。（4）非道德训诫的。固义傩戏中被强加了很多道德训诫的成分，如有关《捉黄鬼》的传说是，大鬼、二鬼、跳鬼、黄鬼原是兄弟，由于黄鬼忤逆不孝，所以死后要捉来审判并处以酷刑。又如三国戏中的宣扬的"忠义"观念等。但这是傩戏本身所期达到的效果，而并非最初的动机。不可能为了教育人而来专门组织这场傩戏。况且道德训诫是附加的，不是傩戏所着力表现的内容。（5）非专门娱神的。表面上是为"白眉三郎"演出的，具有娱神的性质。但在当下看来，娱人的成分越来越多，目的越来越明显。此时，"不演傩戏会触怒神灵"的说法已经有所松动，笔者在固义村的调查中发现，对白眉三郎的信仰也只严格地存在于几个老年人中。因此单纯的"娱神"并不能在村民中激起足够的号召力。（6）非宗族维系的。虽然固义傩戏也有一定的宗族色彩，但是由于多姓混居已久，严格的宗族分工已经不明显。况且，宗族维系是傩戏的组织形式，而非原初动力，更谈不上心理上的驱动了。

在可考察的限度内，将傩戏的参与者结构式分为傩法师、雇主、观众三者，那么较为清晰的是，南方傩堂戏（傩愿戏、阳戏、童子戏、师公戏、端公戏等）的这种结构是容易看到的（见图7—4）。而贵池傩戏和安顺地戏的情况则有些特殊，雇主的角色不存在，因此只剩下傩法师（傩戏表演者）和观众。然而值得注意的是，雇主的角色某些部分由傩法师和观众充当。在固义傩戏中，基本已经没有明显的三分法的状况，傩法师（傩戏表演者）、雇主、观众合为一体。通过这种方法得出的心理分析结果，傩堂戏、贵池安顺、固义三种情况可以分别图示为图7—5（a）、图7—5（b）和图7—5（c）。（a）图可以看出明显的（不严格指定的）三方互动，（b）图表现为两方，（c）图只有单纯的一方。在此基础上，相较于其他傩戏品种，对心理图式的条件性分析，固义傩戏的特点就在于一维表象荫蔽下的多维交叠。

◆ 第七章 固义傩戏参与者的心理特点 ◆

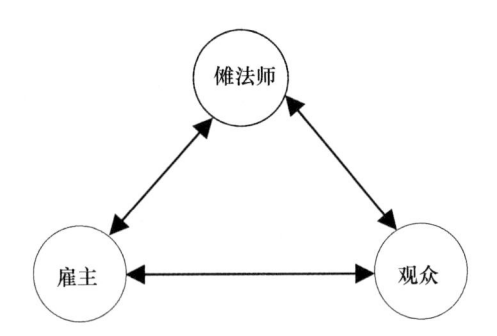

图7—4 傩戏参与者结构三分图

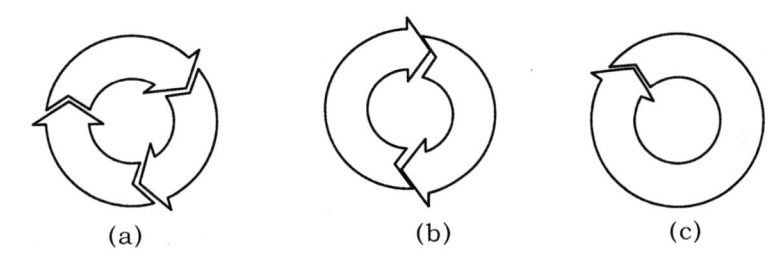

图7—5 傩戏参与者心理互动示意

参与者的心理构成因素是复杂的，任何一种合理的因素都足以把很多人吸引到傩戏中来。例如娱乐的心理，很多人只是为了获取群体民俗活动的乐趣。但还必须具有更为普遍性更具根基性、更有说服力的原因。在田野访问时，笔者注意到一个特殊的现象，每一个访问对象似乎都有参与傩戏的心理原动力，却又在某种程度上具有被迫的因素在内。虽然无意损毁村民在参与傩戏时的主动性，但某些被动因素的挖掘或许更有利于阐明问题。姑且将这种特定的民俗活动中对参与者形成的被迫因素称为"民俗迫力"。它主要表现在以下几个方面。

1. 对重要民俗活动维持传承的责任感。由于傩戏一定时期内发生中断，对傩戏本身又存在一定误解，因此傩戏坎坷的命运使得新一代的社首面临着很大的压力。虽然新世纪固义傩戏被列入国家级非物质文化遗产名录，但也面临着某些以前未出现的问题，例如经济利益可能带来的纠纷等。因此，村民们放弃这项民俗活动是不

241

可能的。

2. 参与某项民俗活动的荣誉感和荣耀感。参与固义傩戏在村民和外人看来都是一件荣耀的事，具有"唯我独有，唯我独优"的心理。在傩戏中，掌竹的角色十分重要，一直由李起来家族的人扮演，后来李家儿孙在邯郸、武安工作的很多，但是每逢演傩戏，仍会回村扮演掌竹，非常珍视这份荣耀。

3. 民俗活动中体现的家族家庭间的竞争。由于傩戏演出本身就是各家族地位的博弈，而且通过这些活动又实现某种地位变动，而且傩戏角色和现实社会地位的互动，使得各家族各家庭隐性地存在攀比心理，希望在傩戏中博得众采，提升家族地位。

4. 没有特殊的理由无法拒绝。虽然傩戏参与是强调"自愿"的，但是对于整个社首和社火班子所指派的任务，碍于人情或其他原因难以拒绝。某个任务一旦确定，你不参加，这个任务就缺了，很多程序有可能就进行不下去。在特定的民俗情境中，拒绝可能就意味着对整个村庄的疏离。

因此，固义傩戏参与者的参与心理既有主动性的一面，也在特定的民俗环境中呈现出受迫性的因素。主动性因素关注得较多，而所谓的"民俗迫力"却关注较少。但就实际而言，民俗迫力支配下的参与心理在固义傩戏中发挥着重要作用。

第八章　固义傩戏展演中的行为特点

固义傩戏的行为特点有很多考察方面，以下将从参与群体、传承播布和仪式表述三个方面展开。这三个方面分别指涉了固义傩戏的行为主体、行为存在方式和行为内部表述三个不同侧面，以期能够对固义傩戏的行为特点有初步认识。这三个方面具有代表意义和一定的说明性。在分析中，"情境"将作为最关键的概念。无论是总体上的行为考察，还是细部的分析，脱离特定情境对傩戏来说是不太现实的。

第一节　参与群体的情境互动

各地傩戏在参与群体上各有差别，基本可以分为两种类型。一种是傩戏和社火结合在一起的，以固义傩戏、山西曲沃任庄扇鼓傩戏、安徽贵池傩戏和贵州安顺地戏为代表；另一种是由巫师主持的傩堂戏，以四川梓潼阳戏、广西柳州师公傩、德江傩堂戏、南通僮子戏等为代表。前者由于和当地的多种社火形式相结合，所以参与人数众多。例如在山西曲沃任庄扇鼓傩戏中，直接参与傩戏表演的主要是"十二神家"，加上伴随傩戏表演的锣鼓队、秧歌队以及傩戏的道具保管者、管理协调者等，"参与傩祭活动人数，每次均多达一百一十人"[1]。安顺地戏很多是穿插在社

---

[1] 黄竹三、王福才：《山西省曲沃县任庄村〈扇鼓神谱〉调查报告》，财团法人施合郑民俗文化基金会，1994年，第26页。

火民俗"抬汪公"中，安徽贵池傩戏表演本身形式多样，又加上其他形式的社火民俗，因此参与人数都在百人以上。固义傩戏也属这种情况，参与人数在数百。这种类型的傩戏和社火紧密结合，傩戏融合在社火中，成为社火的一部分，虽然某种程度上严格的傩戏演出主要由某几个人完成，但参与人数并不只限于这几人。与社火傩戏不同的是，傩堂戏的参与群体并没有这么庞大，其参与者主要是傩师（巫师、土老师、端公、师公、僮子等）、主家。四川梓潼阳戏的主要参与者是必须参加的人，包括还愿者（个人、家庭或家族）和表演阳戏的戏班全体成员；受邀参加的人，主家邀请的一些亲朋好友和邻里乡亲。[①] 广西柳州师公傩主要参与者是师公和主家，德江傩堂戏、贵州荔波县布依族傩戏、贵州织金傩戏则是掌坛师和主家。由于傩堂戏的还愿性质，所以更多地倾向于家庭性（也有家族性的），所以参与人数并不是特别多。泸州傩戏中开坛设教酬神演戏的组织为"端公班"，"班子人员有：掌坛一人，灵官一人，扫荡婆一人（男扮女装），打锣鼓的四五人，会首两三人，共约十多人"。湘西傩戏"杠菩萨"，其"巫师班的人数，视巫事活动的规模而定，少则八、九人，多则十余人"[②]。由此可以看出，傩堂戏的参与人数较少。

参与人数只是参与群体的一个考量维度，如果将社火傩戏中主要参与其他社火形式表演的个体除去，傩戏演出的核心人数也可控制在十人上下。扇鼓傩戏的"十二神家"、固义傩戏的主要角色只有四个到六个。姑且称这些傩戏的最主要参与者为"核心个体"，那么社火傩戏和傩堂戏的核心个体数目都只有十人上下。在核心个体内部，每个个体的重要性也呈现出不同层次。在傩堂戏中，掌坛师是最为主要的，而且还可能享有某些特权，四川梓潼阳戏中的掌

[①] 于一、王康、陈文汉：《四川省梓潼县马鸣乡红寨村一带的梓潼阳戏》，财团法人施合郑民俗文化基金会，1994年，第25页。

[②] 顾朴光等编：《中国傩戏调查报告》，贵州人民出版社1992年版，第73、170页。

坛师就在食物和报酬上享有特许权①。在扇鼓傩戏中，神头（十二神家之首）就有召集、训练、指导其他"神家"的权利和义务。同样，核心个体中发挥作用最大的，也有可能并不是地位最高的，例如固义傩戏中的黄鬼、白府《拉死鬼》傩仪中的死鬼。因此，傩戏参与的核心个体虽然有一定的层级，但层级间并不是简单的上下级关系。如果将这种层级特点扩展到傩戏的整个参与群体上，基本也是适用的。

对参与群体的人数和分工简单介绍，很大程度上是基于在傩戏这种集体活动中个体所发挥的作用和怎么样发挥作用的重视。这是一直以来较为通行的做法，而且这两个方面在田野工作中也自觉不自觉地被关注。诚然，在进行具体的分析和阐释的时候，这两方面是不无裨益的。在符号学的理论框架下，每个个体及其扮演的角色都可以被看作一个（民俗）符号，对符号的分析很大程度上就能指向具体个体的分析。

无论哪一地的傩戏，傩戏的任一品种，作为涂尔干（Emile Durkheim）所说的"社会事实"，是通过互动来实现的。在社会学领域中的互动论主要关注并期待阐释"一个人以什么方式与另外一个人相联系？社会怎样造就着个人？而个人又怎样创造社会，并使之得以延续和变迁？社会怎样与个人的人格相互关联而在现象上却又彼此分离"②的问题，因此首先期待互动论致力于解决的就是"个体特性为一方，社会结构特性为另一方"中的"个体"。赫伯特·布鲁姆（Herbert G. Blumer）和曼弗德·库恩（Manford Kuhn）等符号互动论者和结构角色理论家都提出了对"个体"的探讨，但在他们内部还是存在很大分歧。另一个受到互动论钟爱的术语是"角色"，无论是互动论思想滥觞的乔治·赫伯特·米德（George Herbert Mead）、罗伯特·帕克（Robert E.

---

① 于一、王康、陈文汉：《四川省梓潼县马鸣乡红寨村一带的梓潼阳戏》，财团法人施合郑民俗文化基金会，1994年，第29页。

② ［美］乔纳森·H. 特纳：《现代西方社会学理论》，范伟达译，天津人民出版社1988年版，第427页。

Park)、雅各布·莫雷诺（Jacob Levy Moreno）、拉尔夫·林顿（Ralph Linton），还是符号互动论者、结构角色理论和拉尔夫·H. 特纳（Ralph H. Turner）的过程角色理论都涉及此点。如果说对"个体"特性的探讨还主要聚焦于一方时，"角色"理论就很自然地涉及互动的人与人、人与社会等多方。

将社会学中的"个体"和"角色"范畴引入傩戏研究，启示意义在于傩戏研究对个体和角色的关注也带来了某些偏离。兰德尔·柯林斯（Randall Collins）在阐述"互动仪式链"（interaction ritual chains, IRs）理论时，首先阐明他的互动仪式链理论是以"情境而不是个体作为出发点"，"互动仪式（IR）和互动仪式链理论首先是关于情境的理论"，"这并不是说个体不存在。……我的分析策略（也是互动仪式的创立者欧文·戈夫曼的策略），是以情境动力学为起点；由此我们可以得出我们想要知道的个体的几乎一切方面，都是在不同情境中变动的结果"[①]。柯林斯的情境论或可对个体分析有纠偏作用，至少提供了一个分析视角。

具体到傩戏研究中，谈及整个傩戏中的互动，情境互动应比个体互动和角色互动的提法更为恰当一些。一是柯林斯关于情境和个体对分析策略的影响给我们以启示；二是个体作为傩戏的直接参与者，构成互动必需需要某种中介，而这个中介即是角色；三是"角色"本身具有情境性，离开情境，角色扮演是难以立足的；四是个体互动和角色互动并不是不能存在和分析的，其互动和情境互动是截然不同的。就具体例子而言，傩师在傩戏中享有的特权是特定情境互动下的，其个体难以实现，其扮演的角色并非时时刻刻成功且奏效。

在民俗场下，情境互动对各地傩戏都有一定的阐释力。此种情境互动也有很大的相似性。而固义傩戏的情境互动区别于其他傩戏品种的地方在于情境和互动两个方面。撷取一例予以说明，在情境

[①] ［美］兰德尔·柯林斯：《互动仪式链》，林聚任、王鹏、宋丽君译，商务印书馆2009年版，第32页。

第八章 固义傩戏展演中的行为特点

的营构上，固义傩戏的参与者包括一个特殊的群体，那就是众多持柳木棍者（柳棍组，由固义村的年轻小伙子组成，手持六十厘米长的柳木棍，大鬼、二鬼、跳鬼走到哪，柳棍组就跟到哪，边围着鬼差呐喊，边为鬼差的行进开道。当鬼差做某个动作时，柳棍组从外到内紧紧围住鬼差。当鬼差行进时，柳棍组由内向外散开。时而聚拢、时而散开，呐喊阵阵，随队前行）。这个群体是其他傩戏所不具有的。他们参与整个《捉黄鬼》的表演，而且处于观众和表演者之间，兼有观众和表演者的角色。大鬼、二鬼和跳鬼沿街捉拿黄鬼，柳棍组不是捉鬼者，也不是审判者和行刑者，但他们的重要性在于通过和大鬼、二鬼和跳鬼沿街奔跑和喊叫构造出神秘癫狂的状态。与傩堂戏单独有傩师掌控的神秘气氛相比，他们所达到的情感传递要深入和广泛得多。整个情境的营造，并非个体或其他集体所能达到的，他们的行为即是情境的营造者，又是特定情境的表现。特定情境并不是某个个体或群体的表达，柳棍组是某个情境要素的营构者。特定情境的实现，是通过情境的互动实现的。在捉黄鬼中，几个"鬼"及其扮演者自身所能达到的恐怖效果是有限的，这种恐怖效果还极有可能因个体角色表演者的僵硬或错误而削弱乃至消失。恐怖神秘娱乐的情境是若干情境要素互动的产物，特有的烟火、特定的行刑台、血淋淋的装扮、特有的呐喊奔跑、特定的仪式等，才展现出特定的情境。互动是情境的互动，情境是互动的情境。就这方面来说，社火傩戏的情境互动和傩堂戏的情境互动是迥异的。前文对傩戏参与人数和角色层级的分析，虽然是基于个体和角色层面的，但是只有置于情境的场域中，互动才能显示出各自的特殊之处。具有社火傩戏性质的固义傩戏、贵池傩戏、安顺地戏，在个体参与、角色层级上是高度相似的，正是由于情境互动的内在营构不同，才展示出了不同的特点。

第二节 传承播布的情境约束

"民俗在时间上的传承性和在空间上的播布性，是它的一大特征。"① 播布性也可称为扩布性，"民俗的传承性，是指民俗文化在时间上传衍的连续性，即历史的纵向延续性；同时也是指民俗文化的一种传递方式。民俗的扩布性则指民俗文化在空间上蔓延性，也是指民俗文化的横向传播过程。民俗的传承性和扩布性，使民俗文化的传承成为一种时空文化的连续体"②。传承和播布二者是密不可分的，播布也是一种传承，传承包含了播布。传承性不仅受到民俗学的关注，人类学对传承性也有精彩分析。

马林诺夫斯基对特罗布里恩德群岛土著的巫术进行了深入分析，其中就包括巫术的传承问题③，他提出"巫术过继"的说法，出发点是针对"巫术"的，分析是结合特定的仪式环境和社会环境进行的。这也是莫斯的做法，"我们将从观察仪式的运作过程转到研究这些仪式的发生环境"，"我们不会找出一系列的巫术仪式来进行分析，而是去分析作为巫术仪式所处环境的巫术整体（ensemble of magic），并尝试对其进行描述"④。把巫术置于它的社会环境中考量，与泰勒、弗雷泽用感应法则解释巫术行为的个体心理学理论的路径是迥异的。如果将傩戏研究放入"整体社会事实"中，有其合理之处，能够纠正对傩戏传承的种种现象过于重视个体的"以宾代主"的心理学式臆测。但也由于其牵涉面可能过于广阔而显得不够精准和贴切，所以需要界定傩戏于特定的情境中。这也是提出情境约束来考察傩戏传承性的缘由。

各地傩戏的传承状况各有不同。由傩师主导的傩堂戏往往在传承上要求严格。四川梓潼阳戏，"由于阳戏班是一个唯宗教的演出团体，阳戏演出的技艺性（含作法事）又强，如要掌握阳戏演出的基本技艺，必须拜师学艺，进行系统的学习，若要成为掌坛师，表

---

① 陶立璠：《民俗学概论》，中央民族学院出版社1987年版，第37页。
② 钟敬文主编：《民俗学概论》，上海文艺出版社1998年版，第13页，该节撰写者为陶立璠。
③ [英]马林诺夫斯基：《西太平洋的航海者》，梁永佳、李绍明译，华夏出版社2002年版，第354页。
④ Marcel Mauss. tr. by Robert Brain. *A General Theory of Magic*. London&New York：Taylor and Francis e-Library. 2005：12.

演灵官等主要角色,还须是道教受戒人员才能胜任"①。因此,傩师需要加入"阳戏教",经过复杂严格的仪式程序才能成为学徒,而后才能进行学习锻炼,如果想要成为掌坛师,还需要"道教受戒"。广西柳州师公傩,要成为一个真正的师公,必要度戒,否则教中不予承认,即使学会了各项法事,但行法时不会灵验,群众也不信任②。类似的情况也存在于德江傩堂戏、湘西傩戏、湖南邵阳傩戏、四川泸州傩戏、贵州荔波县布依族傩戏、贵州织金傩戏等傩戏品种中,虽然某些品种已经没有严格的宗教形式了,但严格的拜师仪式和一段相当长时间的学习磨炼过程是得到同行和群众认可的基本条件。在傩堂戏之外的其他傩戏品种,似乎类宗教的限制要少得多。山西曲沃扇鼓傩戏"神家"的装扮者,代代相传,其唱词父子口传耳授;如该"神家"装扮者无嗣,则由族长和乡老商议更换③。安徽省贵池市源溪村"缟溪曹之傩戏无严格的师承制度。往昔,傩戏为敬祖和祭神活动,家族的子弟悉数参加,其中读书子弟聪明好学者,常由家长指定学习,或抄写总稿,以练习书法,熟悉文词。耳濡目染,无师自通。由于宗族间既以'社会'排场为炫耀,又将技艺、文字秘而不宣,所以傩事活动常为宗族之头面人物包揽,后生子弟虽跃跃欲试,也只能扛扛旗伞而已"④。安顺地戏和贵池傩戏有相似之处,属于结合家族的师徒传承。云南澄江关索戏的表演艺术传承是:"按传统习惯,所扮角色为世代相传,如演关公者一直演关公,如年老体衰可传儿子接替,如无子嗣可传侄辈,若无侄辈才能传外姓。教戏亦按此理,仍为口传心授,因各记

---

① 于一、王康、陈文汉:《四川省梓潼县马鸣乡红寨村一带的梓潼阳戏》,财团法人施合郑民俗文化基金会,1994年,第72页。
② 庞绍元、王超:《广西柳州师公傩的文武坛法事》,财团法人施合郑民俗文化基金会,1995年,第23页。
③ 黄竹三、王福才:《山西省曲沃县任庄村〈扇鼓神谱〉调查报告》,财团法人施合郑民俗文化基金会,1994年,第20页。
④ 王兆乾、王秋贵:《安徽省贵池市刘街乡源溪村曹、金、柯三姓家族的傩戏》,财团法人施合郑民俗文化基金会,1993年,第69—70页。

一角的词白,必须合排才能上演。"① 上述傩戏中,无论是家族内的还是家族外的,世代传承和角色世代沿袭尽管具有"师徒制"的表象,但是和傩堂戏的"师徒"有着巨大的差别。前者在严肃性和严格性方面远远难以和后者相较。贵州威宁县的"撮泰吉"则更为宽松,"在裸戛村,不论是谁,只要对'撮泰吉'感兴趣,遇到缺乏某一角色时,都可以参加表演,不存在防范与戒备问题"②。裸戛村村民几乎将师徒和家族限制荡除了,但是也仅限于本村村民,对外则有"防范与戒备"的问题了。

在贵州安顺,地戏表演是"屯堡人"的专利,有"有屯堡人的地方就有地戏"之说。地戏也是随着屯堡人的定居而进入贵州的,近来虽有少数民族也开始表演地戏,但都是模仿屯堡人进行的。在山西扇鼓傩戏和贵池傩戏中,参与的主要家族都有迁徙史,并都号称傩戏也是随人迁徙而来。

和云南澄江关索戏的传承最为相似,固义傩戏的传承方式是:"参加祭祀和演出的人员、各种辅助人员都是自古传承下来的家户出人承担,父传子承。没有儿子的,设法由侄儿、女婿继承。"③ 除前已述及的黄鬼较为特殊外,其他主要的、辅助的角色都采取父子相承。在固义傩戏中,绝大多数角色(特别是辅助性的)并不直接参加表演,因此传承也只是象征性的,也不存在教与学的问题。而几个主要角色,如掌竹、三个鬼(大鬼、二鬼、跳鬼)、赛戏中的角色等都需要专人指导和练习才可以胜任。基本上,演出过程即是学习和锻炼的过程,新学者是在潜移默化中学会的。

各地傩戏没有任何两者在传承播布上是完全相同的,即使相似也只是某个细节上的。甚至在某些傩戏内部,传承也表现出很大的差异。例如统称在"织金傩戏"下的贵州织金各族祭祀仪式剧,在传承上不仅因民族不同而各有特色,而且因所供神灵不同也有所差别。各地傩戏的传承都受到特定情境的约束,如果说前文中"情境

---

① 顾朴光等编:《中国傩戏调查报告》,贵州人民出版社1992年版,第179页。
② 顾朴光等编:《中国傩戏调查报告》,第243页。
③ 杜学德:《燕赵傩文化初探》,甘肃人民出版社1998年版,第12页。

互动"的"情境"较为显性的话,在传承中,情境的约束则较为隐性。这种情境约束不仅仅体现并发挥作用于傩戏演出中,而且更多地存在于傩戏演出之外。其发挥作用也不仅仅是某一时间点或时间段,而是更为持久的、更为基础的。

傩戏传承播布的情境约束主要表现在两个方面,即"愿不愿"和"能不能"。

"愿不愿"的问题主要体现在传承(相对于播布)中。傩堂戏和非傩堂戏在传承上重要的区别在于技艺授者与受者关系的严格性上。傩堂戏(特别是傩愿戏)具有职业的特点。授者与受者的让渡在于技术(特定的傩技如上刀山等,仪式的执行和咒语画符等技能,另有面具雕刻、道具制作等)和艺术(傩戏表演,唱腔、伴奏、身段等),艺术很大程度上是依附于技术的,而技术是傩师的职业技能所在,是谋生的手段。在非傩堂戏中,技术(勾画脸谱、制作面具、制作道具)等,都是依附于艺术(傩戏演出)而存在,并不存在职业技能的问题。因此,傩戏技艺的依存情境是迥然不同的,再加上特定的宗教因素、家族因素等,傩戏技艺的存在情境差别巨大。具体到传承上,其约束作用就外化为傩堂戏严格的传承要求,如入教和烦冗细致的拜师仪式,某种程度上通俗表达为生计手段的垄断;非傩堂戏一定程度也限定在家族、家庭、地域内,通俗表达为虑及声望的保守。在情境约束下,傩堂戏的授者和受者在传承上的积极程度都要低于非傩堂戏的授者和受者。原因就在于情境对他们的约束力存在差别。

"能不能"的问题主要体现在播布中。除少数傩戏品种外(如扇鼓傩戏、撮泰吉、固义傩戏),大多数傩戏品种呈面状分布。这些面中的点是独立发展的,还是通过播布实现的,目前缺乏详细的资料来说明。同一民俗的存在,需要较为相似的民俗情境。就目前的分布状况(而非严格的播布)来看,大多数傩戏"能"在特定地域内播布,屯堡人某村的面具丢失了,借用邻村的即可以演出。在这个意义上,这些傩戏播布的情境约束力较小,播布所遇到的阻碍也较小。而孤点的傩戏(或许历史上也并非孤点),播布到周边区域则较

251

为困难（至于困难的原因有很多），最主要的原因在于情境约束力较大。上述两种约束力的大小直接相关于情境发挥的作用。

就固义傩戏的传承播布而言，内部的家族传承形成了惯例，一般角色扮演职责并不外传，稳定在家族内部，在某家族内部总能够找到合适的男丁来承继这个角色，一方面保证了角色的承续，一方面也限制了向外族传播。涉及民俗情境，角色的扮演代表了一份职责和荣耀，不会轻易让外人染指。实际情境中的民俗角色划分代表了地位等级，延续的角色等级不会轻易改变。固义傩戏的对外播布并不容易，在很大的地域范围内，虽然能够找到和固义傩戏类似的祭祀仪式和演剧形式，但高度一致的傩戏却并不容易看到。与固义傩戏有密切亲缘关系的赛社也与固义傩戏有着细微差别，因此固义村民把傩戏看作"独一家"不是没有道理的。村落民俗不外传是一个原因，更重要的原因在于这一民俗是特定情境下的产物，缺乏信仰环境、缺乏组织传承、缺乏历史积淀，单纯的照搬是难以实现的。

综上所述，固义傩戏的传承播布的特点在于在特定情境约束下，内部传承相对宽松，但也保守；对外播布存在极大困难。情境约束是原因而不是结果或表现。

第三节　仪式表述的情境张力

仪式是人类学重要的研究对象和分析工具。从对仪式外在形式和实施过程的描述、再现到对仪式的象征、结构、功能的解读，几乎每一个人类学家都在仪式研究上建构了自己的话语空间。面对内涵丰富的仪式，区别于外在的、物质的、分析性的功能研究，利奇（Leach）尝试作出仪式研究的向内转向，提出了"仪式表述"（Ritual Words），倾向于仪式的整体性内在功能的分析。虽然仪式表述仍然带有功能分析的明显痕迹，但对仪式分析的向内转向，聚焦于仪式自身，所能带来的学术启示性已经不仅仅局限在功能分析的框架内了。前文对参与群体和传承播布的分析，引入情境的范畴很大程度是站立在对象之外的。对仪式的情境分析，可能滑入仪式

◆ 第八章 固义傩戏展演中的行为特点 ◆

外在功能或象征中去。

不同学科的不同学者对仪式的定义多种多样。对于傩戏中仪式的界定，既不能将目光仅仅停留在单个严肃的祭祀仪式上，以免受制于宗教式的"仪式"而过于狭窄；又不能采取社会学的做法，把各种各样的行为都包括进来。范围的粗略划定仍不能提供一个较为满意的仪式定义，具体到傩戏的分析中，仍难以对所要分析的对象有一清晰认识。因此采取的做法是将发生在傩戏开始和结束的标志性事件之间的和傩戏直接相关的行为按历时性统合在一起，称之为"仪式链"。仪式链的每一环节并不能清晰指出，但这一环的准入门槛和傩戏的直接相关。例如，在固义傩戏中，从前一年腊月里的起社会议开始，直到最后举行的过厨仪式，构成固义傩戏的仪式链。这就将傩戏表演前的准备阶段如排练、面具制作等相关行为也包括进来，同时把在傩戏演出期间其他不相关的活动排除出傩戏仪式链。各地傩戏仪式的方方面面差异很大，可比性较小，仪式链的引入，将各地傩戏做整体观照，提供了分析的可能性。同时也能聚焦于仪式内部。

所谓张力，在戏剧艺术中，"戏剧张力是一种结构现象，它连接戏剧故事的各个片段，尤其连接每个片段在剧本的结尾。张力通过前置或多或少对结局的焦虑而形成。由于把事件的下文提到前面，观众便产生一种悬念：观众想象着最坏的结果，自我感觉非常'紧张'。在戏剧体文本里，所有的片段、所有的场景只有与下文发生关联时才具有意义。施泰格（1946）甚至把张力视为戏剧艺术的特殊法则。因此。这种戏剧结构就像一个弓箭，它的每个行动似乎都是绷紧的弦，直到最后射出致命的一箭。叙述体剧作法（尤其布莱希特学派）则要求张力发生在情节进展之中，而不是在剧终时出现。当冲突的结果提前明朗化，张力就完全被分解，观众便把注意力集中到故事的进展之中。"[①] 作为人文

---

① ［法］帕特里斯·帕维斯：《戏剧艺术辞典》，宫宝荣、傅秋敏译，上海书店出版社2014年版，第354页。

社会科学中的一个常用概念,在仪式的表演理论中也可见到相似的表述,针对马尔库斯和费彻尔在理论上把仪式的表演置于一种类似于"可阅读的文本"(can be read like a text)[1]的说法,彭兆荣认为:"既然仪式可以被视为一种社会化的阅读文本,那么,不同读者,不同的读法就会'读'出不同的意思;从中看到不同的社会影像。"[2] 因此,与其说仪式中存在张力,毋宁说张力是仪式的表达方式。同时涉及仪式的结构,尤能体现张力的在于"二元对立"(binary opposition)的表述。涂尔干对仪式所做的"神圣/世俗"(the sacred/the profane)的二元对立式的分类,本身就指向了仪式能指的两端。虽然这两端有多种解读方法,但其共时性的存在本身就体现了某种张力。对于二分法,结构主义内部和外部都充满了质疑声。象征主义大师特纳(V. W. Turner)的仪式符号"极向的意义"(polarization of meaning)[3]仍有结构分析的声音。

无论是认为仪式是布尔迪厄(Bourdieu)"实践"视野下的"情境性实践"[4],还是"在于创造一种情境"[5],这里的情境都只能是存在于仪式外部的,或是仪式的外在生态或是仪式的外在功能。这不是仪式表述所追求的情境,情境张力的说法也不能简单采纳这里的"情境"定义。在论述到仪式符号的权力时,布洛克(Block)提供了一个较为近似的说法。他认为仪式的这种权力一方面来自于在某个特定语境中的形式化(formalization),另一方面在于仪式中多重语境之间的相互关系(interrelationship)所产生的能

---

[1] Marcus & Fischer, *Anthropology as Cultural Critique*, Chicago: University of Chicago Press, 1986, p. 61.
[2] 彭兆荣:《人类学仪式理论和实践》,民族出版社2007年版,第160页。
[3] V. W. Turner, *The Forest of Symbol: Aspects of Ndembu Ritual*, Ithaca, New York: Cornell University Press, 1967, p. 51.
[4] 彭兆荣:《人类学仪式理论和实践》,民族出版社2007年版,第22页。
[5] T. S. Turner, "Transformation, Hierarchy and Transcendence: A Reformulation of Van Gennep's Model of the Structure of Rites of Passage", Sally F. Moore and Barbaba G. Myerhoff (ed.), *Secular Rituals*, Amsterdam: Van Gorcum, 1977, pp. 59 – 60.

第八章 固义傩戏展演中的行为特点

力与能量①。"多重语境"也可以做很多解读,如果具体到仪式的内部,那么这里所讲的"相互关系所产生的能力和能量"就十分接近于我们所说的"情境张力"了。

就傩戏而言,傩戏之为"傩戏",在于"傩"在于"戏"。无"傩"或无"戏"均难以严格地称为傩戏。例如山西扇鼓傩戏,由于祭祀的因素要远远大于"戏",所以在《山西省曲沃县任庄村〈扇鼓神谱〉调查报告》一书中将之称为"傩祭"。在学界考察中,仍习称"扇鼓傩戏"。又如江西丰南傩戏,严格意义上,傩演出,只有"舞"而无"戏",所以很多学者称为"傩舞"。出于考察的便利,傩戏研究一般将上述两者纳入傩戏的考察范围。实质上在"以傩仪(傩礼)为核心,以傩舞、傩戏、傩艺、傩俗为主要内容的傩文化"②的细部划分上还存在着多种意见。对于无傩的仪式剧,如目连戏、傀儡戏等,则很少归入傩戏的范围。对于傩戏而言,"傩"重"戏"轻的现象有所表现。更为深层次的问题在于,傩戏之"傩"与"戏"可以恰当地作为情境张力分析的切入点。

傩戏仪式链,是以仪式为核心的。傩戏的展演即是一系列仪式的展演,傩和戏是统一和同一在仪式中的。在实际的仪式中,或侧重于傩或侧重于戏,但绝不会出现只傩不戏或只戏不傩的情况。例如最具仪式的当属各地的祭祀仪式,是各地傩戏中请神、祭神、送神的关键环节,此时也是傩气息最浓的时候,但是仪式的进行又是通过戏来表达的。同时,戏的演出本身就是祭神的,戏的面具角色基本都是"神"的化身和代表。这涉及一个难以解释的问题,"傩"更倾向于"祭神"(和娱神稍有不同),"戏"更倾向于"娱人"。如果借用上面涂尔干的分类法即是"神圣/世俗"的对立。这种对立如果置于外部情境中,很容易通过"娱神—娱人"的融合论来解释。但对于仪式表述来讲,无疑是一个危机。毕竟表述效果

---

① "Block, The Ritual of the Royal Bath in Madagascar", David Canadine and Simon Price (ed.), *Ritual and Royalty: Power and Ceremonial in Tranditional Socities*, Cambridge: Cambridge University Press, 1987, pp. 271 – 297.

② 曲六乙、钱茀:《东方傩文化概论》,山西教育出版社2006年版,第1页。

和表述是两个方面的问题。表述效果上的二元对立并不代表表述上的二元对立。仪式表述危机在于自我解构。

如果仪式中的"祭神/娱人"在仪式的发生史上是前后相继的,那么仪式表述危机将不存在。彭兆荣选取了三个主要的方面来说明,一个是格尔茨(Geertz)在《深层的游戏:关于巴厘岛斗鸡的记述》,主要侧重于仪式/游戏;一个奥林匹克运动起源于丧葬仪式;一个是弗雷泽大量的记录和其他一些地区的习俗。后两者侧重于"娱神/自娱"。列举众多事例在于说明"由于仪式本身的经久性,随着时间的变化和文化的变迁,原来凝聚或主要体现在仪式中的情感感受和符号意义转化为另一种符号价值和感受体验"[1]。傩戏仪式的发生学考察已经不那么容易,傩戏仪式历史上"情感感受和符号意义"是否转变尚不明朗。我们关注的是当下的傩戏状况,但上引文带来的启示在于仪式内涵(功能)发生反方向转变是可能和常见的。

在傩戏仪式链中,仪式表述效果上有"祭神/娱人"的分化,但在仪式表述上不存在任何二元(或 N 元)的人为界定。其表述效果上的"祭神/娱人"两端是仪式执行者和仪式受众所能感受和体认的。因此,正是在这样沟通祭神/娱人的时间空间组合上,仪式才获取了自己的身份。但在这种现实与超现实的桥梁作用中,仪式链是延续的,仪式也是持续的,否则沟通随时都可能终止。那么在沟通建立之后并延续时,仪式表述是如何的呢?它在两者之间实现某种交通(communication),本身是有信息传递和职责承担的。这种承担对外界强加的任何概念是没有认知的,所谓的祭神/娱人的对立就更谈不上了。然而我们一旦考虑到仪式对执行者和受众(之间沟通)的依存关系,那么仪式表述的存在性必须得益于祭神/娱人的承担。这样,仪式在表述的同时也消解着自身。

仪式表述内部的紧张关系产生了特定的情境张力;在仪式表述效果上的丰富性,是情境张力的外化。在傩戏仪式中"祭神/娱人"

---

[1] 彭兆荣:《人类学仪式理论和实践》,民族出版社 2007 年版,第 176—181 页。

第八章　固义傩戏展演中的行为特点

的对立融合，即可以说是情境张力的发生，又可以说是情境张力的作用。仪式表述的情境张力是众多傩戏整体观照下的，那么具体到固义傩戏在此处的特点就在于仪式表述情境的极大不同，固义傩戏之"戏"由于赛戏的介入而使情况变得较为复杂，赛戏严格意义上被排除在傩戏仪式链之外，最具傩意味的《捉黄鬼》单独承载的"戏"又不足，所以傩与戏出现明显的分化，因此仪式表述的情境张力空间之巨是其他傩戏品种所难以比拟的。

就固义傩戏而言，祭祀演剧的构成都可以作为仪式看待，祭神与娱人并没有严格的划分，但是回到"固义傩戏"名称界定的最初问题上，也是固义傩戏一系列活动仪式表述的情境张力问题。严格意义上来讲，"固义傩戏"在仪式表述的语境下是存在问题的。固义傩戏之所以被称为"傩戏"，主要在于面具的出场和《捉黄鬼》的扮鬼逐疫色彩，这是最符合"傩戏"的体现。但是，包含着整个傩戏活动中的祭祀仪式、仪式剧很大程度上统摄在"傩戏"的限定之下。固义傩戏中祭天地、祭鹿台、祭虫蝻王、祭冰雨龙王等祭祀仪式既可以看作独立的仪式单元，也可以看作整个活动的重要仪式环节，但这些环节实际与"傩"是有距离的。除了祭祀仪式之外，演剧也体现出这种情形。《捉黄鬼》是固义傩戏中最精彩的部分，但不是唯一的部分。《捉黄鬼》是队戏的一出，另外还有十余出，还有若干赛戏。这些仪式倾向于演剧（即戏），与单纯的祭祀仪式有差异，主要是娱人的。基本的观点是，"傩戏"无法切分为"傩"和"戏"来看待，而固义傩戏的情况是把完整的仪式链切分为"傩"和"戏"的部分，《捉黄鬼》呈现"傩戏"的整体性，但却遮蔽了固义社火傩俗的完整性。造成的问题是研究的目光和普通观众一样，仅仅盯在《捉黄鬼》上，而把这出"傩戏"所依赖的仪式情境忽略了。祭祀仪式和队戏、赛戏演出的减损反映了关注焦点的偏差。

以上从参与群体的情境互动、传承播布的情境约束和仪式表述的情境张力三个方面对固义傩戏的行为特点进行了分析，从中看到在整个傩戏中，固义傩戏和其他各地傩戏、各个傩戏品种在同一分析视角下的不同特点。因此,对固义傩戏的行为特点分析,也认识到将行为特点归结为一句话或几句话的困难所在。在特定的情境下,固义傩戏与众多社火民俗活动交融影响,其行为特点可简述为独立形态下多维受限的行为方式。

第九章　社火傩俗个案散论

固义傩戏是社火傩戏的代表，既有社火的形式，也呈现傩戏的艺术特点。与固义傩戏相似相关的社火傩俗其实数量可观，它们具有某种共性。因此对固义傩戏的探讨，一定程度上也涉及社火傩俗的许多普遍性问题。队戏是固义傩戏的演剧形式；《捉黄鬼》的傩戏间杂有血社火和傩舞的艺术特点；作为社火的固义傩戏，在宣传、传承中也面临着舞台展演的问题。

第一节　队戏《捉黄鬼》的艺术特点

"固义傩戏"之为"傩戏"，主要表现在表演上角色戴面具和具有逐疫祈福目的这两个方面，考察固义傩戏的所有祭祀仪式和演出剧目，上述两个方面表现最集中的莫过于《捉黄鬼》，固义傩戏最为引人注目也最先引起傩戏研究界注意的正是《捉黄鬼》。杜学德把固义祭祀仪式剧分为三类：队戏、脸戏和赛戏，脸戏也可以归入到队戏中去，因此主要分为队戏和赛戏两类[①]。《捉黄鬼》是队戏中的一出。

由于队戏和赛戏区别较为明显，因此赛戏暂且不论。在固义祭祀仪式剧中，队戏共有 12 出：《大头和尚戏柳翠》《十棒鼓》《开八仙》《点鬼兵》《吊掠马》《吊黑虎》《吊绿脸小鬼》《吊四值》

[①] 杜学德：《武安傩戏》，科学出版社 2010 年版，第 89、98、102 页。又见杜学德《燕赵傩文化初探》，甘肃人民出版社 1998 年版。

《吊四尉》《捉黄鬼》《岑彭马武夺状元》《审马龙》。其中前10个剧目都在赞词或唱词中表明为队戏；《岑彭马武夺状元》虽没有出现队戏的说辞，但也被固义村民认为是队戏；《审马龙》较为特殊的地方在于采用武安民俗活动中较为常见的"跑竹马"形式，虽然其表演形式与其他队戏迥然有别，但也被归入队戏中。对这12出队戏进行考察，除了前已提及的《审马龙》外，全部队戏剧目在表演形式上也有诸多区别。杜学德通过对演出场所、伴奏形式、角色唱词、唱词形式、掌竹、角色有无舞蹈动作、开场词吟唱和化装等方面比较后认为："12出剧目完全相同的只有锣鼓套伴奏和舞蹈动作这2项，其他6项各有区别。"① 其实如果将比较的标准进一步细化，那么在锣鼓套伴奏的具体曲牌使用和具体舞蹈动作的展现上，各个剧目间相似之处就少之又少了。如此的细化可能对认识某一剧目有一定意义，但却忽略了它们都作为队戏的共有特点。因此这里对《捉黄鬼》艺术特点的分析是将其置于队戏的范围内，既不忽视其个性价值的同时，也不肆意对其共性价值置若罔闻。

"队戏"引起学人的注意，其实早于固义傩戏中队戏的发现。1985年，新发现的民间抄本《迎神赛社礼节传簿四十曲宫调》（又称《周乐星图》）就记载了大量的队戏剧目。1989年，同性质的手抄本《唐乐星图》被发现，其中也有大量队戏剧目。在此期间及其后，出现了十数篇讨论"队戏"的文章。"队戏"作为"一种古老的戏剧形态"② 和"戏曲的初级形式"③ 受到戏曲研究者的高度重视，被认为"对研究戏曲发展史具有不可替代的价值"④。然而，上党地区队戏演出已基本绝迹（后来在各方努力下又重新上演，但与自发状态的演出已不可同日而语），"队戏"成为仅存在于文献

---

① 杜学德：《燕赵傩文化初探》，甘肃人民出版社1998年版，第29—31页。
② 白秀芹：《一种古老的戏剧形态——队戏》，《文史知识》1996年第4期。
③ 乔淑萍：《民间祭赛与戏曲的初级形式：队戏》，《山西师范大学学报》（社会科学版）1996年第3期。
④ 曲六乙：《祭祀·傩俗与民间戏剧序》，载麻国钧等主编《祭祀·傩俗与民间戏剧》，中国戏剧出版社1999年版，第3页。

第九章 社火傩俗个案散论

的术语。固义傩戏中的队戏演出一直持续到今天,因此一经发现就引起了研究者的极大关注。

在诸家论述中,对队戏的戏曲价值最为关注,其中偶有涉及其艺术特点方面的,也较为关注戏剧表演形式,并以此考证其戏曲价值。黄竹三将队戏按演出场合和表演形态分别分为"上马队戏(走队、流队)""供盏队戏(哑队、衬队)""正队(大队)"三类和"不受舞台限制""舞台演出"两类。[①]《一种古老的戏剧形态——队戏》一文也采用这种分类法。杜学德根据演出场所,将固义队戏分为"神棚前""戏台""沿街"三类。上述分类在一定程度上兼顾了队戏的艺术特点,并非主要着意于此。

由于上马队戏(走队、流队)主要沿街行进中演出,正队(大队)主要在戏台上演出,供盏队戏(哑队、衬队)可能采取沿街演出和戏台演出两种形式,因此,将两种分类法并不十分严格地统合起来,就可得出如图9—1所示较为简约的分类对应关系。(如果戏台设在神棚前,那么"神棚前"和"戏台"的划分就没有意义;供盏队戏既可随社火队伍沿街行进,表演与否皆可,又可在戏台上演出;因此,图示的对应关系只是粗疏的,为方便阐述而做)

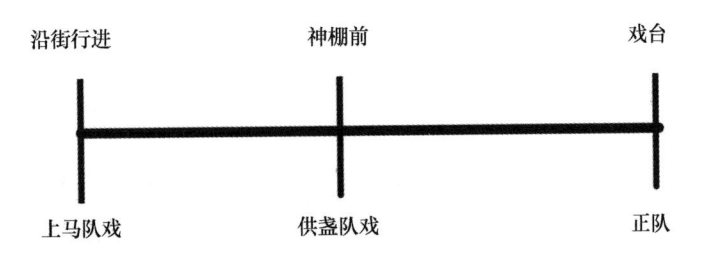

图9—1 队戏分类对应

[①] 黄竹三:《谈队戏》,载《戏曲文物研究散论》,文化艺术出版社1998年版,第293—324页。

◆ 地方社火与现代傩俗 ◆

基于上述已有的分类惯例，为了更便于分析队戏的艺术特点，有必要引入"表演场合（performace context）"的概念。容世诚援引陈守仁关于"场合元素"（包括演出地点之环境、演出场地之物质结构、演出者与观众的划分、在演出进行中之其他活动、观众的口味及期望和观众的行为模式六项）的提法，加上"演出目的与功能"一项，此为"表演场合"，作为"分析中国仪式剧场的重要考虑"[①]。下文对队戏的分析也主要围绕以上几个方面展开。就"表演场合"的说法来看，似乎称为"表演语境"或稍加以改造称为"表演情境"（situation）更为恰当一些，因为"场合"一词或许过于强调"演出场所"的决定作用——这也是很多分析中极易出现的状况——而"语境"或"情境"则更侧重于表演的整体观照，也较为符合实际情况。

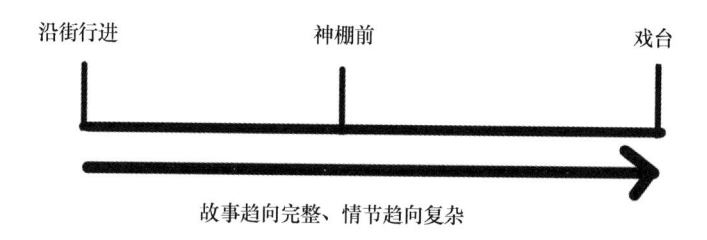

```
沿街行进            神棚前              戏台
|------------------|------------------|
                                       →
        故事趋向完整、情节趋向复杂
```

图 9—2　故事发展趋向

第一，在队戏表现的内容方面，沿街行进演出最有代表性的是固义的《捉黄鬼》和上党赛社中的《过关斩将》。《过关斩将》主要敷演关云长过五关斩六将故事，奇特之处在于关公和社火队伍一同前进，到每个关卡时，下马上台和守将作战，斩落守将后下台上马继续前进。《捉黄鬼》如前述，主要讲三个鬼差捉拿黄鬼并审判行刑的故事。就故事完整性和情节复杂度来讲，供盏队戏由于主要

---

① 容世诚：《戏曲人类学初探：仪式、剧场与社群》，广西师范大学出版社2003年版，第4页。

◆ 第九章 社火傩俗个案散论 ◆

用于供盏间的演出，时间有所限制，所以故事也较为简单，情节较少，较有代表性的如固义的《吊绿脸小鬼》《吊四值》《吊四尉》，上党的《破蚩尤》《猿猴脱甲》等，仅仅是主要人物的亮相，附加若干舞蹈动作。而在戏台演出的正队，一般故事完整、情节曲折复杂，如固义的《点鬼兵》《开八仙》《大头和尚戏柳翠》等。如图9—2所示。具体到《捉黄鬼》这出队戏上，在完全开放的街道上演出，并且边演边行进，其表现内容不可能呈现细腻复杂完整的故事，表演效果也并不能以故事性取胜，而是主要通过仪式性动作来表达内容，因此其主要内容也集中在傩、祭、赛的仪式层面，而并非戏曲展演上。众所周知，民间社火队伍沿街行游。在社火与傩结合的傩戏品种中，社火队伍沿街行进也普遍存在，例如山西曲沃扇鼓傩戏中就有"游村"等仪程[1]，安徽贵池傩戏中的"朝庙"[2]，贵州安顺地戏中的"抬汪公"[3]，等等。在社火队伍中，可能穿插进一些简短的表演，《过关斩将》即是一例。在固义队戏中，《捉黄鬼》在社火队伍行游中并没有过于特殊的表演，由于接下来要另行演出"捉拿黄鬼、抽肠剖肚"，《捉黄鬼》因此区别于简单的社火队伍行游性质的展示，呈现一定独立性。这也是《捉黄鬼》和《过关斩将》稍有区别之处。因此，《捉黄鬼》为代表的沿街行进式的队戏，在表现内容上，偏重于仪式表述，而非剧目表演。

第二，在演剧互动程度方面，沿街行进消弭了戏台所造成的表演者—观众的空间隔离，由此，沿街行进的队戏在表演者—观众的划分上没有戏台上的队戏那么明显。如图9—3所示。也正因为这样，《捉黄鬼》就可能模糊表演者与观众的界限（如果摆脱戏曲气味浓厚的"表演者—观众"的说法，换之以仪式执行者—仪式辅助

---

[1] 黄竹三、王福才：《山西省曲沃县任庄村〈扇鼓神谱〉调查报告》，财团法人施合郑民俗文化基金会，1994年，第29页。
[2] 王兆乾、王秋贵：《安徽省贵池市刘街乡源溪村曹、金、柯三姓家族的傩戏》，财团法人施合郑民俗文化基金会，1993年，第52页。
[3] 沈福馨、王秋桂：《贵州安顺地戏调查报告集》，财团法人施合郑民俗文化基金会，1994年，第206页。

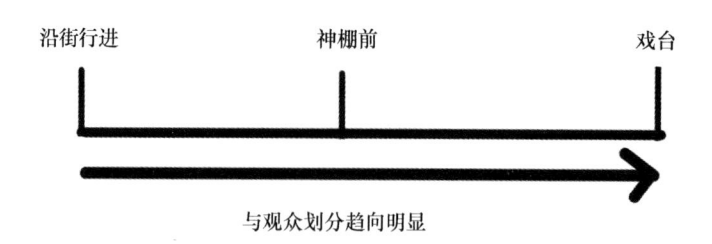

```
沿街行进          神棚前              戏台
|_____|_____|
                                    →
          与观众划分趋向明显
```

图9—3 观众行进趋向

者未尝不可）。在《捉黄鬼》中，所有观众可以直接参与进来，既可无任何职务地随队伍奔跑，也可手持柳棍，加入捉鬼逐疫的队伍中，观众和表演者几乎就没有什么差别了，虽然鬼差和黄鬼等"主角"因为装扮区别于观众，但观众绝不是像观看戏台上的队戏演出那样，只有端坐鼓掌叫好的"戏份"。如此带来的直接结果即是观众的参与度、参与手段呈现很大差异，如图9—4所示。在队戏的互动程度考察上，其内部表现出某种对立，如是否在戏台上演出就可以分为截然不同的两类，这种对立在戏曲发展史上应当有其重要的意义。在互动程度上，队戏虽然表现出一定差异，然而其互动的实质并没有显著差异。整个傩戏演出（傩祭、赛社），以逐疫礼神祈福为主，期许的人神互动仅仅是臆想的心理意义上的。人—人互动某种程度上可以看作人—神互动的附庸或代替品。就《捉黄鬼》而言，观众不仅可以近距离观看，亦可参与进来，作为表演者（如柳棍组），这样形式及深度的人—人互动是其他队戏或其他形式的舞台艺术所不具备的。

第三，在文本化程度。在固义村保存的所有都本（戏剧底本）中，12出队戏，只有沿街演出的《审马龙》《捉黄鬼》没有都本，其中《审马龙》是前已述及的社火行进中的"跑竹马"，尽管掌竹唱词中认为其是一出"队戏"，倒毋宁说其是舞蹈。《审马龙》没有都本，对任何一出"跑竹马"来说，都并非稀奇。它侧重的是队列的舞蹈动作，文本化的都本似乎无用而又无能为力。至于《捉黄鬼》，它既没有其他队戏那样的都本存在，也没有类似仪式指导式

第九章 社火傩俗个案散论

的科仪记录本存在。考察《捉黄鬼》，除了掌竹有几句唱词外，其他参与者只有仪式性的动作，没有任何"台词"，这些动作（各个角色各具特色）基本靠世代口传身授。正如前面已经述及的，《捉黄鬼》更侧重的是其仪式性。正如有论者强调中国仪式戏剧的非文本化[①]，至于仪式和文本处于何种关系尚有争论，仪式戏剧和文本化的问题也不宜轻断。但具体到固义队戏的文本化程度，从沿街行进的《捉黄鬼》到神棚前的队戏再到戏台上的队戏，文本化程度增强的趋势，可形象化表达为图9—5。

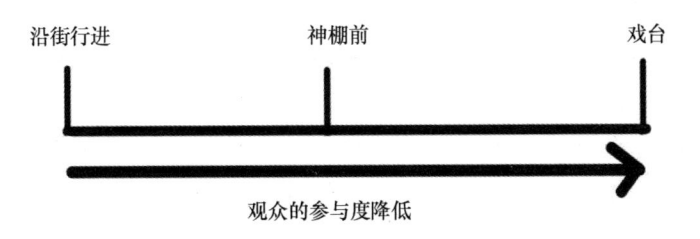

图9—4 观众参与的程度

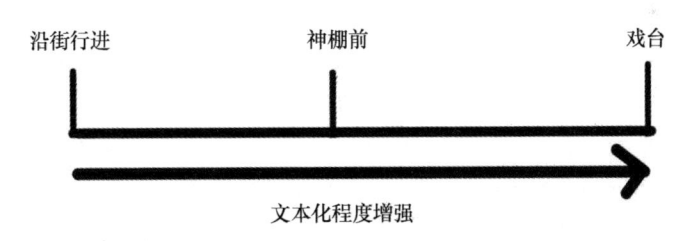

图9—5 文本的重要性

第四，在表演形态上，固义队戏内部有诸多相似之处，乃至和赛戏及其他社火形式如抬阁、高跷、秧歌也有相近。例如在伴奏

[①] 参见王胜华《戏剧人类学》，云南大学出版社2009年版，第74页；王胜华《中国戏剧的早期形态》，云南大学出版社2006年版，第178页。

上，锣鼓伴奏占主要地位，不仅仅用于队戏，上述其他活动也采用。又如涂面和面具使用上，队戏中某些角色如黄鬼、鬼差等和社火、赛戏中的角色一样，主要是涂面；而《吊四值》《吊四尉》中的四值、四尉又和赛戏及秧歌中的一些角色一样戴面具。各种形式的民俗事象互相影响互相借鉴，使队戏很难找到一张自己独有的名片。即使如此，队戏——尤其是《捉黄鬼》——在实际进行中也并非没有区别于其他民俗形式之处。《捉黄鬼》演出人数较多，表演者没有唱词，属于哑剧，只有掌竹有诗赞体的导引词，表演者舞蹈动作丰富多变；其他队戏演出人数较少，除去掌竹的导引词还有唱词，舞蹈动作较少。其中诗赞体唱词和吟诵体唱腔就较为引人注意。

杨孟衡在考察上党队戏的演唱特点时总结道："上党队戏的文体结构与前行赞词基本趋同，即是以'七字齐言'诗赞体句式为主，也有'七言'中夹杂'三言'，将句子音节作'三·三·四'的'十言'句式。队戏的演唱，与前行赞词相同，分上下句反复吟诵，曲调性不强，却容易上口，是自然语言略加音乐化的'吟诵体'腔调，乐户艺人则直呼为'唱'。"综合考察中国戏曲的发展脉络，"诗赞体"和"吟诵体"都普遍存在，杨孟衡就提到了"队戏的文体结构及其吟诵体表演形制与晋南锣鼓杂戏渊源相亲"[①]。在其他地区的傩戏中，诗赞体与吟诵体也得到广泛应用。在《中国傩戏调查报告》[②]所录的十余种傩戏品种中，几乎都有诗赞体和吟诵体，在安徽贵池傩戏、安顺地戏等品种中其是主要的演唱形制。因此有戏曲史论者在考察了主要傩戏品种的诗赞体和吟诵体后，认为："我国戏曲可分成诗赞体戏曲和曲牌体戏曲两大系统，板腔体戏曲是诗赞体戏曲的高级阶段。诗赞体戏曲受诗赞体说唱文学的影响而形成，齐言体文辞结构是其主要特征，分角色扮演故事为说唱到戏剧转变之关键。诗赞体戏曲的唱腔以吟诵调为主，曲牌体戏曲

[①] 杨孟衡：《上党古赛写卷概说》，载《上党古赛写卷十四种笺注》，财团法人施合郑民俗文化基金会，2000年，第18页。

[②] 顾朴光等编：《中国傩戏调查报告》，贵州人民出版社1992年版。

也有吟诵调的因素，吟诵调是由于我国语言文字固有的声调表意的特点对歌唱的作用所产生。诗赞体戏曲戏剧性构成除了动作性之外，语言叙事性以及音乐抒情性也是不可忽视的因素。"①说明了诗赞体和吟诵体在戏曲史上的重要地位。

在固义祭祀仪式剧中，队戏唱词也采用诗赞体和吟诵体。例如前面已述的《点鬼兵》都本，又如掌竹在《点鬼兵》《吊黑虎》《开八仙》中所吟诵的开场词：

> 一树梨花开满园，金旗不动搅旗幡。
> 若知太平无司马，太平人贺太平年。
> 少打伤人剑，常磨克己刀。
> 万物凭天理，灾祸自然消。
> 打鱼人手执勾杆，遇樵夫斧押腰间。
> 二人相见到江边，说起了半谈寒筵。
> 说不尽古今兴废，免二字饥寒。
> 你归湖去我归山，劝君把闲事少管。

在《捉黄鬼》中，主要角色都没有唱词，掌竹的导引词起衔接和指导作用。当黄鬼被押到审判台下时，掌竹唱：

> 劝世人父母莫欺，休忘了生尔根基。
> 倘若是忤逆不孝，十殿阎君难饶你。
> 命二鬼绳拴索绑，到南台抽肠剥皮。

在黄鬼要接受审判时，掌竹唱：

> 善恶到头终有报，为人何不敬爹娘。
> 若问队戏名和姓，十殿阎罗大抽肠。

---

① 李连生：《诗赞体戏曲补论》，《文化遗产》2009年第1期。

在其他队戏，如《夺状元》中已经出现了角色划分，并且唱词由角色扮演者承担。由此，可以基本判断，在唱词上，由沿街行进的队戏向戏台演出的队戏逐渐增加，如图9—6所示。这个趋向也暗含了掌竹主导到角色分别承担唱词的变化。同样，沿着这个发展趋向，表演人数开始减少，每个角色舞蹈动作减少。《捉黄鬼》在所有固义队戏中，唱词最少、动作最繁复多变，参与人数最多。

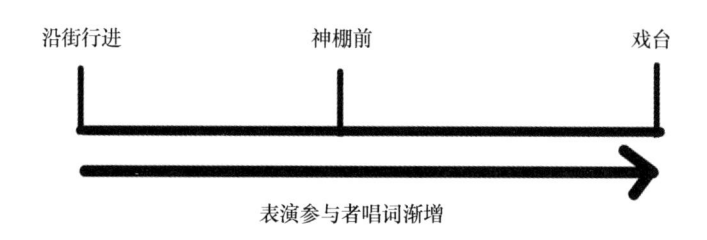

图9—6 唱词的重要性

第五，目的和功能。傩与赛在具体实施上有所区别，但它们的目的和功能都主要在于礼神祈福。主要是在迎神赛社中上演的队戏，主要目的和功能亦在于娱神娱人。一般而言，"许多庄重而盛大的仪式通常都是以'娱神'为目的，或者说，仪式的初衷是'娱神'的。随着社会的发展，世俗化越来越普及和普遍，'娱神'的含义越来越淡，甚至已经消失，转而成为'自娱'活动或单一性目标的活动了"[1]。对不同队戏种类的考察，可以看出，不同队戏在功能上不脱离大方向（娱神娱人）的同时，总是有所侧重。换言之，在多种目的和多重功能中，某一类队戏的某一目的或某一功能较其他目的或功能显得较为突出。

黄竹三将上党赛社队戏分为"神怪故事""历史故事"和"生活故事"三类，并且针对这一分类指出："神怪故事用于迎神赛社

---

[1] 彭兆荣：《人类学仪式的理论与实践》，民族出版社2007年版，第179页。

第九章 社火傩俗个案散论

演出，是为了再现神灵，颂扬神灵，娱乐神灵，并求得神灵的荫佑，这是宗教祭祀的目的……（历史故事剧目）在后世队戏中逐渐取得统治地位，成为神庙戏台上上演的'正队'戏的主干。描写现实生活的队戏多是一些富于生活情趣的小戏……则出现最晚，是迎神赛社献艺演出时为满足观众多方面的欣赏需求而进行剧目改革的结果。"[①] 黄先生的分类以内容为标准，由于内容的不同，演剧的目的和功能也不大一样。参照这种方式，我们亦可把固义队戏中的《捉黄鬼》《吊四值》《点鬼兵》《吊四尉》等看作"神鬼故事"，这些剧目主要在于"重现神灵"或礼祀神灵或借神灵的威力逐疫，《捉黄鬼》逐疫的目的和功能尤为明显，而剩余三者则祭神的目的更突出；将《开八仙》《夺状元》看作"历史故事"，《大头和尚戏柳翠》《十棒鼓》看作"生活故事"，这些剧目绝大多数在戏台上演，神怪色彩减弱，生活气息浓厚，故事曲折，表演手段复杂，娱人的目的和功能较为鲜明。结合这些剧目上演的场所，我们可以大致认为，从沿街行进的《捉黄鬼》到神棚前演出的《吊四值》《吊四尉》再到戏台演出的《点鬼兵》《大头和尚戏柳翠》《十棒鼓》，呈现了队戏搬演在目的和功能上侧重点的变化，从娱神向娱人的变化趋势，如图9—7所示。

具体到《捉黄鬼》上，其主要目的和功能是逐疫祈福（逐疫自然也是为了祈福），逐疫是通过"假神灵之名"，因此包含娱神的因素也是必需的。至于其包含的娱人之功能，无论是原初即有，或者后世所衍，这都不重要。《捉黄鬼》的目的和功能侧重于逐疫，并且采用沿街逐除的方式，这才具有了"傩"的意味。而其他队戏，由于目的和功能过于偏重祭神和娱人，即使是赛社中的重要组成部分，但也不能称其为"傩（戏）"。

综上所述，《捉黄鬼》是固义队戏中的一剧，它既和其他队戏存在很多相同点，如锣鼓套伴奏、戴面具或脸谱表演、诗赞体和吟

[①] 黄竹三：《谈队戏》，载《戏曲文物研究散论》，文化艺术出版社1998年版，第310页。

◆ 地方社火与现代傩俗 ◆

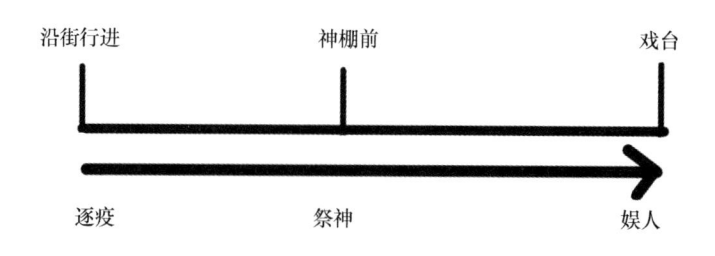

图 9—7 娱人的趋势

诵体的唱词唱腔特点、全程由掌竹导引、具有娱神娱人多重功能等方面，但是也存在诸多不同之处，如演出场所、表现内容、互动程度、文本化程度、功能侧重等方面。通过分析，需要格外指出的是，《捉黄鬼》一剧，在队戏（包括固义和上党）整体价值上具有不可替代的地位，其所表现出方方面面的特点，也使其在队戏内外都具有鲜明的个性，也正因为其自身相互关联的种种表演形式特征，使其独立于其他队戏，成为"傩（戏）"的一个品种。

第二节　晋冀迎赛中的队戏《猿猴脱甲》

《猿猴脱甲》（又称《猿猴脱壳》，以下简称《猿》）是晋东南迎神赛社中的一出队戏，演出时间虽短，但在赛社中扮演多重角色。其有多种不同的表演场合，相互区别又内在统一。《猿》明显的仪式性使其传说情境较少引起学者注意，确定传说情境有助于明确该队戏的功能指向。对其传说情境的考察离不开所处的区域赛社文化整体研究。

一　队戏《猿猴脱甲》的表演场合

队戏，又称"对戏""乐剧"，是晋东南、冀南、豫北民间迎神赛社中的戏曲形式，吟诵唱腔，锣鼓伴奏，涂面或戴面具，穿戏装，撂地或在戏台上演出。队戏演出没有专业演员，由承担迎神赛社的"乐户"表演。据晋东南乐户后裔保存的明清迎神赛社手抄本

《礼节传簿》（又名《周乐星图》）和《唐乐星图》记载，队戏在赛社中有多种不同名称。根据表演形式和功能的不同，大致可以分为三类：

> 上马队戏（走队、流队、队子），供盏队戏（哑队、衬队），正队戏（大队）。上马队戏是迎神赛社时将神灵请到预定祭祀地点路上演出的娱神表演，因神像往往被放在轿子里由人抬着或放在车上由马拉着行进，因此，这类表演又称走队、流队……供盏队戏是在供奉神灵酒食时在献殿上演出的，由于受供盏时间的限制，只能是无剧词的简单表演，故称"哑队"。供盏过程中除队戏演出外，还有乐舞、院本、杂剧等，夹在这些表演中的队戏演出又叫"衬队"……正队戏是在每天祭祀仪式结束后在神殿对面戏台上正式上演的故事情节完整、表演手段复杂的演出，它常常与院本、杂剧连演。[1]

《猿》是整个迎神赛社过程中并不起眼的构成部分，在数天的赛社中只占几分钟或十几分钟。此队戏表演过程简短，只有若干仪式动作，伴奏简单或无伴奏，无唱词、无明显的故事情节。因此，《猿》不属正队戏，在不同的表演场合属于供盏队戏或流队戏。《猿》大概仪式过程是：一人扮作猿猴的模样，在简单的锣鼓伴奏中躺在红毡上，用筛面罗盛面粉筛满猿猴的周身及附近，猿猴纵身跳出，红毡上留下猿猴的影子。

目前可见《猿》剧表演场合有以下几种：

1. 供盏中。潞城县曹氏藏明万历年间《礼节传簿》按二十八宿排布的祭祀演剧顺序中，"危月燕"第五盏上演《猿猴脱甲》[2]，说明其为供盏队戏。

2. 接寿仪式中。长子县牛氏抄赛社写卷中多处提到《猿猴脱

---

[1] 白秀芹：《一种古老的戏剧形态——队戏》，《文史知识》1996年第4期。
[2] 寒声等：《〈迎神赛社礼节传簿四十曲宫调〉注释》，《中华戏曲》（第3辑），山西人民出版社1987年版，第88页。

甲》，其中抄于清末民初的《赛上杂用神前本（甲）》载："接寿到寿厂，篆香，坐寿。……戏上用八仙。乐户八仙。猿猴脱壳。报晓鸡一只，放生鸽一只。接寿回来，八仙进酒，进表。"①《猿》在这里是"接寿"仪式中的一环，并列于八仙迎寿、放生、接寿、进表、进酒等仪式间。这里的《猿》应当是时间不长，行进中表演，属于流队戏之类。

3. 安神仪式中。接寿仪式处于正赛当天，正赛过后的安神仪式，也有《猿》。"乐队人员和主礼生……在庙里还要完成划坛、取水、送神、安神等复杂工作。主礼生……用麦麸在坛池中心画一副似篆非篆的符文，表示安神逐疫之意。随即还要办猿猴脱甲。猿猴脱甲是以一乐人化妆成猿猴模样，躺在坛池一边，主礼生当然还有奉神、诵文等过场。然后，他仍用麦麸给躺下的猿猴全身以及周围洒遍后，那个猿猴纵身跳出麦麸范围，在中间留下一个猿猴的影子。"② 这与接寿仪式中的《猿》较为相似，更接近于祭神的仪式。

4. 丧事中。目前仍有《猿》上演的，除了少数赛社外，还在一些地区的丧事中。"在山西上党地区之陵川、高平、壶关一带，办丧事还有'猿猴脱壳'表演：送葬前一天，由一人着猴装（如同戏曲中之人物孙悟空），在鼓乐声中跳跃至灵棚下，左顾右盼，抓耳挠腮，并抓取供桌上之供品，啃食抛扔，然后横躺在供桌前所铺的红绒毡上。随之由另一人手持盛面粉之面罗，轻轻地在猿猴身上及周围筛过，猿猴跃起后，即在毡上留下猴像。后将留有猴像之毡子轻轻提起。挂于灵棚之内。"③

二 队戏《猿猴脱甲》的传说情境

《猿》仪式简单，过程也不复杂。但为何要举行这样的仪式，这

---

① 杨孟衡：《上党古赛写卷十四种笺注》，财团法人施合郑民俗文化基金会，2000年，第37—38页。
② 张振南：《乐剧与赛》，《中华戏曲》（第13辑），山西古籍出版社1993年版，第248页。
③ 寒声主编：《上党傩文化与祭祀戏剧》，中国戏剧出版社1999年版，第338—339页。

个队戏有如何来历，它想表达什么意思，由于表演过程中没有台词，也没有相关的传说，因此关于这出戏的解释就搁置起来。众所周知，供盏队戏一般都敷演故事，但《猿》敷演什么故事一时难解。廖奔在《礼节传簿》里"猿猴脱甲"条下注"本事不详，待考"[1]。"猿猴脱甲"的仪式也让人费解，张振南言："谓之'猿猴脱甲'但不知其意义何在。"[2] 这出队戏中突出的猿猴形象不免让人把它与有关的猴戏联想到一起，如黄竹三把《猿》和明杂剧《时真人四圣锁白猿》联系起来[3]，田仲一成则认为它属于"西游戏"[4]。

对照《礼节传簿》中其他供盏队戏的情况，可以得知《猿》应当也有完整的故事情节，而且在祭神仪式中也依赖同样的故事背景。即便目前只保留了仪式动作，依然应当有相应的传说情境。只不过《猿》搬演减少，作为仪式持续至今，其附着的传说故事却逐渐丢失了。《猿》渐次成了难以理解的仪式，即便保留队戏的名字，其上演的"戏"也不被人知道了。或者说，《猿》的仪式与之原先赖以存在的传说情境发生了分离。如果解释《猿》，就必须回到其传说情境中。

在河北省南部毗邻晋东南的地区目前也有大量赛戏搬演，武安市东通乐赛戏有同名队戏《猿猴脱甲》（下文亦简称《猿》）。与晋东南只保留仪式不同的是，东通乐赛戏中《猿》仪式不存，但保留了这出戏的报场官前行词。东通乐赛戏的报场官相当于晋东南赛社中的"前行"，报场官的前行词在一些无台词的队戏表演前或表演中解说搬演的故事。东通乐赛戏报场官的前行词叙述了《猿》的故事：

---

[1] 廖奔：《〈迎神赛社礼节传簿四十曲宫调〉剧目内容考》，《中华戏曲》（第7辑），山西人民出版社1988年版，第162页。
[2] 张振南：《乐剧与赛》，《中华戏曲》（第13辑），山西古籍出版社1993年版，第248页。
[3] 黄竹三：《我国戏曲史料的重大发现——山西潞城明代〈礼节传簿〉考述》，见《黄竹三学术论文自选集》，三晋出版社2015年版，第190页。
[4] ［日］田仲一成：《中国戏剧史》，云贵彬、于允译，北京广播学院出版社2002年版，第253页。

◈ 　地方社火与现代傩俗　 ◈

　　报场官：众仙修道他为先，昆仑山仙酒他先食。满身银丝如瑞雪，人人成（称）为小白猿。白猿猴乃是一个员外之子，花碧山公主所生，他有一妹名唤马灵精。昔日轩辕黄帝大破蚩尤之时，白猿猴暗助一程，杀得蚩尤血流不止。轩辕一见大喜，就封白猿为撒仙之首。因他不守仙规，后到云蒙山水帘洞，偷了孙膑仙桃。孙膑念他修道未成，莫可伤他。白猿说道，先生不伤我的性命，我有天书三本，愿送与先生。孙膑得了天书已成大事，马灵道去往无损。命他在［水］帘洞看守天书。后来秦始皇天下一统，白猿就知道秦始皇不能久矣。抱定天书去访有才之人，后到张良兴汉之时，白猿把天书赐给黄石公。石公老祖圯桥献张良。张良得了天书后，扶汉朝四百余年天下，命他在洪楚山霞云洞，看守天书。因他又不守仙规，私出洞外云游。又偷了回道人仙酒仙桃，回道人闻之心中不忍。急命柳仙用套仙锁拿住，即用敕服宝剑斩之。白猿就以脱甲已成正果，人称他仙眼金睛白猿毛猴。恐君不信，有诗为证：修仙盘道本无边，磨尽乾坤几万千。今朝得过敕服剑，白猿脱甲上九天。[1]

　　晋东南和冀南在迎神赛社上具有高度相似性早已就引起人们的注意[2]，就《猿》而言，两地名称一致，都在迎神赛社中演出，另外有大量的同名赛戏和仪式相佐证，因此可以把两地的《猿》放在一起考察。《猿》在毗邻的两地同时保存下来绝非偶然，应是经过时间磨砺后的不同程度遗存。两地的《猿》对比来看，晋东南赛社

---

[1]　王慈娴、杨建华、王新荣主编：《邯郸·武安赛戏》，河北省武安市非物质文化遗产保护中心、武安市文化馆，2014 年，第 149—150 页。
[2]　参见王福才《河北傩戏〈捉黄鬼〉源于山西上党赛社考》，《山西师范大学学报》（社会科学版）1995 年第 3 期；黄竹三《晋冀宗教祭祀戏剧的类同性》，《戏剧》2001 年第 3 期；拙文《固义傩戏与乐户的相关性分析》，《民间文化论坛》2010 年第 6 期。

第九章 社火傩俗个案散论

保留了仪式展演，东通乐赛戏还原了传说情境。两者相配合，既有助于理解赛社中《猿》的仪式指向，也有助于分析赛戏中《猿》的实地搬演。

东通乐赛戏的报场官前行词突出了《猿》的三个关键词：白猿、仙桃和脱甲。前行词里明确把猿猴指称为"白猿"，也与"猿猴脱甲"仪式中用面粉（或麦麸）覆盖"猿猴"留下白色猿猴影子相合，说明《猿》里的"猿猴"即是指"白猿"。队戏仪式中，猿猴（白猿）最后纵身跳出，留下一个猴形的影子，这应当就是"脱甲"的演示。东通乐赛戏前行词指出"脱甲"即是逃脱套仙锁，继而升天成正果。"脱甲"是结果，其先导原因是白猿屡次偷了仙桃。故而，"猿猴脱甲"即是"白猿脱甲"，敷演的是"白猿偷桃"的传说故事。

"白猿偷桃"流传甚广，主要叙述孙膑奉王禅老祖之命看守桃园，用套仙锁拿住屡次来偷桃的白猿。经问得知，白猿之母因疾想吃仙桃，白猿为孝母冒死偷桃。王禅、孙膑不忍深究，反赠仙桃给白猿返家救母。东通乐赛戏《猿》的前行词与"白猿偷桃"基本一致。刊于明末的《孙庞斗志演义》卷四即有完整的"白猿偷桃"故事[1]。清车王府曲本有"闻信全串贯"剧目亦言据此事[2]。关于白猿偷桃的民间传说、民间歌谣、民间说唱（如坠子、莲花落、说书调、岭儿调、马头调、香神歌、秧歌调、宝卷等等）[3]不胜枚

---

[1] （明）吴门啸客述：《孙庞斗志演义》，上海古籍出版社1994年影印本，第103—111页。

[2] 郭精锐等编：《车王府曲本提要》，中山大学出版社1989年版，第181—182页。

[3] 参见《中国曲艺志·天津卷》，中国ISBN中心2009年版，第220页；《中国曲艺志·湖北卷》，中国ISBN中心2000年版，第143页；《中国曲艺志·山东卷》，中国ISBN中心2002年版，第135页；《中国曲艺志·河北卷》，中国ISBN中心2000年版，第104页；《中国曲艺志·甘肃卷》，中国ISBN中心2008年版，第167页；《中国曲艺志·青海卷》，中国ISBN中心2009年版，第84页；《中国曲艺志·北京卷》，中国ISBN中心1999年版，第111页；《中国民间歌曲集成·辽宁卷》，中国ISBN中心1995年版，第1088页；《中国民间歌曲集成·北京卷》，中国ISBN中心1994年版，第271、275页；《中国歌谣集成·天津卷》，中国ISBN中心2008年版，第667页；《中国歌谣集成·吉林卷》，中国ISBN中心2005年版，第504页。

举，艺术形式多样，流传地域广泛，民众传唱度高，可见"白猿偷桃"在民间的强大影响力。队戏《猿》是赛社中"白猿偷桃"传说的演绎，对该剧仪式内涵和功能指向的考察，应回到"白猿偷桃"的传说情境。

三 队戏《猿猴脱甲》的功能阐释

《猿》在不同表演场合中的功能稍有差异，作为供盏队戏更倾向于娱神演剧，在接寿仪式中侧重请神庆寿，安神仪式中偏重安神逐疫，而在丧事中则主要在于超度亡灵。这些功能虽然稍有差异，但在赛社中无外乎"酬神报赛"的整体功能。丧事中《猿》与赛社中《猿》稍有差异，但由于都是由乐户承担的，表演过程几乎一致，而且酬报神灵与告慰亡灵在观念上有相通之处。无论是整体功能的发挥，还是功能的细分，《猿》的仪式功能指向都与白猿、仙桃所具有的民俗内涵密不可分。在"白猿偷桃"的传说情境下《猿》有了可据的功能阐释路径。

1. 供盏中：娱神演剧

迎神赛社的祭祀戏剧笼统说都是为了娱神，但供盏中的队戏《猿》不仅区别于供盏外演出的正队、杂剧和院本，而且有别于搬演历史故事的同类剧目。与完整的故事情节展演相比，供盏队戏由于"供盏"的需要，"娱神"的色彩更浓厚一些。与历史剧相比，《猿》神仙鬼怪的气息更显著，黄竹三《我国戏曲史料的重大发现——山西潞城明代〈礼节传簿〉考述》云：

> 从内容上看，这些剧目（指《礼节传簿》记载的祭祀戏剧——笔者注）可以区分为两大类。一类是祈福戏，另一类是历史剧。作为祭祀活动中上演的节目，祈福戏较多是自然的。连同角色排场单所载，计有三十八个，如《八仙庆寿》《天仙送子》《许真君点化》《钟馗显圣》《玄坛伏虎》等。这些戏里，往往出现鬼神形象，或者是人神混杂，或者是仙佛同台，总之，宗教色彩颇为浓烈。值得注意的是，《礼节传簿》所记

这类剧目虽多，祭祀后在舞台上正式献演的却很少。舞台上所演的队戏、院本、杂剧共计五十四个，属祈福戏的只有五个；连同祭祀时供盏献演的，也只有十四个，不到全部剧目的十分之一。①

《猿》作为祈福戏的一个，具有浓厚的神怪色彩。值得注意的是，"危月燕"共六个供盏戏，第一盏到第三盏的歌舞较为常规，与其他星宿差别不大。队戏集中在第四盏到第六盏，第四盏是《关公斩妖》，第五盏是《猿猴脱甲》，第六盏是《五鬼戏判》。连续三盏皆是神鬼类队戏，这是不常见的。再考虑到此类祈福戏在供盏队戏中本就不多，三盏连演更不同寻常。与《关公斩妖》《五鬼戏判》类比，《猿》属于神怪故事，而非简单的动物故事。正因为长久以来"猿猴"在民俗心理中固有的神性，早已脱离于一般的动物。尤其是白猿，"古人认为数百岁的猿才能变成白猿——猿而能数百岁当然是神话，白猿当然也是神话——数百岁的猿自然已经成精，因成精所以才能化成老人，才代表是修道有成。这大概就是为什么神话、小说中猿神、袁公都是白猿的原因"②。白猿在民间文化的积淀中逐渐从动物角色上升为神话角色，这才使得《猿》因为白猿的出现而成为典型的神怪剧，带上了浓厚的宗教色彩。这绝非是普通的动物故事可比的。

2. 接寿仪式中：请神庆寿

在接寿仪式中上演《猿》，而且其前后分别是八仙迎寿、八仙进表等仪式，很显然《猿》也应当是庆寿的仪式，表现庆寿的主题。《猿》常常伴随着八仙戏的演出，例如在正赛迎寿安寿仪式里，开端依次搬演的小杂剧有"说八仙、舞寒山、猿猴脱壳、排八

---

① 黄竹三：《我国戏曲史料的重大发现——山西潞城明代〈礼节传簿〉考述》，见《黄竹三学术论文自选集》，三晋出版社2015年版，第190—191页。

② 胡万川：《玄女、白猿、天书》，载宁宗一、鲁德才编《论中国古典小说的艺术台湾香港论著选辑》，南开大学出版社1984年版，第41页。

仙、妇人唱八仙队则（子）"①，猿猴之所以能够夹杂在八仙戏中间亦用来庆寿，显然与"白猿"的长寿象征意义有关，而且"白猿偷桃"出现了象征长寿的仙桃，"白猿"＋"仙桃"的组合，是长寿意象的叠加。

庆寿时的《猿》不仅突出"白猿"，也比其他场合演出中更突出"仙桃"："在接寿星仪式近尾声时，由一少年乐户手捧寿桃，侧身躺卧在寿厂前面的一张红毡上，作'仙猴献桃'状，执役人员将麦麸洒向红毡表层；之后，扮猴者翻身跃出，毡上留下红色的'仙猴献桃'的图案。"② 上党古赛写卷中"东山猿猴来献果""猿猴献果"的贺词十分常见，成为庆寿时使用的高频词汇。因为《猿》依赖"白猿偷桃"的传说情境，才使得其具有了庆寿的功能。

"白猿偷桃"用于祝寿，离不开特定民俗语境下白猿和桃的象征意义。白猿的角色有很多，其中一个即是寿星。葛洪《抱朴子》："猕猴寿八百岁变为猿，猿寿五百岁变为玃，玃寿千岁。"③王济《君子堂日询手镜》："有人云：猿初生时黑，至百余岁渐成黄而为雌，又数百岁方变为白。"④白猿成为长寿的象征。桃很早也和长寿联系起来，《神异经》："东北有树焉，高五十丈，其叶长八尺，广四五尺，名曰桃。其子径三尺二寸，小狭核，食之令人益寿。"⑤《太平御览》引《神农经》云："玉桃，服之长生不死。若不得早服之，临死日服之，其尸毕天地不朽。"⑥ 近世以来，桃成为寿星的标配和长寿的符号。"白猿偷桃"故事把象征长寿的白猿

---

① 杨孟衡：《上党古赛写卷十四种笺注》，财团法人施合郑民俗文化基金会，2000年，第281页。
② 杨孟衡：《上党古赛写卷十四种笺注》，第42页。
③ 王明：《抱朴子内篇校释》，中华书局1985年版，第47页。
④ （明）王济：《君子堂日询手镜》第94辑，《丛书集成新编》，新文丰出版公司1985年影印本，第174页。
⑤ （汉）东方朔：《神异经》，《汉魏丛书》第32册，吉林大学出版社1992年影印本，第689页。
⑥ （宋）李昉：《太平御览》，中华书局1985年影印本，第4289页。

和仙桃结合起来,令敷演该故事的《猿》具有了明显的庆寿功能。

3. 安神仪式:安神逐疫

安神仪式在正赛过后举行,由主礼生主持送神安神。这里上演《猿》是为了安送赛社请来的众神灵。通过猿猴脱甲的表演,祈愿神灵归位和驱除邪疫。从中可以看到民众对"猿猴(白猿)"角色的多重认知。白猿不仅有其祥瑞的一面,它作为非人的兽类,一直以来也有令人畏惧的一面。尤其是白猿被赋予十足的灵性,不免带有威胁人类的色彩。借助猿猴脱甲,安送神灵,驱除灾疫,颇具傩意。

《山海经》载"堂庭之山多棪木,多白猿","发爽之山无草木,多水,多白猿"[1]。人们很早就注意到类人的猿猴在习性上与人的密切性。《吕氏春秋》里的养由基射白猿神,《吴越春秋》里的白猿越女比剑,及至唐《补江总白猿传》等,无不体现着人们对猿猴(尤其是白猿)心存的一丝戒备和警惕。高罗佩《长臂猿考》中梳理中国猿文化里猿猴意象的脉络亦首先考察猿猴的动物属性[2]。白猿属兽类且具有灵性的一面,不仅让人们有崇拜的倾向,也有敬畏的心理。这种心理促成了《猿》在安神仪式中具有逐疫的功能。

4. 丧事中:超度亡灵

《猿》搬演于丧事中,一个原因在于丧事一般由乐户承担,搬演这样的剧目有相当的便利;另一个更为重要的原因在于《猿》具有明显的度脱意味。通过类似人形的猿猴"脱甲成正果""脱甲上九天"来象征亡灵的超脱升天。丧事中搬演《猿》,在具有观赏趣味的同时,更主要表示了对亡灵的告慰和祝愿。

白猿在累积的民俗心理中,具有一定的神性。它剑术超群,能力非凡,掌管天书,上天入地,行走于阴阳两界。这无所不能的白猿精,被冠以"通天大圣""弥天大圣""齐天大圣"的尊号(《陈巡检梅岭失妻记》[3])。不免让人把白猿与后来的孙悟空混同起

---

[1] (清)袁珂:《山海经校注》,上海古籍出版社1980年版,第2、17页。
[2] [荷]高罗佩:《长臂猿考》,施晔译,中西书局2015年版,第3页。
[3] (清)洪楩编:《清平山堂话本》,上海古籍出版社1992年点校本,第69页。

来。《猿》多少有些借助孙悟空的民间影响力敷演故事的倾向。即便如此，白猿具有的特殊神性让其依然保有了超脱亡灵的功能，借助其脱甲的表演，象征亡灵摆脱俗世枷锁、早日登升。"脱甲"超度亡灵的象征意义至为显著。

四　结语

队戏《猿猴脱甲》有不同的表演场合，在赛社中曾充当多重的角色，而且现在依然搬演于丧事中。脱离传说情境，仅保留仪式的《猿》留下很多难解的问题。统合观照晋东南赛社和冀南赛戏里的《猿》，将其放在"白猿偷桃"的传说情境中，有助于梳理其仪式象征和功能表述。传说情境指出了白猿、仙桃的重要意象，使其有了解释的路径。在不同的场合中，《猿》具有娱神演剧、请神庆寿、安神逐疫、超度亡灵的功能。这些功能与白猿和仙桃的民俗内涵紧密相关，使《猿》在酬神报赛的整体功能下有了明确的功能指向。

第三节　血社火的刑罚戏拟与民俗象征

血社火，又称血故事、扎社火、扎快活、八斩等，是较为特殊的社火形式，表演者由三五人到十余人不拘，以一定的故事或传说为表演情境，随社火队伍行进演出；表演者通过独有的装扮技艺，呈现砖石凳椅等钝物嵌入头面部、刀斧剪锄等利器刺扎入骨的场面，钝锐之物半入于皮肉半露于外，骨肉翻出，鲜血淋淋。同时亦有开膛破肚、抽肠剥皮、刺腹腰斩等恐怖场景。因尤以血淋淋的场面为特色，故被称为"血社火"。血社火呈零星点状分布，主要流行于陕西省的陇县、宝鸡陈仓、西安阎良、兴平、华阴、韩城、乾县、蒲城、合阳、大荔及山西省的临猗等县市区的个别乡村。在其他地区社火中，虽无与血社火完全相同者，但相似者颇众。晋东南、晋北社火祭祀剧《神杀忤逆子》（《斩赵万牛》）、《鞭打黄痨鬼》、《斩旱魃》等队戏、冀南武安固义社火傩戏《捉黄鬼》中的

◆ 第九章 社火傩俗个案散论 ◆

忤逆子（赵万牛）、旱魃、黄鬼等角色亦身受刀斧所伤，鲜血淋淋，最后或被抽肠或被斩首，与血社火的血腥场面极为相似。它们虽不等同于血社火的完整演剧形态，但大致也可以看作"血社火"。另外，单个或几个社火演员装扮刀剪扎入皮肉，杂行于社火行伍中者，于各地乡间社火中并不少见，如血社火之片段。这里所言的"血社火"，概指上述同类民俗事象。

血社火很早即引起关注，但研究文章并不多见。胥鼎在《三秦社火》中谈到血社火时说："血社火是一种带有神秘性的原始的，甚至是极为残酷的有杀戮场面的社火表演。……血社火保留的这种原始的、残酷的、甚至是野蛮的杀人形式，很可能是原始部落杀虏庆功，表现部族尚武精神以及祭神祈天时所进行的'杀牲祭'的某些遗风，或者是傩祭的某些残存。遗留到现在的社火表演也可能是有些艺人为了生存而玩弄的幻术。"[1] 这里所提到的几个方面，大致也是目前可见数篇关于血社火研究论文的路径关键词[2]。它们在可能的阐释路径（人牲、血祭、幻术）进行深挖，血社火的社火民俗语境亦可作为考察视角。血社火从其直接呈现的样貌来看，即是"刑罚"场面通过民俗活动展示出来。这里所言之"刑罚"，并非刑法学意义上做出主体、对象、依据、功能等严格限定的范畴，而是民间社会对受刑与惩罚的通俗理解。作为刑罚的民俗展示的血社火，是社火表演对刑罚的戏拟；之所以要进行此种戏拟，有社火和刑罚两方面的原因；血社火作为刑罚的民俗象征物，包含着丰富的象征意涵。

一 血社火是刑罚的民俗展示，是对刑罚的戏拟

各地的血社火表演，以刀锯斧剪刺肉，造成鲜血淋淋的场面，

---

[1] 胥鼎编：《三秦社火》，陕西师范大学出版社2002年版，第96页。
[2] 参见王琼《渎神：血社火的人类学文化溯源》，《宝鸡文理学院学报》（社会科学版）2012年第3期；王琼《人牲与血祭：宝鸡血社火的地缘历史文化追溯》，《宝鸡文理学院学报》（社会科学版）2011年第5期；张西昌《血社火的视觉暴力与伦理性探讨》，载苏州大学非物质文化遗产研究中心编《东吴文化遗产》（第4辑），上海三联书店2013年版；李永平《"血社火"历史文化新探》，《民俗研究》2013年第3期等文章。

营造血腥恐怖的氛围，其所表演的底本显然非生产生活中所遭遇的意外，而是刑罚的场面。刑罚是血社火模拟的原型，血社火是对刑罚的戏拟。各地血社火取材的故事，如四刺（《荆轲刺秦》《要离刺庆》《豫让剁袍》《专诸刺辽》）、《小鬼推磨》、《锯裂分身》、《阎王换头》等，都偏重于流血"出彩"的环节。受众关注"出彩"远远超过故事本身。这一关键环节恰恰说明了血社火是以格杀刺铡故事为外衣来戏拟刑罚。

首先，血社火设定了受刑者—施刑者（审判者）的二元对立型角色模式。尽管血腥场面最吸引人，但血社火为了将这场面同自然意外区分开来，给它提供了一个故事背景，成为演剧的形式。同样，在血社火中并非个个演员都"刀砍斧剁"、鲜血淋淋，只有犯了某种过错的人才应当受此苦痛。血社火所设定的受刑者—施刑者对立型角色模式，让参演者通过受刑与否区别开来。这种角色模式的意义在于仿照刑罚中审判方与犯罪方的对立，血社火所取材的故事、所表演的剧目都具有刑罚的框架。换言之，血社火试图通过血淋淋的场面来告诉人们，犯了错的人就会受到这样的惩罚。从这一角色模式的设定和表述目的来讲，血社火即是对刑罚的戏拟。宝鸡陈仓区、陇县的血社火多取材于《武松醉打蒋门神》的故事，其中，蒋门神（受刑者）—武松（施刑者）相对立，蒋门神作为犯错的一方，受到刀斧的惩罚。蒲城、合阳、大荔等地的血社火更为典型，其多演绎《包公怒铡陈世美》的故事，这本身就是一出公案剧，陈世美作为犯错的一方，受到斩刑惩罚。从这个角度来讲，血社火不单单重视刀剪刺肉的奇技，而且更注重设定刑罚所必需的"犯罪—审判"部件。武安固义社火傩戏《捉黄鬼》中，黄鬼作为受刑者，经过了阎王审判的环节才被拉到受刑台上抽肠剥皮。这个环节的存在，对应受刑者—施刑者的角色设定，说明血社火所取材的故事套用刑罚的模式，展演的即是刑罚故事。

其次，血社火的核心是对肉体伤害的展示，这种血腥的伤害场面是对刑罚场面的直接戏拟。在血社火所设定的故事背景下，表演者面对着刀剪刺肉、破肚开膛的表演就等同于受刑者所受刑罚的展

◈ 第九章　社火傩俗个案散论 ◈

示。这类展示既包括尖刀钝器半嵌入皮肉的静态，也包括抽肠腰斩开膛破肚的动态过程。很显然，血社火所表现的剧目，受刑者如何犯错，如何被审判等情节往往并非表现的重点，甚至可以略过不表，只要展现受刑的过程或样子即可。换句话说，血社火的演剧转化为肉体伤害，并集中体现于肉体伤害上。毋庸置疑，血社火之为血社火，血腥场面是其最核心、最关键的部分，这部分是血社火最着力表现的部分。这部分恰恰是刑罚中的受刑展示。同样的，如果没有前设故事的指引作用，也丝毫不影响血社火戏拟刑罚的判断。即便受众并不知晓血社火所演故事内容，依然不会降低其观看血社火的热情，也丝毫不会降低血社火带来的视觉冲击力。相对于生活场景而言，血社火表现的毕竟是不常见的、极端的场面。社火表演者所展示的血腥的、恐怖的，甚至令人不适的肉体伤害与其所扮演的角色是分不开的，定然是对后者某种过失或错误的惩罚。这是符合一般受众的认识模式和经验的。更为重要的是，刀斧所伤、抽肠剥皮这类场面给人最为直观的联想即是受刑场景。从血社火所着力突出血腥造型的角度来看，血社火是对刑罚的戏拟。

最后，血社火的社火表演形式与刑罚游街示众的暗合。血社火多属于步社火，社火表演者装扮完毕，沿街行进表演。或有以车载之以马驮之者，亦沿街行进，与前者无异。与抬阁、高跷、旱船、竹马等社火种类相比，血社火展现表演技艺的成分要稍淡，更倾向于所受肉体"苦痛"的展示。刀斧入颅，砖石击面，抽肠剖皮等血腥恐怖场面的展演，更能反衬出血社火技艺高超，表演精湛。就现场效果而言，血社火装扮技艺越高超，表演越精彩，就越接近于受刑者的游街示众。不可否认，社火与刑罚游街示众在沿街行进、沿街表演（施刑）、沿街观赏（观看）的形式上高度相似。血社火以肉体伤害的特色更加接近于刑罚游街示众。古以"刀锯斧钺"代指刑罚[①]，血社火的刀斧剪镰嵌于骨肉即为受刑之相；抽肠剥皮、断

---

① （汉）班固：《汉书》，中华书局1962年标点本，第1079页。原文为："故圣人……因天讨而作五刑。大刑用甲兵，其次用斧钺；中刑用刀锯，其次用钻凿；薄刑用鞭扑。"

283

头开膛实为古代酷刑。血社火与其他社火类型相比，其故事都含有"惩戒规训"之意；而刑罚游街示众的用意亦在于通过刑罚的公开展示达到贬损刑犯人格尊严、警诫效尤的目的。因此，血社火与刑罚游街示众形式相类，目的相似，可为血社火戏拟刑罚佐证。

综上所述的三方面看来，血社火是对刑罚的戏拟。血社火不仅不展示真实的行刑现场，而且并不关涉严格意义上的刑罚。血社火又极大程度上比拟、展示民间社火所构建的刑罚。血社火可以看作刑罚通过社火这一具体形式的民俗展示。血社火与其他各种社火共同构成社火大类，与一定的节庆、祭祀、民间技艺民俗相结合，具有内部独特的传承机制，有表演的禁忌与规矩，存在于民俗生活中，是一种民俗事象。血社火对刑罚的戏拟，对刑罚的民俗展示是基于血社火的民俗语境，并非与法律意义上"刑罚"的攀附。

二 刑罚以血社火形式进行民俗展示的原因

社火的表演形式多种多样，表现的内容亦各不相同，而血社火独以刑罚为戏拟对象，同时，刑罚通过血社火的形式进行民俗展示，这其中有血社火和刑罚两方面的原因。

其一，对于社火而言，刑罚是不错的戏拟对象。就社火的整体特点来讲，其各种类型都力图保持自身的个性，以同其他社火品种相区别，在表演时有竞相胜出之意。社火往往以"奇"求胜，表演的内容、主题、形式都追求罕见和奇特。如抬阁之类，层层叠摞，为日常生活及一般表演所罕见。刑罚所主力呈现的受刑场景，对一般受众而言极不常见，具有一定的神秘色彩，对于力求标新立异的社火而言，刑罚是个不错的选择。而且，刑罚场面与其他歌舞、戏耍类社火相比识别度高，很容易区别出来，独树一帜。社火表演在追求奇的同时还追求"巧"，表现在制作工艺的精致和表演技艺的精湛等许多方面，例如纸扎类社火和灯烛类社火一向以制作精巧引人注目，而高跷、霸王鞭等社火则以表演精湛令人称赞。刑罚场面的展示不仅为独特的化装技艺提供了用武之地，而且为表演设置了独特场景。无论何种社火项目，主要是出于观赏的目的，而刑罚场

◆ 第九章 社火傩俗个案散论 ◆

面尤以血腥惨烈为特点，显然具有更强的视觉冲击力。相较而言，更易于吸引观赏者的眼球。与此同时，刑罚场面的展示可带来强烈的心理体验，一方面有外在的恐怖、惊悚、压抑氛围带来的紧张，另一方面有对于神奇化装技术所抱有浓厚探求兴趣。因此，从社火追求奇巧、观赏性和审美性等方面来讲，刑罚以其独具的性质可能成为不错的戏拟对象。具备这种可能性，血社火实践，与其他社火相比自然具有十足特色。

其二，刑罚为血社火的表演和存续提供保护。在中国古代刑罚体系中，刑罚有很多类型，以"五刑"为主。而血社火并非古代刑罚展示橱窗，对五刑罚逐一或择一展示。尽管都侧重于戕身伐命的肉体伤害，但血社火更倾向于首、脑、面、肩、胸部为利器、钝器所伤时的静态呈现。换言之，血社火倾向于选择刑罚中身体刑的一类，类于福柯称之为"公共景观"的肉体酷刑[1]。这类刑虽算不上一击毙命，但却是"切肤"之痛的直观展示。这样的场面血腥惨烈，会带来某种心理不适，乃至惊吓孩童，令人作呕。血社火可能因此会被归入"恶俗陋习"之中继而遭弃。为了缓解观众的心理不适，更为了血社火的存续，血腥场面披上道德教化的外衣，冠以"刑罚"之名。单纯地展示血腥暴力场面并不广为人接受，假以"惩恶扬善"之名，就给血腥场面覆加了正当性。毕竟，刑罚所实施的肉体伤害于法于理具有正当性。这种正当性可转移到血社火的血腥场面展示上。这样，无论是刀砍斧刴，还是抽肠剥皮，有了武松惩治蒋门神、包公怒铡陈世美、天神殛杀忤逆子的刑罚语境设定，血腥场面被定义为恶人应受的惩罚。在这个意义上，刑罚为血社火的血腥场面提供了正当性，客观上维持了血社火的生存和发展。

其三，"血"之民俗角色通过戏拟实现转变。就现代社火表演越加倾向于文娱来看，祭祀的成分稍有减弱，乡间所存社火祭祀亦

---

[1] ［法］福柯：《规训与惩罚：监狱的诞生》，刘北成、杨远婴译，生活·读书·新知三联书店2003年版，第7页。

多不用"血祭"形式。或有牲畜禽鸟供奉神灵,亦避免直杀流血。至于"血"在社火中所扮演的民俗角色,或从社祭之源可见一斑。《周礼》言"以血祭祭社稷"①,社即地神。社神祭祀一般视为与社火缘起紧密相关。《荆楚岁时记》载:"社日,四邻并结宗会社,宰牲牢,为屋于树下。先祭神,然后享其胙。"②或有血祭社神遗风。而在江绍原看来,"血祭社稷"并非祭礼,实是衅礼,即便《说文》训衅为血祭:"因衅苟为'血祭',旨趣自然在以血献神,衅者亦应发为求神悦纳之言或行。无奈衅庙之举,据我们所知道的形式来看,竟没包含'祭'之言或行;今必谓衅为血祭,岂不近于无中生有?"③看今之血社火中"血"的用途,尤以涂面造势为主,既迥异于神灵牌位前所洒人牲禽鲜血,又与祭社古礼旨趣相去甚远。故血社火之"血",与"血祭"所涉甚少,绝非神圣之物所指。而在刑罚之中,"血"即是人体鲜血,具有明确的生理学指向。血在文化意义上即指代生命,西方文化认为一切活物的生命都在血中,无论什么活物的血都不能吃,因为血便是活物的生命。在刑罚中,血的流出在生理和文化上都代表着生命的丧失。更加直接的体现来自肉体在流血过程中所表现出的痛苦和观者所产生的心理苦痛感。在民俗中,刑罚中的血往往被认为是不洁的、污秽的,是不祥之物。在血社火中,用于化装道具的动物血及内脏或代表鲜血的红色液体是艺术器具,而非祭祀器具,所呈现血淋淋场面的"血",是艺术描绘,而非生命体征。通过"戏拟"的过程,作为民俗表演道具的"血"直接指涉人所遭受的肉体痛苦。血是肉体痛苦的象征物,这消解了血在社火形成早期所具有的祭祀严肃性,与"神圣之物"区别开来:避免"血社火"与"血祭"的牵强关联和

---

① (汉)郑玄注,(唐)贾公彦疏:《周礼注疏》,见(清)阮元校刻《十三经注疏》,中华书局1980年影印本,第758页。
② (梁)宗懔:《荆楚岁时记》,宋金龙校注,山西人民出版社1987年点校本,第33页。
③ 江绍原:《古代的"衅"(涂血)礼》,见《江绍原民俗学论集》,上海文艺出版社1998年版,第154页。

过度阐释。同时,"戏拟"消解了刑罚中"血"带来的不祥感,与污秽之物区别开来,保持视觉强烈冲击力的同时回归艺术欣赏,缓解刑罚场面所带来的紧张感。

综上,在血社火与刑罚两方面看来,刑罚具有的神秘、恐怖、血腥等特点较为符合社火标新立异、追求奇巧的要求,易成为戏拟对象;同时,在血社火的血腥场面受到质疑和诟病时,刑罚的解释理路为血社火的存在提供正当性,保护了其生存和发展;血社火与刑罚在倚重"血"上相通,通过戏拟,血的民俗角色发生转变,回归到民俗表演的艺术手段层面上来。以上即是血社火戏拟刑罚,刑罚通过血社火进行民俗展示的原因。

三 血社火的民俗象征及刑罚民俗展示的意涵

血社火反映民间社火的传统法观念。在中国传统法文化中,情理法往往边界模糊,民间社会逐渐形成了特有的法律评判准则。这样的法观念虽然某种程度上无法以现代法律标准来衡量,但无疑对维护民间社会的秩序发挥着重要作用。血社火所牵涉的主要是区分道德与法律的问题。在民间社会关系处理中,违反道德往往与违反法律有着同等的意义,有时道德准则即法律准则,违背道德准则(无论是否触及刑律,轻重与否),都应当受到刑罚。就血社火取材的故事分析,这些故事几乎无涉法律,主要在于道德。《武松醉打蒋门神》实质是两股地方势力对地盘的争抢,武松作为代表道义的一方,蒋门神是不道义的化身,后者理应受到惩罚。《包公怒铡陈世美》故事,陈世美的主要罪状是"欺君王,瞒皇上。杀妻灭嗣良心丧"(京剧《铡美案》)。显然,陈世美的罪行主要表现在道德上的不仁不义。武安固义傩戏《捉黄鬼》中黄鬼受到酷刑的原因是不孝,黄鬼在受刑前,阎王的判词是:"劝世人父母莫欺,休忘了生尔根基。倘若是忤逆不孝,十殿君难饶于你。命二鬼绳拴索绑,到南台抽肠剥皮。善恶到头总有报,为人何不敬爹娘。"[①] 由上述

---

① 杜学德:《燕赵傩文化初探》,甘肃人民出版社1998年版,第21页。

三例可以看出，道德约束（尤其是孝）受到格外重视，违背道德准则，无论是否关涉法律，均应当受到惩罚。这种惩罚很大程度上被视为违背道德后的"天谴""报应"，绝非等同于法律制裁。从血社火所反映的法观念看来，民众对道德的追求显性于对法律的追求，更倾向于将刑罚归入道德层面来看待。

　　血社火反映民间社火对刑的认识。尽管刑的种类和实施方式有很多，但民间社火乐于将"刑"狭隘地理解为对肉体的惩罚和对生命的剥夺，并且惩罚所带来的痛苦和死亡应当公开展示，这样能够增加受刑者的生理痛苦和名誉贬损。刑罚演进史上，肉刑的废除被看作时代的进步，现代刑罚更倾向于以控制人身自由的方式在精神层面而非肉体层面实施惩戒。举例说来，如果某人虐待父母，抛妻弃子，人们更加乐于接受将其捆绑在村社中央施以鞭挞，而不是他在人们视线之外的监狱里默默服刑几个月。刑罚在民间社会基于道德层面，那么不仁不义不孝等违反道德的行为就不是个体利益的损害，而是损害道德共同体，激起"民愤"。显然，平民愤最佳的方式即是示众。这反映出民众对刑罚"现场感"的追求，这种追求直接体现了"现世报"和"遭天谴"的强烈意愿。从血社火的刑罚展示来看，民间社会对"刑"的认识集中在公开的肉体惩罚上，并且对恶人的惩罚过程，群体自己来实施的愿望大于由暴力机关来实施。造成这种认识的根源不在于群体对暴力机关的不信任，而在于民间社会更倾向于把施刑主体解释为群体所能感知的"天命"和"报应"。

　　血社火中的原欲释放与艺术自律。与抬阁、高跷、舞龙、舞狮、秧歌等以喜庆欢快为基调的社火类型不同的是，血社火的美学风格是怪异与恐怖。血在民俗中有多种象征，无故看见红色的血并不会被看作吉兆。在日常生活中，人们也力避碰到流血的场景。血社火以"血"为主要特色，或曰"吸睛点"，以血腥恐怖为风格，反映了人类对感官刺激的极致追逐。感官刺激带来的生理和心理满足，使血社火实际上进行着酷刑的狂欢。而血是这场狂欢的促进剂、催化剂和兴奋剂，与酒发挥着同等的作用。血社火因此以肉体痛苦的形式指向肉体享乐的无限境地，体现着人类原始的本能的欲望。血社火以裸露躯体、肉体痛苦的方式营造恐怖、血腥、惊悚的气氛，满足演者与观者的欲望。与此同时，作为民俗艺术，血社火非一味释放原欲，而有自身的艺术自律。血社火以戏拟的形式，避免了真正的肉体伤害，以区别于以真实的肉体痛苦来博取眼球，将更多的艺术创造力体现在化装和表演上。血社火作为群众娱乐活动，因其娱人的基本前设，使社火表演处于大的"游戏"语境中，去除刑罚场面带来的严肃性和扭曲性。血社火表演者的传承制度，保持了血社火的神秘性，保证了血社火的可持续发展，保护了与血社火相关的民俗文化。

综上所述，从血社火的角色模式、表演主题、表演形式来看，血社火将刑罚通过民俗活动展示出来，血社火是对刑罚的戏拟。刑罚的特点和社火的追求相贴合，刑罚主题与社火形式相互配合，相互保护，并且在对"血"的重视上相通，这些成为血社火戏拟刑罚的原因。在展示血腥刑罚的表面之下，血社火具有丰富的意涵，主要表现在反映了民间社会的法观念、刑观念，同时血社火暗含了当地民众在民俗活动中的原欲释放与艺术自律。可见血社火与刑罚的文化关联，刑罚的审视视角或为血社火的这种文化关联提供新探索。

第四节　社火舞台展演的实践逻辑与传承风险

社火是重要的民俗事象，在民间社会享有广泛的群众基础，具有深远的影响力。各地社火争奇斗艳，形成了流传范围广、构成种类多、参与人数众、技艺表演精的社火文化。民间社火及很多社火子类被列入国家级或省市级的非物质文化遗产名录中。社火在节庆、庙会、祭祀、赛社等场合搬演，尤以元宵节最为集中，现在很多地区组织社火花会的展演。城镇乡间，社火队伍且行且歌、且进且舞，观者夹道簇拥，塞途如堵，堪称社火盛况。

一　作为"游艺"的社火

"游艺"一词，溯于孔子"游于艺"言，后多有游于六艺或游学诸艺的意思。在现代汉语语境中，"游艺"颇近"游戏"一词，几乎成为同义词。杨荫深《中国游艺研究》开篇即言"游艺就是游戏的艺术"[1]。游常取游戏、游玩义，艺常取艺术、技艺义，"游艺"可作游戏的艺术（技艺）之解，此为该词汇的常见义项。郑重华、刘德增的《中国古代游艺》认为"游艺与游戏同义，是一种娱乐活动"[2]。李建民的《中国古代游艺史》重点论述"乐舞百戏"[3]。多数冠名"游艺民俗"的通俗读物多取此义，包含杂技、弈棋、博戏及儿童游戏诸类。《大辞海》"游艺民俗"条的解释相对较为宽泛："即'娱乐性民俗'。民间传统的文化娱乐活动。包括口头表演、动作表演，综合的艺术手段表演的活动以及游戏、竞技、民间艺术等，可分为民间口头文学活动、民间歌舞乐活动、民间游戏活动、民间竞技活动、民间杂艺活动等。"[4]

民俗学语境中的"游艺"包含游戏，又并非完全等同于游戏。钟敬文《民俗学概论》中称之为"民间游戏娱乐"，同时"国内近年来出版的民俗学著作，有的称'游艺民俗'，有的称'文艺游戏民俗'，也有的称'游戏竞技民俗'"[5]。以乌丙安《中国民俗学》对"游艺民俗"论述最详，"比较恰当的、大体上能概括民间文娱体育活动的词语，以'游艺'为好。它有三个好处：一是它并不是生造的词汇，而是很容易明了其内涵的熟语词；二是它虽然是有特定含义的名词，却显现了某种动势的语意，很适用于概括讲、唱、表演、游戏、竞技等民俗活动；三是它可以包括除说唱歌舞以外的

---

[1] 杨荫深：《中国游艺研究》，世界书局1946年版，第1页。
[2] 郑重华、刘德增：《中国古代游艺》，山东教育出版社1991年版，第1页。
[3] 李建民：《中国古代游艺史　乐舞百戏与社会生活之研究》，东大图书股份有限公司1993年版。
[4] 夏征农、陈至立主编：《大辞海·民族卷》，上海辞书出版社2012年版，第502页。
[5] 钟敬文主编：《民俗学概论》，上海文艺出版社1998年版，第379页。

第九章 社火傩俗个案散论

民间游戏、体育竞技在内。""游艺民俗的概念大体确定为：凡是民间传统的文化娱乐活动，不论是口头表演的还是动作表演的，或用综合的艺术手段表演的活动，都是游艺民俗。"① 当前非物质文化遗产的分类中，有"传统体育、游艺与杂技"大类，游艺（recreation）实际上依然侧重游戏的部分。

民间社火是节庆、庙会上演的民间花会演艺活动的总称，应可归入"游艺民俗"的大类中。钟敬文《民俗学概论》中把社火归入"民间游戏娱乐"中，各类民俗志（如中国民俗大系分省卷）基本都把社火归入"游艺"的一类，这应当较为妥帖。然而，由于社火包罗甚多，各地社火种类少则十余种，多则上百种。在实践中，既有整体的归类，又有细分后的归类。国家级非遗中，"民间社火"都归入"民俗"类，而非"游艺"类。社火的构成品种因其贴近的门类划分，如抬阁（芯子、铁枝、飘色）归入民俗类，秧歌、竹马、旱船、高跷归入传统舞蹈类，飞叉归入传统体育、游艺与杂技类，锣鼓归入传统音乐类等。

虽然面临实践中社火归类的多维考量，但作为整体的社火应当归入"游艺民俗"来审视。首先，就"游艺"而言，除了游戏之外，还包括更加丰富的内涵。"游"与"艺"的本义，都并不直接指向游戏。游者，旌旗之流也，具有行进、游走、流动之义，"游戏"亦从此生发。艺者，种也，引申为才能、技能，技艺、艺术得义于此。因此，"游艺"包含游戏义项的同时，还有侧重于行进中展演技艺、流动中表演艺术的内涵。社火的各类构成既不违背游艺的词汇本义，也不违背现代汉语语境，同时也较为贴合民俗事实。

蔡欣欣认为："游艺、社火与会所指称的对象基本近似，亦即'俳优歌舞杂奏'等散乐百戏；或如漳州当地中由四方百姓镶资参与组织的'优戏队'；只是游艺表演的时机场合，可能较后二者更为宽广，亦即除了依附在岁时节庆与庙会神诞外，也可在官方节庆、民俗节庆与历史节庆等活动中献艺；甚至民间或学界将游艺更从属于

---

① 乌丙安：《中国民俗学》，辽宁大学出版社1985年版，第343、348页。

◆ 地方社火与现代傩俗 ◆

社火与会之下，专指在'广场街道游走行路'的表演团队。"① 乌丙安概括了游艺民俗的四个基本点，其中一个即是"非剧场化、非大舞台化的表演活动"②。显然，游艺民俗更为侧重行进中的、游行式的街头展演艺术形式，而这恰恰是社火最为突出的特点。

社火的起源发展与赛社、傩仪、迎春、灯节密切相关，是迎神献艺的赛社、沿门逐疫的傩仪、郊祀表演的迎春、昼夜狂欢的灯节的综合作用，这使社火呈现出多种技艺杂呈、群体性、狂欢式的特点，这些特点都离不开游街演艺的形式特征，因此，社火从发展演变而言，天然具有沿街行进表演的要求和特点。

古籍中的社火场面都是沿街狂欢、观者如堵之类的描绘。如范成大《上元纪吴中节物俳谐体三十二韵》：

> 轻薄行歌过，癫狂社舞呈。
> （民间鼓乐，谓之社火，不可悉记，大抵以滑稽取笑）
> 村田蓑笠野，街市管弦清。
> 里巷分题句，官曹别扁门。
> 旱船遥似泛，水傀近如生。
> （夹道陆行为竞渡之乐，谓之划旱船）
> 钳赭装牢户，嘲嗤绘乐棚。
> 堵观瑶席陵，喝道绮丛争。③

《梦粱录》中说社火舞队的演出时，人们"拦街嬉耍，竟夕不眠"：姑以舞队言之，如清音、遏云、掉刀鲍老、胡女、刘衮、乔三教、乔迎酒、乔亲事、焦锤架儿、仕女、杵歌、诸国朝、竹马儿、村田乐、神鬼、十斋郎各社，不下数十。更有乔宅眷、汗龙船、踢灯鲍老、□象社。官巷口、苏家巷二十四家傀儡，衣装鲜

---

① 蔡欣欣：《妆扮游艺中的"台阁"景观》，载麻国钧、刘祯主编《赛社与乐户论集》，中国戏剧出版社 2006 年版，第 163—164 页。
② 乌丙安：《中国民俗学》，辽宁大学出版社 1985 年版，第 349 页。
③ （宋）范成大：《范石湖集》，上海古籍出版社 2006 年点校本，第 326 页。

丽，细旦戴花朵□肩、珠翠冠儿，腰肢纤袅，宛若妇人。……拦街嬉耍，竟夕不眠。……至十六夜收灯，舞队方散。① 《西湖老人繁胜录》《武林旧事》所列社火种类数十种，不仅观者多，演者亦多，常常一社就有数百人，"福建鲍老一社，有三百余人；川鲍老亦有一百余人"②。这也是沿街行进演出，且演且进可容纳的场景。

明清时期社火炽盛，元宵、迎春、赛神时各色社火扮演，地方志中俯拾皆是，彼时的城乡社火均是"遍游街巷"的行进式演出。

> 一家做灯官，好游戏者群往就之，用优人衣冠器具，扮演各色故事，名为"社火"，先谒官长呈伎，领赏后遍游街巷，且歌且舞，男女聚观，至十六夜灯火歇后，乃罢。——乾隆《延庆州志》

> 上元，沿街设立松棚，杂缀诸灯，翠缕银葩绚然溢目。又唱秧歌，谓之社火……随处演戏，戏秋千，三日为度。——乾隆《赤城县志》

> 立春前一日，彩楼、社火，迎春于东郊。……上元前后五日，街市张灯、狮火，社火甚多，谓之"斗胜"。——光绪《保安州志》

> 元宵，乡村稍有灯火；城市则鳌山灯海，秧歌、社火、角抵之戏，喧阗街巷，亲友过从游观焉。——光绪《续修崞县志》

> 十五夜，张灯结彩，燎炭火，放花炮，演杂剧以游街，谓之"闹元宵"。——光绪《岢岚州志》

> 元宵，燃灯制火，年少做百戏状，沿街而行，若狂者然，曰"闹元宵"。——光绪《榆社县志》③

---

① （宋）吴自牧：《梦粱录》，浙江人民出版社1980年排印本，第3—4页。
② （宋）《西湖老人繁胜录》，载（宋）孟元老《东京梦华录（外四种）》，古典文学出版社1956年点校本，第111页。
③ 丁世良、赵放主编：《中国地方志民俗资料汇编·华北卷》，北京图书馆出版社1989年版，第17、137、166、563、568、577页。

因社火的行进式演出形式与迎神祭祀的出巡、夸官、行像意义相近、相互融合，社火也常被称为"行会"或"走会"。如在河北赞皇"七月初七，俗传刘猛将军诞辰。是日，人民以五色小帜植土箱上，用长竿两人肩荷，后有旗鼓百戏，穿街过巷，至神前焚楮帛，祈无蝗蝻，名曰'行会'"，三河亦如是"十五，为上元节，亦曰灯节。点彩灯，放爆竹。又有日演杂剧者，名曰'走会'"①。

因此，从"游艺"的本义及词语意涵来讲，都内含游行献艺的意义。作为民俗学概念的"游艺"，不仅包含较为广义的"游戏"，还包含诸种民间传统的文化娱乐活动。社火从起源至今，依然保持着沿街行进演艺的显著特点，因此归入"游艺民俗"类，不仅是分类上的体认，也是社火基本性质的确证。

二 社火舞台展演的实践逻辑

社火具有沿街行进演出的突出特点，无论是历史上的社火，还是现在活跃在乡间城镇的社火，这一点较为显见。即便当下各地流行的社火会演，也多是沿街行进式或广场式的。同时，社火的舞台展演经常能够看到。由于社火包含的种类多样，像歌舞类、说唱类等在沿街行进时有"圈场表演"的特点，实际上具有舞台演出的条件。而需要过多器械、人数参与众多、对场地时长有特殊要求的社火在舞台展演时却面临困难。因此，就社火整体而言，沿街行进演出并不完全排斥舞台展演。社火的舞台展演有历史脉络可循，也有现代社会的诉求。

1. 历史脉络

社火杂有戏曲、音乐、舞蹈、武术、杂技等多种艺术因素，体现出综合性的艺术特征。例如秧歌具有戏曲、音乐、舞蹈的综合特点，抬阁具有戏曲、音乐、舞蹈、杂技的综合性。传统戏曲、传统音乐、传统舞蹈等民间艺术形式又与社火关系十分密切。现代意义

---

① 丁世良、赵放主编：《中国地方志民俗资料汇编·华北卷》，北京图书馆出版社1989年版，第123、284页。

◈ 第九章 社火傩俗个案散论 ◈

上的戏曲、音乐、舞蹈在发生发展史上也与社火存在交集。从历史发展的角度来看，成熟的舞台艺术形式（戏曲、音乐、舞蹈）曾有过街头行进演出的阶段，这无疑给现在沿街行进演出的社火一些暗示。

与"演有定所"的戏剧相比，社火更倾向于"巡回演出"，王国维认为三教（即打夜胡）、讶鼓、舞队这类社火形式，在戏剧演进中扮演重要角色："其中装作种种人物，或有故事。其所以异于戏剧者，则演剧有定所，此则巡回演之。然后来戏名曲名中，多用其名目，可知其与戏剧非毫无关系也。"[1] 虽然有着沿街行进与舞台呈现的差异，但社火对戏剧内容、形式多有影响。

社火一般被称为"行进的艺术"，而戏剧演出场所相对固定。这一行一停的形式差异或许具有某种界桩意义。麻国钧认为："所谓'行'的戏剧，说的是中国古典戏剧是从行进礼仪逐渐演化而来，至少是受到古已有之的'行进礼仪'的深刻影响，并表现在它成长的全部过程当中。……这里所说的'停'的戏剧，是相对于'行'的戏剧说的，相对于行走的、流动的演出方式说的，进而言之，是指行进的演出队伍为了满足观众的要求、为了更好地展开一个有着相对长度的故事甚至一个场面而做的短暂停留；是观演方式的一种变动——由流动的观演方式变为相对稳定的观演方式。那些行进的演艺一旦完成了上述意义的'停顿'，戏剧也就宣告成立了。"[2]

宋元戏剧的演出场所在城镇主要集中在"勾栏"之中，相对较为固定了。而在广大的乡间，最为常见的演剧场所是神庙。"宋、元以降，最普通的剧场，便是一般神庙了。神庙的建筑，照例于正殿的对面设有一所戏台。戏台与正殿之间，必留有一大片广场，以容纳看戏的观众，这种形式，在神庙的建筑上，几乎是千篇一律的。戏剧本起于祀神的仪式……一般人要看戏，便得到神庙或逢有礼祭

---

[1] 王国维：《宋元戏曲史》，上海古籍出版社1998年版，第31页。
[2] 麻国钧：《"行"与"停"的辩证：中国古典戏剧流变及形态论》，中国戏剧出版社2003年版，第1页。

的其他地方。"① 恰恰神庙是社火表演最为集中的场合，把适当的艺术形式搬上神庙的戏台，娱神娱人，社火便具有极大的便利性。

在社火发展过程中，并非只有沿街行进演出一种形式，把合适的品种搬上舞台，至少从宋代就开始了，绝非近世的创举。

《东京梦华录》卷八"观神生日"条载：

> 天晓，诸司及诸行百姓献送甚多。其社火呈于露台之上，所献之物，动以万数。自早呈拽百戏，如上竿、跃弄、跳索、相扑、鼓板、小唱、斗鸡、说诨话、杂扮、商谜、合笙、乔筋骨、乔相扑、浪子、杂剧、叫果子、学像生、倬刀、装鬼、砑鼓、牌棒、道术之类，色色有之。至暮呈拽不尽。②

《东京梦华录》卷六"元宵"条载：

> （各类社火献演）……内设乐棚，差衙前乐人做乐杂戏，并左右军百戏，在其中驾坐一时呈拽。……（宣德楼）楼下用枋木垒成露台一所，彩结栏槛，两边皆禁卫排立，锦袍，幞头簪赐花，执骨朵子，面此乐棚。教坊钧容直、露台弟子，更互杂剧。近门亦有内等子班直排立。万姓皆在露台下观看，乐人时引万姓山呼。③

《梦粱录》"八日祠山圣诞"：

> 初八日，钱塘门外霍山路有神曰祠山正佑圣烈昭德昌福崇仁真君，庆十一日诞圣之辰。……各以彩旗、鼓吹、妓乐、舞

---

① 周贻白：《中国剧场史》，中国戏剧出版社2016年版，第6页。
② （宋）孟元老：《东京梦华录（外四种）》，古典文学出版社1956年点校本，第48页。
③ （宋）孟元老：《东京梦华录（外四种）》，第35页。

队等社，奇花异果，珍禽水族，精巧面作，诸色输石，车驾迎引，歌叫卖声，效京师故体，风流锦体，他处所无。台阁巍峨，神鬼威勇，并呈于露台之上。自早至暮，观者纷纷。①

露台始自汉代，原为降神之高台，后成为演出的舞台、戏台。至少在宋代，有些杂于社火中的艺术形式，如百戏、杂剧、台（抬）阁等，都被搬上舞台来演出了。明清以来，民间社火炽盛，特别是到元宵节时，各色社火争奇斗艳，有些延续着街头行进演出的形式，有些在舞台搬演。如民国《万全县志》载："此外，则有社火，昼则游行各处，夜则登台演剧。每班约百人，化妆古今男女老少，应有尽有，不伦不类，状至滑稽，使人喷饭；并杂以多数锣鼓之声，沿街舞唱，万人空巷，到处围观。"② 因此，社火中的很多艺术形式在合适的条件下开始舞台展演，并且参与了其他艺术形式的演变。社火中的具体艺术形式被改造后成为舞台艺术形式，如秧歌在很多地方发展成秧歌剧或秧歌戏，原先街头演出的莲花落、快板被改造后成为戏曲和快板剧。

2. 现代诉求

社火根植于中国传统农业社会，在社会转型中面临的生存问题最为紧要。在种种探索和尝试之中，"舞台展演"是最为常见也最受争议的方式。不可否认的事实是，各地社火形式的存续都在进行某种程度的"舞台展演"改造。不唯如此，非物质文化遗产项目的保护也存在这样的倾向。舞台展演作为社火常见的乃至"共识"的改造方向，有些是根据自身艺术特点自然发展的，更多的是基于社会情况做出的。其暗含的逻辑是由俗转雅的努力和民俗宣传的需要。

首先，"沿街行进"和"舞台展演"两种形式的差异并非只表现在呈现方式上，实则代表了两种审美取向。由于社火多由民间自

---

① （宋）吴自牧：《梦粱录》，浙江人民出版社1980年排印本，第7页。
② 丁世良、赵放主编：《中国地方志民俗资料汇编·华北卷》，北京图书馆出版社1989年版，第206页。

发组织，没有专业的演员，没有专业的团队，常常呈现出浓厚的乡土色彩。相较于舞台艺术而言，化装、唱腔、服饰、道具都谈不上精美。因此，在对社火节目进行改造时，戏曲、舞蹈、音乐等舞台艺术提供了可对照的标杆。尤其是很多舞台艺术本就是从民间社火艺术发展而来，舞台艺术似乎成为社火的发展追求。从街头搬上舞台，实际上是反映了街头之"俗"向舞台之"雅"的惯有认知。按照此种逻辑，民间社火在面临存续困境的时候，向舞台转变的尝试多，而向民间转变的尝试少。民间社火越来越精致，即是以舞台艺术为参照和模板的。

其次，在宣传本土文化、地方文化和传统文化中，民俗占有极为重要的地位。尤其是在非物质文化遗产保护的语境下，对外宣传成为一项重要的工作。社火常被作为地方文化的代表予以展示。社火特殊的沿街行进的、群众性的、狂欢式的形式难以在另一地复现，因此只能把展示的场地、展示的时间、展示的人数、展示的方式固定在有限的范围内。往往是截取最精彩的片段或最核心的情节在固定的场合固定的时间段进行展示，这是舞台化的改造。这样的改造更加迎合当代受众读图式的、短视频式的欣赏习惯。就传播效果而言，能在短时间内引起足够的关注度。更为现实的是，很多民俗宣传的场所就是舞台，要求展示对象不得不因地制宜地做出改变。

社火作为街头行进演出的民间艺术形式，进行舞台展演的实践逻辑是：在历史发展中，社火诞生之后，在行进演出的同时，也被搬上舞台，这是有历史脉络的；现代社会发展带来对社火进行改造的强烈愿望，舞台艺术成为社火改造的方向和路径。

三　社火舞台展演的传承风险

社火被作为"节目"仅作宣传和会演式的舞台展演，可能是短暂的权宜的，如果朝着舞台展演的方向改造，面临的不仅是表演场地、表演时间、艺术形式的简单变革，实际上存在着根本性质的转向。尽管社火并不完全排斥舞台展演，但单维度的改造路径很大程度不符合社火发展的规律。尤其是当社火的舞台展演被视为"保护"和"传承"的基本举措时,所面临的风险更加突出。主要体现在民俗语境、传承主体、传承动力的变更等方面。

1. 民俗语境的剥离

把社火街头展演和舞台展演都视为"展演"(performance)的情况下,它们实践中的语境(context)差异是十分明显的。社火作为民俗,能够搬到固定场所、固定时间段的舞台上演出,所能保留的民俗信息是值得商榷的。显然,只有能够适应舞台环境的要素才可能呈现,不适合的只能舍弃,那么与社火民俗相关的信仰环境、民间组织社团、行业规则都难以呈现。社火作为"语境中的民俗",不得不剥离原有的民俗语境,呈现为"类民俗"的样貌。

理查德·鲍曼认为,民俗与个人、社会、文化等诸种因素相互关联,从这种关联中民俗获得存在和意义。研究民俗需要注意它存在的语境,主要是文化语境(cultural context)和社会语境(social context)两大层面。[①] 民俗所存在和获得意义的语境是传承的根本,脱离民俗语境的"民俗"很难获得延续性发展。笔者调查过的多种社火类非遗赴外地会演、搬上电视台的舞台等类似的展演,对于提高知名度和对外宣传有前所未有的效果,但无法作为传承的基本策略。

在社火为舞台展演所做的努力中,脱离民俗语境所带来的损失同时存在着。街头行进演出所承载的信仰环境、观演互动、行业规则都是难以呈现的部分,在现实民俗中至为重要,但在舞台展演中却只能剥离。例如在山西清徐徐沟背铁棍街头行进演出中,为了协调统一,形成了独有的"号子":"为便于行进中指挥,他们还创造了一套专用语言。这种语言徐沟人叫'号子'。依此,可以在行

[①] Bauman, Richard, "The Field Study of Folklore in Context", In Richard Dorson. ed., *Handbook of American Folklore*, Bloomington: Indiana University Press, 1983, pp. 362–386; 另参见孟慧英《语境中的民俗》,《民间文化论坛》2004年第6期及杨利慧、安德明《美国当代民俗学的主要理论和方法》,周星主编《民俗学的历史、理论与方法》,商务印书馆2006年版,第600—601页。

进中的前进、后退、左弯、右拐、爬坡、过碍以及过桥、穿洞时取得准确的联系,而且不至与观众的吵嚷声混为一起而误事。……如果是路面不平,或是有破砖、烂瓦等障碍物时便喊'左打踢'或'右打踢',如果是障碍物多或延伸很长时,便喊'一溜打踢'。如果遇上泥泞的道路或结冰的路面时,可喊'左打滑'或'右打滑'以及'一溜打滑'的号子。过桥时可喊'左首过桥'或'右首过桥'和'过大桥'等号子。"[1] 当背铁棍被搬上舞台后,既没有观众的吵闹,也没有了沿街行进中的遇到各种情况,铁棍的造型艺术还在,但相关的号子不大需要了。显然,背铁棍社火的传承,这些号子不应在舍弃的行列。

在各种社火中,歌舞类、说唱类其实较为适宜舞台展演,它们也面临着民俗语境的问题。秧歌经过发展成为相对成熟的戏剧形式,如秧歌戏、秧歌剧等,很早就搬上了舞台,并且在很多地方作为地方剧种生存着。"传统秧歌发展到今天,发生了包括现代舞台化在内的多种形式转换,与本土民俗文化形成了一定的疏离。这一脱'俗'求'艺'的过程,大致表现为两种形态:一是创作主体在创作过程中,因应现代文化规则而自我调适,由此呈现出与本土民俗文化的暂时性远离,属于'被动疏离';二是创作主体因渴望被整合到现代文化体系中,而积极融入现代文化语境,呈现出与本土民俗文化的持续性远离,属于'主动疏离'。"[2] 主动和被动的剥离在当代社火舞台展演中都较为常见,其实背后都触及如何审视社火民俗语境的实质。

2. 传承主体的变迁

社火的组织搬演常常需要整个村落或多个村落的班社来承担,呈现群体性的特点。因此很难将社火的传承者固定在某个人或某几个人身上,更何况社火的舞台展演实际上进行了某种意义的选拔,

---

[1] 牛广明搜集整理:《无言戏剧、空中舞蹈——记徐沟的背棍、铁棍》,载《清徐文史资料》第1辑,清徐政协文史资料研究委员会,1986年,第80—81页。
[2] 张娅妮:《脱"俗"求"艺":现代舞台化背景下传统秧歌的民俗因素分析》,《民俗研究》2019年第1期。

把由整体的群众表演转换为个别固定人数的表演，这对社火传承有巨大风险。笔者在华北多地调查社火时发现，当地社火在被确定为"非遗项目"之前，社火活动由社首组织，村民自愿参与，确定为"非遗项目"之后，若干社首成为"传承人"，村民的参与热情反而受到影响。

社火的传承主体具有明显的民间结社色彩。"值得注意的是，临晋把闹社火称为闹社户（闻喜也是这样称呼），似乎不仅是一种音讹，而似乎表示它原来就是把一社之内的家家户户都'闹'遍的一种活动，一种把社区内全体人员都调动起来、都牵连进去的活动。由于政治、经济地位的不同，这种活动不可能是政治、经济活动，而只可能是社区文化活动、民俗活动，这才应该是'社火'的本义。"[①] 社火是作为这一群体（社区）的生活本身延续的，只有在这样的条件下才有传承的可能性。"大多数民间传承都有一定的地方性特点。地域社会或其内部的复数社区，可被理解为非物质文化遗产或民间传承得以滋生、扎根和延续的社会土壤、基本条件和传承母体。在笔者看来，非物质文化遗产或民间传承的'保护'之所以成为一个问题，主要是因为市场经济、都市化和人口流动等现代社会的基本动向已导致传统社区逐渐解体，并促使地域社会发生了巨大变迁，从而使以社区和地域社会为依托的文化传承机制难以维系。"[②]

社火由街头行进演出到舞台展演实际上完成了传承主体的改变，尽管很多舞台展演的演职人员很大程度上也来自于街头行进演出的那些人，但脱离民俗语境的前提下，舞台展演的传承不再过度依赖村社或家族的传承模式了。

3. 传承动力的变化

社火在传统社会的传承动力主要基于民俗生活本身，一方面作

[①] 赵世瑜：《狂欢与日常：明清以来的庙会与民间社会》，生活·读书·新知三联书店2002年版，第247—248页。

[②] 周星：《从"传承"的角度理解文化遗产》，载周星主编《民俗学的历史、理论与方法》，商务印书馆2006年版，第138—139页。

为人们日常娱乐文化的一种，能够为人们提供展示才艺的场合，带来身心的愉悦，这是自发的因素；另一方面，部分社火也是谋生的一种技艺，可以带来一定的收入，维持基本的生存。因此，社火的传承动力主要是民众生活生存的需要。随着社会的变迁，此种动力逐渐减弱，甚至难以为继。在原生的传承动力不足时，政治经济的措施带来了新的动力。很多社火品种的从业者为了生活生存的需要，有专业化、职业化的倾向。这都对社火的传承有重要作用。

　　社火的舞台展演似乎迎合了政治的经济的措施和专业化、职业化倾向的共同要求，因此成为当下谈到传承保护时的高频词。不可否认的是，政治导向和经济刺激在社火的发展中一直扮演着重要的角色，但这并不能为社火传承提供充足的动力。首先，政治层面的相关政策和措施对社火的宣传和扶持发挥了重要作用，但在各地的实际执行中存在差异，各个社火品种面临的问题也各不相同，政治层面的话语指令、审美取向、考核体系与民间社火发展规律并非完全符合。在社火向舞台艺术转变的过程中，当地政府的意见常常发挥了主导作用，基于短期的宣传效应还是持续的传承扶持，可能决定了当地社火的走向。其次，经济层面的因素对社火的传承是不可或缺的。社火从街头到舞台的变化，实际上体现着从自发到商业性质的探索。商业性质的演出也属传承的动力，但比自发的表演需要更严格的艺术要求，并且存在相应的艺术市场。不可回避的是，民间社火的舞台展演虽不乏佼佼者，但大多数民间社火的从业者并没有富有竞争力的演出技艺，再加之受众减少、市场萎缩，社火的舞台展演也很难找到足够的传承动力。

四　结语

　　社火具有鲜明的沿街行进演艺的特点，因此可以归入游艺民俗的分类，在实际民俗生活中，社火均具有"游艺"的内涵。社火除了沿街行进演艺之外，还有舞台展演的形式，这并非近来才有的。现代对社火舞台展演的探索尝试，其实践逻辑是社火的历史发展脉络和现代社会诉求，前者包含了社火在历史演进中并不完全排斥舞

第九章 社火傩俗个案散论

台呈现，后者包含了舞台呈现的当代欣赏习惯和宣传策略。社火的舞台展演可以作为社火发展的一个考察维度，但却不是传承的唯一维度，且不宜不分种类不分地域地搬上舞台。社火的舞台展演转向所面临的传承风险主要表现在脱离民俗语境，传承主体由社区班社转向社火演员，传承动力由民俗动力转为政治经济促发的动力。社火的舞台展演是传承的一种路径，也是重要的路径，但需要审视不同社火种类的不同特点和发展的不同阶段，充分重视培育社火发展的整体文化环境，才能规避风险，良性传承。

附　　录

固义村碑文录

碑名：三元大帝神祠神幢
存放地：南庙内
保存状况：完好
碑文：

　正面：

　　中间：皇帝万岁　太子千秋

　　右下：风调雨顺

　　左下：国泰民安

　背面：

　　上部第一行：南善部州安景隆贾氏安宗李氏

　　　　第二行：大明国河南彰德府磁州武安县故亦里故亦
　　　　　　　　村庙主

　　　　第三行：施离位地昔年　　功德信士男善八人

　　　　第四行：永乐二年岁仲春末旬有七日吉晨始建

　　　　第五行：三元大帝神祠　今于

　　　　第六行：皇明嘉靖二十七年三月二十七日良辰重修

　　　　末　行：嘉靖三十六年四月二十八日启立香亭

　下部十一行文字，列安氏、丁氏、李氏、王氏等善男信女名，不录。

　　侧面：横纵各十，百人名单，可辨认的多李、王、安、马、丁等姓，具体名单不录。

碑名：缺
存放地：关帝庙
保存状况：残
碑文：
　　皇明万历三十七年岁次己酉年丁丑月
管饭人名：李过美、单国府、李□武、丁崇□、李进明
　　　　　丁九思、丁永实、丁良□、丁永□

碑名：重修殿宇禅房山门碑序
存放地：南庙门口
保存状况：刚出土，只存上半部
碑文：
　　第一行：从来有所赖以为善，则易成；有所因以兴功，则易就。借庙中之故物，修前人之遗迹，势至便也。吾乡……（下缺）
　　第二行：圣母殿其东　广生帝君　皮伤王以及　药王　药圣祠。下院正南三官殿，其东禅房三间，钟楼一……（下缺）
　　第三行：地也，但历年久远，栋宇摧残，墙屋颓坏。且圣像凋敝，触目凄然。欲重修之，苦力不济，幸庙西北隅……（下缺）
　　第四行：乡众公议，卖去得大钱玖拾钱整。又积贮三载，将本取息得利大钱壹百壹拾千。因不足用，又按……（下缺）
　　第五行：乡亲友助钱陆千捌百文，共得大钱叁百壹拾壹千伍百文。乡众趋事赴功，重修殿宇，补塑金身，建……（下缺）
　　第六行：□而厥功告竣矣。借庙中之物以修庙妥神，因前人之遗，以承先启后。诚所谓善以有所赖而为……（下缺）
　　第七行：终而序之一切辉煌闪烁藻丽之辞不暇及也。
　　第八行：邑庠生丁绳武，祖又武氏撰文并（下缺）
（以下列各社首所收人名钱物数目等，不录）
大清乾隆五十九年岁次甲寅十一月吉日立

碑名：无

存放地：钟灵桥头阁墙上

保存状况：完好，内嵌于墙

碑文：

钟灵桥下原系流水之道也，今将煤渣砖土堆积于前后者，几与桥平矣。若逢大雨之候，水无所归，不供其前，必将旁决，患莫大焉。族众共议，自今以后，无论煤渣碎石一切搅水之物，断不可抛弃此地，以贻水患也。铭石防渐，永垂不朽云也。

刘姓公具

每簧一只　罚大子五十文

道光二十二年七月初一日立

碑名：创建财神庙碑记

存放地：南庙内东侧

保存状况：断成两截，倒卧

碑文：

创建财神庙碑记

古无所谓财神者，唯洪范言富，周官理财，而太史公亦以货殖立传。后之论者，以殷相当之。夫殷相乃纣之叔父，殷之王子也。其生平忠谏大节，彪炳经史，即尊为明神，谁曰不宜。吾乡善士人等于碧霞宫之东偏，以历年所积百余金，建立庙宇，以妥神灵。两越月而厥功告竣。余故约略叙之以勒诸石。至谓司人间之福禄，操予夺之权衡。若者宜负，若者宜富。维神主之，非笃论也，置而不论云。

副贡生丁佩芝字德远撰文

六品军功王日增校阅书丹

（下为功德名单，不录）

大清同治十三年岁次甲戌季秋上浣吉旦

碑名：重修辕门序

存放地：南庙辕门西侧

保存状况：完好，内嵌于墙

碑文：

重修辕门序

碧霞宫之有辕门，由来旧矣。历年久远，不无剥落之虞。不以修理，何以卫庙宇之妥神灵乎。有旧年香社十二人，纠工庀材，焕然重新。虽不过补葺之常事乎，然可以卫庙者在斯，所以妥神者亦在斯矣。爰刻诸石，以垂不朽。云共花大钱二十八千文。

香山乔书田撰书

社首王乔锁（共十二人，人名略）

大清光绪十三年岁次丁亥夏三月立

碑名：

存放地：关帝庙

保存状况：完好

碑文：补修关帝庙檐墙序

尝闻智者作于前而愚者述于后，此亦理之常也。吾村西边旧有关帝阁一座，历年久远，屡经补修，至今鸟兽催残，檐墙几塌。不补修之，不唯庙顶有以落，即神像亦恐其难存。幸有善人李德森、丁珥等目睹心伤，不忍坐视，遂愿助资材成此善举。于是鸠工庀材，照旧补葺，方数日而庙貌焕然。

通共花费大洋十六元九角三□六分

清贡生景文李逢春撰并书

监工　李临洺　丁珥

施钱姓名　李德森　捐洋五元

丁现　捐洋二元八角

丁瑛　捐洋二元八角

丁珥　五元三角三□六分

李临洺　捐洋二元

中华民国二十五年十一月十六日立

碑名（上额）：创建
存放地：村西头路北小庙内
保存状况：完好
碑文：

顾义村西客店数十余家，□□□降无烦多缀矣。年光绪七年七月廿四日，大雨盆倾，河水弥泛，湮没房屋者十之八九。至十八年，秋雨连绵，复遭此祸。房倒屋塌较前□□。然水患多次，皆未伤人，此固不幸中之大幸也。嗣没凡逮麦秋大雨之时，水泛无涯，无不提心吊胆，救济无方，祷神许愿以天不然也。乃□□人焉？忽感朱子未雨之言，邀此数家共商免祸之策。佥曰：捍灾御患者莫如神。于是延访地师，□地数方于村西，建一水河土神庙以坐镇之。庶保无虑焉。河也，河神能拒水，土神能克水，水神能顺水。据此三功，水涨河漫，人复罹此鞠凶之祸哉。事□一时焉，功垂万世□不休。故是为序。

邑庠生利卿王天堂撰并书丹

建庙塑神共花大子七十八千六百文

地基一分，价大子八千

地主丁尚太元　施子五千文

恒茂店、永盛店、三合店、和合店　各捐子七千文

南兴泉　捐子五千文

福盛公　捐子四千五百文

永和店		丁思忠	李□□
恒盛店　福昌店	总	马永财　催	李临江
同和店　天顺店　各捐子二千文	领	丁永福　工	李□□
三元店　各捐子四千文		丁仁裕	丁锡贞
恒茂泉		李凤鸣	马培明
汉兴炉　同盛店		丁家禄	丁锡旺
万盛炉　高锁的　各捐子二千文			

◈ 附　录 ◈

泥　马永旺
木　刘栓的
石工　刘文玉
丹青　褚楼
石工　乔成举
中华民国八年七月吉日立

碑名：重修碧霞宫记
存放地：南庙内东侧
保存状况：完好，倒卧
碑文：

　　尝思莫为之前虽美弗新，莫为之后虽胜弗传，是美胜之为，原有赖夫人为也。即如吾乡村南碧霞宫有同治十三年创建财神庙一所。自创建以来，村民之家业颓败者，不堪胜数；经商兴隆饶裕者，莫享久常。或以为新庙之建，非吉地，而村不能丛迁乎。以故佥不知其故何碍，又疑为财居南方，因被火化乎。众社咸忧，无以为法。不意忽有善众李德森等集众合谋，沿请堪典，细寻村西之吉地，欲建庙于此，而苦无资财。幸所赖者圣母庙中植古柏一株，出售大洋一百四十元之谱，以备建庙之费。是项不足又募化商户与按地均摊，以成善举。于是鸠工庀材，建立庙宇，恭移全神，绘画檐墙，改妆金身。不数日焕然维新，神威显然赫濯。其厥成矣，告厥功矣。今而后营新庙也，祷新神也，不亦望神之时增福禄，普赐望盈，永佑斯民于无疆欤。聊举一切花费若干，爰勒诸石以垂永远不朽云尔。

　　以庙地基二分通共花费大洋三百四十一元
　　清代贡生民国叚长景文李逢春撰文
　　毕业村长学校教员象臣刘重德参阅
　　初级小学校教员长国宝刘玺田书丹
　　公断员茂三李德源题额
　　（以下功德名单，不录）

民国十九年菊月上浣刻石

碑名（上额）：流芳
存放地：村西头路北小庙内
保存状况：完好
碑文：
碑记

吾村雄踞八里长岗之侧，洛河之畔，素称人杰地灵，亘古豪杰，称河北之古村名地矣。今世多年山洪水患横溢，水不归漕，路无正道，影响村民起居生涯（活）。经全体党员大会讨论，不能熟视无睹，共议护村防洪大事。为造福于子孙后代，特订宏伟计划呈请镇党委镇政府批准，责成村委支委配合老干部组织了专业小组。该小组以非耕地批民房宅基五十余座，筹集资金十几万元，专为浆坝筑路之用。因小组信于民忠于民，现已建成南北长达一百一十八米、高四米、宽二米梯形一米结顶白灰土石结构坚固大坝。坝头雄建河神庙威镇水患。又继施工于村南长达八百八十余米宽一米五、高三米、梯形一米结顶白灰石结构大坝。其业泽于后代，立此碑以弘扬我村浩然正气，激励后人继往开来。

小组成员：王虎魁支部书记兼组长　刘桃叶村委妇女主任　丁起昌村委出纳　撰文丁德玉

王□安村主任兼副组长　丁杰峰支委村委会计　王生财筹资工程会计

张魁生老干部第一副组长　丁□□支委村委　丁□□设计监工

丁□成老干部副组长　王增安支委村委　校正丁□成王社臣
书丹刘奎昌

公元一九九四年岁次甲戌九月中浣吉立

碑名：重修辕门序
存放地：南庙辕门东侧
保存状况：完好，内嵌于墙

碑文：

重建辕门序

碧霞宫之乃有辕门，经战乱已数年之墟。不为重建，何以卫庙宇以妥。为古迹完美，乡亲们自发鼎力相助，庇纠工于公元一九九九年古历菊月初六日启建，十六日竣工。

主持人：暴金何、智起来、智喜何

公元二零零四甲申年腊月中浣谷旦立

碑名：重修庙序

存放地：南庙

保存状况：完好

碑文：

重修庙序

吾村位于太行山东脉、洺滨之畔八里长港前侧，乃晋鲁交通之要道，世界古文化村，傩戏之乡。原村名盘龙镇故亦里故亦村，畔有鹊鹅山之脉有一碧霞宫，庙貌辉煌。经战乱荒墟数年，原香火旺盛。傩戏是我村古文化之一，世界已罕见。为把文化遗产保留下来，是（使）傩戏发展光大，让我村成为山美水美人美的旅游区。乡亲们自发筹建庙宇大门、扇屏、围墙、花墙，重立香亭、引路天官神祠塑像等工程。众乡亲鼎力相助，于二零零二年古历二月上浣良辰启建，四月中浣竣工。据载，老三爷此庙避难，只因原庙碑记已失，何岁始建不详。今摘刻出土香亭记载："南善部洲安景隆贾氏明国河南彰德府磁州武安县故亦里故亦村庙主男善安氏施离位地昔年功德信士男善八人永乐二岁仲春末旬有七日吉晨始建三元大帝神祠今于皇明嘉靖二十七年三月二十七日良辰重修嘉靖三十六年四月二十八日启立香亭"，时值小米斤1.2元及献工奉款，永铭后世。

（下有功德名单，不录）

公元二零零四甲申年腊月中浣谷旦立

《虎牢关》都本

说明：

1. 根据李增旺抄本整理
2. 校录所用符号：

①□表示原文残缺或字迹模糊潦草无法辨认，每一个"□"表示一个字。如无法辨别字数的，出脚注说明。

②［］内填校正之字。原文有错字、借音字、繁体字、俗字、手写异体字者，在原字下加"［］"，符号内填入校正字。

③〈〉内填脱文。可补出的直接补出，不可补出者以"□"代替。

④其他需说明的情况出脚注。

剧中主要人物：

刘备（丁胜旺）① 关云昌［长］②（丁拴明）
张飞（张虎旦）
公孙赞［瓒］③（乔入军） 曹操（　　）
孙兴［坚］（　海）
袁绍（李建） 潘风（　）
袁绍四将：黄盖（　） 韩党［当］（　） 祖茂（　） 岑蒲［程普］（　）
于色［俞涉］（马尚德）
董卓（丁志田） 吕布（刘文栓） 华雄（王延林）
吕将：董河（丁计良） 张道（　） 夏侯幅［惇］（　）
夏侯远［渊］（　）

---

① 括号前为剧中人物名，括号内为扮演者名，括号内没有写明名字的，说明扮演该人物的演员暂缺。
② 全文"关云长"皆作"关云昌"，下文径改为"关云长"。
③ 全文"公孙瓒"皆作"公孙赞"，下文径改为"公孙瓒"。

报子

把子

主要人物：10人

张飞，刘备，关云长，公孙瓒，曹操，袁绍，孙兴［坚］，董卓，吕布，华雄

一场

刘备唱：大树楼桑是吾家，编篱织席做生涯。

问君若知吾名姓，四百年前天子牙［家］。

白：吾，姓刘名备，表字玄德，祖居不远，家住楼桑人氏。初年在家结拜两个兄弟，二弟家住蒲州解良人氏，姓关名羽，表字云长。三弟家住涿州范阳人氏，姓张名飞，表字翼德。俺弟兄大桃园饮酒，小桃园结义，杀白马祭天，宰乌牛祭地，有官同做，有马同骑。一在三在，一亡三亡，不求同日生，但求同日死。只因黄巾贼造反，环［桓］帝挂榜招贤，俺弟兄平黄巾有功，封俺平原县印职，恐君不信，有诗为证：

唱：不忘结义在桃园，乌牛祭地马祭天。

黄巾总［纵］有兵百万，敕封一字平原县。

白：闲言莫提，猛听人言，公仁兄从此路过，不免将二弟三弟请来出城迎接公仁兄。

请二爷三爷上堂。

□□，白：请二爷三爷上堂！（关、张同上）

张飞唱：幼年桃园把义结，弃假［家］扶立汉王①。

陡［抖］上三鞭血染袍，姓张名飞字翼德。

关羽唱：家住蒲州在解良，身高九尺有余长，

眼如单凤朝天柱，姓关名羽字云长。

白：吾，姓关名羽字是云长，祖居不远，家住蒲州解良人氏，幼年在家结拜两个弟兄，大哥刘备，三弟张飞。是我正在官宅闷

---

① 该句有漏字，此种情况原文很常见，下文此种情况不再出注。

313

坐，大哥唤我弟兄二人。三弟随我一同去见大哥。（礼毕）大哥在上，将俺弟兄二人唤来，有何议论。

刘备白：弟兄二人落座。猛听人言，公仁兄大人从此路过。所以将弟兄二人请来，随我出城迎接公仁兄，意下如何？

关张白：（答曰）在下凭大哥。

刘备白：二弟三弟随我来！

公孙瓒唱：马走开胜似蛟龙，走泥丸全然不顾。

一霎时蹬[登]程百里，来在了平原城外。

刘备（三人同上）白：远远望去，那不是公仁兄。

公孙白：那不是刘贤弟。

刘备白：公仁兄请下马来，到我官宅，用盏寒茶，再往前行。请！

刘备白：公仁兄可好！

瓒白：深问刘贤弟可好！

刘备白：总把公仁兄一问。

瓒白：茶有一间，坐了续[叙]话。

刘备白：公仁兄整身披挂，可何往征消？

瓒白：刘贤弟哪晓，只因泗水关董卓作乱，曹瞒会合天下诸侯，泗水关会战董卓。

张飞白：大哥！你说的是哪一个董卓？

刘备白：三弟，是你一时忘记，想当初大破黄巾留下那一个董卓。

张飞白：想当初叫俺老张之言，将他一刀两断杀死，焉有今遭。

刘备白：三弟不可多言，现有公仁兄在此。

瓒白：背后答的何人。

刘备白：那是我幼年结拜两个弟兄，此人家住蒲州解良人氏，姓关名羽字云长。此人家住涿州范阳人氏，姓张名飞字翼德。想当初大破黄巾借[皆]此二人之力。

瓒白：刘贤弟，既有英雄良弟，何不弃职□官。

刘备白：兄固官微职小，不敢□帝王驾。

◆ 附 录 ◆

瓒白：刘贤弟既嫌官小职微，若随我来，自能得官位高封。刘贤弟随我助战。

刘备白：那泗水关董卓作乱（同弟兄唱）：偕弟兄□同扶□。

飞唱：哪怕他雄兵百万。

二场

曹（上）唱：七寸逍遥□根根，玉鼠毛落在文人。

手好似斩将刀，念吾姓曹名操字孟德。

白：祖居不远，家住佩［沛］国郊［谯］郡人氏，曹掺［参］之后，曹毫［嵩］之子，所生我操。献帝主驾前为臣，官都御之职。闲话莫提，只因董卓老儿把守泗水关，众家王爷不能过关，是我心不忍，会合天下诸侯。卑职有请众家王爷！

孙兴［坚］、公孙瓒、袁绍（上），

孙兴［坚］唱：曹操传旨告天下，怒愤诸侯行大兵。

议立袁绍为盟主，誓扶世定太平。

瓒唱：文官大嫌金带重，武军常恨甲衣轻。

文官提笔安天下，武将提刀定太平。

绍唱：东方发亮海涨潮，架上金鸡把翅摇。

五更三矣重登殿，文武两班谈早朝。

孙光［坚］白：长沙太守孙光［坚］是也。

公孙瓒白：弼［北］平太守公孙瓒是也。

袁绍白：镇河北袁绍是也。众诸侯请（众请）。适才都御有请，同到大帐一观。（同白）那不是都御。

曹白：卑职。

绍白：将众家王爷请来，有何议论？

曹白：无事不将众家王爷请来，只因董卓把守泗水关，众家王爷不能过关。因此，将众家王爷请来，大家计议。

绍白：这边怎么了？！

孙光［坚］白：盟主不必惊惶，末将愿当头阵。

绍白：既然如此，目下起身。

315

孙光［坚］白：盟主请回，看末将排兵布阵。（下）

绍唱：撒出英妖［鹰鹞］去，捉拿燕子回。（下）

三场

孙坚唱：辕门以外鼓声摧，披袍换甲抖雄威。

本师坐了中军帐，乌雅［鸦］不敢望空飞。

董卓作乱在洛阳，□恨帝王乱朝纲。

怒愤诸侯拾八路，泗水关前排战场。

白：适才领了盟主将令，泗水关捉拿董卓。我手下现有四员上将，捉拿董卓。

（四将岑蒲［程普］、黄盖、韩党［当］、祖茂上）

祖茂白：正在交［校］场操演人马，忽听元帅有令，上前去见。见元帅在上，将俺四将令来有何使用。

孙坚白：无事不将令来，泗水关前战一遭。

（都出将去）唱：披挂完整志气刚，锁甲连环响叮当。

大小三军随定我（哥）①，泗水关前排战场。（下）

四场

董卓上唱：两朵金花捧日月，一双袍袖握乾坤。

白：天下尽属我一半，由天子一半。为臣董卓，祖居不远，家住笼［陇］西柳人氏。我父董永，我因张氏所生。我本官居汉朝宰相，只曹操进宫扬言，说与我卓进来宝刀一口，我卓不解其意，将刀收下。曹操诓去大马一匹。我卓方能解其恶意，遂请丹青描画图相，普天下捉拿曹瞒小儿。谁知曹瞒诈儿教大，普天下会合诸侯，泗水关前奈战。闲话莫提，是我□□□，又只见帅字旗无风自摆，又不知哪路军情三军，把守辕门有事早报。

孙坚（上）唱：双双弓箭响叮当，锣鼓鸣响摆战场。捯马排开阵，搭箭等来兵。

---

① 此处"哥"当为衍文。

附 录

报子白：孙尖［坚］索战了。

卓白：叫他定安三日，歇马三朝。

孙坚唱：收了催阵鼓，卷了坐毒旗。

扬鞭转回马，明日早对敌。（下）

卓白：适才小军报到，孙坚前来骂阵，帐下现有大将吕布，不免将他令来大家计议。三军令吕布入帐。

吕布唱：本布生勇世无双，英才谋略镇四方。

百花战袍生祥瑞，摔发金冠放毫光。

白：我姓吕名布字凤贤［奉先］，正在帐下闷坐，忽听恩父召令，只得上前去见。恩父在上，孩儿来参。

卓白：免礼平身。

布白：谢过父恩，恩父在上，是孩儿正在帐下闷坐，忽听恩父有令，将孩儿令来有何议论？

卓白：无事不将令来，适才小军打了一报。孙坚前来骂阵，因此，将你令来，大家计议。

布白：恩父，那事你勿挂心头。关外众诸侯好有一比。

卓白：比从何来？

布白：好比那草稻一般，斩何难哉，取来献挂都门。

华雄上唱：辕门以外鼓声摧，披袍换甲抖雄威。

恩候［侯］驾前为上将，百万军中数第一。

白：念我华雄正在帐中闷坐，忽听恩候［侯］出帐，心中不明，闯帐问个明白。

卓白：帐下哪个是华雄？

雄白：正是末将。

卓白：一不从差，二不从令，私闯大帐是何道理？

兄曰①：恩相哪晓，是末将正在帐下闷坐，又忽听恩候［侯］出帐，亦不知征者哪家，战者哪个，心中不明，因兹闯帐问个明白。

卓曰：我要不说，量［谅］你不晓。只因泗水关，众诸侯奈战。

---

① 本文抄者对于念白提示字有时写作"白"，有时写作"曰"，保留原文貌。

雄曰：杀鸡焉用牛刀。恩相这些小事，何用恩候［侯］出帐，末将但有一令，再出会战。众诸侯好有一比。

卓曰：比从何来？

雄曰：好比那盘中取菜，手到轻［擒］来。

卓曰：既然如此，三军即令一千［个］，众将入帐。

（四将上：董何，张道，夏侯幅［惇］，夏侯远［渊］）

董何曰：正在教［校］场操演人马，忽听恩相有令，只得上前去见。恩相在上，恩相将众将令来，有何使用。

卓曰：无事不将你们令来，只华雄出营交战。令你们与华雄掠阵一遭。

雄曰：恩相请回，看末将排兵布阵。（下场）

卓曰：孩子回后帐。

吕布曰：单听阵前报马回。（下场）

五场

雄（上）唱：本帅坐下中军帐，乌鸦不敢望空回。

适才领了恩相令，出关会战众诸侯。

曰：三军辕门折对，拾我披挂。（披挂毕出场）

唱：披挂完整志气刚，锁甲连环响叮当。

大小三军随定我，泗水关前排战境［场］。（下）

六场

孙坚（上）唱：锣鸣鼓响点雄将，长枪短箭密□□。

排兵点马出营去，好似一坐［座］山□□。

雄曰：是我胜出营去，又只见帅旗招展，尘□□［土遮］天，色彩［彩旗］分为左右，内一哨人马，来将何名。

孙坚曰：莫不知爷爷孙坚。

雄曰：适才营门外骂阵，莫非就是儿［尔］等。

孙坚曰：然也。

雄曰：两军阵前敢说然者［也］二字，休走！

唱：看我擒你志气高。

孙坚唱：军阵前□枪对刀。

雄曰：三军共呐喊。（跑阵）

孙坚曰：换［把］上马鞍桥。（雄下场）

唱：收了催阵鼓，卷了坐毒旗。

扬鞭转回马，回营交令旗。（下场）

七场

袁绍上唱：因为一件事，常常挂我心。

孙坚去领阵，不见转回城。

白：昨日差定孙坚前去领阵，至到如今不见回营，三军牢把辕门，有事早报。

孙坚唱：我与华雄排兵战，旗开得胜转回还。

营门以外下战马，见了盟主把话言。

袁绍曰：下去歇兵，皇奉酒赐下。

报　华雄奈战来了。

袁绍、孙坚入帐

孙坚唱：正在后帐把酒聚［举］，忽听盟主将令传。

方至营门偶然望，更见盟主面改颜。

袁绍曰：好你孙坚，方才讲到全胜而归，然何华雄又来骂阵，这要不是用军之地，这孰可该？

孙坚白：盟主不必惊惶，末将将他阻回，请明盟主。急出吾营，与华雄大交兵。（祖茂联打）（祖茂死，下）

华雄唱：祖茂头落地，两手指东西。

鞭敲金蹬［镫］响，且唱凯歌回。

八场

袁绍上，报子报

报，祖茂落马。

袁绍上白：吓杀为王，莫才小军报道，孙坚逃跑，祖茂落马，营下现有大将于色［俞涉］，不然将他唤来，与祖茂复仇一遭，三军急令于色［俞涉］入帐。

　　于色［俞涉］唱：将似猛虎马似龙，威风凛凛下［吓］人魂。
　　英雄豪气三千丈，豪杰挂定玉麒麟。
　　白：于色［俞涉］正在交［校］场操练人马，忽听兵主有令，上前去见。兵主在上，末将听令使用。
　　袁绍白：无事不将你令来，命你与祖茂复仇一遭。（下场）
　　于色［俞涉］白：兵主请回。
　　唱：辞别盟主出吾营，上了坐驹马能行。
　　今日不上别处去，要与华雄大交兵。
　　白：是我出营来，又只见大旗招展，尘土遮天，彩旗分左右，闪出一员上将，来将何名。
　　华雄曰：莫不知爷爷华雄。
　　于色［俞涉］曰：杀的吾闲［闭］门不出，莫非儿［尔］等。
　　雄曰：然者。
　　于色［俞涉］曰：两军阵敢说"然者"二字，少的去了，看我擒你。
　　雄唱：战鼓如雷震地节。
　　于色［俞涉］唱：青气两边绣绒开。
　　雄唱：大小三军齐呐喊。
　　于色［俞涉］唱：两家各自把兵排。（风①落马死）
　　雄唱：一个来了一（个）死，两个来了活不成。
　　不是末将夸海口，宝刀下去命有损。（下）

九场

　　袁绍上，然后报子报
　　报，潘风②伤在阵前。

---

① 此处指潘风，从上文看，当为俞涉。
② 从上下文看，俞涉与潘风抄写相混。

袁绍白：杀的□□，好你华雄小儿，杀法实是晓[骁]勇，但有温仇[文丑]、颜良在此，怕你如何。三军将免战牌挂出。（二人大笑）

云长唱：云长上前搭一躬，称您盟主在上听。

不是莫[末]将夸海口，单人独骥[骑]斩华雄。

袁绍曰：答者何人？

云长曰：二公云长。

袁绍曰：官居何职？

曹操曰：马攻[弓]手。

袁绍曰：打下去。

飞曰：呀嗒，好众家王爷，这执[只]非是笑通[话]，俺弟兄是马攻[弓]手，众家王爷居高位，被一个华雄小儿杀的[得]闭门不出，倒惹俺老张一场好笑。

袁绍曰：何人大帐耀武扬威。

曹操曰：三将张飞。

袁绍曰：官居何职。

曹操曰：步攻[弓]手。

袁绍曰：一齐打下去。

曹操曰：起凑[启奏]盟主，此人既出大言，必有勇烈。以卑职一言，若叫此二人点马至两军阵前，华雄他若晓知他是马攻[弓]手，胜者领赏，败者撒[撤]职。

袁绍曰：皇封玉[御]酒赐下。

曹操曰：二公请来，盟主赐下皇封玉[御]酒。

云长曰：都御将酒搁在栏杆上，斩了华雄饮酒不迟。

曹曰：好大的口气哟。（同，按下）

云长唱：按按烟毡帽，紧紧列家绹。

跨下黄标[骠]马，手使青铜刀。

今番去领阵，华雄命难逃。

曰：我出的营来，内出一员上将，来将何名。

华雄曰：其[岂]不知爷爷华雄？

地方社火与现代傩俗

云长曰：你是真华雄假华雄？

华雄曰：泗水关只有爷爷一个华雄，哪有两个不成。

云长曰：背后又来了一个华雄。

华雄曰：在此哪的。

云长曰：指刀一合战，斩了华雄头，回营见盟主我大哥。（下）

十场

飞笑绍王曰：皇封酒赐下，庆贺此人（四人同上）

唱：威顾[镇]乾坤第一功。

瓒唱：辕门战鼓响咚咚。

玄德唱：二弟阵前使雄猛。

云长唱：酒杯不寒斩华雄①。（四人同上）

飞曰：老曹。

曹曰：老张。

飞曰：你端的什么东西？

曹曰：不从[曾]端的什么东西。

飞曰：俺老张看着了。

曹曰：我端一瓶酒，一方肉。

飞曰：叫哪个吃，哪个用。

曹曰：这酒这肉叫那个才斩华雄小儿人头落地人用的。

飞曰：你说那人是谁呀！

曹曰：你说那是何人。

飞曰：那就是我家二哥。

曹曰：真是一员好将呀。

飞曰：不差，真是一员好将。

曹曰：大家笑了笑。（笑）方才斩华雄虽是场喜事，不免有犹[忧]。

---

① 此四句赞，《三国演义》文为："威镇乾坤第一功，辕门画鼓响咚咚。云长停盏施英勇，酒尚温时斩华雄。"本文改编自此赞。

◆ 附 录 ◆

飞曰：明明是喜事，犹［忧］从何来？

曹曰：华雄乃是吕布〈手〉下一员上将，岂不有随营报了，报与吕布得知，要是通兵到来，何人是他敌手。不用说伤吕布，你往这的看。

飞曰：看什么。

曹曰：就是我老曹也不中。

飞曰：你看我家二哥哥斩了华雄，明朝立马我还追吕布。

曹曰：光见你的口，不见你的手。

飞曰：我要不说，量［谅］你也不晓。俺弟兄在大桃园饮酒，小桃园结义。黄巾贼起事，环［桓］帝挂榜招贤，是俺弟兄揭去榜文，投在幽州太守刘严［焉］那里，是俺弟兄拜罢刘严［焉］。不多一时，小军打了一报。

曹曰：报其何事。

飞曰：报道黄巾贼兵至太行山，命俺弟兄出马，黄巾贼手下有一员将唤程远志，来挡头阵，被俺二哥出马，使青铜刀往上一举，往下一展，将程远志腰断两截。黄巾贼手下又有一员将官，名唤邓茂，来挡二阵，被我老张出马，擒茂在手，非心执敕①，真敕［刺］的［得］邓茂小儿□落污［马］之死。黄巾见俺弟兄勇强，黄巾逃去。黄巾好有一比。

曹曰：比从何来？

飞曰：好比强虎挡羊群，滚水扑雪，叫他自灭自散。恐君不信，有诗为证：

唱：黄巾起手数十年，环［桓］帝挂榜又招贤。

我二哥刀劈程远志，我老张抢挑邓茂染黄家。

适才为沃贼臣起，又出董卓狗宁［佞］奸。

我二哥酒否［杯］未寒斩华雄，到明天我会战吕凤贤［奉先］。

擒吕布灭董卓，俺弟兄还要坐江山。

---

① 此句不解。

323

曹曰：怎么说你弟兄还要坐江山？

飞曰：俺弟兄还要坐江山。老曹，你取来酒和肉叫我老张用了罢。

曹曰：说了半天你是为咀［嘴］。我看，终久［究］是弟兄用的，你就用了罢。

飞曰：老曹端过来。（用酒毕）老曹。

曹曰：老张。

飞曰：至今往后，你称我一称。

曹曰：称你什么？

飞曰：称俺三将军。

曹曰：恐怕我记不住。

飞曰：有两句言语，何可晓知。

曹曰：晓知什么？

飞曰：官口。

曹曰：要用。

飞曰：要演。

曹曰：演就演来。

飞曰：老曹。

曹曰：老张。

飞曰：是三将军。

曹曰：酸缸杠。

飞曰：是三将军。（笑下，回）

曹曰：回来回来，我晓你为了咀［嘴］吃。还想说什么。

飞曰：我家大哥二哥不叫对你说。

曹曰：回来回来，你看我老曹是一好人，又给你酒喝肉吃，向我说了吧。

飞曰：你是一好人。

曹曰：我是一个大大的好人，对我说了吧。

飞曰：我大哥二哥说来，擒了吕布，灭了董卓，再往下就评算①你老曹……（下场）

曹曰：呀呀噢，我老曹走在三光日下，只有我评算人，哪有人评算我的道礼［理］，就这我也做底［提］防，说［免］得大祸临身。（下）

十一场

卓唱：三寸蛇舌两刃刀，眉头一俊［皱］计千条。

上殿推倒龙凤阁，一心要换滚龙袍。

曰：因有一件事，常挂我心中，昨日差华雄泗水关会战众诸侯，至到如今不见回营。三军牢把营门，有事早报。

报　　报，华雄落马。

卓曰：适才小军报到，华雄〈亡〉在阵前，我手下现有大将吕布，将他令来与华雄复仇一遭。三军急令吕布入帐。

布上唱：百花占［战］袍生祥瑞，摔［束］发金冠放毫光。

靴点地有九牛之力，俺与皇家作栋梁。

白：我姓吕名布，字是凤贤［奉先］，还在后花园跑马射箭，忽听恩父有令——将孩儿令来有何使用？

卓曰：无事不将你令来，适才小军报道华雄亡在阵前，叫你与华雄复仇一遭。（下场按下）

布曰：答令！

唱：我听说心头发乍［炸］，众诸侯欺心胆大。

赤兔马走出辕门，锣鼓声摧［催］着披挂。

本布坐在了中军大帐，望乌鸦不敢空飞。

我领了恩父将令，到阵前会战诸侯。

（回场出场）

唱：关外诸侯莫逞强，本布晓［骁］勇世无双。

上阵全凭赤兔马，一杆艮［银］戟震八方。

---

① 评算，方言，意为谋划，算计（贬义）。

325

◆ 地方社火与现代傩俗 ◆

儿〔尔〕等不必逞好汉，虎牢关前战一场。

瓒唱：大炮□情如流水，炮响三声把□起。

兵马未从〔曾〕出营去，浩气先行四十里。

布白：是我胜出营来，又只见大旗招展，尘土遮日，栾彩分为左右，闪出一员上将，来将何名？

瓒曰：其〔岂〕不知爷爷公孙瓒。

布曰：好把公孙瓒老儿，杀的〔得〕吾营闭门不出，莫非就是儿〔尔〕等。

瓒曰：然者。

布曰：两军阵前敢说"然者"二字，少等去了。

唱：看吾擒你志量高。

瓒唱：两军阵前枪对刀。

三军齐呐喊。

滚上〔下〕马鞍桥。（下）

飞（上）（战园〔圆〕场）

布曰：是我与公孙瓒老儿交战，又闪出一员将来，来将何名？

飞曰：其〔岂〕不知刘玄德之三弟，姓张名飞字是翼德，再往下问就是你三王爷到此，要儿〔尔〕等狗命！

布曰：呀呀嗾！

唱：本布马上细打化，打量张飞甚丑差。

两眼鸾〔銮〕铃赛神鬼，行兵打仗谁都怕。

黑蒲天只在头上带，乌油皂袍身披挂。

坐骑一匹乌獬〔骓〕马，水磨钢鞭手中拿。

此将世界莫少有，好似华雄誉上下。

飞唱：张飞马上用目睁，团花岂弃老鱼顶翎。

安〔鞍〕下走阵赤兔马，方天戟只在手中拿。

此虎将世间少有，好似天兵下九重。

布曰：我观三将军张飞来老〔了〕却也不善。

飞曰：善老〔了〕却也不来。

布曰：好汉遇好汉。

326

附　录

飞曰：两家多不善。

布唱：面前就是王阎君。

飞唱：一阵杀在森罗殿。

布曰：我观三将军凛凛，□堂堂却是条好汉，有心将他收在步［部］下，不知他意下如何。

飞曰：呀呀□（笑……）好把吕布小儿，你还讲到"降顺"二字，再不提能①父子三朝居官，奸淫宫女，夜宿龙床，叫万人憎恨，怎比三王爷，上不亏天，下不亏民，一不欺君，二不压臣，虎牢关前你三爷要儿［尔］等狗命。

布曰：俺那好言相劝，汉［却］拿而言来伤人，你在那傍掃马停鞭，你那大耳竖起，叫吕老爷垂训与你。

唱：本布马上怒冲冲，匹夫张飞礼不通。

乖犬只在窝中串［窜］，怎敢上山咬大虫。

鹰爪跑兽难得命，无有翎毛怎蹬［登］空。

两手招付［呼］方天戟，送儿一命见阎君。

本布心头烈火升，匹夫张飞听原因。

汗［旱］蛇只在山中串［窜］，怎敢入水混蛟龙。

三姓佳［家］人结故友，匹夫三人被人用。

孙瓒仗值袁绍公，狗仗人势来□阵。

遇见老爷活阎君，你大哥串街卖草鞋。

你二哥杀富豪改云长，你杀猪卖酒软英雄。

招下乡民破黄巾，今天虎牢关前早还阴。

飞曰：好吕布小儿，莫笑俺老张三姓家人，我不说量［谅］你不晓。你在旁掃马停，将你大耳竖起听你三爷一端一端讲在当场。

唱：登早在朝攒弄②鬼，他在朝奸淫宫女。

夜宿龙床欺皇帝，撺［篡］朝谋位心倒［捣］鬼。

收买文武众心会，一心推倒汉献帝。

---

① 该字另有其意，方言此字音同"能"，意为你、你们。

② 攒弄，方言，糊弄，哄骗。

327

众文武默默无言，只有丁建阳不扶［服］董卓。

那阵地就想动手，看背后站定一人。

曰：那一人好有一比。

布曰：比从何来？

飞曰：比作天神一般。

布曰：就是少爷在此。

飞曰：那就是废人吕布，众文武散去。董卓连夸数声，一员好将。卓想得此人，江山就能到手。一谋士李宿［肃］出谋与董卓，给此人金银千定，细缎百匹，赤兔马一计，就得此人。董卓听此言，备此物到在丁府，此人见此物，就把丁建阳待他恩重好好之情，尽都失去。三更半夜手提钢刀，将丁建阳人头杀下，献给董卓。又做董卓干儿，如今你还笑俺老张三姓人家。

唱：三姓人家不呈［逞］强，你跟多年丁建阳。

杀了恩父失礼义，又与董卓做父郎。

说你姓吕不姓吕，说你姓杨不姓杨。

跟随董卓叫吕布，那晓三刚［纲］并五常。

失了仁义礼智信，虎牢关前还呈［逞］强。

擒不了禽兽不祘［算］将，怒愤涿州我老张。

布唱：在马上怒发冲冠，一杆戟上作兵山。

一个个生龙跳跃，逼尔等命染黄家。

怕死的儿［尔］等退后，舍命的儿［尔］等当先。

飞唱：吕布行兵真少有，张飞焉能是敌手。

不及三合并二阵，打马加鞭逃命去。（下）

布唱：本布行兵实胆壮，交兵对敌全不□。

认（任）你逃在天涯外，驾滋生云速赶上。（下）

十二场

刘关二人上。

飞随上曰：呀呸，甚么兄在此，盟主前面夸下海口。卖下狠言，虎牢关前会战吕布，把我老张诳在两军阵前，怎兄弟违阵不出，什么弟兄与我把香。

玄德曰：三弟不可，桃园结义之情为主。

飞曰：既看桃园结义为重，快忙收兵。

玄德曰：收不得兵。

飞曰：怎见收不得兵？

玄德曰：在此盟主面前夸下海口，卖下狼［狠］言，虎牢关前会战吕布，若要收兵，怎样回营交令。

飞曰：吕布甚是晓［骁］勇。

玄德曰：怎样的晓［骁］勇。

飞曰：我的大哥，

唱：大哥你是听，提起吕布真晓［骁］勇。

手使方天化［画］戟，要［耍］起不透风声。

多个眼不见，打个倒栽葱。

二次上战场，这才逃了命。

曰：吕布真晓［骁］勇，大哥快收兵。

玄德曰：三弟，为兄有计。

飞曰：你有什么计？

玄德曰：咱弟兄定下一马连环计。

飞曰：何为一马连环计？

玄德曰：一马胜三马胜，一马败三马败，这就为一马连环计，三弟上前骂阵。

飞曰：为弟叫他一家伙打怕了，还是大哥上前骂阵。

玄德曰：三弟上前骂阵，为兄在此量［谅］他无方。

飞曰：大哥二哥莫要跑了，桃园结义之情为重。

玄德曰：那［哪］一个跑了，三弟上前骂阵，为兄与你仗胆。

飞曰：骂阵内转，大哥二哥快忙收兵。

玄德曰：怎么又收兵？

飞曰：吕布小儿怕了咱弟兄。

玄德曰：怎见怕了咱弟兄，为兄未从［曾］听见。

飞曰：我大哥为弟是内喊，然何听见。

玄德曰：三弟上前骂阵，量［谅］他无方。

飞曰：呀呔！好吕布小儿，早早出来受死，三爷等你多时了。

吕布上，曰：是我还与三将军争战，又闪出两员上将，来将何名？

玄德曰：莫不知刘关张弟兄三人。

吕布曰：好刘关张三人，恁有多大本领，敢取本布，莫非就是儿［尔］等？

玄德曰：然也。

布曰：两军阵前敢说"然者［也］"二字，少的去了，看我擒你太虎后从［重］把戟磨。

玄德曰：众三军擂鼓鸣锣。

布曰：四匹马一来一往。

玄德曰：咱弟兄争战几何？

布曰：刘关张弟兄请了。

玄德曰：请了。

布曰：是俺还战中间，马肚带忽松，放松俺扳鞍下马，将马肚带紧上一紧，然后上马再分高低。

玄德曰：猛听人言，吕布小儿靴点地有九牛二虎之力，二弟三弟千万不要容他下马。

飞曰：大哥莫要害怕，不记俺老张大喊三声有一十八牛、四虎之力，来要儿［尔］等狗命。

布唱：方天戟刺去不惶忙。

刘唱：刘玄德短箭把身藏。

云唱：青铜大刀劈它砍。

飞唱：水磨钢鞭一命亡。

布唱：赤兔马浑身是汗。

刘唱：白龙马潺山跳涧。

云唱：黄标［骠］马挡开世界。

飞唱：乌追［骓］马前合勇战。

布唱：第一阵一刀一刀似春晓，好似日月老君炉内烧。

一朵珠花脑后飘,劈的开山分流水。

一阵单战一刀一刀,第二阵二刀单箭身出水。

原光现出北斗星,出鞘就把白蛇砍。

二阵单战两刀剑,第三阵水磨钢鞭起,

好似虎尾上下翻,三阵单战水磨鞭。

(打锤,刘关张下)

唱:张飞大唱震破天,杀气未满斗牛寒。

吕布刀劈逃路去,要望家乡拔马还。

人到拖画了方天戟[①],万载今宵五转翻。

蹬断绳赤兔马,翻身飞上虎牢关。下

飞上曰:(大笑,拾盔)二哥大哥,吕布小儿去了。

玄德曰:吕布小儿兵败虎牢关了。

飞曰:赶尽杀绝。

玄德曰:三弟不可追兵。他父子在此虎牢关上,滚瀑暴石打将下来,咱弟兄走□不便。

飞曰:以〔依〕大哥说。

玄德曰:以〔依〕为兄说,回营交令。

唱:三国时大将其数,咱弟兄前来帮助。

云唱:泗水关刀劈华雄。

飞唱:虎牢关鞭追吕布。

---

① 此句当是:"人倒拖了方天画戟"。

参考文献

古代著作

（汉）班固：《汉书》，中华书局1962年标点本。

（汉）许慎，（清）段玉裁注：《说文解字段注》，上海古籍出版社1981年影印本。

（汉）郑玄注，（唐）孔颖达疏：《礼记正义》，见（清）毕沅《十三经注疏》，中华书局1980年影印本。

（汉）郑玄注，（唐）贾公彦疏：《周礼注疏》，见（清）毕沅《十三经注疏》，中华书局1980年影印本。

（梁）宗懔：《荆楚岁时记》，宋金龙校注，山西人民出版社1987年点校本。

（梁）萧统：《文选》，上海古籍出版社1986年点校本。

（北齐）魏收：《魏书》，中华书局1974年标点本。

（唐）段安节：《乐府杂录》，中华书局1985年影印本。

（宋）李昉等：《太平御览》，中华书局1960年标点本。

（宋）苏轼：《东坡志林·仇池笔记》，华东师范大学出版社1983年点校本。

（宋）孟元老：《东京梦华录（外四种）》，古典文学出版社1956年点校本。

（宋）范成大：《范石湖集》，上海古籍出版社2006年点校本。

（宋）吴自牧：《梦粱录》，浙江人民出版社1980年排印本。

（明）田艺蘅：《留青日札》，上海古籍出版社1985年影印本。

（明）沈德符：《万历野获编》，中华书局1959年整理本。

（明）吴门啸客述：《孙庞斗志演义》，上海古籍出版社1994年影印本。

（明）王济：《君子堂日询手镜》，见《丛书集成新编》第94辑，新文丰出版公司1985年影印本。

（清）朱骏声：《说文通训定声》，武汉市古籍书店1983年影印本。

（清）沈维基：《紫薇山人诗钞》，见《四库未收书辑刊》第九辑，第27册，北京出版社2000年影印本。

（清）赵希璜：《四百三十二峰草堂诗钞》，见《清代诗文集汇编》第413册，上海古籍出版社2010年影印本。

（清）张应昌：《彝寿轩诗钞》，见《清代诗文集汇编》第568册，上海古籍出版社2010年影印本。

（清）《浙江通志》，《中国地方志集成·省志辑·浙江》第3册，凤凰出版社2010年影印本。

（清）俞樾：《春在堂杂文》，见《清代诗文集汇编》第686册，上海古籍出版社2010年影印本。

（清）厉荃辑，关槐增辑：《事物异名录》，见《续修四库全书》第1253册，上海古籍出版社1996年影印本。

（清）乾隆《武安县志》，成文出版社有限公司1976年影印本。

（清）洪楩编：《清平山堂话本》，上海古籍出版社1992年点校本。

现代著作

《德江傩堂戏》采编组编：《德江傩堂戏》，贵州民族出版社1993年版。

德江县民族宗教事务局编：《傩韵：贵州德江傩堂戏》，贵州民族出版社2003年版。

《中国民间歌曲集成·北京卷》编辑委员会编：《中国民间歌曲集成·北京卷》，中国ISBN中心1994年版。

《中国民间歌曲集成·辽宁卷》编辑委员会编：《中国民间歌曲集成·辽宁卷》，中国ISBN中心1995年版。

《中国民族民间舞蹈集成》编辑部编：《中国民族民间舞蹈集成·

河北卷》，中国舞蹈出版社1989年版。

《中华舞蹈志》编辑委员会编：《中华舞蹈志·山西卷》，学林出版社2014年版。

白庚胜、俞向党、钟健华主编：《追根问傩　国际傩文化学术研讨会论文集》，江西人民出版社2007年版。

陈跃红、徐新建等：《中国傩文化》，中央编译出版社2008年版。

陈跃红等：《中国傩文化》，新华出版社1991年版。

程海涛、王振杰主编：《邯郸东填池赛戏剧本集》，邯郸经济开发区非物质文化遗产保护中心，2015年。

丁福保编：《说文解字诂林》，中华书局1988年版。

丁世良、赵放主编：《中国地方志民俗资料汇编·华北卷》，北京图书馆出版社1989年版。

杜同海主编：《上党赛社》（上、下册），湖南地图出版社2011年版。

杜学德：《武安傩戏》，科学出版社2010年版。

杜学德：《燕赵傩文化初探》，甘肃人民出版社1998年版。

段建宏：《戏台与社会　明清山西戏台研究》，中国社会科学出版社2009年版。

冯俊杰编：《太行神庙及赛社演剧研究》，财团法人施合郑民俗文化基金会，2000年。

高明阁：《三国演义论稿》，辽宁大学出版社1986年版。

顾朴光等编：《中国傩戏调查报告》，贵州人民出版社1992年版。

贵州省艺术研究室、上海人民美术出版社编：《贵州傩面具艺术》，上海人民美术出版社1989年版。

郭精锐等编：《车王府曲本提要》，中山大学出版社1989年版。

寒声主编：《上党傩文化与祭祀戏剧》，中国戏剧出版社1999年版。

何根海、王兆乾：《在假面的背后：安徽贵池傩文化研究》，安徽大学出版社2000年版。

黄晖：《论衡校释》，中华书局1990年版。

黄竹三：《黄竹三学术论文自选集》，三晋出版社2015年版。

黄竹三：《戏曲文物研究散论》，文化艺术出版社1998年版。

黄竹三、王福才：《山西省曲沃县任庄村〈扇鼓神谱〉调查报告》，财团法人施合郑民俗文化基金会，1994年。

黄竹三、延保全：《中国戏曲文物通论》，山西教育出版社2010年版。

霍九桓主编：《磁山村志》，内部资料，1990年。

江绍原：《江绍原民俗学论集》，上海文艺出版社1998年版。

康保成：《傩戏艺术源流》，广东高等教育出版社1999年版。

康喜英、杨振国主编：《涉县民俗》，政协涉县委员会文史委员会，2011年。

康喜英主编：《涉县文史资料》（第6辑），政协涉县委员会文史委员会，2008年。

柯琳：《傩文化刍论》，中央民族大学出版社1994年版。

李岚：《信仰的再创造：人类学视野中的傩》，云南人民出版社2008年版。

李建民：《中国古代游艺史　乐舞百戏与社会生活之研究》，东大图书股份有限公司1993年版。

李玉明主编：《三晋文化论丛》（第3辑），山西古籍出版社1997年版。

廖奔：《宋元戏曲文物与民俗》，文化艺术出版社1989年版。

林河：《傩史：中国傩文化概论》，东大图书股份有限公司1994年版。

林河：《中国巫傩史：中华文明基因初探》，花城出版社2001年版。

刘晔原、郑惠坚：《中国古代的祭祀》，商务印书馆国际有限公司1996年版。

刘永立编：《河南民俗》，甘肃人民出版社2004年版。

刘芝凤：《戴着面具起舞：中国傩文化》，黑龙江人民出版社2005年版。

麻国钧：《"行"与"停"的辩证：中国古典戏剧流变及形态论》，中国戏剧出版社2003年版。

麻国钧、刘祯主编：《赛社与乐户论集》，中国戏剧出版社 2006年版。

麻国钧等主编：《祭礼·傩俗与民间戏剧》，中国戏剧出版社 1999年版。

马昌仪编：《中国神话学文论选萃》，中国广播电视出版社 1994年版。

马克思：《摩尔根〈古代社会〉一书摘要》，人民出版社 1965年版。

马书田：《中国佛教诸神》，团结出版社 1994年版。

宁宗一、鲁德才编：《论中国古典小说的艺术 台湾香港论著选辑》，南开大学出版社 1984年版。

欧大年、范丽珠主编：《邯郸地区民俗辑录》，天津古籍出版社 2006年版。

庞绍元、王超：《广西柳州师公傩的文武坛法事》，财团法人施合郑民俗文化基金会，1995年。

彭兆荣：《人类学仪式理论和实践》，民族出版社 2007年版。

钱茀：《傩俗史》，广西民族出版社、上海文艺出版社 2000年版。

乔健、刘贯文、李天生：《乐户：田野调查与历史追踪》，江西人民出版社 2002年版。

曲六乙、钱茀：《东方傩文化概论》，山西教育出版社 2006年版。

曲六乙、钱茀编：《中国傩文化通论》，学生书局 2003年版。

曲六乙：《傩戏、少数民族戏剧及其他》，中国戏剧出版社 1990年版。

任半塘：《唐戏弄》，上海古籍出版社 1984年版。

任秋成主编：《涉县赛戏》，河北人民出版社 2016年版。

容世诚：《戏曲人类学初探：仪式、剧场与社群》，广西师范大学出版社 2003年版。

邵曾祺编：《元明北杂剧总目考略》，中州古籍出版社 1985年版。

孙作云：《美术考古与民俗研究》，河南大学出版社 2003年版。

陶立璠：《民俗学概论》，中央民族学院出版社 1987年版。

庹修明：《傩戏、傩文化 原始文化的活化石》，中国华侨出版社1990年版。

万伟主编：《群文荟萃：邯郸市群众文化论文集》，河北美术出版社2013年版。

王慈娴、王新荣、丁计良主编：《中国·武安傩戏》，河北美术出版社2012年版。

王慈娴、杨建华、王新荣主编：《邯郸·武安赛戏》，河北省武安市非物质文化遗产保护中心、武安市文化馆，2014年。

王国维：《宋元戏曲史》，上海古籍出版社1998年版。

王杰文编：《民间社火》，中国社会出版社2006年版。

王明：《抱朴子内篇校释》，中华书局1985年版。

王秋桂、沈福馨编：《贵州安顺地戏调查报告集》，财团法人施合郑民俗文化基金会，1994年。

王胜华：《戏剧人类学》，云南大学出版社2009年版。

王胜华：《中国戏剧的早期形态》，云南大学出版社2006年版。

王学峰：《民间信仰的社会互动——山西贾村赛社及其戏剧活动》，台湾学生书局2012年版。

王永信、杜学德、戴月编：《赵都民俗趣话》，中国民间文艺出版社1989年版。

王兆乾、吕光群：《中国傩文化》，汕头大学出版社2007年版。

王兆乾、王秋贵：《安徽省贵池市刘街乡源溪村曹、金、柯三姓家族的傩戏》，财团法人施合郑民俗文化基金会，1993年。

王振杰主编：《邯郸东填池赛戏》，邯郸经济开发区非物质文化遗产保护中心，2018年。

乌丙安：《中国民间信仰》，上海人民出版社1995年版。

乌丙安：《中国民俗学》，辽宁大学出版社1985年版。

武安市地方志编纂委员会编：《武安县志》，中国广播电视出版社1990年版。

武文主编：《甘肃民俗》，甘肃人民出版社2004年版。

夏征农主编：《辞海·艺术分册》，上海辞书出版社1988年版。

夏征农、陈至立主编：《大辞海·民族卷》，上海辞书出版社 2012 年版。

项阳：《山西乐户研究》，文物出版社 2001 年版。

胥鼎编：《三秦社火》，陕西师范大学出版社 2002 年版。

杨成志：《杨成志人类学民族学文集》，民族出版社 2003 年版。

杨建华主编：《土山诚会》，武安市文化馆、武安市非物质文化遗产保护中心，2016 年。

杨孟衡：《上党古赛写卷十四种笺注》，财团法人施合郑民俗文化基金会，2000 年。

杨启孝：《中国傩戏傩文化资料汇编》，财团法人施合郑民俗文化基金会，1993 年。

杨荫深：《中国游艺研究》，世界书局 1946 年版。

姚春敏：《清代华北乡村庙宇与社会组织》，人民出版社 2013 年版。

叶舒宪：《中国神话哲学》，中国社会科学出版社 1992 年版。

于一、王康、陈文汉：《四川省梓潼县马鸣乡红寨村一带的梓潼阳戏》，财团法人施合郑民俗文化基金会，1994 年。

袁珂：《山海经校注》，上海古籍出版社 1980 年版。

原双喜：《上党戏剧史摭谈》，山西人民出版社 2012 年版。

张文涛：《邯郸民俗录存》，天津古籍出版社 2003 年版。

张余、曹振武编：《山西民俗》，甘肃人民出版社 2003 年版。

章军华：《中国傩戏史》，上海大学出版社 2014 年版。

赵尔巽等：《清史稿》，中华书局 1976 年版。

赵世瑜：《狂欢与日常：明清以来的庙会与民间社会》，生活·读书·新知三联书店 2002 年版。

郑土有：《中国民俗通志·信仰志》，山东教育出版社 2005 年版。

郑元者：《艺术之根：艺术起源学引论》，湖南教育出版社 1998 年版。

郑重华、刘德增：《中国古代游艺》，山东教育出版社 1991 年版。

中国大百科全书编委会编：《中国大百科全书·戏曲曲艺卷》，中国大百科全书出版社 1983 年版。

中国歌谣集成吉林卷编辑委员会编：《中国歌谣集成·吉林卷》，中国 ISBN 中心 2005 年版。
中国歌谣集成天津卷编辑委员会编：《中国歌谣集成·天津卷》，中国 ISBN 中心 2008 年版。
中国民族民间舞蹈集成编辑部编：《中国民族民间舞蹈集成·辽宁卷》，中国 ISBN 中心 1998 年版。
钟敬文：《民俗文化学：梗概与兴起》，中华书局 1996 年版。
钟敬文主编：《民俗学概论》，上海文艺出版社 1998 年版。
钟敬文主编：《民俗学概论》，上海文艺出版社 2009 年版。
周星主编：《民俗学的历史、理论与方法》，商务印书馆 2006 年版。
周贻白：《中国剧场史》，中国戏剧出版社 2016 年版。
朱振华等：《社火傩韵——冀南地区民间社火研究》，学苑出版社 2018 年版。

外国著作

［日］田仲一成：《中国祭祀戏剧研究》，布和译，北京大学出版社 2008 年版。
［日］田仲一成：《中国戏剧史》，云贵彬、于允译，北京广播学院出版社 2002 年版。
［法］列维－布留尔：《原始思维》，丁由译，商务印书馆 2009 年版。
［美］乔纳森·H. 特纳：《现代西方社会学理论》，范伟达译，天津人民出版社 1988 年版。
［美］兰德尔·柯林斯：《互动仪式链》，林聚任、王鹏、宋丽君译，商务印书馆 2009 年版。
［英］马林诺夫斯基：《西太平洋的航海者》，梁永佳、李绍明译，华夏出版社 2002 年版。
［法］福柯：《规训与惩罚：监狱的诞生》，刘北成、杨远婴译，生活·读书·新知三联书店 2003 年版。
［法］帕特里斯·帕维斯：《戏剧艺术辞典》，宫宝荣、傅秋敏译，

上海书店出版社 2014 年版。

Bauman, Richard, "The Field Study of Folklore in Context", In Richard Dorson, ed., *Handbook of American Folklore*, Bloomington: Indiana University Press, 1983.

Marcel Mauss. tr. by Robert Brain, *A General Theory of Magic*, London & New York: Taylor and Francis e-Library, 2005.

Marcus & Fischer, *Anthropology as Cultural Critique*, Chicago: University of Chicago Press, 1986.

V. W. Turner, *The Forest of Symbol: Aspects of Ndembu Ritual*, Ithaca, New York: Cornell University Press, 1967.

T. S. Turner, Transformation, "Hierarchy and Transcendence: A Reformulation of Van Gennep's Model of the Structure of Rites of Passage", Sally F. Moore and Barbaba G. Myerhoff (ed.), *Secular Rituals*, Amsterdam: Van Gorcum, 1977.

Block, "The Ritual of the Royal Bath in Madagascar", David Canadine and Simon Price (ed.), *Ritual and Royalty: Power and Ceremonial in Tranditional Socities*, Cambridge: Cambridge University Press, 1987.

论文

白秀芹：《一种古老的戏剧形态——队戏》，《文史知识》1996 年第 4 期。

柴广育：《也论"贾村赛社"》，《中国音乐》2011 年第 2 期。

陈姵瑄：《民间信仰庙会"赛社""香会"的身份认同和精神实践——以北京妙峰山、山西潞城贾村碧霞宫为例》，《民间文化论坛》2015 年第 4 期。

杜同海：《关于〈礼节传簿〉流传的一点说明》，《中华戏曲》（第 37 辑），文化艺术出版社 2008 年版。

杜学德：《固义大型傩戏〈捉黄鬼〉考述》，《中华戏曲》（第 18 辑），山西古籍出版社 1996 年版。

杜学德：《冀南固义大型傩戏〈捉黄鬼〉述略》，《民间文学论坛》1994年第3期。

杜学德：《宋代"竹竿子"的遗存——长（掌）竹》，《民俗》1994年第1期。

杜学德：《武安大型傩戏〈捉黄鬼〉述略》，《河北学刊》1995年增刊。

段士朴、许诚：《〈扇鼓神谱〉初探》，《中华戏曲》（第6辑），山西人民出版社1988年版。

段友文：《晋东南潞城迎神赛社习俗考述》，《民俗曲艺》1997年第109期。

寒声等：《〈迎神赛社礼节传簿四十曲宫调〉注释》，《中华戏曲》（第3辑），山西人民出版社1987年版。

黄景春、郑艳：《从蟠桃到蟠桃会》，《民俗研究》2009年第2期。

黄竹三：《晋冀宗教祭祀戏剧的类同性》，《戏剧》2001年第3期。

黄竹三：《我国戏曲史料的重大发现——山西潞城明代〈礼节传簿〉考述》，《中华戏曲》（第3辑），山西人民出版社1987年版。

纪兰慰：《舞蹈民俗学的学术定位》，《民族艺术》1998年第2期。

李北达：《试论民俗和民间舞蹈的关系》，《北京舞蹈学院学报》1999年第4期。

李光清、吕计海：《古风神韵　聚英叉会：曲周"南阳庄聚英叉会"的起源、演变及其他》，《当代人》2009年第2期。

李连生：《诗赞体戏曲补论》，《文化遗产》2009年第1期。

李伟：《河北涉县赛戏考察报告》，《中华戏曲》（第21辑），山西古籍出版社1998年版。

李向振：《"非遗"传承人认定与集体性乡民艺术的保护——以冀南GY村"捉黄鬼"活动为个案》，《贵州大学学报》（艺术版）2015年第2期。

李一注释：《〈扇鼓神谱〉注释》，《中华戏曲》（第6辑），山西人民出版社1988年版。

李永平：《"血社火"历史文化新探》，《民俗研究》2013年第

3 期。

李稚田：《民俗场论》，《民俗研究》1987 年第 4 期。

李子和：《傩俗初论》，《贵州社会科学》1990 年第 12 期。

廖奔：《〈迎神赛社礼节传簿四十曲宫调〉剧目内容考》，《中华戏曲》（第 7 辑），山西人民出版社 1988 年版。

廖奔：《社火与队戏》，《中华戏曲》（第 26 辑），文化艺术出版社 2002 年版。

廖奇琦：《山西汾阳圣母庙圣母殿壁画之赛社仪式分析》，《美术研究》2014 年第 1 期。

刘文峰、王学锋：《从贾村赛社的变化看非物质文化遗产的保护》，《中南民族大学学报》（人文社会科学版）2009 年第 3 期。

孟慧英：《语境中的民俗》，《民间文化论坛》2004 年第 6 期。

苗靖、张竹岩：《武安"捉黄鬼"与"拉死鬼"傩戏音乐的对比研究》，《北方音乐》2017 年第 19 期。

齐易、王志丽：《河北邯郸东填池村赛戏研究》，《中国音乐学》2009 年第 1 期。

乔淑萍：《民间祭赛与戏曲的初级形式：队戏》，《山西师范大学学报》（社会科学版）1996 年第 3 期。

秦佩：《艺术人类学视野下的固义傩戏》，载中国艺术人类学学会、北京舞蹈学院编《文化自觉与艺术人类学研究》，中国文联出版社 2015 年版。

曲六乙：《〈扇鼓神谱〉的历史信息价值》，《中华戏曲》（第 6 辑），山西人民出版社 1988 年版。

申丹莉：《潞城市东邑村龙王庙及迎神赛社考》，《文物世界》2008 年第 2 期。

孙玉文：《释"傩"的语源》，《文史知识》1997 年第 12 期。

陶立璠：《三爷圣会考察记》，《民俗研究》1998 年第 2 期。

王福才：《河北傩戏〈捉黄鬼〉源于山西上党赛社考》，《山西师范大学学报》（社会科学版）1995 年第 3 期。

王剑芳：《上党队戏与面具》，《晋中学院学报》2009 年第 2 期。

王剑芳：《上党赛社面具造型及其审美意境分析》，《长治学院学报》2011年第3期。

王军利：《曲周傩舞聚英叉会》，《当代人》2014年第6期。

王馗：《山西上党赛社演出中的行业变迁与演剧形态》，《戏曲研究》2011年第1期。

王亮：《晋东南明清迎神赛社祭仪及其音乐戏剧》，《黄钟》2003年第3期。

王潞伟、姚春敏：《精英的尴尬与草根的狂热：多元视野下的上党三嵕信仰研究》，《民间文化论坛》2016年第5期。

王宁：《咽喉神：一种颇具特色的地方性戏神》，《民俗研究》2000年第3期。

王琼：《渎神：血社火的人类学文化溯源》，《宝鸡文理学院学报》（社会科学版）2012年第3期。

王琼：《人牲与血祭：宝鸡血社火的地缘历史文化追溯》，《宝鸡文理学院学报》（社会科学版）2011年第5期。

王群英：《戏曲咽喉神考》，《戏剧文学》2006年第7期。

王永健：《艺术人类学视野下的固义傩戏"捉黄鬼"》，载张先清、俞云平、高信杰主编《当代中国人类学发展的多重视野2013年全国民族学博士生学术论坛论文集》，厦门大学出版社2014年版。

延保全、张明芳：《道教与民间迎神赛社》，《中华戏曲》（第20辑），山西古籍出版社1997年版。

延保全、赵志华：《新绛县阳王镇东岳稷益庙戏剧碑刻及赛社民俗考论》，《中华戏曲》（第23辑），文化艺术出版社1999年版。

延保全：《〈捉黄鬼〉——中原古傩的遗存与衍化》，《大舞台》1998年第3期。

杨孟衡：《论上党民间赛社中的赞词》，《曲学》2013年卷。

杨孟衡：《民间社赛"乐星图"解——上党古赛乐艺建构考析》，《文艺研究》2002年第6期。

杨孟衡：《赛社文化深层开掘》，《中华戏曲》（第39辑），文化艺术出版社 2009 年版。

杨孟衡：《上党古赛仪典考》，《民俗曲艺》2006 年第 151 期。

姚春敏：《民间社祭中的"马神"初探》，《聊城大学学报》（社会科学版）2015 年第 2 期。

占路：《护佑与娱乐——赛社活动延续原因之探讨》，《湖北师范学院学报》（哲学社会科学版）2013 年第 5 期。

张全恭：《红莲柳翠故事的转变》，《岭南学报》1936 年第 2 期。

张娅妮：《脱"俗"求"艺"：现代舞台化背景下传统秧歌的民俗因素分析》，《民俗研究》2019 年第 1 期。

张振南、暴海燕：《上党地区古庙赛日期》，《中华戏曲》（第 20 辑），山西古籍出版社 1997 年版。

张振南、暴海燕：《上党民间的"迎神赛社"再探》，《中华戏曲》（第 18 辑），山西古籍出版社 1996 年版。

张振南：《乐剧与赛》，《中华戏曲》（第 13 辑），山西古籍出版社 1993 年版。

张紫晨：《舞蹈艺术与民俗文化》，《舞蹈》1989 年第 6 期。

赵丽琴、卫崇文：《上党地区的赛社文化与民间法》，《民族论坛》2015 年第 2 期。

郑土有：《民俗场：民间文学类非遗活态保护的核心问题》，《长江大学学报》（社会科学版）2017 年第 3 期。

郑一民：《〈耍大头〉和傩的演变》，《大舞台》1998 年第 3 期。

周华斌：《祭礼与戏剧——上党祭赛的文化启示》，《中华戏曲》（第 35 辑），文化艺术出版社 2006 年版。

朱恒夫：《队戏考论》，《艺术百家》2007 年第 3 期。

朱少波、李扬：《武安白府村"拉死鬼"傩俗探析》，《民俗研究》2009 年第 2 期。

朱少波、孟华：《从武安傩中的"鬼"符号看两种文化本源模仿方式——以固义村"黄鬼"和白府村"死鬼"为研究个案》，第二届证据理论与科学国际研讨会，北京，2009 年 7 月。

朱文广、葛建男：《〈排神簿〉中道教信仰的民间特点：以山西贾村赛社为例》,《沧州师范专科学校学报》2010 年第 4 期。

朱燕、任靖宇:《和谐与超越的仪式展演:固义傩戏的个案研究》,《石家庄学院学报》2011 年第 5 期。

朱燕:《对生活时空的重组与通过:"通过礼仪"视角下的固义傩戏研究》,《河北学刊》2012 年第 3 期。

学位论文

秦佩:《固义傩戏与赛戏研究》,硕士学位论文,河北师范大学,2008 年。

朱少波:《符号学角度下的河北武安"捉鬼"傩俗——以固义村"捉黄鬼"和白府村"拉死鬼"为研究个案》,硕士学位论文,中国海洋大学,2011 年。

苗靖:《河北省武安市村落间傩戏艺术比较研究》,硕士学位论文,燕山大学,2017 年。

张璇:《离经叛道的补偿——以山西阳泉牵牛镇村〈大头和尚戏柳翠〉为例》,硕士学位论文,中央民族大学,2016 年。

吕媛媛:《傩戏服装元素与现代服装设计结合的探索》,硕士学位论文,河北科技大学,2011 年。

贾楠:《武安傩戏艺术研究》,硕士学位论文,天津音乐学院,2016 年。

王潞伟:《上党神庙剧场研究》,博士学位论文,山西师范大学,2015 年。

王学锋:《贾村赛社及其戏剧活动研究》,博士学位论文,中国艺术研究院,2007 年。

白秀芹:《迎神赛社与民间演剧》,博士学位论文,中国艺术研究院,2004 年。

李阳:《迎神赛社与古剧形态》,硕士学位论文,山西大学,2008 年。

李佳宸:《赛社音乐文化初探:以贾村"四月四"赛社为例》,硕士学位论文,西北师范大学,2012 年。

蔡敏:《太行成汤信仰与民间赛社演剧研究》,博士学位论文,山西师范大学,2016年。

申轶群:《山西壶关二仙崇拜与赛社演剧研究》,硕士学位论文,山西师范大学,2015年。

后　　记

　　2009年9月，我到复旦大学中文系郑元者教授门下攻读艺术人类学与民间文学的硕士，在论文选题时，我选择了故乡的"固义傩戏"作为研究对象。其实彼时，我对固义傩戏的了解并不多，也仅仅限于听说过而已。在郑老师的指导下，搜集了一些文献，学习了一些理论知识，进行了一定的田野调查。陆续写了几篇文章，发表出来，很高兴，自己视若最初的学术训练，但似乎并不太入郑老师的法眼。他对我们要求都很严格，我尽管不敢放松，但必须坦白资材有限。硕士学位论文的架构一直处在不断修改中，有很长时间的焦虑，我始终想着把它完成。到了2011年的时候，系里有直接转博的机会，我转而到郑土有教授门下攻读博士，硕士学位论文就此放弃了，如果当时接着固义傩戏的探求，应该是最合适的，我最后还是选择了较为纯粹的民间传说上去。因此，固义傩戏的学位论文从此搁浅，再也没有敢提起，原先的计划也没有实行。

　　之后的一段时间内，虽然与固义傩戏大体绝缘了，但总会从方方面面听到一些它的信息。过年的时候，我依然回到固义村去看看，访访老朋友。毕业之后，离老家稍微近了些，和家乡的联系多了，又更加关注起固义傩戏来。尤其是在和家乡的前辈接触中，了解到更多更有趣的信息，去固义村的机会更多了。跌跌撞撞三两年后，我决定把没有写完的那篇论文写完。2018年年末，重新整理思路，设计提纲，列出了写作计划，到2019年年初的一段时间，大体完成了书稿。这其中既有2009年后一两年写的旧文，也有之后断断续续田野调查的内容，也有 2018 年新写的几篇。因此，谈不上严谨的整体设计和规划，也难以围绕核心问题展开论述。为了弥补硕士学位论文没有写完的遗憾，也希望对自己在固义傩戏上的思考做一个总结，匆匆把旧文新文合在了一起。

书稿初成，我发给郑元者老师，他久久没有回复，后来在短信中说择日回复我。我当初在郑老师门下选了这个话题，又中途放弃，又匆匆拾起，始终放不下的心事。我知道这样的书稿肯定不能合他的心意，距离他的要求还是很远，因此我一直怀着惴惴不安的心情。又过了大半年，我到上海去拜访他，提起这件事来，他提了很多尖锐的意见，希望我可以进一步修改一下，又给出了可行性建议。直到现在，我依然觉得还需要更加努力。

固义傩戏是我老家的傩戏，我个人是充满感情的。既然有旧文有新文，就连缀起来满足一桩心愿。虽然本书在学术上并没有特别的创见，但总希望可以对固义傩戏的研究有抛砖引玉的价值。在这十年来，发生了很多事情，书稿草就，首先应当感谢固义村乡亲和武安市的地方文化学者。我每次到固义村去，都受到热情的接待，感觉回家一样，对这个村子的感情越来越深厚。老家的地方文化学者们在武安文化研究挖掘上用力甚多，每当遇到困难时，我都能从他们那里得到有效的帮助。离开他们，很多工作是无法进展的。

在这里还需要特别感谢杜学德老师，他是固义傩戏最早的挖掘者和研究者，著有《燕赵傩文化初探》《武安傩戏》，获中国傩戏学研究会颁发的"学会成立三十年傩戏研究杰出贡献"荣誉。杜老师多年致力于邯郸民俗文化的研究，著述颇丰，年近八旬依然热心于地方文化探索。最早我读到《燕赵傩文化初探》这本书时，就联系到杜老师，向他请教了很多问题。老人家不但没有架子，而且知无不言言无不尽。我到杜老家里拜访，老人家都热情招待。我们还一道到固义调查，经常邮件、电话谈论固义傩戏中的很多细节问题。如果没有前辈杜老的指点，我在固义傩戏上的思考常常就停滞

后 记

了。书稿写成后，我冒昧请杜老作序，杜老毫不吝赐嘉辞，让我既感激又惭愧。

最后，感谢单位领导对我工作的指导和帮助，感谢学界同行的关心，特别感谢晋中学院"1331工程"创新创客建设计划提供的资助。

贾利涛

2019年12月